高等院校立体化创新经管教材系列

商务谈判
（第4版）

李 爽 主 编
刘 萍 于湛波 张宇慧 副主编

清华大学出版社
北 京

内 容 简 介

本书是清华大学出版社组织编写的一套全国统编教材中的一本。编者在第 3 版的基础上,保留了第 3 版的特点,修改了不足,更新了所有的案例。全书共十二章,分为商务谈判基础理论和商务谈判实务两部分内容。第一部分包括谈判概述、商务谈判概述、商务谈判准备、谈判者素质与谈判心理、商务谈判过程;第二部分包括商务谈判语言技巧、商务谈判策略、商务谈判中僵局的处理、谈判合同的履行、商务谈判的礼仪与禁忌、国际商务谈判中的文化差异及谈判风格、模拟商务谈判实训与商务谈判典型案例。

本书语言通俗易懂、选材实用生动,可读性强。在内容组织上,以基础理论为基本写作宗旨,注重实务性,突出实用性,以培养学生的应用性技能为主要指导思想,开篇是引导案例,在阐述基础理论之后,增加了很多实际案例,使读者在读故事的轻松气氛中深刻理解并领会枯燥的基本理论。在结构安排上,以学习要点及目标、引导案例、正文、本章小结、自测题、案例分析和阅读资料为顺序,循序渐进,由浅入深,培养学生分析和解决问题的能力。

本书适合作为高等院校本、专科相关专业的"商务谈判"课程的教材,也可供从事商务谈判工作的商务人员参考阅读。

本书封面贴有清华大学出版社防伪标签,无标签者不得销售。
版权所有,侵权必究。举报:010-62782989,beiqinquan@tup.tsinghua.edu.cn。

图书在版编目(CIP)数据

商务谈判/李爽主编. —4 版. —北京:清华大学出版社,2021.7(2023.8 重印)
高等院校立体化创新经管教材系列
ISBN 978-7-302-58422-3

Ⅰ. ①商⋯ Ⅱ. ①李⋯ Ⅲ. ①商务谈判—高等学校—教材 Ⅳ. ①F715.4

中国版本图书馆 CIP 数据核字(2021)第 115640 号

责任编辑:陈冬梅
封面设计:刘孝琼
责任校对:周剑云
责任印制:杨 艳

出版发行:清华大学出版社
网　　址:http://www.tup.com.cn, http://www.wqbook.com
地　　址:北京清华大学学研大厦 A 座　　　邮　编:100084
社 总 机:010-83470000　　　邮　购:010-62786544
投稿与读者服务:010-62776969, c-service@tup.tsinghua.edu.cn
质量反馈:010-62772015, zhiliang@tup.tsinghua.edu.cn
课件下载:http://www.tup.com.cn, 010-62791865

印 装 者:北京嘉实印刷有限公司
经　　销:全国新华书店
开　　本:185mm×260mm　　印　张:17.75　　字　数:428 千字
版　　次:2007 年 6 月第 1 版　2021 年 8 月第 4 版　印　次:2023 年 8 月第 4 次印刷
定　　价:49.80 元

产品编号:087820-01

前　　言

习近平总书记在中国共产党第二十次全国代表大会上的报告中明确指出，要办好人民满意的教育，全面贯彻党的教育方针，落实立德树人根本任务，培养德智体美劳全面发展的社会主义建设者和接班人，加快建设高质量教育体系，发展素质教育，促进教育公平。本教材在编写过程中深刻领会党对高校教育工作的指导意见，认真执行党对高校人才培养的具体要求。

商务谈判既是一门科学，又是一门艺术，它带有很强的技巧性。商务谈判涉及的知识非常广泛，如价格学、心理学、公共关系学、市场营销学、社会学、逻辑学、会计学、广告学、行为科学、语言学、统计学等学科。随着世界经济一体化进程的加快，以及我国加入世贸组织后与国际经济贸易的接轨，越来越多的企业与个人需要同国内或国外的商家打交道。任何一次商务活动都离不开谈判，任何一次商务谈判都离不开准备工作的落实，工作内容包括制订计划，谈判技巧、策略的运用，商务谈判心理活动，商务礼仪以及合同的签订和履行等。这就使得商务谈判这门专业越来越重要。可见，商务谈判知识的多少直接影响着经济利益的实现及谈判的结果，因而，掌握商务谈判的基本理论、礼仪等知识，将使个人及企业受益无穷。

本书在第 3 版的基础上更新了部分的案例，并对各章的一些细节进行了修改和调整。本书保持了第 3 版教材的体例风格和优点，按照突出理论基础知识及应用性的特点，以大量的案例对理论知识进行理解和分析，增强了内容的趣味性和可读性；在结构安排上，层次清晰，以学习要点及目标、引导案例、正文、本章小结、自测题、案例分析和阅读资料为顺序，循序渐进，由浅入深，培养学生分析和解决问题的能力。

本书适合作为高等院校本、专科商务及经济管理类专业"商务谈判"课程的教材，也可供从事商务谈判工作的商务人员参考阅读。

本书由东北农业大学李爽教授主编，天津师范大学的刘萍教授、黑龙江东方学院的于湛波、海南大学的张宇慧老师担任副主编。具体的写作分工如下：李爽编写第二、三、十、十一章，刘萍编写第四、七、八章，于湛波编写第一、九、十二章，张宇慧编写第五、六章。

在本书的编写过程中，参阅了大量的资料和书籍，也得到了清华大学出版社的大力支持，在此一并表示衷心的感谢！

由于编者水平有限、时间仓促，书中难免存在疏漏和差错之处，恳请各位专家和读者批评指正。

编　者

目 录

第一章 谈判概述 ... 1
第一节 谈判的含义 ... 2
一、正确认识谈判 ... 2
二、谈判的概念 ... 4
三、谈判是市场经济发展的产物 ... 6
四、谈判的特征 ... 8
第二节 谈判的代表性理论 ... 10
一、博弈论与谈判 ... 10
二、"黑箱"理论与谈判 ... 12
第三节 谈判的基本原则 ... 13
一、谈判是双方的合作 ... 13
二、避免在立场上磋商问题 ... 15
三、作出互利性选择 ... 16
四、区分人与问题 ... 17
本章小结 ... 19
自测题 ... 20
案例分析 ... 20
阅读资料 ... 20

第二章 商务谈判概述 ... 22
第一节 商务谈判的概念和特征 ... 22
一、商务谈判的概念 ... 22
二、商务谈判的特征 ... 24
第二节 商务谈判的原则和作用 ... 25
一、商务谈判的原则 ... 25
二、商务谈判的作用 ... 27
第三节 商务谈判的类型和内容 ... 28
一、商务谈判的类型 ... 28
二、商务谈判的内容 ... 34
本章小结 ... 39
自测题 ... 40
案例分析 ... 40
阅读资料 ... 45

第三章 商务谈判准备 ... 47
第一节 谈判人员准备 ... 47
一、谈判班子的规模 ... 47
二、谈判人员应具备的素质 ... 48
三、谈判人员的配备 ... 52
第二节 谈判信息的积累和信息的收集 ... 54
一、信息论与谈判 ... 54
二、掌握谈判信息 ... 56
三、掌握市场行情 ... 57
四、信息收集的主要方法与途径 ... 59
第三节 拟订谈判方案 ... 62
一、选择谈判对手 ... 63
二、制定谈判目标 ... 63
三、谈判方案的基本要求 ... 66
第四节 谈判物质条件的准备 ... 67
一、谈判场所的选择 ... 67
二、通信设施的完备 ... 68
三、谈判房间的布置 ... 68
四、谈判人员的食宿安排 ... 68
本章小结 ... 68
自测题 ... 69
案例分析 ... 69
阅读资料 ... 69

第四章 谈判者的素质与谈判心理 ... 72
第一节 马斯洛需要层次理论 ... 72
一、需要的含义 ... 72
二、需要层次理论 ... 73
三、需要层次理论在商务谈判中的应用 ... 75
第二节 需要的发现 ... 77
一、谈判中需要的存在 ... 77
二、谈判中需要的发现 ... 78

第三节 知觉在商务谈判中的作用............81
　一、首因效应............................82
　二、晕轮效应............................82
　三、先入为主............................82
　四、激励................................83
第四节 商务谈判中的心理挫折..............83
　一、心理挫折............................83
　二、心理挫折对行为的影响................84
　三、商务谈判与心理挫折..................85
第五节 成功谈判者的心理素质..............86
　一、意志力..............................86
　二、自制力..............................87
　三、应变力..............................88
　四、感受力..............................88
　五、信念................................88
　六、诚意................................88
第六节 商务谈判心理的禁忌................89
　一、必须避免出现的心理状态..............89
　二、对不同类型的谈判对手要区别
　　　对待................................90
　三、了解不同性格谈判对手的心理
　　　特征................................91
本章小结..................................92
自测题....................................93
案例分析..................................93
阅读资料..................................95

第五章　商务谈判过程 96

第一节 开局阶段..........................96
　一、开局的基本任务......................96
　二、开局气氛的营造.....................100
　三、开局行为的禁忌.....................102
第二节 磋商阶段.........................103
　一、确定报价标准.......................103
　二、选择报价时机.......................107
　三、磋商交易阶段.......................108
第三节 成交阶段.........................115

　一、注意成交信号.......................116
　二、表明成交意向.......................118
本章小结.................................121
自测题...................................121
案例分析.................................122
阅读资料.................................122

第六章　商务谈判语言技巧 124

第一节 商务谈判语言概述.................124
　一、商务谈判语言的类别.................125
　二、语言技巧在商务谈判中的
　　　重要性.............................126
　三、正确运用谈判语言技巧的
　　　原则...............................127
第二节 有声语言的技巧...................129
　一、倾听的技巧.........................129
　二、提问的技巧.........................132
　三、应答的技巧.........................134
　四、叙述的技巧.........................136
　五、辩论的技巧.........................138
　六、说服的技巧.........................139
第三节 无声语言的技巧...................140
　一、无声语言的作用.....................140
　二、行为语言...........................142
　三、空间语言...........................146
本章小结.................................148
自测题...................................148
案例分析.................................148
阅读资料.................................149

第七章　商务谈判策略 151

第一节 商务谈判策略概述.................151
　一、商务谈判策略的含义.................151
　二、商务谈判策略是实现谈判目标的
　　　跳板...............................152
　三、商务谈判策略运用的基本
　　　原则...............................153

四、商务谈判策略的分类................153
第二节　谈判过程策略............................155
　　一、开局阶段的策略........................155
　　二、磋商阶段的策略........................156
　　三、成交阶段的策略........................158
第三节　谈判地位策略............................159
　　一、主动地位策略............................159
　　二、被动地位策略............................166
　　三、平等地位策略............................174
第四节　应对谈判对手不同风格的谈判
　　　　策略..179
　　一、对付"强硬型"谈判者的谈判
　　　　策略..179
　　二、对付"阴谋型"谈判者的谈判
　　　　策略..180
　　三、对付"固执型"谈判者的谈判
　　　　策略..181
　　四、对付"虚荣型"谈判者的谈判
　　　　策略..182
本章小结..182
自测题..183
案例分析..183
阅读资料..185

第八章　商务谈判中僵局的处理................186

第一节　僵局的类型、成因和处理
　　　　原则..186
　　一、商务谈判中僵局的类型............187
　　二、商务谈判中僵局的成因分析......188
　　三、处理和避免僵局的原则............190
第二节　僵局的处理方法........................191
　　一、应对潜在僵局的方法................191
　　二、应对情绪性僵局的方法............193
　　三、严重僵局的处理方法................196
第三节　突破谈判僵局的策略与技巧......198
　　一、突破利益僵局的策略与技巧......198
　　二、论理在僵局中的运用................201

　　三、扭转僵局的手段与技巧............203
本章小结..204
自测题..205
案例分析..205
阅读资料..206

第九章　谈判合同的履行........................209

第一节　合同的起草、签订与公证........210
　　一、签订合同应注意的事项............210
　　二、谈判协议的鉴证........................213
　　三、经济合同的公证........................214
第二节　谈判协议的履行........................214
　　一、谈判协议履行的原则................214
　　二、谈判协议的担保........................215
　　三、谈判协议的变更、解除、转让
　　　　与纠纷处理................................216
本章小结..218
自测题..219
案例分析..219
阅读资料..219

第十章　商务谈判的礼仪与禁忌............221

第一节　礼仪的本质及交往中的一般
　　　　礼仪..222
　　一、礼仪的本质................................222
　　二、交往中的一般礼仪....................222
第二节　商务谈判中的常见礼仪............224
　　一、迎送与会见................................224
　　二、交谈礼仪....................................226
　　三、宴会礼仪....................................227
　　四、见面礼仪....................................230
　　五、服饰礼仪....................................232
　　六、其他礼仪....................................233
本章小结..235
自测题..235
案例分析..235
阅读资料..236

第十一章　国际商务谈判中的文化差异及谈判风格 ………………… 238

第一节　国际商务谈判的含义、特征和基本要求 …………………… 238
一、国际商务谈判的含义 …………… 239
二、国际商务谈判的特征 …………… 239
三、国际商务谈判的基本要求 ……… 240

第二节　文化差异对国际商务谈判行为的影响 …………………………… 241
一、语言及非语言行为差异与国际商务谈判行为 ………………… 241
二、价值观差异与国际商务谈判行为 …………………………… 242
三、思维决策过程差异与国际商务谈判行为 ………………… 243

第三节　基于文化差异的国际商务谈判对策 ………………………… 244
一、文化差异与国际商务谈判前对策 …………………………… 244
二、文化差异与国际商务谈判过程对策 ………………………… 245
三、文化差异与国际商务谈判后对策 …………………………… 247

第四节　世界各地商人的谈判风格 … 247
一、美洲商人的谈判风格 …………… 247
二、欧洲商人的谈判风格 …………… 250
三、亚洲商人的谈判风格 …………… 257

本章小结 ………………………………… 262
自测题 …………………………………… 263
案例分析 ………………………………… 263
阅读资料 ………………………………… 263

第十二章　模拟商务谈判实训与商务谈判典型案例 ……………… 265

第一节　综合模拟商务谈判实训背景 …… 265
案例1：国内企业合资合作模拟谈判 …………………………… 265
案例2：国际服务贸易模拟谈判 …… 266
案例3：国际商务谈判者的素质与抗压能力 ………………… 267
案例4：WTO争端解决机制的新问题 …………………………… 268

第二节　商务谈判典型案例 …………… 268
案例1：国际商务谈判中如何争取更大的利益 ………………… 268
案例2：国际商务谈判中的策略技巧 …………………………… 269
案例3：谈判的语言技巧 …………… 271
案例4：跨国收购谈判 ……………… 272

参考文献 ………………………………… 273

第一章 谈判概述

【学习要点及目标】

通过本章的学习，使学生了解谈判产生的背景及意义，明确谈判的概念、特征以及主要的谈判理论，掌握商务谈判的基本原则及运用技巧。

【引导案例】

果园里的价格谈判

一对夫妇趁节日自驾游，开车路过一家苹果园，想顺路批发一些水果，于是丈夫走进了果园，找到卖主，问："多少钱一斤？"

"3块一斤。"

"2块5角行吗？"

"少一分也不卖。"

目前正是苹果上市的时候，来问价的买主不少，卖主显然不肯让步。

"商量商量怎么样？""没什么好商量的。""不卖拉倒，死了张屠夫未必就吃混毛猪！"双方不欢而散。

妻子见丈夫空手而归，问明原因，决定由她试试，于是，妻子走进果园：

"多少钱一斤？"

"不零卖，整筐3块一斤。"

卖主仍然坚持不让，买主却不急于还价，而是不慌不忙地打开筐盖，拿起一个苹果在手里掂量着，端详着，不紧不慢地说："个头还可以，但颜色不够红，这样上市要不上价呀。"

接着伸手在筐里摸，一会儿摸出一个个头小的苹果：

"老板，您这一筐表面是大的，筐底可藏着不少小的，这怎么算呢？"

边说边继续在筐里摸着，一会儿，又摸出一个带伤的苹果：

"看，这里还有带伤的，您这苹果不够红，又不够大，有的还有伤。"

这时，卖主沉不住气了，语气也和气了："您真的想要，那么，您给个价吧。"

"农民一年到头也不容易，一斤2块5角钱吧。"

"那可太低了……"卖主有点着急，"您再加点吧，我就指望这些苹果过日子哩。"

"好吧，您也是个老实人，交个朋友吧，2块6角一斤，我要两筐。"

双方终于成交了。

在这个实例中，为什么第一个买主遭到拒绝，而第二个买主却能以较低的价格成交？这背后实际上隐含着一个谈判沟通策略和技巧的运用问题。

(资料来源：龚荒主编. 商务谈判与沟通——理论、技巧、实务[M]. 北京：人民邮电出版社，2014.)

第一节　谈判的含义

谈判是现代社会无处不在、随时发生的活动。人们之间要相互交往、改善关系、协商问题，就要进行谈判。既然如此，我们首先要了解什么是谈判，人们为什么要谈判，谈判在现代社会中的意义和作用以及谈判的基本程序。

一、正确认识谈判

(一)每个人都可能成为谈判者

谈判是社会生活中经常发生的事情，几乎每个人都会在某一特定条件下成为一个谈判者。例如，购买小商贩的农产品时讨价还价，与单位的领导讨论个人的工作调动，也可能作为企业代表与其他谈判者磋商某一交易合同，甚至作为外交人员与其他国家的官员商讨国家间的事务，这些都属于谈判。谈判是我们生活中不可缺少的一部分。

尽管谈判在我们的实际生活中扮演着重要角色，但是人们对谈判活动的认识与重视程度还远远不够，更没有把谈判看成是涉猎广泛，需要多方面专业知识、技能与技巧的复杂的、高层次的社会活动。一些人把谈判仅仅看作人们讨价还价的手段、解决纠纷的途径，甚至认为谈判是玩弄权术、使用伎俩的代名词。所以，许多人只是凭经验、凭直觉进行谈判活动。我们不难发现，在国内甚至许多涉外交易谈判中时常出现盲目、草率地进行洽商乃至上当受骗的事例。可以说，缺乏高水准的谈判人员、诸多不应有的谈判活动的失误，极大地影响了谈判在社会生活中重要作用的发挥，也远远不能适应市场经济充分发展的现代社会。

今天，谈判已成为我们生活中的重要内容，会随时出现在我们身边。我们之所以研究它，是因为如何更好地进行谈判已引起人们的思考，引起了社会各界的广泛关注，特别是工商企业，诸多合作、开发、生产、经营都是通过谈判行为实现的。社会实践的需要推动和促进了谈判理论的形成和发展，也进一步加深了人们对谈判活动的认识。

(二)谈判学是一门交叉学科

谈判学是一门综合性较强的应用性交叉学科，有关谈判的研究是建立在诸多相关学科的基础上的。谈判学被认为是行为科学、社会科学、经济学、法学和技术科学的交叉产物。

以一宗出口交易谈判为例，谈判者不仅要熟悉交易产品的技术性能、生产工艺，还要了解进出口国有关贸易的各项规定、法令、关税政策，包括民族习俗、消费特点、购买心理，要学会熟练地运用各种谈判的策略和技巧，否则，就不能进行有效的协商，就不能更好地开展交易活动，当然，也难以实现企业追求利润最大化的目标。

从另一角度来说，对谈判活动的科学性或规律的分析可以借鉴许多学科的研究成果。例如，买卖双方的讨价还价实质上就是博弈，在博弈理论中，经典博弈，像囚徒困境、田忌赛马等都可以用来研究谈判者的交易结果或讨价还价的过程，并建立一些博弈模型。而谈判活动的交易成本问题更是今天诸多谈判学家关注并研究的热点问题，从谈判学的发展趋势来看，由于众多学者采用经济、管理和计量方法研究谈判问题，建立各种谈判模型，有关谈判学的研究已由传统的注重社会学、心理学方法的研究转向各种方法并重，谈判理论和实践应用成果也不断涌现。这不仅丰富和发展了谈判理论，进一步增强了谈判学的科学性，而且在实践中的应用也取得了很好的效果。

(三)谈判是一门复杂的艺术

谈判是一种复杂的、需要运用多种技能与方法才能开展的专项活动，有人将其称为艺术，这一点也不为过。

首先，谈判的艺术性表现在要求谈判人员具有较高的素质，包括掌握各种知识，有较高的修养，善于与人相处，能灵活地处理各种问题。实践表明，从来没有两项谈判活动是用同一种方式进行的，人们也不可能事先准确地预料到谈判的结果。适用于上次谈判的方法，这次可能就会失效。谈判的成功与否在很大程度上取决于谈判双方人员能力和水平的发挥，取决于谈判人员策略与技巧的运用。这不同于人们练习某一种劳动技能，操作的次数越多，动作越固定、越熟练，劳动技巧就越高。灵活性、变通性、创造性是谈判的核心。因此，没有较高素质或是缺乏专业训练的人，是很难获得理想的谈判结果的。

其次，谈判也是沟通的艺术。谈判双方的信任与合作是建立在良好的沟通基础上的。沟通的内容十分广泛，包括交流双方的情况、反馈市场信息、维护对方面子、运用幽默语言、活跃谈判气氛、倾听对方的讲话、控制自己的情绪、建立双方的友谊与信任等。谈判专家认为，只有善于沟通的谈判者才是真正的谈判高手。所以，谙熟沟通谋略、善用沟通手段也是谈判者必备的专业素养。此外，谈判地点、时间和时机的选择，谈判场所的布置、安排，都有一定的策略性，善于谋划和利用这一点，自然会收到事半功倍的效果。

最后，谈判的沟通艺术还表现在谈判者的语言运用上。谈判是一种交际活动，语言则是交际的工具。怎样清晰、准确地表达自己的立场、观点，了解对方的需要、利益，巧妙地说服对方，以及体现各种社交场合应有的礼仪、礼貌，都需要良好的语言表达技巧。

【案例1-1】

美国纽约印刷工会领导人伯特伦·波厄斯以"谈判毫不让步"而闻名全美。他在一次与报业主进行的谈判中，不顾客观情况，坚持强硬立场，甚至两次号召报业工人罢工，迫使报业主满足了他提出的全部要求。报业主被迫同意为印刷工人大幅度增加工资，并且承诺不采用排版自动化等先进技术，防止工人失业。谈判结果是以伯特伦·波厄斯为首的工会一方大获全胜，报业主却陷入困境。最终结果是三家大报被迫合并，接下来便是倒闭，数千名报业工人失业。这一例证表明，一方贪求谈判桌上的彻底胜利，往往会导致双方实际利益受损。

(资料来源：王海云. 商务谈判[M]. 北京：北京航空航天大学出版社，2013.)

综上所述，谈判既是科学，又是艺术。它的科学性是因为它广泛地运用和借鉴了当今世界上最新的学科理论与研究成果，总结了适合于谈判活动的原则与方法，从而形成了较为完整的学科体系。它的艺术性则充分表现在谈判策略、谈判者的语言及各种方法的综合运用与技巧的发挥上。

二、谈判的概念

要给谈判下一个定义，既简单又困难。说它简单，是因为谈判对于我们来说并不陌生，它几乎每天、每时都出现在我们的生活中，谈判就是人们的一种交际活动。说它困难，是因为谈判的内容极为广泛，人们很难用一两句话就能准确地、完整地概括谈判的含义。尽管如此，我们还是试图通过对谈判所包含层次的分析来描绘谈判的大概轮廓，以便能把握谈判概念的一些基本要素。

美国著名谈判专家尼伦伯格认为："谈判是人们为了改变相互关系而交流意见，为了取得一致而相互磋商的一种行为。"美国法学教授罗杰·费希尔和谈判专家威廉·尤瑞合著的《谈判技巧》一书把谈判定义为："谈判是为达成某种协议而进行的交往。"在他们的概念中，谈判是作为人与人之间的一种交往活动而存在的。

美国谈判专家威恩·巴罗认为："谈判是一种双方都致力于说服对方接受其要求时所运用的一种交换意见的技能，其最终目的就是要达成一项对双方都有利的协议。"巴罗认为谈判活动的核心是交换意见并致力于说服对方，要很好地实现这一目标，就不能只是简单地表述，而是要有高超的"交换"技巧。

我国学者则认为，谈判是当事人为满足各自需要和维护各自利益而进行的协商过程。这一解释强调谈判活动的持续性。这一点在正规、大型的谈判活动中十分突出，由此也表明谈判不同于简单的、规律性的重复活动。

综合上述观点，我们认为，谈判的含义至少要包括以下几个方面的内容。

第一，谈判是建立在人们需要的基础上的。尼伦伯格指出：当人们想交换意见、改变关系或寻求同意时，就开始谈判。这里，交换意见、改变关系、寻求同意都是人们的需要。需要包括的具体内容极为广泛，如物质的需要、精神的需要，低级的需要、高级的需要。需要推动人们进行谈判，需要越强烈，谈判的动因就越明确。但谈判又是两方以上的行为，只有各方的需要能够通过对方的行为予以满足时，才会产生谈判。所以，无论什么样的谈判，都是建立在需要的基础上的。需要是显现和潜藏并存，在许多情况下，需要靠深入探索和发现。

第二，谈判是两方以上的交际活动。要谈判，就要有谈判对象，只有一方则无法进行谈判活动。从采购员与推销员的一对一的谈判，到联合国的多边谈判，都说明谈判至少要有两方或两方以上的参加者。既然有两方或两方以上的人员参加，这种活动就是一种交际活动，就需要运用交际手段、交际策略，实现交际的目标。这是谈判活动与人类其他行为的重要区别。

谈判中需要沟通与交流，交际手段和策略是十分重要的。事实证明，许多谈判失败或没有获得预期的效果，主要原因是沟通或交流不够。例如，美国一家大型保险公司在市中心一块相当好的地段拥有一家大酒店的抵押权，虽然生意不错，但酒店老板很少按时付款。由于无法使酒店老板按规定时间付款，保险公司威胁说要取消这家酒店的回赎权。酒店老板听说了这一消息后，只问了一个问题："你们将在哪儿停放客人的汽车？"他知道停车场是另一份合伙契约的一部分，完全在他的控制之下，但保险公司却不知道这一点。如果保险公司取消酒店的回赎权，酒店老板就会关闭停车场，从而使酒店无法继续营业。无奈，保险公司停止了取消回赎权的诉讼，宽恕了酒店逾期付款的行为，并根据酒店老板提出的条件重新商议抵押权的问题。由此看来，对信息的掌握与使用能直接改变谈判中的地位。如果你对信息的了解不如你的对手，那么你就很可能陷入被动之中。

第三，谈判是寻求建立或改善人们的社会关系。人们的一切活动都是以一定的社会关系为基础的。就拿买卖活动来讲，看起来是买卖行为，但实际上是人与人之间的关系，是商品的所有者和货币持有者之间的关系。买卖行为之所以能发生，关键在于买方和卖方新的关系的建立。谈判的目的是要获得某种利益，要实现追求的利益，就需要建立新的社会关系或改善原有的社会关系，而这种关系的建立是通过谈判来实现的。

【案例1-2】

1998年11月，德国戴姆勒-奔驰公司并购美国三大汽车公司之一的克莱斯勒公司，被全球舆论界誉为"天堂里的婚姻"。戴姆勒-奔驰公司是德国实力最强的企业，是扬名世界的"梅塞德斯"品牌的所有者；克莱斯勒则是美国三大汽车制造商中赢利能力最强、效率最高的公司。人们认为，这宗跨越大西洋的强强联合定会造就一个世界汽车市场的巨无霸。

然而谁会想到，这桩"婚姻"似乎并不美满。并购后并没有实现公司预期的目标，到2001年，公司的亏损额达到10亿美元，股价也一路下滑，并且裁减员工，公司的发展一直都很艰难。业内人士认为，大西洋两岸的文化差异是这场"婚姻"危机的根本原因。

戴姆勒-奔驰公司的CEO施伦普一开始没有意识到两家企业无论是在组织结构、薪酬制度，还是企业文化上都相差非常大，他采取完全控制的方式把克莱斯勒当成一个部门来看待，董事会结构成员都是以德国人为主。但是，他却在媒体上说"这是一次平等的合并"，这使克莱斯勒美国员工无所适从。再加上施伦普在企业合并不久就解雇了作为并购整合经理的克莱斯勒总裁，导致克莱斯勒员工产生敌对情绪，许多优秀的美国设计师、高级管理人员纷纷离职投奔了福特、通用汽车等竞争对手。这样，也就不难理解为什么这桩开始被称为"天堂里的婚姻"最后如此失败。

在这个案例中，我们认识到不同国家、不同民族间的文化存在着明显的差异。在当初合并的时候，戴姆勒-奔驰的CEO施伦普低估了文化的因素，在谈判时没有考虑两家企业之间的文化差异，更没有分析德国和美国的文化差异对谈判以及合并后整合的影响，使得合并后的公司的发展多年来一直都比较艰难并且无法实现期望的目标。

美国学者保罗•A.郝比格说："一个成功契约的障碍大多来自文化因素。由于谈判双方都从自己种族的情境和经验来观察对方，阻碍了同来自其他文化的人的有效谈判。"可见，文化差异会左右谈判者的思想和行为，使谈判深深地打上不同民族国家文化的烙印。因此，在日益频繁的国际商务谈判活动中我们更不能忽视文化差异所产生的影响。

(资料来源：余柏、陶雪楠主编.新编实用谈判案例详解与应用[M].哈尔滨：哈尔滨出版社，2014.)

第四，谈判是一种协调行为的过程。任何谈判协议的达成，都是寻求协调、达到统一的结果。没有达成协议，则是协调活动的失败。谈判的整个过程就是提出问题和要求，进行协商，又出现矛盾，再进一步协商的过程。这个过程可能会重复多次，直至谈判终结。

没有任何一项谈判，双方一接触就立刻一拍即合、达成协议的。众多条款需要不断协商沟通，获得双方的认可，有的甚至拖延数年时间。例如，中国海洋石油公司与英国壳牌石油公司40亿美元的合作项目，就是双方在谈判了12年后才最终达成协议的。中间经历了五次大的反复，先后有中国石油公司、中国石化公司、中国香港招商局集团和相关企业参与合作和谈判，投资方案出台了数十个，可行性分析也做了无数遍，参与谈判的人员更是数不胜数，最终的结果还算比较圆满。这也进一步印证了谈判本身就是人们不断沟通协商的过程。

第五，选择恰当的谈判时间、地点。谈判是两方或两方以上面对面的接触，这就需要选择谈判时间和谈判地点，一般来讲，时间和地点是由谈判双方根据实际需要协商确定的。谈判的参与者都十分重视选择恰当的时间和地点，这在政治谈判和军事谈判中尤为重要。在世界比较著名的谈判事例中，很多谈判活动都精心选择谈判地点，确定谈判的相关人员。例如，以色列和巴勒斯坦人的谈判，地点却是在美国，由美国人充当中间调解人；而20世纪70年代越南和美国的停战谈判，地点选择在法国，两方都乐于接受并最终达成了协议。

综上所述，我们认为谈判的概念是指参与各方出于某种需要，在一定的时空条件下，采取协调行为的过程。

谈判的范围是十分广泛的，企业销售产品、购买材料，职工调动工作，政府的外交联系，国家间的和平协定，甚至是家庭纠纷等，都可以成为谈判的内容。为了方便研究问题，本书把发生在经济领域中的谈判，即商务谈判作为研究的主线，并以此展开分析与论述。

三、谈判是市场经济发展的产物

(一)现代经济社会离不开谈判

谈判并不是今天才出现的事物，它从古至今一直是人们生活的组成部分。但是，只有在商品经济发展到一定阶段，人类社会进入文明阶段时，谈判才在社会生活中发挥巨大的作用。这是由于商品经济的内涵是等价交换，它排斥一切政治权力的干预，只有通过买卖双方的平等协商，才能在互利的基础上实现彼此的联系，促进经济的不断发展。可以说，商品经济的发展使谈判扮演了社会经济生活中的重要角色；而谈判手段广泛而有效的运用，又极大地促进了商品经济的繁荣与兴旺。

在人类社会形成初期，由于生产力水平极其低下，集体狩猎的食物都是平均分配，虽然当时也有协调行为，但这种协调是自发的、无意识的，可以看作是人的"天性"。

随着社会生产力的进一步发展，产品出现了大量剩余，有了交换的可能性和必要性，这时出现了通过谈判进行部落间交换的现象。在第三次社会大分工形成后，出现了专门从事商品交换的商人，交换已发展为经常的、广泛的社会活动，谈判则成为这种贸易交往的媒介，成为人们社会活动的重要内容。

商品经济存在的基础是社会分工、生产资料及产品属于不同的所有者，由此决定了人与人之间的交往关系必须是平等、互利的，人们之间的经济联系必须是有偿、等价的。与此相适应，谈判便成为人们实现这种联系的重要形式，为谋求各方之间的联系与合作发挥着巨大的作用。实践证明，商品经济越发达，谈判的应用越广泛，谈判的形式就越多样化、复杂化，逐渐出现了民间谈判、企业间谈判、政府间谈判以及国家间谈判等各种谈判形式。同时，谈判广泛运用于社会生产、生活的各个领域，进一步促进了社会的繁荣和经济的发展。

今天，谈判已经成为商品经济社会中不可缺少的组成部分，成为各种组织和公众为解决彼此间的矛盾、争议和调整人际关系的重要手段。不论人们是否承认、有没有意识到，人们都曾在现实生活中扮演了并将继续扮演着"谈判者"的角色，正如谈判专家所说的那样，"世界就是一张偌大的谈判桌"。

(二)谈判是企业之间联系的纽带

谈判，特别是贸易谈判，大多是在企业与企业之间、企业与其他部门之间进行的。每个企业都要与其他部门或单位进行沟通与联系，才能开展生产经营活动。事实上，经济越发展，分工越细，专业化程度越高，企业间的联系与合作越紧密，就越需要各种有效的沟通手段。但同时，在市场经济条件下，企业是社会的经济细胞，是独立的商品生产者，具有独立的法人资格。企业之间的交往与联系，必须遵从市场经济的客观规律，在自愿互利的基础上，实行等价交换，公平交易。因此，谈判理所当然地成为各种经济现象之间联系的媒介，成为企业之间经济联系的桥梁和纽带。

改革开放政策的实施，打破了我国传统的僵化、落后、封闭式的管理体制，也将企业推进了市场，给企业以充分的经营自主权，使企业成为在市场经济活动中能够自主运营的独立的商品生产经营者。企业在追求利润最大化的同时，能够维护自己独立的经济利益和各种合法权益。随着我国经济体制改革的逐步深入，现代企业制度的日益确立，谈判已经成为社会经济活动中企业之间以及其他各种经济实体之间联系的主要媒介。企业通过谈判，实现了资金、技术、设备、原材料和劳动力的最佳组合；通过谈判协商解决交易活动中的一系列问题；通过谈判处理合同纠纷；通过谈判磋商解决企业生产经营过程中所有涉及两方或两方以上的任何问题。可见，谈判加强了企业之间的联系，促进了社会经济的发展。

(三)谈判是开展国际贸易的重要手段

当今的经济活动，其活动范围早已遍及全球。任何一个国家都不能只依靠本国的资源、生产力、科学技术来满足国内的需求，而且随着社会生产的不断发展，不论是科学技术先进的国家，还是落后的国家，都必须注意学习和利用其他国家的长处、优势，借鉴别人的科技成果。众所周知，日本在20世纪70年代靠引进的先进技术，实现了经济起飞，一跃成为世界经济强国。纵观世界市场，从20世纪50年代到80年代，世界贸易额增长了20多倍。进入21世纪，经济全球化、一体化已成为世界经济发展的大趋势，各国间的贸易早已跨越了国界和地域的限制。

要加快我国现代化建设的步伐，必须进一步扩大对外贸易，参与国际经济大循环。我国在21世纪初成为世界贸易组织的成员，这为我国参与国际贸易，更多地吸引外资，引进国外先进的技术、设备，展示了光明的前景，创造了良好的条件。我们一定要抓住这一有利时机，尽快融入世界经济发展的潮流中，以提高我国的国际竞争力，加快我国市场经济的发展。

自1986年，我国就开始了加入世界贸易组织(WTO)的谈判，历时十三载，经历了数百回合的双边和多边谈判，无数人员为此付出了艰辛的努力，今天成果的取得既是我们在国际上的经济地位和实力提高所致，是国力增强的结果，也是众多谈判人员多年努力的最好回报。可以说，我国加入世界贸易组织的谈判就是对谈判活动复杂性、持久性和重要性的最好注解。

从另一方面来讲，我国长期以来对外贸易发展速度不快，原因之一就是我们对外贸谈判重视不够，缺乏一支精悍的、高水平的谈判人员队伍，现有的谈判人员也缺乏系统的、专门的训练。许多人不仅不懂谈判中的策略技巧、战术方法，甚至对自己的个性特征、行为方式也缺乏最基本的把握，综合素质不高，一些人还停留在经验式的摸索阶段。

随着对外开放的不断扩大，世界经济一体化已经成为一种主导潮流，中国在其中发挥的作用越来越大。我国已成为世界上仅次于美国和德国的贸易大国，对国际上的外贸依存度也越来越高，国际知名企业大规模地进入中国市场，国内企业也源源不断地向国际市场进军，众多企业直接同外商打交道，这一切使高水平谈判人员缺乏的状况更加突出。从目前国际贸易发展的态势来看，国际商务谈判不仅需要懂专业的专门人才，更需要一专多能的复合型人才。如引进技术、设备的谈判，由于技术谈判与商务谈判不能很好地结合起来，懂技术的不懂贸易，懂贸易的不懂技术，常致使一些企业与外商签订的合同条款不清、漏洞百出，这不仅给企业和国家造成了不应有的损失，也影响了我国对外贸易的发展。

发展对外贸易，参与国际竞争，开拓国际市场，必须掌握高超的谈判技巧，了解、熟悉国际商贸活动的一般规律、准则以及各国的民俗、消费习惯，把握不同国度谈判者的谈判风格，只有这样，才能有效地运用谈判手段，在国际商贸活动中运筹帷幄，掌握主动权，赢得胜利。

四、谈判的特征

(一)谈判是人际关系的一种特殊表现

谈判是由两方或两方以上的人员参与的活动，这就必然表现为一种人与人之间的关系。人与人之间存在着多种多样的关系，例如生产关系、血缘关系、师徒关系、邻里关系、同乡关系等。但上述这些人际关系并不等同于我们所研究的谈判行为之间的人际关系。在这里，谈判活动所体现出的人际关系具有某种特殊性，即参与谈判活动的各方是出于某种利益而结成的相互关系或共同体。这种关系不同于上述人际关系的稳定性、持久性的特点，而是短暂的和动态的。也就是说，由谈判活动所建立的人际关系，一旦协调过程完成，相互之间的关系便告结束。当然，我们也并不排除这种关系可能转换为另外一种人际关系——相对稳定、持久的协作或合作关系。

从另一方面来看，谈判行为所形成的人际关系的范围是十分宽泛的，即介入这种关系的人的来源可能是多方面的，不仅仅是负责谈判的专业人员，生活在社会各个层面的人都会在某种特定的条件下从事谈判活动。

(二)谈判的参与各方是地位平等、相对独立的主体

谈判作为人类广泛的社会行为，其核心是参与各方体现了一种平等互利的关系，任何一方都不能凌驾于另一方之上。当然，谈判中所使用的谈判技巧则另当别论。谈判的各方只有地位平等，才能相互间有效地磋商问题，协调分歧，彼此合作。

人类的平等意识由来已久，人类社会历史上出现的两次大的社会进步行为——"摆脱共同体束缚而争取个性自由"，即摆脱原始氏族共同体走向古典自由民主社会，摆脱封建宗

法共同体走向近代市民社会，其核心都是一个平等的问题，最具声望的"雅典道路"之说就是由"氏族族长制"转变为"民主制"，即古希腊罗马的议会制。但是在人类的历史进程中，人们的平等并没有得到充分体现，表现都是局部的或不完善的。由于种族和阶层的差异，战争、暴力和一些不平等条约等还是大量地充斥在人类的行为中，扼杀和破坏了人们之间的交往与沟通。

随着人类社会的不断进步，自由、平等、博爱已成为人们普遍接受的价值观，市场经济的高度发达排斥一切强权，人们需要平等自由地交往和联系，这一切使谈判这种建立在平等协商基础上的活动逐渐成为人们社会活动的主角，发挥着越来越大的作用。

从另一种角度来看，在谈判中人们实施的各种谋略与技巧，其实质在于掩饰本身的不足而维护表面上的对等，或试图打破表面上的对等而取得形式上的优势，从而获得维护自身利益或取得更好谈判结局的效果。由此，我们可以得出，维护在物质力量、人格、地位等方面的相对独立或对等不仅是构成真正谈判关系的一个条件，而且也是双方在谈判中进行较量的一个焦点。

(三)谈判是信息传递的过程

谈判的各方在一起磋商问题，都需要阐述自己的想法和意见，同时也要听取对方的想法和意见，这一过程是一个借助思维—语言链交换信息的过程，即不断传递信息并随时反馈的过程。这一过程伴随着双方或多方的心理活动，体现的不仅仅是交易的结果，同时也是参与各方价值观和思维模式的较量或展现。

尽管谈判各方的地位是平等的，实现的利益也是双赢的，但不等于是谈判方机械妥协的结果，而应该是双方展示各自的实力，利用各种条件或优势争取最大利益的过程。由于参与谈判的各方在观点、基本利益和行为方式等方面既相互联系又相互冲突，并且双方都企图说服对方或理解或接受自己的观点，在双方之间交换信息越充分，沟通越彻底，彼此走向一致的可能性就越大。

【案例1-3】

> 江西省某工艺雕刻厂原是一家濒临倒闭的小厂，经过几年的努力，发展为产值200多万元的规模，产品打入日本市场，战胜了其他国家在日本经营多年的厂家，被誉为"天下第一雕刻"。有一年，日本三家株式会社的老板同一天接踵而至，到该厂订货。其中一家资本雄厚的大商社，要求原价包销该厂的佛坛产品。这应该说是好消息。但该厂想到，这几家原来都是经销韩国、台湾地区产品的商社，为什么争先恐后、不约而同到本厂来订货？他们查阅了日本市场的资料，得出的结论是本厂的木材质量上乘，技艺高超是吸引外商订货的主要原因。于是该厂采用了"待价而沽""欲擒故纵"的谈判策略。先不理那家大商社，而是积极抓住两家小商社求货心切的心理，把佛坛的梁、榴、柱，分别与其他国家的产品做比较。在此基础上，该厂将产品当金条一样争价钱、论成色，使其价格达到理想的高度。首先与小商社拍板成交，造成那家大客商产生失落货源的危机感。那家大客商不但更急于订货，而且想垄断货源，于是大批订货，以致订货数量超过该厂现有生产能力的好几倍。
>
> (资料来源：于博远. 商务谈判理论与实务[M]. 哈尔滨：哈尔滨工业大学出版社，2010.)

(四)谈判没有特定的规律可遵循

古语讲"兵无常势，水无常形"，是比喻事物的发展没有可遵循的定式，没有可完全照搬的模式。谈判就是这样的一种活动或行为。著名的谈判专家尼伦伯格曾参加过无数次谈判，他总结的经验是没有两个谈判的模式是完全一样的，尽管有时交易的内容没有太大的差别。

谈判难以寻求一种特定的模式主要是因为判定参与谈判的人胜任工作与否十分困难。人们认同谈判人员的经验及对谈判战术技巧的熟练掌握具有重要作用这样的观点，但怎样才算是一个成熟、老练的谈判者却没有统一的定论。在尼伦伯格看来，老练的谈判者难求。通过研究和实际体验，人们可以成为成熟、老练的谈判者。在尼伦伯格看来，精于谈判之道的专家不玩谈判的游戏。他们了解妥协和调解的艺术，知道找出共同利益的重要性，而且他们会避免陷入"我要赢这场游戏"的竞争态势。谈判时，双方会做最大的让步，并对对方的让步做最低的期望值。但他们不会做得很明显，而是间接、暗地里很灵活地表现出来。这要有长期的经验和训练，才能达到此种水平，也唯有这样熟练的谈判者，才能圆满地解决问题。

尽管我们知道这样的谈判者是理想的谈判人选，但是，却无统一的判定标准。许多专家将一些特质赋予谈判高手，如坚定、果敢、自信、有洞察力等。但实际上，这只是优秀谈判者的必备条件，这样的特质也会表现在优秀的领导者和管理者身上。在谈判这种特定的活动中，也会锻炼人的一些特质。

第二节 谈判的代表性理论

谈判在近代社会活动中扮演了重要角色，随着许多新兴科学的不断出现，有关谈判研究的理论也在不断发展，许多在其他领域的研究中所取得的丰硕成果被应用在谈判活动中。本节着重介绍两种有代表性的谈判理论，即博弈论与"黑箱"理论。

一、博弈论与谈判

现代经济科学发展一个最引人注目的特点，就是将博弈论引入其中。从这一角度出发，许多经济现象和经济行为都可以被理解为某种博弈问题，都可以用博弈方法进行分析研究。近年来，随着博弈论运用的领域越来越广泛，博弈理论在谈判活动中的应用也越来越受到人们的关注，引起了人们的兴趣。博弈论的运用就是将复杂的、不确定的谈判行为通过简洁明了的博弈分析使研究进一步科学化、规范化、系统化，寻找某些规律性的东西，建立某种分析模式，从而构建谈判理论分析的基础框架。

(一)以博弈论解析谈判

"博弈论"译自英文 game theory，其中 game 一词的基本含义是游戏。如果你注意观察发生在身边的一些事情，哪怕是下棋、打牌这种休闲娱乐活动，就会发现许多游戏都有这样一个共同特点，即策略或计谋起着举足轻重的作用。因为当确定了游戏的基本规则之后，参与游戏各方的策略选择将成为左右游戏结果的最关键因素。观察现实社会，我们平时不以游戏相称的十分重要的活动，如经济活动中的经营决策，政治活动中的竞选，军事领域中的战役、战斗等，如果抽象出它们的本质特征，也都与一般游戏一样，是在一定规则之下参加各方的决策较量，这就是博弈现象。这也是博弈论应用广泛的重要原因。博弈有多种形式，这里我们主要借助于经典博弈问题分析，建立谈判合作的基本模式。

要分析博弈在谈判中的作用，首先需要建立一个简单的谈判模型。例如，有一个叫王二的人有一辆修理一新的旧车。假定对王二来讲，他拥有并使用这辆车的利益为3 000元。再假设一个叫李五的人一直渴望买一辆旧车，他年终发了5 000元奖金，便决定从王二那里买这辆旧车。当他检查了这辆旧车后，认为这辆车值4 000元。

根据上述情况，如果王二和李五要进行交易，王二的要价在3 000元以上，而李五愿付4 000元以内。双方之间有个差额，这就是谈判的余地。假如交易完全是自愿的，交易就会在3 000~4 000元之间的某个价上成交，假设成交价格为3 500元。

从合作博弈的角度讲，交易双方都能从合作行为中得到利益。具体地说，这个交易使某种资源(旧车)从对它评价较低的所有者手里转移到对它评价较高的人手里，这种资源在这一交易过程中的潜在利益从3 000元增加到4 000元，净增1 000元，同时也带来了利益分享。如果成交价为3 500元，交易各方都从资源的转移中分享了500元的利益。假如成交价为3 800元，那么分享的比例就不再平均，王二分得800元，而李五只分得200元。

但是，合作性结果的出现需要谈判双方拥有充分的交流和信息，一旦谈判双方不能进行信息交流，就难以获得一种有利于每个当事人的合作利益。这种谈判被称为"囚徒困境"。

"囚徒困境"是一种非合作性的博弈。假设有两个嫌疑犯被分别关在隔离的房间里受审，他们彼此之间无法进行交流和通气。警察分别向两名嫌疑犯表明：如果一个人招供，而同伙不招供，招供者会被判半年徒刑，同伙将被判10年徒刑；如果都招供，将被各判5年徒刑；如果都不招供，将被各判1年徒刑。我们知道，对这个博弈来说，两个嫌疑犯最佳的策略选择就是双方都不认罪。但监禁半年是最吸引人的，所以，两个嫌疑犯都可能有承认的动机，这样，双方可能都会认罪，结果是各判5年徒刑。

上例中的结果是一个"合作解"和一个"不合作解"，可见，从博弈角度来分析，即谈判，只有双方合作，才会有剩余，对双方才谈得上利益分享。

(二)在博弈基础上的谈判程序

通过上述分析，我们可以将谈判过程分为三个步骤：一是建立风险值，二是确定合作剩余，三是达成分享剩余的协议。

1. 建立风险值

建立风险值是指打算合作的双方对所要进行的交易内容的评估确定。例如，要购买某一商品，估计可能的价格是多少，最理想的价格是多少，最后的撤退价是多少，总共需要多少资金，其他附带条件是什么，这其中包括产品风险、资金风险、社会风险和舆论风险等。

2. 确定合作剩余

风险值确定后，会形成双方合作的剩余，就是我们上面所说的1 000元，但是，如何进行分配却是关键问题，双方的讨价还价、斗智斗勇就是为了确定双方的剩余。关于剩余的分配，从来没有统一的标准，一般取决于双方实力的对比和对谈判策略与技巧的运用。实际上，对于许多谈判项目来讲，合作的剩余是多少也是一个难以确定的未知数，因为合作剩余还应该包括一些附加利益。例如，我国江苏仪征化纤工程上马，实行对外招标，德方公司中标标的是1亿多美元。但是，正是因为它在世界上最大的化纤基地中标后，在后来的时间里得以连续在全世界15次中标，这为企业带来了巨大的国际声望和经济效益。

确定合作剩余的一个最根本的问题就是如何分配参加博弈的各方的利益，人们的社会经济活动除了获得胜利、好处、收益利润和正效用外，也会有损失、失败和负效用。在许多情况下，一方收益的增加必定造成另一方收益的减少，如双方的矛盾焦点都集中在交易产品的价格上。但不论怎样分配，都不会影响总的结果，这种现象在博弈中被称为"零和博弈"。它的特点是各方利益是相互对立的，为了在博弈中占据上风，多得利益，都不想让对方了解自己解决问题的思路，猜出所选择的对策，所以，其博弈结果总是不确定的。

现代谈判观念认为：谈判不是将一块蛋糕拿来后商量怎么分，而是要想法把蛋糕做大，让每一方都能多分。这一点已被博弈理论所证明，即"变和博弈"。变和博弈研究的是进行不同的策略组合，使博弈各方的得益之和增大。这就意味着参与谈判(博弈)的各方之间存在着相互配合的可能，即在各自的利益驱动下自觉、独立地采取合作的态度和行为。大家共同合作，将利益扩大，使每一方都多得，结果是皆大欢喜。

3. 达成分享剩余的协议

谈判是一种不确定性的行为，即使谈判是可能的，也无法保证谈判会成功。如果谈判不能坚持下去，各方就不能进行有效的合作，也就无法创造新的价值，实现更大的利益。阻止谈判顺利进行和各方有效合作的最大障碍，就是谈判各方难以在如何分割或分享价值问题上达成一致协议，即我们通常所说的确定成交价格。当然，这里的"成交价格"含义较广，包括以价格为主的一切交易条件。

就上例来讲，剩余是指王二对车3 000元的评价和李五对车4 000元的评价之间的差额1 000元，究竟这一剩余应该怎样分配，是平均还是不平均，取决于许多不确定的因素。实际上，诸多的谈判，人们对双方合作的剩余是多少也很难确定。就公平理论来讲，有许多分配方法，如果他们都能认识到达成协议对他们彼此都有益的话，双方的谅解与合作是完全可能的。达成协议是谈判各方分享合作剩余的保证，也是维系各方合作的纽带。

二、"黑箱"理论与谈判

20世纪中叶，出现了一门新兴科学——控制论，它是由美国科学家诺伯特·维纳创立的。所谓控制，就是运用某种手段，将被控对象的活动限制在一定范围之内，或使其按照某种特定的模式运作。控制论之所以在现代社会生活中产生了重要影响，就是因为它在众多领域的应用中取得了巨大的成果。将控制论运用于谈判领域，使谈判者将谈判活动变得更加程序化，就能应用最佳模式产生最佳效果，达到理想境界。

在控制论中，通常把所不知的区域或系统称为"黑箱"，而把全知的系统或区域称为"白箱"，介于黑箱和白箱之间的区域或系统或部分可查黑箱称为"灰箱"。一般来讲，在社会生活中广泛存在着不能观测却是可以控制的"黑箱"问题。在现实中还有许多事物，我们自以为不是"黑箱",但实际上却是"黑箱"。对此,控制论专家举了一个自行车的例子,我们起初可能会设想自行车不是个黑箱,因为组成它的每一个部件我们都能看出来。事实上我们只是自以为知。踏板与轮子的最初联系在于把金属原子聚在一起的那些原子力,而这些原子力我们一点也看不到。而骑车子的孩子,只要知道踏踏板能使车轮转动就够了。

　　由此可见,黑箱是我们未知的世界,也是我们要探知的世界。要解开黑箱之谜,我们不能打开黑箱,只能通过观察黑箱中"输入""输出"的变量,寻找、发现规律性的东西,实现对黑箱的控制。例如,一位有经验的谈判专家替他的委托人与保险公司的业务员商谈理赔事宜。对于保险公司能赔多少,专家心里也没底数,这就是我们通常认为的黑箱,因此,专家决定少说话,多观察,不露声色。保险公司的理赔员先说话:"先生,这种情况按惯例,我们只能赔偿 100 美元,怎么样?"专家表情严肃,根本不说话。沉默了一会儿,理赔员又说:"要不再加 100 美元如何?"专家又是沉默,良久后说:"抱歉,无法接受。"理赔员继续说:"好吧,那么就再加 100 美元。"专家还是不说话,继而摇摇头。理赔员显得有点慌了:"那就 400 美元吧。"专家还是不说话,但明显是不满意的样子。理赔员只好又说:"赔 500 美元怎么样?"就这样专家重复着他的沉默,理赔员不断加码他的赔款,最后的谈判结果是以保险公司赔偿 950 美元而告终,而他的委托人原本只希望要 300 美元。专家的高明之处就在于不断地探知黑箱中的未知数,知道何时不能松口,紧紧抓住利益,也知道何时该停止,放弃利益,所以,他为雇主争取了最大的利益。

　　白箱对于我们来说是已知的世界,所以,可以对输出、输入事先确定变数及相互关系,当我们对系统内部结构有了深刻的认识时,我们就可以把这种结构关系以确切的形式表现出来,这就是"白箱网络"。运用白箱网络来分析谈判,就可以通过白箱规范已知的系统,将非常不确定的因素加以约束,从而可以更好地控制谈判局势。

　　最后,我们来探讨灰箱问题。对于人们来讲,现实世界的绝大多数问题都是灰箱问题,谈判活动也是如此。因为在我们的认识中,对于某个系统,已经有了局部的了解,而对于其他方面则是未知的,这就需要我们充分运用已有的了解和知识,探求这个系统过去的历史,尝试用多种方法去掌握它的内部状态。例如,当我们就一项交易与对方讨价还价时,对方告诉你,让利 8%就已经是他的极限,那么,你是相信呢,还是拒绝呢?这就需要你根据已知进行判断,破解他 8%的灰箱。

第三节　谈判的基本原则

　　谈判的基本原则也是谈判的指导思想、基本准则。它决定了谈判者在谈判中将采用什么样的谈判策略和谈判技巧,以及怎样运用这些策略和技巧。

一、谈判是双方的合作

　　参与谈判的各方究竟是合作者还是竞争者?这是历来谈判学家在理论上争论的焦点,也是众多的实际谈判者在谈判中确定立场的出发点。我们认为,不论是何种类型的谈判,即使是政治谈判、军事谈判,谈判的双方或多方都是合作者,而非竞争者,更不是敌对者。

　　这是因为,如果把谈判纯粹看成是一场棋赛或一场战斗,不是你输就是我赢,那么,双方都会站在各自的立场上，把对方看成是对手、敌手，绞尽脑汁、千方百计地想压倒对方，击败对方，以达到己方单方面胜利的目的。结果，达到目的的一方成了赢家，趾高气扬，作出重大牺牲或让步的一方成了输家，屈辱不堪。双方虽然签订了协议，但并没有融洽双方的关系，更没有达到双方都满意的目的，因而这一协议缺乏牢固性，自认为失败的一方会千方百计寻找各种理由、机会，延缓协议的履行，挽回自己的损失。其结果可能是两败俱伤。正如谈判专家尼伦伯格所指出的："陷入输赢的谈判状况时，我们愈想胜利，奋战也愈艰苦，因为对方也期望胜利。"

由于双方都把对方看作是自己的对手，两方各自的利益互不相容。一方多得就意味着另一方少得，一方获利就意味着另一方让利。因此，双方对立的另一危害就是互相攻击、互相指责。谈判者为了维护各自的利益，只知一味地指责对方、埋怨对方，却不注意寻找双方都可以接受的条件，从而使双方的关系愈加紧张、对立，达成协议的可能性也就更小了。

因此，在谈判中最重要的是应明确双方不是对手、敌手，而是朋友、合作的对象。理想的谈判过程不能简单地看成是利益争夺的过程，而是一个双方互相沟通、交流，寻求共同发展的过程。美国谈判专家费雪·尤瑞明指出，"每位谈判者都有两种利益：实质的利益和关系的利益"。合作共识、互利互惠，会使谈判双方既得到实质的利益，又能获得关系的利益。只有在这一思想指导下，谈判者才能从客观、冷静的态度出发，寻找双方合作的共同途径，消除达成协议的各种障碍。

我们认为，要坚持合作互利的原则，主要应着眼于以下几个方面。

第一，从满足双方的实际利益出发，发展长期的贸易关系，创造更多的合作机会。贸易都是互利互惠的，如果双方都能充分认识到这一点，就能极大地增加合作的可能性。

第二，坚持诚挚坦率的态度。诚挚与坦率是做人的根本，也是谈判活动的准则。中国有句名言："精诚所至，金石为开。"说的就是只要专心诚意去做，什么疑难问题都能解决，形容真诚对人产生的感动力。而在现实谈判中，不论是哪一方缺乏诚意，都很难取得理想的合作效果。在平等合作、互相信任的基础上，双方坦诚相见，将己方的意图、目标、要求准确地摆到桌面上，而对于对方要求的合理部分表示理解与肯定，对于双方应商榷的部分明确指出，双方力争做到开诚布公、光明磊落，这会大大增加合作概率和双方的信任。当然，坚持诚挚与坦率，并不是排斥谈判策略的运用，并不是说将己方的一切都和盘托出，毫无保留。

这里的诚挚是指谈判的诚心与诚意，动机纯正；坦率是指光明正大，排除不可告人的目的，如伺机的损人利己、转嫁危机。坚持诚挚与坦率会更好地消除谈判各方的误会与隔阂，更好地了解事实真相，达成双方的谅解与合作。

第三，实事求是。这是指谈判各方在提出自己的要求、条件时要尽可能符合客观实际，要充分估量己方条件的切实可行性，同时坚持公平合理的原则去评价对方的要求、立场。

坚持实事求是的原则，并不排斥抬价、压价战术的运用。但不论是抬价、压价，要让对方觉得合情合理，具有客观性，而不要漫天要价、瞒天过海，否则，双方很难做到精诚合作。

第一章 谈判概述

【案例1-4】

在单方面要求没有得到满足时,最难缠的谈判者会以退出谈判或者残酷报复为条件威胁对方;他们也可能会嘲笑对手,攻击对手,甚至恐吓对手。例如刘易斯·格拉克斯曼(Lewis Glucksman),一个反复无常的人,曾经是大型投资银行里曼兄弟(Lehman Brothers)公司贸易活动的负责人。在和彼得·G.彼得森(Peter G.Peterson)一起被提升为副CEO以后,为了夺取里曼公司的控制权,格拉克斯曼使用了最无情的手段。后来是彼得森当选了主席,在任职CEO期间,格拉克斯曼蛮横无理地要求得到整个公司的控制权,还很含蓄地威胁对方说,除非他的愿望得到满足,否则他将挑起里曼公司的内战,并扬言要把赢利较好的整个贸易部门带走。为减少对公司的损害,彼得森和其他人万般无奈,只好向格拉克斯曼寻求和解,格拉克斯曼依然态度强硬地表示"他的脚已经钉在水泥上了",言外之意就是一切都无可更改,尽管他也知道这样会损害整个公司的利益。(最终,格拉克斯曼用可观的资金打发走了彼得森,如愿以偿地统率了里曼公司,可惜公司江河日下,很快就廉价卖给了美国运通。)

这个故事中双方的利益是对立的,谈判的中心画面由一个成功者和一个失败者构成。"我们把饼分成固定的大小,给你的每一块就是我无法得到的,所以,我要索取尽可能多的价值,就会尽量少地分给你。"

(资料来源:理查德·柏曼.哈佛商务谈判教程[M].纽约:纽约大学出版社,2016.)

二、避免在立场上磋商问题

无论是商贸合同的谈判,还是家庭纠纷的解决,抑或是国家间的和平协议,人们习惯于在要求上讨价还价,双方各持一种立场来磋商问题,结果或是通过让步达成妥协,或是会谈破裂,不欢而散。

坚持立场会使我们在谈判中取得一定成果,它可以使你在有压力、不确定的情况下提供一种标准,同时也为可接受的协议提出了具体条件。但认真分析就会发现,在捍卫立场的前提下磋商问题或讨价还价,结果是十分消极的。

首先,立场上的讨价还价违背了谈判的基本原则,它无法达成一个明智、有效而又友好的协议。任何谈判方法都可以用以下三个标准进行检验:①达成明智的协议;②应实用有效;③增进双方的关系。

为捍卫立场所磋商的谈判协议,最常见的就是谈判的一方或双方不顾对方的客观情况,不考虑对方的利益,一味地强调己方的得失,寸土不让,寸金必得。即使做出迫不得已的让步,也是以对方的让步或牺牲为代价。所以,这种协议即使达成,也是双方机械妥协的产物,否则,就会使谈判无休止地争执、拖延下去,还会严重损害双方的关系,使达成协议的可能性变得很小。

其次,立场上的讨价还价会破坏谈判的和谐气氛,使谈判成为一场意志的较量,每一方谈判者都宣称他要做什么或不做什么,取得相互同意的解决办法就成为一场战斗。双方都想凭意志的力量使对方改变立场,结果是要么一方做出重大牺牲,以求达成协议;要么双方各不相让,谈判破裂。

再次,立场上的讨价还价还会导致产生不明智的协议。当谈判者在要求上讨价还价时,他就把自己局限于这些要求中,结果是对要求考虑得越细致、越周到,防卫得也越严密,陷得也就越深,越难以改变立场、态度。因为要求与自我已融为一体,甚至为了保全面子而提出新的要求,这时,所采取的行动和对策都是为了捍卫自己的要求或立场,很少考虑协议是否符合对方的利益。这样,即使达成协议,也仅仅是各方在立场上、分歧上妥协的机械反应,而不是尽量满足各方的合理利益的真实反应。其结果往往是双方互不满意,从而会消极地对待双方的协议,而实际上他们本来是可以达成满意的协议的。

最后,立场上的讨价还价还会严重地阻碍谈判协议的达成。谈判者越是坚持立场、毫不让步,越可能不择手段地迫使对方向自己让步,越希望谈判朝着对自己有利的方向发展,而对方也是如此,这是影响协议达成的重要因素。谈判者所采取的立场越极端,所做的让步越小,就要花费越多的时间和精力弄清协议是否能够成立。

可见,为捍卫立场而进行的磋商会给谈判带来难以克服的困难,造成无法弥补的损失。为了克服立场上讨价还价带来的弊端,我们应当在谈判中着眼于利益,而不是立场,在灵活变通的原则下,寻找增进共同利益和协调利益冲突的解决办法。

三、作出互利性选择

谈判破裂的原因之一就是双方为维护各自的利益互不相让。但是双方的根本利益所在是否都集中在一个焦点上,却是值得认真研究和考虑的问题。一个很有趣的例子说明了这一道理:两个人争一个橘子,最后协商的结果是把橘子一分为二,第一个人吃掉了分给他的一半,扔掉了皮;第二个人则扔掉了橘子,留下了皮做药。它说明人们在同一事物上可能有不同的利益,在利益的选择上有多种途径。

在现代谈判中,传统的分配模式不但无助于协议的达成,反而可能有害。这种谈判结局往往是对争论的东西,或者是我得到,或者是你得到。一方多占一些,就意味着另一方要损失一些。而新的谈判观点则认为,在谈判中每一方都有各自的利益,但每一方利益的焦点并不是完全对立的。一项产品出口贸易的谈判,卖方关心的可能是货款的一次性结算,而买方关心的则可能是产品质量是否一流。因此,谈判的一个重要原则,就是协调双方的利益,作出互利性的选择。

在一定条件下,谈判能否达成协议取决于双方制定的互利性选择方案。为了更好地协调双方的利益,不要过于仓促地确定选择方案,而应在双方充分协商、讨论的基础上,进一步明确双方各自的利益,找出共同利益、不同利益,从而确定哪些利益是可以调和的。

当然,考虑对方的利益,并不意味着迁就对方、迎合对方。恰恰相反,如果你不考虑对方的利益,不表明自己对他们的理解和关心,你就无法使对方认真听取你的意见,讨论你的建议和选择,自然,你的利益也就无法实现。

坚持互利原则,应做到以下两点。

1. 打破传统的分配模式,提出新的选择

人们习惯思维的结果是对于争论的东西,或是我得到,或是你得到,好像没有更好的选择形式。这种观念是影响人们寻找互利解决方案的主要障碍。要打破传统的分配办法,提出新的选择形式,就要考虑头脑中没有的东西,这就需要创造性,需要灵感。一方面,

要收集大量的信息资料作为考虑问题的依据；另一方面，要突破原有的习惯思维模式，鼓励谈判小组成员大胆发表个人见解，集思广益，并付诸实施。

2. 寻找共同利益，增加合作的可能性

当双方为各自的利益讨价还价、激烈争辩时，很可能会忽略了双方的共同利益，而坚持某一点不动摇、不退让，在许多情况下，这会使谈判在枝节问题上陷入僵局，甚至导致谈判破裂。事后冷静下来，权衡考虑达成协议对己方的利益，才常常追悔莫及。其根本原因就是当时考虑的都是各自的利益。如果能从大局出发，多考虑双方的共同利益，把双方的利益由互为矛盾转化为互为补充，那么就会形成"我怎样才能使整个蛋糕变大，这样我就能多分了"的观念。

寻找共同利益时要注意，尽管每一次合作都存在着共同利益，但是它们大部分都是潜在的，需要谈判者去挖掘、发现。共同利益不是天赐的，要把它明确地表示出来，最好将它系统地阐述为共同目标，强调共同利益给双方带来的益处会使谈判更为和谐、融洽。

四、区分人与问题

区分人与问题是指在谈判中，应把对人，即谈判对手的态度和对所讨论问题的态度区分开来。

谈判的主体是人，因此，谈判的进行必然要受到谈判者个人的感情、要求、价值观、性格等方面的影响。

一方面，谈判过程中会产生相互都满意的心理。随着时间的推移，双方建立起一种相互信赖、理解、尊重和友好的关系，使谈判进行得更顺利、更有效。因为在心情愉快、感觉良好的心理状态下，人们会更乐于助人，乐于关心他人利益，乐于作出让步。

另一方面，在谈判中也会出现相反的情况。谈判双方意气用事，互相指责、抱怨，甚至尖酸刻薄，充满敌意，好像谈判中双方争执的每个问题，都是谈判者个人的问题。他们习惯于从个人利益和成见出发来理解对方的提议，这样就无法对解决问题的办法进行合理的探讨。造成这种结果的主要原因就是谈判者不能很好地区分谈判中的人与谈判中的问题，混淆了人与事的相互关系，要么对人、对事都采取软的态度，要么对人、对事都采取硬的态度。将对谈判中问题的不满意，发泄到谈判者个人的头上，对某些问题的气愤会转向与此相联系的人的身上。

谈判中人与事相混淆的另一原因是人们常从没有根据的推论中得出结论，并把这些作为对人的看法和态度。例如，谈判中常常有"他们的开价太高了，我们不能接受"的说法。这虽是对对方要求的不满，但往往会被认为是对对方代表个人的指责、抱怨。这会导致对方个人感情上的变化，使对方为了保全个人的面子，顽固地坚持个人立场，从而影响谈判的进行。

因此，在谈判中，应坚持把人与问题分开，具体做法如下所述。

(1) 在谈判中，当提出方案和建议时，也要从对方的立场出发考虑提议的可能性，理解或谅解对方的观点、看法。当然理解并不等于同意，对别人思想、行动的理解会使自己全面正确地分析整个谈判形势，从而缩小冲突范围，缓和谈判气氛，有利于谈判的顺利

进行。

　　当然，站在对方的立场上分析问题、估计形势有一定困难，但是这对于谈判者是十分重要的。仅认识到对方与自己看问题有差别是不够的，如果要在谈判中说服对方，或对对方施加影响，就要了解对方的想法，掌握对方的心理，如果对对方的理由比他们自己理解得还深，那你就增加了取得谈判成功的机会，减少了产生误解的可能。

　　站在对方的角度看待问题，就能够较好地克服想当然的推断所造成的偏见，从而正确地分析理解双方对问题的看法。人们的一个习惯就是常从自己的担心中去推断别人的行为和意图，这种习惯往往导致谈判双方对对方所说的话及提议进行最坏的推测。即使挑不出对方的提议对自己有什么危害，也总觉得他们是为自己利益提出的建议，恐怕于己方不利，不能轻易地同意。但如果尝试从对方的角度看问题，或是提出"假如我是对方，我会如何做"的设想，就会使你抛弃这些先入为主的偏见，看到事物的全部，也能够客观、冷静地分析具体问题，那么，事情就好办多了。

　　(2) 尽量多阐述客观情况，避免责备对方。谈判中经常出现的问题是，双方互相指责、抱怨，而不是互相谅解、合作。其原因就是混淆了人与事的区别。当对谈判中某些问题不满意时，就会归罪于某一方或某个人，因而把问题搁在一边，而对对方或某人进行指责、攻击，甚至谩骂。这种做法虽然维护了个人的立场，但却获得了相反的效果。对方在你的攻击下，会采取防卫措施来反对你所说的一切。他们或是拒绝听你的话，或是反唇相讥，这就完全把人与事纠缠在一起了。

　　要避免这种情况的出现，就要注意区分人与问题。尽量多阐述客观情况，在对方没有首先推卸责任的前提下，不要先提责任在谁，这样既可避免对方不承担责任，又可调动起对方解决问题的积极性。所以，明智的做法是抨击问题而不责难人。以开诚布公的态度将双方的分歧点摆出，在提出你的见解的同时，尊重对方的意见，心平气和，彬彬有礼，表达对占用其时间与他们努力的尊重，避免使用责难对方的言辞。这样，就争取到了主动，消除了由于双方分歧、对立所带来的紧张气氛，消除了对方的戒心，使对方感到你是在抨击问题、讨论问题，而不是针对他个人。

　　(3) 使双方都参与提议与协商，利害攸关。谈判经常会出现矛盾分歧，有时双方甚至争得面红耳赤，不可开交，在多数情况下是由于双方各自从自己的立场出发，拿出一个旨在让对方接受的提议或方案。这样，即使是对谈判有利的协议，对方也因为怀疑而拒不接纳。如果提出的一方一味坚持，另一方也很可能态度强硬，结果常常会导致僵局。

　　改变的方式很简单，就是让双方都参与方案的起草、协商。一个能容纳双方主要内容、包含双方主要利益的建议会使双方认为是自己的，如果他们切切实实感到他们是提议的主要参与者、制定者，那么达成协议就会变得比较容易。当各方对解决的办法逐步确认时，整个谈判过程就变得更加有秩序、有效率。这是因为对提议内容的每项改进与让步，都是双方谈判人员积极参与的结果。

　　(4) 保全面子，不伤感情。谈判人员有时固执己见，并不是因为谈判桌上的建议无法接受，而只是因为他们在感情上过不去，即使是出于无奈而让步，也往往会耿耿于怀。因此，在谈判中顾及对方面子，不伤对方感情十分重要。伤害对方感情的可能仅仅是几句话，但其带来的后果却是很严重的。对方的感情被伤害，会激起他的愤怒，导致反击，也可能引起他的恐慌，导致自卫，甚至采取对抗性、报复性的行动，这只能破坏双方的关系，使谈判陷入僵局。

本 章 小 结

谈判是当事人为满足各自需要和维持各自利益而进行的协商过程。这一解释强调谈判活动的持续性。这一点在正规、大型的谈判活动中十分突出，由此也表明谈判不同于简单的、规律性的重复活动。

谈判的含义至少要包括以下几个方面的内容。

第一，谈判是建立在人们需要的基础上的。需要推动人们进行谈判，需要越强烈，谈判的动因就越明确。但谈判又是两方或两方以上的行为，只有各方的需要能够通过对方的行为予以满足时，才会产生谈判。所以，无论什么样的谈判，都是建立在需要的基础上的。需要不仅是显现的，也是潜在的，在许多情况下，需要靠深入探索和发现。

第二，谈判是两方或两方以上的交际活动。要谈判，就要有谈判对象，只有一方则无法进行谈判活动。

谈判中需要沟通与交流，交际手段和策略是十分重要的。事实证明，许多谈判失败或没有获得预期的效果，主要原因是沟通或交流不够。

第三，谈判是寻求建立或改善人们的社会关系。人们的一切活动都是以一定的社会关系为背景的。谈判的目的是要获得某种利益，要实现追求的利益，就需要建立新的社会关系或改善原有的社会关系，而这种关系的建立是通过谈判来实现的。

第四，谈判是一种协调行为的过程。任何谈判协议的达成，都是寻求协调、达到统一的结果。没有达成协议，则是协调活动的失败。谈判的整个过程就是提出问题和要求，进行协商，又出现矛盾，再进一步协商的过程。这个过程可能会重复多次，直至谈判终结。

第五，选择恰当的谈判时间、地点。谈判是两方或两方以上面对面的接触，这就需要选择谈判时间和谈判地点，一般来讲，时间和地点是由谈判双方根据实际需要协商确定的。

谈判的范围是十分广泛的，企业销售产品、购买材料，职工调动工作，政府的外交联系，国家间的和平协定，甚至家庭纠纷等，都可以成为谈判的内容。

谈判是市场经济发展的产物。

商品经济的发展使谈判扮演了社会经济生活中的重要角色；而谈判手段广泛而有效的运用，又极大地促进了商品经济的繁荣与兴旺。

今天，谈判已经成为商品经济社会中不可缺少的组成部分，成为各种组织和公众为解决彼此间的矛盾、争议和调整人际关系的重要手段。

谈判，特别是贸易谈判，大多是在企业与企业之间、企业与其他部门之间进行的。

随着许多新兴科学的不断出现，有关谈判研究的理论也在不断发展，许多在其他领域的研究中所取得的丰硕成果被应用在谈判活动中。本章着重介绍了有代表性的谈判理论：博弈论与"黑箱"理论。

谈判的基本原则也是谈判的指导思想、基本准则。它决定了谈判者在谈判中将采用什么样的谈判策略和谈判技巧，以及怎样运用这些策略和技巧。

自 测 题

1. 为什么说谈判是一门复杂的艺术？
2. 谈判的含义主要包括哪几个方面的内容？
3. 为什么说现代经济社会离不开谈判？
4. 谈判的代表性理论有哪些？
5. 谈判的主要原则是什么？

案 例 分 析

作为谈判者的管理者

对于管理者来说，谈判就是一种生活方式。无论是租用办公地点，从其他部门"诈取"稀缺资源，还是为新的营销计划争取支持，甚至是制定下一年的预算，都需要谈判。在众多的此类情况中，人们彼此间有利益冲突，存在意见分歧。于是管理者需要通过谈判来实现某种合作，以达到对于每个人来说都更理想的结果。

尽管人们都承认谈判的重要性，但对于谈判还是经常有认识上的错误，操作情况也很糟。在现实中，谈判所带来的，不是无休止的口角，毫无必要的僵局，不断升级的冲突，就是蹩脚的契约。在此我们将为上述问题的起因做出"诊断"，揭示它们是如何损害了谈判，进而找出获得理想结果的方法。

卖出一座大厦，解决关于有毒废弃物的争端，收购一家小公司，几乎谁都知道，谈判在诸如此类的情形中起着重要作用。这些情形又总是与人们对于谈判最熟悉的那些印象相联系：烟雾缭绕的房间、强硬的条件、联络总部的紧急电话、午夜截止的最后通牒以及约束性的合同。其实，管理者要面对的谈判，远不止这些情形，也远不止这些表现形式。比如，尽管很少被人们认识到，实际上在管理者与其上级、董事会甚至与客户打交道的过程中，同样有大量的谈判存在。此外，管理者还必须与一些他无法命令，但与其合作又很关键的人谈判，这其中包括同僚、命令链条之外的人以及组织以外的人。管理者甚至还需要与下属谈判，因为下属经常有属于自己的不同的利益，看法、依托的力量和自由选择空间。

如果是在一个停滞的环境里，契约一旦订立，一般就会产生持久的作用。但是总会有变化发生，要求组织调整、应对。如果变化是连续的、迅速的，就需要不断制定新的契约。为此，组织必须保持前瞻性，不断进行谈判、再谈判。

思考问题：你怎样理解"谈判贯穿于现代社会人们的生产和生活的始终"这句话？

(资料来源：[美]戴维·A. 克拉斯. 谈判[M]. 北京：机械工业出版社，2014.)

阅 读 资 料

美国航空业的竞争

2016 年美洲航空公司引入了常客计划，这在航空历史上是最有创新性的营销方案。商务旅客(或其他任何经常坐飞机的旅客)都可以通过他们所乘坐的航班而获得里程数,同时将这些里程数变成旅行奖励。这种看似杰出的营销激励计划本想鼓励旅客对美国航空公司的忠诚感,但从谈判的角度上来看是令人惋惜的决策,因为,人们很快就发现了其在营销与财务方面所带来的灾难。

在美国航空公司的带领下,每家航空公司都很快推出了其常客计划。为了加强竞争,每家公司给其主要的常客都提供了双倍里程的奖励,甚至给旅馆停宿、汽车租赁等都提供了奖励。很快,这种优势政策使竞争升级并失控。1987年12月,三角航空公司宣布所有通过他们的美国快递卡购票的旅客将在1988年享受三倍的里程,分析家们估算这将使航空公司向旅客提供15亿到30亿美元的免费旅程。航空公司应该如何走出这种困境呢?

一种可能的解决方案来自1986年美国汽车产业类似的竞争战,三大美国汽车商都卷入了如何增加其销售量、扩大其市场份额的争夺计划中,只要有一家汽车商增加其刺激力度,其他两家也很快效仿,因而所有三家的利益均下滑。就这样,竞争愈演愈烈,直至最后达到这样一种情形,每个制造商平均生产每辆汽车都要赔钱。大家都知道,这样卖得再多也弥补不了亏损,是没有任何商业意义的。

在这种情形下,商家应如何逃脱这种致命的竞争但又不把市场份额输给其他两家呢?克莱斯勒公司的CEO和主席李·艾柯卡(Lee Iacocca)推出了一种解决方法:他告诉新闻界,三家公司的折扣计划都将在近期内到期而克莱斯勒公司也没有计划去继续推行;但如果其他两家中任何一家继续实施该计划,艾柯卡都将迎击其任何的促销方案。这个消息对福特公司和通用公司意味着什么?如果其他两家合作,克莱斯勒将愿意停火;同时,也威胁其他两家如果继续争夺,克莱斯勒公司将继续斗争。事实上,当福特公司和通用公司得到这个消息后,很快就停止了优惠激励计划。如果联合航空或美国航空在三角航空公司宣布三倍里程前,先像艾柯卡那样发出声明,情况会如何?

然而,航空产业没有像汽车产业那样理性,航空公司的债务迅速增加,有专家估算高达120亿美元。西北航空的商务旅行营销部主管拉塞克(Mark Lacek)称三倍里程计划是"疯狂性的营销自杀方案"。财富杂志称:"在每年营销机制的错误运行中,也很少有像航空公司这样一种普遍的疯狂常客计划。"

(资料来源:黄伟. 商业周刊(中文版)[J]. 纽约:麦克希尔出版社,2018.)

第二章 商务谈判概述

【学习要点及目标】

通过本章的学习，使学生明确商务谈判的概念、基本内容以及学习它的意义和方法，掌握商务谈判的特征、类型、原则，了解商务谈判的作用及其内容。

【引导案例】

> 2010年，我国南方某冶金公司要向美国某公司购买一套先进的冶炼组合炉。我方公司派一位高级工程师与美商谈判，为了不辱使命，这位高级工程师做了充分的准备工作。他查找了大量有关冶炼组合炉的资料，花了很多的精力对国际市场上冶炼组合炉的行情及美国这家公司的历史和现状、经营情况等进行了解。
>
> 谈判时，美商先报价330万美元，经过讨价还价压到130万美元。我方仍然不同意，坚持出价100万美元。美商表示不愿继续谈下去了，把合同往我方工程师面前一扔，说："我们已经做了这么大的让步，贵公司仍不能合作，看来你们没有诚意，这笔生意就算了，明天我们回国了。"我方工程师闻言轻轻一笑，把手一伸，做了一个优雅的"请"的动作。美商真的走了。冶金公司的其他人有些着急，甚至埋怨工程师不该抠得这么紧。工程师说："放心吧，他们会回来的。同样的设备，去年他们卖给法国的公司只要了98万美元，国际市场上这种设备的价格100万美元是正常的。"果然不出所料，一个星期后美商又回来继续谈判了。我方工程师向美商点明了他们与法国的成交价格，美商愣住了，没有想到眼前这位中国工程师如此精明，于是不敢再报虚价，只得说："现在物价上涨的厉害，比不了去年。"工程师说："每年物价上涨指数没有超过6%。你们算算，该涨多少？"美商被问得哑口无言，在事实面前，不得不让步，最终以103万美元达成了这笔交易。
>
> （资料来源：蒋小龙. 商务谈判与推销技巧[M]. 北京：化学工业出版社，2015.）

第一节 商务谈判的概念和特征

一、商务谈判的概念

商务系指一切有形与无形资产的交换或买卖事宜。按照国际标准划分，商务行为可分为以下四种。

(1) 直接的商品交易活动，如批发、零售商品业。
(2) 直接为商品交易服务的活动，如运输、仓储、加工整理等。
(3) 间接为商品交易服务的活动，如金融、保险、信托、租赁等。
(4) 具有服务性质的活动，如饭店、商品信息、咨询、广告等服务。

所以，商务谈判是买卖双方为了促成交易而进行的活动，或是为了解决买卖双方的争端,并获得各自的经济利益的一种方法和手段。

商务谈判是在商品经济条件下产生和发展起来的,它已经成为现代社会经济生活必不可少的组成部分。可以说,没有商务谈判,经济活动便无法进行。小到生活中的购物还价,大到企业法人之间的合作、国家与国家之间的经济技术交流,都离不开商务谈判。

商务谈判的基本要素是指构成商务谈判活动的必要因素,它是从静态结构揭示经济谈判的内在基础。任何谈判都是谈判主体和谈判客体相互作用的过程。因此,商务谈判的基本要素应该包括商务谈判的主体、商务谈判的客体和商务谈判的目标。

(一)商务谈判的主体

商务谈判的主体是指参与谈判的当事人。在商务谈判活动中,谈判主体是主要因素,起着至关重要的作用。商务谈判活动的成效在很大程度上取决于谈判主体的主观能动性和创造性。谈判的主体可以是一个人,也可以是一个合理组成的群体。但不是什么人都可以成为商务谈判的主体的,主体是指具有商务谈判科学知识和能力、拥有相应权利、从事谈判活动的人。

(二)商务谈判的客体

商务谈判的客体是指进入谈判主体活动领域的人和议题。谈判活动的内容就是由谈判客体所决定的。

人是商务谈判的第一类客体。商务谈判是基于人类的某种需求而产生的行为,谈判的进展或终止、谈判的要约和承诺都取决于人的动机和行为,只有说服了人,使对方理解和接受谈判主体的提议,才能达到一致的协议。第一类谈判客体的最大特点就是具有可说服性,这是他之所以成为谈判客体的主要标志。如果谈判对手是不可说服的,就不能进入谈判活动领域成为谈判对象。在商务谈判活动中,谈判主体是主导因素,在整个谈判中起着积极的、能动的作用。谈判客体是独立于谈判主体而存在的,他有着自身的利益和特性。谈判主体和谈判客体是相对而言的。在谈判中,双方都力争成为谈判的主体,去说服和影响对方,但谈判的互利性和协商性决定了谈判双方在不同的问题、不同的时间可能是谈判的主体,也可能成为谈判的客体。

议题是商务谈判的第二类客体。所谓议题,就是商务谈判涉及的具体问题,是各种物质要素结合而成的各种内容。谈判的任务就是要通过协商解决问题,没有需要解决的问题,就没有进行谈判的必要和可能。所以,议题是商务谈判必不可少的要素。议题的最大特点在于双方认识的一致性,也就是说,进行谈判的双方需要通过谈判获得的利益具有相关性。因谈判的议题涉及双方的利益,所以双方愿意就此进行协商。如果失去了这一点,就无法形成谈判议题而构成谈判客体。

(三)商务谈判的目标

商务谈判是人类的一种目标很明确的行为。概括地讲,商务谈判的直接目标就是最终达成协议。谈判双方各自的具体目标往往是不同的,甚至是对立的,但它们都统一于商务谈判活动的目标,只有商务谈判的直接目标实现了,最终达成了协议,谈判各方的目标才能够实现。没有目标的谈判,只能叫作双方有所接触,或叫作无目的的闲谈,而不是真正的谈判。没有目标的商务谈判就像没有目的地的航行,是无法完成的。商务谈判的目标与商务谈判相伴而生,它是谈判活动的有机组成部分,是商务谈判的基本要素之一。

二、商务谈判的特征

商务谈判是一门科学,又是综合运用多学科知识于商务活动的一门艺术。它作为经营者开展商务活动的开路先锋,与其他经营业务活动相比,具有以下特点。

(一)谈判对象的广泛性和不确定性

商务活动是跨地区、跨国界的。如购销谈判中的商品,从理论上讲,可以出售给任何一个人。作为卖者,其商品销售范围具有广泛性;作为买者,其采购可以在商品国各地,甚至全世界。此外,为了使交易更加有利,也需要广泛接触交易对象。但是,不论是买者还是卖者,每一笔交易都是同具体的交易对象成交的,而具体的交易对象在竞争激烈的市场上是不确定的。

谈判对象的广泛性和不确定性这一特点,要求谈判者不仅要充分了解市场行情,及时掌握价值规律和供求关系运动状况,而且要选择适当的广告媒体宣传自己,树立形象,经常与社会各方面保持联系,维持老客户,发展新客户。

(二)谈判双方的排斥性和合作性

在商品经济社会中,人们在生产、交换、分配等方面存在着各自不同的物质利益,而参与商务谈判的双方都希望对方能按己方的意愿行事,所以,利益上的矛盾和冲突在所难免。

在购销谈判中,卖方希望把价格定得尽量高一些,而买方则希望尽量压低价格;供方希望交货期尽量长一些,而买方却要求尽快提货。在借款谈判中,借方总是希望借款期延长一些,利息低一些;而贷方则希望利息高一些,期限短一些。以上这些都反映了谈判双方在行为上具有排斥性。没有这种排斥性,也就没有谈判的必要。相反,如果只有这种排斥性,没有协商合作性,谈判也不会进行下去。

在谈判活动中,谈判双方都要从对方那里得到满足,双方都是以对方的要求和策略为自己思考的起点,所以谈判又具有合作性。谈判的目的是达成协议,不是一方战胜另一方。在谈判中,双方要不断调整自己的行为和态度,作出必要的让步,而且必须理解对方的要求,这样,谈判才可能取得成功,最终达成双方都较满意的协议。

(三)谈判的多变性和随机性

谈判的多变性和随机性,是经济谈判中最常见、最富有挑战性的现象。经济运行处于激烈竞争和瞬息万变的市场中,作为经济活动重要组成部分的商务谈判,它的进展和变化又和谈判主体的思维和行为方式密切相关。因而,它不仅比一般经济活动变化更快、更丰富,而且结果也难以预料。

由于谈判中的议题、格局、环境和策略的多变性，谈判会表现出各种各样的变化形式。谈判者必须善于把握变化、利用变化，在变化中把握有利时机使谈判向有利于自己的方向发展变化。

因势而变，即根据经济形势或谈判形势的发展变化而变化。对谈判双方来说，谈判形势是不断变化的，有时利于这一方，有时又利于另一方。双方应根据自己所处的优势、均势或劣势，采取不同的策略，以变应变。而变则是围绕谈判的目标进行的，一旦突破任何一方可接受的极限，谈判就会破裂。

因时而变，即随时间的变化而变化。不同的时间，谈判双方的位势可能不同，谈判主体的精神状态也会发生很大变化。成功的谈判者往往把时间安排作为谈判策略的重要组成部分。

因机而变，"机"即机会、时机。在谈判中，当机会偶然出现时，谈判的一方应善于把握机会，当机立断，调整自己的谈判计划和策略，促成谈判状况的改变或改善。此时，谈判的一方如果仍按照常规行事就会失去机会，追悔莫及。

多变性促使偶发因素的出现，结果带来了许多随机性。在谈判中，随机性越大，变量越多，可控性就显得越小，会给谈判双方带来更大的挑战，给谈判者提出更高的要求。

(四)谈判的公平性与不平等性

商务谈判受当时国际、国内供求关系的影响，也受价格波动的影响。每一次谈判的具体结果，双方在需求满足问题上是具有不同得失的。也就是说，谈判的结果总是不平等的，即谈判双方的一方需求满足的程度可能高一些，另一方可能低一些。导致谈判结果不平等的主要因素有两个：一是谈判双方各自拥有的实力，二是谈判双方各自所掌握的谈判技巧。但不论谈判的结果如何不平等，只要最终协议是双方共同达成的，并且谈判双方对谈判结果具有否决权，则说明双方在谈判中的权利和机会是均等的，谈判便是公平的。

第二节　商务谈判的原则和作用

一、商务谈判的原则

(一)商务谈判的原则

商务谈判的原则是指商务谈判中谈判各方应当遵循的指导思想和基本准则。

1. 自愿原则

商务谈判的自愿原则是指谈判当事各方是出于对自身利益目标的追求和互补互惠的意愿来参加谈判的，而非他人驱使或外界压力。自愿表明，谈判各方具有独立的行为能力，能够按照自己的意志在谈判中就有关权利和义务作出决定。同时，只有自愿，谈判各方才会诚心诚意地进行合作，最终取得各方满意的谈判结果。如果一方是被迫的，被迫的一方势必带有抵触情绪，在于己不利时退出谈判，谈判将不会有任何结果，甚至可能中途破裂。可以说，自愿原则是商务谈判的前提。

2. 平等原则

平等原则是指商务谈判中无论各方的经济实力强弱、组织规模大小，其地位都是平等的。在商务谈判中，当事各方对于交易项目及交易条件都拥有同样的否决权，协议只能通过协商取得一致意见达成，不能一方说了算或少数服从多数。这种同质的否决权和协商一致的要求，客观上赋予了各方平等的权利和地位。因此，谈判各方必须充分认识这种相互平等的权利和地位，自觉遵循平等原则。遵循平等原则，要求谈判各方互相尊重，以礼相待，任何一方都不能仗势欺人、以强凌弱，把自己的意志强加于人。

3. 互利原则

谈判各方都有自己的利益或"小算盘"，谁都想达到自己的目的，可以说都是"利己"的。但是，如果算盘打过对方的临界点，对方不一定会认可，甚至会因此退出谈判。为此，要使谈判成功，谈判各方应在追求自身利益的同时，考虑并尊重对方的利益追求，争取互惠互利。正是从这一原则出发，著名的美国谈判学学者尼伦伯格把谈判称为"合作的利己主义"。

4. 求同原则

求同原则是指谈判中面对利益分歧，应从大局着眼，努力寻求共同利益。在谈判过程中，各方必然会就协议条款发生这样或那样的争议，存在利益分歧。要承认利益分歧，正是由于需求的差异和利益的不同，才可能产生需求的互补和利益的契合，才会形成共同利益。求同原则要求谈判各方首先要立足于共同利益，要把谈判对方当作合作伙伴，而不仅视为谈判对手。遵循求同原则，首先，要求在商务谈判中要善于从大局出发，着眼于自身发展的整体利益和长远利益；其次，要善于运用灵活机动的谈判策略，根据不同的谈判对象、不同的市场竞争情况，努力寻求协调利益冲突的各种方法，构建和增进共同利益；最后，要善于求同存异。

5. 合作原则

商务谈判是企业进行经营活动和参与市场竞争的重要手段。但是，参与谈判各方都是合作者，而非竞争者，更不是敌对者。

首先，人们谈判是为了满足需要，建立和改善关系，是一个协调行为的过程，这就要求参与谈判的双方必须合作和配合。如果没有双方的提议、谅解与让步，就不会达成最终的协议，双方的需要就不能得到满足，合作关系也就无法建立。

其次，如果把谈判纯粹看成是一场比赛或一场战斗，非要论个输赢，那么，双方都会站在各自的立场上，把对方看成是对手、敌手，千方百计地想压倒对方、击败对方，以达到自己单方面的目的。这样做的最终结果往往是谈判破裂。即使签订了协议，达到目的的一方成了赢家，心情舒畅；而作出重大牺牲或让步的另一方成了输家，必定心有不甘，从而使这一协议缺乏牢固的基础，自认为失败的一方会寻找各种理由和机会，延缓合同的履行，挽回自己的损失。其结果往往是两败俱伤。

6. 合法原则

合法原则是指在谈判及合同签订的过程中，要遵守国家的法律、政策，国际商务谈判还应遵守国际法则和对方国家的有关法规、贸易惯例。商务谈判的合法原则具体体现在以下三个方面：一是谈判主体合法，即谈判参与各方组织及其谈判人员具有合法资格。二是谈判议题合法，即谈判的内容、交易项目具有合法性。与法律、政策有抵触的，即使出于谈判双方自愿并且意见一致，也是不允许的，如贩卖人口、走私货物、买卖毒品等。三是谈判手段合法，即应通过公正、公平、公开的手段达到谈判目的，而不能采用行贿、受贿、暴力威胁等不正当手段。

总之，只有在商务谈判中遵守合法原则，谈判及其协议才具有法律效力，当事各方的权益才能受到法律保护。随着商品经济的发展，各方的交易活动将会在越来越广的范围内受到法律的保护和约束。离开经济法规，任何交易谈判都将寸步难行。

(二)商务谈判成败的评价标准

一场成功的谈判，双方都是胜者。如前所述，谈判就是"给"与"取"兼而有之的互动过程。参加谈判的每一方，都应有某些需要得到满足。因此，谈判不是一场棋赛，也不是一场战争，谈判并不是要把对方置于死地；相反，谈判是一项合作事业。评价谈判成败的标准可从以下三个方面考虑。

1. 谈判目标

谈判是为了满足自身的需要而发生的，所以，评价谈判成败的首要标准应该是自身的需要是否因谈判而获得了满足，即谈判的目标是否已经实现。

2. 谈判效率

谈判成败的第二个标准应该是谈判是否富于效率。有时一场艰难的谈判虽然实现了预定的目标，但同时花费了过多的时间、精力与金钱，则这种谈判不应该被认为是成功的。

3. 人际关系

评价谈判成败的第三个标准是谈判之后与谈判对手之间的个人关系是否良好。除非以后与这个对手再无进行任何一种谈判的可能，否则就不应忽视与任何谈判对手之间的长期友好关系。须知，谈判过程并非一场棋赛，现实的谈判永远没有"终局"。所以，千万不要因一次谈判而断送未来一系列的谈判机会。

简言之，所谓成功的谈判，是指在与对手维持良好关系的前提下，高效率地达成谈判目标。不可否认，目标、效率和人际关系三者是相互矛盾、相互冲突的，有时很难完美地同时达到这三个标准。在这种情况下，杰出的谈判者必须在三者之间作出一定程度的取舍，使三者关系处于某种合适的平衡状态。

二、商务谈判的作用

现代经济社会离不开商务谈判，商务谈判在现代经济社会中扮演着非常重要的角色。

(一)有利于促进商品经济的发展

谈判并不是今天才出现的事物，但是，只有在商品经济发展到一定阶段时，才使谈判在社会生活中发挥出巨大的作用。这是由于商品经济崇尚等价交换，排斥一切特权干预，只有通过买卖双方的平等协商谈判，才能在互利的基础上达到双赢的结局。可以说，商品经济的发展，使谈判扮演了社会经济生活中的重要角色；而谈判手段广泛而有效的运用又极大地促进了商品经济的繁荣与发展。

(二)有利于加强企业间的经济联系

商务谈判大多是在企业与企业之间、企业与其他部门之间进行的。每个企业只有与其他部门或单位进行协作，才能完成生产经营活动。事实上，经济越发展，分工越细，专业化程度越高，企业间的联系与合作越紧密，越是需要各种有效的沟通手段。同时，企业具有独立的法人资格，企业之间的交往与联系也必须在自愿互利的基础上，实行等价交换、公平交易。因此，谈判理所当然地成为企业之间经济联系的桥梁和纽带。

(三)有利于促进我国对外贸易的发展

当今的世界经济是开放的经济，经济活动是在国际范围内拓展的。任何一个国家都不能只依靠本国的资源、生产能力、科学技术来满足国内的需求。随着社会化大生产的不断发展，不论是科学技术先进的国家，还是落后的国家，都必须注意学习和利用其他国家的长处，借鉴他人的科技成果。

经过15年的艰辛谈判，我国已经加入了WTO。伴随着对外贸易的进一步扩大，我国迫切需要引进国外的先进技术、设备和管理经验，发展我国的商品经济。要扩大对外出口，开展对外贸易，必须学会外贸谈判。

目前，我国发展对外贸易的障碍之一，就是随着国内企业大规模向国际市场进军，众多企业直接同外商打交道，却缺乏训练有素的谈判人员。这个问题的存在，使企业丧失了很多很好的贸易机会，也给企业和国家造成了不应有的损失。

第三节　商务谈判的类型和内容

一、商务谈判的类型

商务谈判的类型是研究商务谈判不可忽视的一个方面，它有助于我们更好地掌握商务谈判的内容和特点，以便在实际经济生活中加以灵活运用。

商务谈判按照不同的标准可以划分为不同的类型。

(一)国内商务谈判和国际商务谈判

按照商务谈判的地区范围划分，可以将商务谈判分为国内商务谈判和国际商务谈判。

1. 国内商务谈判

国内商务谈判是指国内各种经济组织及个人之间所进行的商务谈判活动。它包括国内的商品购销谈判、商品运输谈判、仓储保管谈判、联营谈判、经营承包谈判、借款谈判和财产保险谈判等。国内商务谈判的双方都处于相同的文化背景中，这就避免了由于文化背景的差异可能对谈判所产生的影响。由于双方语言相同，观念一致，所以，谈判的主要问题在于怎样调整双方的不同利益，寻找更多的共同点。这就需要商务谈判人员充分利用谈判的策略与技巧，发挥谈判人员的能力和作用。

从我国的实际情况来看，人们比较重视国际商务谈判，而对国内商务谈判则缺乏应有的认识，比较突出的问题就是双方不太注意对合同条款的协商和履行。许多应该明确写入合同条款中的内容，双方却没有考虑到，或者认为理所当然就应该这么做。结果，当出现纠纷时，则无以为据，自然也就难以追究违约一方的法律责任以及赔偿责任。还有许多企业签订合同之后并不认真履行，甚至随意撕毁合同，单方面中止合同。出现这种现象的原因，一是由于商务谈判人员的准备工作不充分、不细致，不清楚哪些问题应成为合同的条款，以及对方如不履约将给己方带来的损失。二是商务谈判人员法律观念淡薄，认为谈判只是把双方交易的内容明确一下，交易靠的是双方的关系、面子，甚至交情，合同条款过于琐碎、细致反倒伤了感情，失了面子。事实证明，这不仅不利于谈判双方关系的维系，使合同失去应有的效用，长此以往还会影响双方的合作。这是谈判人员应该坚决避免和克服的。

2. 国际商务谈判

国际商务谈判是指本国政府及各种经济组织与外国政府及各种经济组织之间所进行的商务谈判活动。国际商务谈判包括国际产品贸易谈判、易货贸易谈判、补偿贸易谈判、各种加工和装配贸易谈判、现汇贸易谈判、技术贸易谈判、合资经营谈判、租赁业务谈判和劳务合作谈判等。不论是从谈判形式，还是从谈判内容来讲，国际商务谈判远比国内商务谈判复杂得多。这是由于谈判人员来自不同的国家，其语言、信仰、生活习惯、价值观念、行为规范、道德标准乃至谈判的心理都有着极大的差别，而这些因素都是影响谈判进行的重要因素。

语言是谈判中双方沟通和交流的重要工具。在国际商务谈判中，语言是影响谈判顺利进行的首要障碍。由于语言上的差异，一方不能准确理解另一方表达的含义或内容，造成误会，产生分歧，很可能影响谈判的顺利进展。因此，在国际商务谈判中，双方要明确的第一个问题就是使用哪一种语言作为谈判工具。实际上，在国际谈判活动中，英语已成为一种通用语言，但如果在双方国家谈判，也常使用东道主国家的语言。这里，优秀的翻译人员是必不可少的。如果谈判人员本身精通外语，则是最有利的条件。

在谈判中，个人的偏见和成见是难以避免的，文化之间的差异所形成的观念对谈判的影响则更为深远。例如，西方人注重时间观念，他们把时间看作金钱。因此，在谈判中不喜欢无故拖延、中断谈判、迟到早退。而中东地区国家的人则不在意时间，即使是内容明确、双方没有太大分歧的谈判也会持续很长时间，有时甚至会中断谈判，去接待其他来访者。又如，美国人看重个人能力，在谈判中努力表现个人的作用；而日本人则注重集体的力量和智慧，谈判中尽量不表现自己，十分注意维护集体的利益。

价值观念不同，还使谈判人员对谈判结果有着不同的评价。有的人以获得对方更多的让步为满足，认为是维护了自己的利益；而有的人则对获得对方的尊重和重视表示满意。所以，在国际商务谈判中，不能单凭己方的想法、意愿去推测对方的意图打算，这种一厢情愿的做法常常是造成沟通失败的主要原因。进行这类谈判时，准备工作是十分重要的。

要尽可能利用一切资料、一切机会，了解对方的行为特点、生活方式、谈判风格，做到胸中有数，临阵不乱。同时，在谈判中，应努力克服不同文化所造成的偏见和成见，避免用自己所习惯的价值观念去衡量对方，应充分体谅、理解和尊重对方的行为。要注意与对方的沟通、交流，增进彼此间的了解。

在国际商务谈判中，由于交易的货物在两个以上国家之间进行，因此谈判的内容相当广泛，双方不仅要对交易货物的数量、价格、质量、包装运输等事宜进行磋商，还要讨论明确双边贸易中的有关问题，如所在国政府有关的贸易保护法案、禁运条款、进出口关税、许可证、输出国与输入国对产品技术性能的要求以及安装使用要求上的差别、国际贸易惯例等。

心理障碍也是国际商务谈判中一个不可忽视的问题。不同文化背景必将导致人们的行为差异而形成心理反射。许多在国内商务谈判中潇洒自如、从容不迫、临危不乱的谈判人员，在国际商务谈判中却表现出拘谨呆板、犹豫不决的反常行为。所以，在国际商务谈判中，还要克服谈判人员的心理障碍，重视和加强对谈判人员的心理训练，使其具备在各种压力下的心理承受能力。同时，应注重实践锻炼，在谈判中有意识地控制自己，更好地发挥谈判人员的作用。

(二)商品贸易谈判和非商品贸易谈判

根据商务谈判的内容不同，商务谈判可分为商品贸易谈判和非商品贸易谈判。

1. 商品贸易谈判

商品贸易谈判是指商品买卖双方就商品的具体买卖条件所进行的谈判。它包括农副产品的购销谈判和工矿产品的购销谈判等。谈判的内容包括产品的质量、数量、价格、包装、装订、保险、产品检验、支付、索赔和仲裁等。

2. 非商品贸易谈判

非商品贸易谈判是指除商品贸易之外的其他商务谈判，包括工程项目谈判、技术贸易谈判和资金谈判等。

工程项目谈判是指工程的使用单位与工程的承建单位之间的商务谈判。工程项目谈判十分复杂，这不仅仅是由于谈判的内容涉及广泛，还由于谈判常常是两方以上的人员参加，即使用一方、设计一方、承建一方等。

技术贸易谈判是指对技术有偿转让所进行的商务谈判。技术贸易谈判一般可分为两部分，即技术谈判和商务谈判。技术谈判是供需双方就有关技术和设备的名称、型号、规格、技术性能、质量保证、培训、试生产、验收等问题进行的商谈。商务谈判是供需双方就有关价格、支付方式、税收、仲裁、索赔等条款进行的商谈。

资金谈判是资金供需双方就资金借贷或投资内容所进行的谈判。资金谈判的主要内容有货币、利率、贷款、保证条件、还款、宽限期、违约责任等。

(三)一对一谈判、小组谈判和大型谈判

根据谈判人员数量的多少，商务谈判可以分为一对一谈判、小组谈判和大型谈判。

1. 一对一谈判

项目小的商务谈判往往是"一对一"式的。出席谈判的各方虽然只有一个人,但并不意味着谈判者不需要做准备。"一对一"谈判往往是一种最困难的谈判类型,因为双方谈判者只能各自为战,得不到助手的及时帮助。因此,在选择参加这类谈判的人员时,一定要选择有主见、决断力、判断力强,善于单兵作战的人,性格脆弱、优柔寡断的人是不能胜任的。谈判人员多、规模大的谈判,有时根据需要,也可在首席代表之间安排"一对一"谈判,磋商某些关键问题或微妙敏感问题。

2. 小组谈判

小组谈判是一种常见的谈判类型。一般较大的谈判项目,内容比较复杂,各方有几个人同时参加谈判,各人之间有分工、有协作,取长补短,各尽所能,可以大大缩短谈判时间,提高谈判效率。

3. 大型谈判

国家级、省(市)级或重大项目的谈判,都必须采用大型谈判这种类型,由于关系重大,有的会影响国家的国际声望,有的可能关系到国计民生,有的将直接影响到地方乃至国家的经济发展速度、外汇平衡等,所以在谈判全过程中,必须准备充分、计划周详,不允许存在丝毫破绽、半点含糊。为此,就必须为谈判班子配备阵营强大的、拥有各种高级专家的顾问团、咨询团或智囊团。这种类型的谈判程序严密、时间较长,通常分成若干层次和阶段进行。

(四)主座谈判、客座谈判和主客座轮流谈判

根据谈判地域不同,商务谈判可分为主座谈判、客座谈判和主客座轮流谈判。

1. 主座谈判

主座谈判又称主场谈判,它是在自己所在地组织的谈判。主座包括自己所居住的国家、城市或办公所在地。总之,主座谈判是不远离自己熟悉的工作和生活环境,是在自己做主人的条件下所组织的商务谈判。

主座谈判给主方带来不少便利之处,如谈判时间表的制定、各种谈判资料的准备和新问题的请示均比较方便,所以主座谈判人谈起来很自如,底气十足。作为东道主,必须懂得礼貌待客,包括邀请、迎送、接待、洽谈组织等。礼貌可换来信赖,它是主座谈判者谈判中的一张王牌,它会促使谈判对手积极思考东道主谈判者的各种要求。

2. 客座谈判

客座谈判也叫客场谈判,它是在谈判对手所在地组织的一种谈判。客座谈判对客方来说需要克服不少困难。客座谈判时必须注意以下几点。

(1) 要入境问俗、入国问禁。要了解各地、各国的不同风俗以及国情、政情,以免作出伤害对方感情但稍加注意即可防止发生的事情。

(2) 要审时度势、争取主动。在客场谈判中,客居他乡的谈判者会受到各种条件的制约,如客居时间、上级授予的权限、信息沟通的困难等。面对顽强的对手可以施展的手段

有限，除了市场的竞争条件外，就是让步或坚持到底。客座谈判人员在这种处境中，要审时度势、灵活反应、争取主动，包括分析市场、主人的地位、心理变化等。有希望则坚持，无希望成功则速决，对方有诚意就考虑可能给予的优惠条件，若无诚意则不必随便降低自己的条件。

(3) 如果是在国外举行的国际商务谈判，遇到的首先是语言问题。要配备优秀的翻译、代理人，不能随便接受对方推荐的人员，以防泄露机密。

3. 主客座轮流谈判

主客座轮流谈判是一种在商务交易中互易谈判地点的谈判。谈判可能开始在卖方，继续谈判在买方，结束可能在卖方也可能在买方。主客座轮流谈判的出现，说明交易是不寻常的，它可能是大宗商品买卖，也可能是成套项目的买卖。由于这些复杂的谈判拖延的时间比较长，所以在谈判中，应注意以下两个方面的问题。

(1) 确定阶段利益目标，争取不同阶段的最佳谈判效益。主客场轮流谈判说明交易的复杂性，每次更换谈判地必定有新的理由和目标。谈判人员在利用有利条件或寻找有利条件、创造有利条件时，应围绕阶段利益目标的实现可能性来考虑。犹如下棋，要多看几步。在"让与争"中，在成功与失败中掌握分寸、时机。没有阶段利益目标的谈判者不能称其为优秀谈判者。"阶段利益目标"的谈判意识，是以"循序渐进，磋商解决"的方式为基础的，是以"生意人的钱袋扎得紧"为座右铭的。要像日本人所做的那样："笑着打开您的钱袋子。"

(2) 坚持主谈人的连贯性，换座不换帅。在谈判交易中，易人尤其是易主谈人是不利于谈判的，但在实际中这种情况仍经常发生。由于公司的调整、人员的变迁、时间安排等客观原因，或是出于谈判策略的考虑，如主谈人的上级认为其谈判结果不好或表现不够出色，为了下一阶段的利益目标而易帅。无论属于哪种情况，易帅都会对主客轮流谈判带来不利影响，给对方带来损失和不快，而新的主谈人也不可能完全实现原定目标。因为谈判已经展开，原来的基础条件已定，过去的许多言论已有记载，对方不会因你易帅而改变立场。易帅是否可以争取到比以前更好的结果，也不尽然。避免主帅更迭的最好方法，是在主客座轮流谈判中配备好主帅和副帅，有两个主谈人就可以应付各种可能出现的意外，以确保谈判的连贯性。

(五)传统式谈判和现代式谈判

根据谈判理论、评价标准的不同，商务谈判可分为传统式谈判(输赢式谈判)和现代式谈判(双赢式谈判)。这两种谈判类型可分别用图 2-1 和图 2-2 表示。

图 2-1　传统式谈判模式

图 2-2　现代式谈判模式

【案例 2-1】

西方某国曾向我国某一项目提供一笔数额较大的政府贷款。根据当时的有关规定，贷款合同一经生效，该贷款额就已经全部筹集好并存放在指定银行里，不得挪作他用，借款根据需要来提用。为了催促借方按期完成项目的进度，对未提用的部分则须支付承诺费。由于这笔贷款数额很大，而且计划用款时间相当长，前后经历 6 年，经计算，所需支付的承诺费的数额将十分可观。后来，经我方研究，有关支付承诺费的计算方法只是一种传统规定而已，不是原则问题，是可以与外方进行谈判协商的。我方提出，把这笔贷款按年度分成六部分使用。根据工程用款计划，对方按年度将资金先后调拨到位。每一年的额度若没有用完，应按当年未用部分计算承诺费，而以后若干年的贷款额则不计算在内。经过谈判，双方认为这样做对彼此都有利。因为对中方来说，这不仅可以避免支付一笔昂贵的承诺费，而且可以使贷款的实际使用额增加；而对外方来说，资金逐年到位将更经济，它也可以将其余资金投入其他方面取得效益，从而帮助贷款国降低成本。于是外方接受了我方的要求，这样我方就节约了几百万美元。由此可见，在谈判中对一些传统的规定是可以予以调整的，以达到"双赢"的目的。

(资料来源：于博远. 商务谈判理论与实务[M]. 哈尔滨：哈尔滨工业大学出版社，2009.)

(六)公开谈判、半公开谈判和秘密谈判

根据谈判内容的透明度，商务谈判可以分为公开谈判、半公开谈判和秘密谈判。

1. 公开谈判

公开谈判是指有关谈判的全部内容和一切安排都不对外保密的谈判类型。在现代社会中，由于市场竞争不断加剧，商业机会相对越来越少，所以，人们一般都不愿意过度地暴露自己的商业机密，公开谈判也很少被人们采用。不过，在有些情况下，公开谈判可以吸引多个谈判对手并使他们之间展开竞争，从而在交易中获取最佳利益。例如，某些公司公开在电视节目中招聘人员，现场面试，马上选人。这不仅挑选了优秀人才，还提高了企业的知名度。

2. 半公开谈判

半公开谈判是指有关谈判内容以及谈判安排在某一特定时间，部分地对外披露谈判信息的谈判类型。在半公开谈判的条件下，谈判当事人一般根据自己的需要来选择对外公布的谈判信息及公布这些信息的时间。在有些情况下，部分地对外公布谈判信息有助于塑造企业的形象。

3. 秘密谈判

秘密谈判是指谈判各方对谈判的内容以及与谈判有关的一切信息均不对外披露的谈判类型。秘密谈判对谈判信息的保护效果比其他两种类型要好，可以降低企业商业机会的流失概率。不过，秘密谈判有时会影响公平竞争的原则，会受到法律的约束和限制。

从实际情况来看，公开谈判和秘密谈判在现代商务谈判中所占的比例较小。目前，大部分商务谈判都采取半公开谈判这种形式。

二、商务谈判的内容

商务谈判是商业事务的谈判，包括商品买卖、劳务买卖、工程承包、咨询服务、中介服务、技术转让、合资合作等方面的谈判。商务谈判的内容因商务谈判的类型不同而各异。但不论是哪一方面的商务谈判，一般都包括合同之外的谈判和合同之内的谈判两个方面的内容。下面对这两个方面分别介绍，并简单介绍商品贸易谈判、技术贸易谈判和劳务合作谈判这三种谈判的基本内容。

(一)合同之外的谈判

合同之外的谈判是指合同内容以外事项的谈判。它是谈判的一个重要组成部分，可以为谈判直接创造条件，影响合同本身的谈判效果，因此要加以重视。它主要包括以下几个部分。

1. 谈判时间的谈判

谈判时间的谈判是关于谈判举行时间的谈判。谈判时间可能是一方决定的结果，也可能是双方协商的结果。谈判时间不同，对双方的影响是不同的。这是因为时间不同，双方的准备程度不同，外部环境的变化不同，双方的需求程度不同，进而谈判实力也不同。因此，谈判者要尽量争取对己方有利的时间。

2. 谈判地点的谈判

谈判地点的谈判是关于谈判举行地点的谈判。一般来说，主座谈判比客座谈判更有利。谈判到底在哪一方举行，往往由谈判实力强的一方决定，但也可以通过谈判策略来争取。

3. 谈判议程的谈判

谈判议程的谈判是关于谈判的议题安排的谈判。先谈什么、后谈什么，该谈什么、不该谈什么，主要谈什么、次要谈什么等，对谈判结果的影响是显而易见的。谈判议程是谈判策略的重要组成部分，其确定往往是双方协商的结果。

4. 其他事宜的谈判

其他事宜的谈判可以是谈判参加人员的确定、谈判活动的相关规定、谈判场所的布置等，往往也可以通过协商争取对己方更有利的条件。

(二)合同之内的谈判

1. 价格(金额)的谈判

价格是商务谈判的核心,也是谈判中最敏感、最艰难的谈判环节,是商务谈判策略与技巧的集中体现。商务谈判的失败往往是价格谈判的失败。价格谈判包括价格术语、价格计量、单价与总价、相关费用等方面的内容。

2. 交易条件的谈判

交易条件的谈判是指以价格为中心的相关构成条件的谈判,它们与价格相辅相成、相互影响,并可以通过价格体现出它们的价值,是谈判者利益的重要组成部分。这些交易条件主要包括标的、数量与质量、付款方式、服务内容、交货方式、保险等。

3. 合同条款的谈判

合同条款是构成一份完整、有效的合同所必不可少的要素,是价格和交易条件的补充与完善,是履行合同的保证。它主要包括双方的权责约定、违约责任、纠纷处理、合同期限、补充条款、合同附件等。

(三)商品贸易谈判的基本内容

商品贸易谈判的基本内容是以商品为中心的。它主要包括商品的品质、数量、包装、运输、保险、检验、价格、货款结算支付方式及索赔、仲裁和不可抗力等条款。

1. 商品的品质

商品的品质是指商品的内在质量和外观形态。它往往是交易双方最关心的问题,也是洽谈的主要问题。商品品质取决于商品本身的自然属性,其内在质量具体表现在商品的化学成分、生物学特征及其物理、机械性能等方面;其外在形态具体表现为商品的造型、结构、色泽、味觉等技术指标或特征,这些特征有多种多样的表示方法,常用的表示方法有以下几种。

(1) 样品表示法。为了避免纠纷,一般样品要一式三份,由买卖双方各持一份,另一份送给合同规定的商检机构或其他公证机构保存,以备买卖双方发生争议时作为核对品质之用。在商品买卖实务中,一般在样品确认时,应再规定商品的某个或某几个方面的品质指标作为依据。

(2) 规格表示法。商品规格是反映商品的成分、含量、纯度、大小、长度、粗细等品质的技术指标。由于各种商品的品质特征不同,所以规格也有差异。如果交易双方用规格表示商品的品质,并作为谈判条件,就叫作"凭规格买卖"。一般来说,凭规格买卖是比较准确的,在平时的商品交易活动中,大多采用这种方法。

(3) 等级表示法。商品等级是对同类商品质量差异的分类,它是表示商品品质的方法之一。这种表示法以规格表示法为基础,同类商品由于厂家不同,有不同的规格,所以同一数码、文字、符号表示的等级的品质内涵不尽相同。买卖双方对商品品质的磋商,可以借助已经制定的商品等级来表示。

(4) 标准表示法。商品品质标准是指经政府机关或有关团体统一制定并公布的规格或等级。不同的标准反映了商品品质的不同特征和差异。商品贸易中常见的有国际上各国公认的通用标准即"国际标准",我国有国家技术监督局制定的"国家标准"和国家有关部门制定的"部门标准",此外,还有供需双方洽商的"协议标准"。明确商品品质标准,可以表达供需双方对商品品质提出的要求和认可。

(5) 牌名或商标表示法。牌名是商品的名称,商标是商品的标记。有些商品由于品质优质、稳定,知名度和美誉度都很高,在用户中享有盛名,为广大用户所熟悉和赞誉,在谈判中只要说明牌名或商标,双方就能明确商品品质。但磋商时要注意同一牌名或商标的商品是否来自不同的厂家,以及这些商品是否由于某些原因已经损坏或变质,更要注意假冒商标的商品。

在实际交易中,上述表示商品品质的方法可以结合在一起运用。例如,有的交易既使用牌名,又使用规格;有的交易既使用规格,又参考样品。

2. 商品的数量

商品交易的数量是商务谈判的主要内容。确定买卖商品的数量,首先要根据商品的性质明确所采用的计量单位。商品的计量单位,表示重量单位的有吨、公斤、磅等;表示个数单位的有件、双、套、打等;表示面积单位的有平方米、平方英尺;表示体积单位的有立方米、立方英尺。在国际贸易中,由于各国采用的度量衡制度不同,同一计量单位所代表的数量也各不相同,因而要掌握各种度量衡之间的换算关系。在谈判中要明确规定使用哪一种度量衡制度,以免发生误会和争议。

3. 商品的包装

在商品交易中,除了散装货、裸体货外,绝大多数商品都需要包装。包装具有宣传商品、保护商品、便于储运、方便消费的作用。作为商务谈判者,为了使双方满意,必须了解包装材料、包装形式、装潢设计、运装标志等相关知识。

4. 商品的运输

在商品交易中,卖方向买方收取货款是以交付货物为条件的。所以,运输方式、运输费用以及装运时间、地点和交货时间、地点也是商务谈判的重要内容。

(1) 运输方式。商品的运输方式是指将商品转移到目的地所采用的方法和形式。按运输工具进行划分,运输方式有公路运输、水路运输、铁路运输、航空运输和管道运输;按营运方式来划分,运输方式又可分为自运、托运和联运等。目前,在国内贸易中主要采用铁路运输、公路运输、水路运输和自运、托运等;在对外贸易中主要采用海运、航运、托运和租运等。

(2) 运输费用。运输费用的计算标准有按货物重量计算、按货物体积计算、按货物件数计算、按商品价格计算等。

(3) 装运时间、地点和交货时间、地点。这些不仅直接影响买方能否按时收到货物,满足需求或投放市场,回收资金,还会因交货时空的变动引起价格的波动和可能造成经济效益的差异。谈判中应根据运输条件、市场需求、运输距离、运输工具、码头、车站、港口、机场等设施,以及货物的自然属性、气候条件等作综合分析,明确装运、交货地点,以及装运、交货的截止具体日期。

5. 商品的保险

货物保险的主要内容有贸易双方的保险责任、具体明确的办理保险手续和支付保险费用的承担者。

6. 商品的检验

商品的检验是对交易商品的品种、质量、数量、包装等项目按照合同规定的标准进行检查或鉴定。通过检验，由有关检验部门出具证明，作为买卖双方交接货物、支付货款和处理索赔的依据。商品检验主要包括商品检验权、检验机构、检验内容、检验证书、检验时间、检验地点、检验方法和检验标准。

7. 商品的价格

商品的价格是商务谈判中最重要的内容，它的高低直接影响着贸易双方的经济利益。商品的价格是否合理是决定商务谈判成败的重要条件。

商品的价格是根据不同的定价依据、定价目标、定价方法和定价策略来制定的。商品价格的构成一般受商品成本、商品质量、成交数量、供求关系、竞争条件、运输方式和价格政策等多种因素的影响。谈判中只有深入了解市场行情，掌握实情，切实注意上述因素的变动情况，才能取得谈判的成功。

8. 货款结算支付方式

在商品贸易中，货款的结算与支付是一个重要问题，直接关系到交易双方的利益，影响双方的生存与发展。在商务谈判中应注意货款结算支付的方式、期限和地点等。

9. 索赔、仲裁和不可抗力

在商品交易中，买卖双方常常会因彼此的权利和义务发生争议，并由此引起索赔、仲裁和不可抗力等情况的发生。

(1) 索赔。索赔是一方认为对方未能全部或部分履行合同规定的责任时，向对方提出索取赔偿的要求。引起索赔的原因除了买卖一方违约外，还有由于合同条款规定不明确，一方对合同某些条款的理解与另一方不一致而认为对方违约。一般来讲，买卖双方在洽谈索赔问题时应洽谈索赔的依据、索赔期限和索赔金额等内容。

(2) 仲裁。仲裁是双方当事人在谈判中磋商约定，在本合同履行过程中发生争议，经协商或调解不成时，自愿把争议提交给双方约定的第三者(仲裁机构)进行裁决的行为。在仲裁谈判时应洽谈的内容有仲裁地点、仲裁机构、仲裁程序规则和裁决的效力等。

(3) 不可抗力。不可抗力，通常是指合同签订后，不是由于当事人的疏忽过失，而是由于当事人所不可预见，也无法事先采取预防措施的事故，如地震、水灾、旱灾等自然原因或战争、政府封锁、禁运、罢工等社会原因造成的不能履行或不能如期履行合同的全部或部分。在这种情况下，遭受事故的一方可以据此免除履行合同的责任或推迟履行合同，另一方也无权要求其履行合同或索赔。洽谈不可抗力的内容主要包括不可抗力事故的范围、事故出现的后果，以及发生事故后的补救方法、手续、出具证明的机构和通知对方的期限。

(四)技术贸易谈判的基本内容

1. 技术贸易的种类

技术商品是指那些通过在生产中的应用,能为应用者创造物质财富的具有独创性的用来交换的技术成果。技术贸易的种类主要有专利、专有技术、技术服务、工程服务、商标、专营权等。

2. 技术贸易谈判的基本内容

技术贸易谈判包括技术服务、发明专利、工程服务、专有技术、商标和专营权的谈判。技术的引进和转让,是同一过程的两个方面。引进和转让的过程,是双方谈判的过程。技术贸易谈判一般包括以下基本内容:技术类别、名称和规格。技术贸易谈判的最基本内容是磋商具有技术的转让方能提供哪些技术,引进技术的受让方想买进哪些技术。

3. 技术经济要求

因为技术贸易转让的技术或研究成果有些是无形的,难以保留样品以作为今后的验收标准,所以,谈判双方应对其技术经济参数采取慎重和负责的态度。技术转让方应如实地介绍情况,技术受让方应认真地调查核实。然后,把各种技术经济要求和指标详细地写在合同条款中。

4. 技术的转让期限

虽然科技协作的完成期限事先往往很难准确预见,但规定一个较宽的期限还是很有必要的,否则容易发生扯皮现象。

5. 技术商品交换的形式

技术商品交换的形式是双方权利和义务的重要内容,也是谈判不可避免的问题。技术商品交换的形式有两种:一种是所有权的转移,买方付清技术商品的全部价值并可转卖,卖方无权再出售或使用此技术,这种形式较少使用;另一种是不发生所有权的转移,买方只获得技术商品的使用权。

6. 技术贸易的计价、支付方式

技术商品的价格是技术贸易谈判中的关键问题。转让方为了获取更多的利润,报价往往偏高。引进方不会轻易地接受报价,往往通过反复谈判,进行价格对比分析,找出报价中的不合理成分,将报价压下来。价格对比一般是比较参加竞争的厂商在同等条件下的价格水平或相近技术商品的价格水平。价格水平的比较主要看两个方面,即商务条件和技术条件。商务条件主要是对技术贸易的计价方式、支付条件、使用货币和索赔等项进行比较;技术条件主要是对技术商品供货范围的大小、技术水平的高低、技术服务的多少等项进行比较。

7. 责任和义务

技术贸易谈判中技术转让方的主要义务:按照合同规定的时间和进度,进行科学研究或试制工作,在限期内完成科研成果或样品,并将经过鉴定合格的科研成果报告、试制的

样品及全部科技资料、鉴定证明等全部交付委托方验收；积极协助和指导技术受让方掌握科技成果，达到协议规定的技术经济指标，以收到预期的经济效益。

受让方应根据相关文件清点，如发现短缺、污损或不清晰部分，转让方有责任在限期内补齐、更换，受让方在合同中应明确转让方对其相关人员进行培训和提供技术咨询服务，并将双方的责任和义务、时间和地点、人员数量及费用等具体阐明。

(五)劳务合作谈判的基本内容

劳务合作谈判的基本内容是某一具体劳动力供给方所能提供的劳动者的情况和需求方所能提供给劳动者的有关生产环境条件和报酬、保障等实质性的条款。其基本内容有劳动力供求的层次、数量、素质、职业、工种、技术水平，劳动地点(国别、地区、场所)、时间、条件、劳动保护，劳动工资、福利和保险。

(1) 层次。层次是指劳动者由于学历、知识、技能、经验的差别，职业要求的差异，形成许多具体不同的水平级别。如科技人员、技术工人、勤杂工、保姆等。

(2) 数量。数量是指具有智力劳动力和体力劳动能力的人数的总和。

(3) 素质。素质是指劳动者智力、体力的总和。目前，只能从劳动者年龄、文化程度、技术水平上加以具体表现。

(4) 职业、工种。按国民经济行业目录划分有13个行业。职业、工种在各行业部门中有许多不同的分类。如职业有农民、教师、医生、工人等。而机器制造业工人又可分为铸工、锻工、车工、铣工、磨工、钳工等工种。职业、工种按劳动者层次、素质双向选择，特别是对高空、水下、井下和容易产生职业病的职业，工种的选择性更大。

(5) 劳动地点、时间、条件。劳动地点对某一具体劳动力需求方来说一般是固定的，只有少数是流动的。劳动者主要考虑离家远近、交通状况，结合劳动时间、劳动条件和劳动报酬等选择工作。

(6) 劳动工资、福利、保险。这既是双方磋商的核心问题，也是发展劳务市场，推动劳动力在不同地区、单位以及不同工作之间转移的重要动力。

除此之外，劳务合作谈判应依据劳动法规规范，确定谈判内容与条件。

本 章 小 结

商务谈判是买卖双方为了促成交易而进行的活动，或是为了解决买卖双方的争端，并取得各自的经济利益的一种方法和手段。商务谈判的基本要素包括商务谈判的主体、商务谈判的客体和商务谈判的目标。商务谈判的特征包括谈判对象的广泛性和不确定性、谈判双方的排斥性和合作性、谈判的多变性和随机性、谈判的公平性与不平等性。

商务谈判的基本原则有自愿原则、平等原则、互利原则、求同原则、合作原则、合法原则。

按照不同的标准，商务谈判可分为不同的类型，主要有国内商务谈判和国际商务谈判、商品贸易谈判和非商品贸易谈判、一对一谈判、小组谈判和大型谈判、主座谈判、客座谈判和主客座轮流谈判，传统式谈判和现代式谈判，公开谈判、半公开谈判和秘密谈判。

无论哪种谈判一般都包括合同之外的谈判和合同之内的谈判。商品贸易谈判的内容主要包括商品的品质、数量、包装、运输、保险、检验、价格、货款结算支付方式以及索赔、仲裁和不可抗力等。

自 测 题

1. 什么是商务谈判？它有哪些特征？
2. 进行商务谈判时应遵循哪些基本原则？
3. 商务谈判的类型有哪些？内容是什么？
4. 为什么说商务谈判是一门艺术？

案 例 分 析

中欧谈判，一波三折——中国加入 WTO 谈判征程中的经典案例

我国政府于 1986 年 7 月 10 日正式申请恢复在关贸总协定的缔约国地位，尽管中国为复关表现了十分的诚意，作出重大的让步，但是，这并没有赢得其他缔约方在谈判中采取合作的态度。相反，以美国为代表的少数缔约方更是蓄意阻挠，漫天要价。这种不考虑中国特殊国情、企图以加入世贸组织相要挟的不合作态度，使得持续 8 年之久的中国恢复关贸总协定缔约国的谈判没能在 1994 年 12 月月底之前，也就是在 WTO 成立之前达成协议。

20 世纪末，中美关于中国加入世界贸易组织的谈判达成协议。中欧谈判就是在这样一种背景下发生在中国加入 WTO 谈判进程中的又一个经典案例。它的成功解决，为推动中国加入 WTO 赢得了相当关键的一步棋。

1. 中美握手，欧盟态度积极

在中国加入世界贸易组织的问题上，欧盟和美国历来都是站在"密切协调"的立场上的，而且欧盟也常常唯美国马首是瞻。因此，中美协议的达成必然会为中欧谈判开辟道路，加快中欧之间的谈判进程。的确，中美关于中国加入世界贸易组织的谈判达成协议在欧盟引起了强烈反响。欧盟各国舆论对中美达成的协议普遍给予积极评价。英国、法国、德国、意大利、比利时等国的主要传媒异口同声，称赞中美达成协议标志着中国在加入世贸组织的进程中"已经排除主要障碍""跨过了决定性阶段"，中国加入"千年回合谈判"只是时间问题。舆论还说，中国的加入将使"世界贸易组织趋向完整""经济全球化会飞速发展"，并为世界经济的安全和稳定"开启历史之门"。欧盟委员会及其各成员国对于中美达成协议这一"历史性动作"，一开始感到有些吃惊，反应谨慎，但在消息得到证实后便纷纷表示欢迎。与此同时，他们也立即表示，希望尽快重开与中国的谈判，并且一再强调他们的要价不同于美国。

2. 特殊要求，欧盟开价更高

中国与美国和欧盟进行的关于加入世贸组织问题的谈判是同时启动的，欧盟的立场历来是凡是美国从与中国达成协议中所得到的东西，欧盟也要"自动享有"，此外，欧盟还有自己的特殊要求。因此，在多年的中美、中欧谈判中，欧盟的开价其实比美国还要高。一般的说法是，在中美、中欧谈判中，欧盟提出的要价中有 80% 与美国相同，接下来的那 20%

的要价由它自己与中国进行讨价还价。

欧盟的特殊要求，或者说20%的要价，主要是要求中国在银行业、电信、经销、人寿保险及机器制造领域降低关税；放宽对欧洲生产的食品、酒类、药品、化妆品、玻璃制品、陶瓷制品市场准入的条件；在外国投资、电子行业放松控制；在石油产品、丝绸生产等领域取消垄断等。

另外，中国将是第一个享受世贸组织成员国在协议中表明允许经历一个转型过渡时期的国家。这是原欧盟贸易谈判代表布里坦的主意，也是世贸组织在纳入成员的历史进程中的首次例外。20世纪50年代加入世贸组织的成员均属于市场经济体制国家，60年代加入世贸组织的部分国家，如波兰和罗马尼亚享有世贸组织特殊制定的严格协议书，因而对中国而言，欧盟正在寻求中国加入世贸组织的特别协议和条件，这将是更为进步的、积极的协议书。中国是一个特殊的国家，接纳中国加入世贸组织应当有适合双边关系的方法和创新。欧盟加强与中国政府的对话和谈判，希望建立一系列有利于中国在其"过渡时期"应该履行的义务和条件。

3. 西雅图之旅，未雨绸缪

2001年11月30日，备受世人关注的世界贸易组织第三届部长会议在美国西雅图开幕。会议计划发起新一轮全球多边贸易谈判，也就是所谓的"千年回合"谈判，并为拟议中的此次谈判确定框架和主要议题。

这次会议主要是讨论关于协议的实施、所谓的"既定议程"和新一轮谈判是否应加入新议题这三个方面的问题。尽管西雅图会议无果而终，但中国却利用这次会议提供的机会，积极与各方进行接触，促进加入世贸组织的进程。在西雅图会议期间，外经贸部部长石广生分别会见了美国总统克林顿和欧盟贸易委员拉米。在与拉米会见时，双方就中国加入世贸组织问题交换了意见，都希望尽快结束中欧谈判，并同意尽快对新一轮中欧谈判作出安排。

石广生抓住机会，主动出击，在他的西雅图之旅中会见了16位美国参议员、29位众议员、全美农场主协会主席、7个州的农场主协会主席以及数家美国大公司的负责人等各界人士。他代表中国政府介绍了中国加入世贸组织的进展情况，重申了中国政府在台湾加入世贸组织和新一轮多边贸易谈判问题上的立场。很显然，石广生的这些会见都为中国加入世贸组织的征程进一步铺平了道路。

4. 鸿沟难填，交锋三次坚城难下

2002年1月25日，中欧谈判继续进行。由于欧盟和中国之间的技术谈判目前已经取得明显进展，因此原定两天的双边谈判将再延长半天，于26日正式结束。

欧盟委员会负责贸易的发言人古奇在谈判结束后的新闻发布会上说，欧盟与中国的谈判取得了实质性进展，欧盟方面希望尽早结束新一轮技术级磋商，争取早日在北京签署有关协议。古奇透露，由于谈判内容涉及各方利益，因此欧盟委员会将就中欧谈判的进展情况向欧盟15个成员国政府汇报。古奇强调指出，正如中欧双方在联合公报中所说，双方同意2月下旬在北京就一些重要问题再进行一轮技术级磋商，但谈判到目前为止所取得的实质性进展已经确保了协议最终签署。古奇还表示，欧盟委员会负责贸易的委员拉米已经做好前往北京的准备。他说，根据下一轮技术级磋商的进展情况，拉米希望尽快飞赴北京与石广生举行会谈并签署中欧关于中国加入世贸组织的协议。

中欧在这轮谈判中讨论了关于市场准入方面的重要问题，包括工业品关税和配额及农产品和关税配额，双方还就服务贸易问题进行了一整天的讨论，就一些关键的问题进行了谈判，包括电信、金融服务(银行、保险、证券)、经纪、分销、旅游和专业服务(律师和会计)。

2002年2月下旬，中欧在北京举行新一轮谈判。中欧双方代表团团长仍然是龙永图和贝塞勒。谈判结束后，龙永图表示，通过1月在布鲁塞尔和这次在北京的两轮磋商，中欧双方的谈判立场已十分接近。中方认为，双方进行部长级会谈的条件已经成熟。中国外经贸部部长石广生欢迎欧盟贸易委员拉米访华，以最后结束中欧关于中国加入世贸组织的谈判。

中方显然对再通过一轮谈判达成协议持乐观态度。2002年3月10日、13日，石广生连续两次在谈到中欧谈判时指出，中国非常重视同欧盟的谈判，近一两个月来，双方加快了谈判进程，先后在布鲁塞尔、北京进行了两轮会谈，取得重要进展。对欧盟关心的问题，中国都作出积极反应。除了中国对任何WTO成员都不能承诺的内容之外，中欧之间剩下的问题已经不多。3月27日这一周，欧盟贸易委员拉米先生将应邀来北京进行新一轮双边谈判，我们将本着平等协商、互谅互让的原则，期望尽快结束谈判，达成协议。

欧洲的某些企业家似乎比中国政府还着急。2002年3月3日，欧洲商业联合会和欧洲外贸协会联合会发表了一封公开信，呼吁欧盟尽快结束中欧关于中国加入世贸组织的谈判。这封题为"欧盟不应再拖延中国加入世贸的进程"的公开信说，尽管欧盟还有一些特殊要求，但应该看到中国已经作出一些让步，欧盟方面要想达到100%的要求是不现实的。此外，公开信还提醒欧盟注意，中国已经与一些主要贸易国家达成协议。如果欧盟拖延与中国的谈判，将会给美国国会中那些反对中国加入世贸组织的人提供帮助。公开信还呼吁欧盟采取灵活的态度，为达成最后协议创造条件，以便在最近几周内尽快与中国结束谈判。公开信说，尽快结束谈判不仅将有助于加强世贸组织，同时也有助于欧盟扩大对中国的出口。

欧洲商业联合会是欧洲最大的零售、批发和进口商组织，它的数十个成员组织分布在20多个欧洲国家，代表着这个领域的2 000多万就业人员。欧洲外贸协会是欧洲国家的外贸协会联合组织，目前有80多个成员。有迹象显示，欧盟方面也对即将到来的新一轮中欧谈判持乐观态度，希望通过这轮谈判达成最终协议。

2002年3月中旬，拉米在包括讨论中欧谈判问题在内的欧盟贸易部长非正式会议结束后表示，中欧谈判"转入政治阶段的时刻已经到来"。但他同时表示，这并不意味着所有"技术性"问题都已得到解决。十天以后，欧盟贸易委员拉米与中国外经贸部部长石广生在北京进行了为期四天的部长级谈判。这已是2000年以来中欧举行的第三轮谈判。

开始的时候，中欧双方显然都持乐观态度。美联社2002年3月28日的消息说，带着乐观的表现和取得进展的迹象，欧洲和中国贸易谈判代表今天重开谈判，双方都希望此次谈判能够为多年来中国加入世界贸易组织所进行的谈判画上一个圆满的句号。法新社在3月28日报道说，中国充满信心地预计，谈判正进入最后冲刺阶段。谈判期间，时任中国国务院总理的朱镕基会见了拉米。拉米在会见之后说："我认为同朱总理的会谈反映了中方非常重视我们的访问和双方都希望达成的目标。我们将竭尽全力争取在这次谈判结束后达成一项双边协议。"

路透社3月29日说，中国和欧盟谈判代表都乐观地表示，他们能在北京达成协议。但双方也暗示，在关于中国应该在多大程度上以及以多快的速度开放它的市场等问题上，他们都不打算太多地偏离目前的立场。显然正是由于中欧双方都不打算太多地偏离目前的立场，致使第三轮中欧谈判仍然没有达成协议。由此看来，双方在谈判之前是有些过于乐观了。

谈判结束后，拉米的发言人古奇说："谈判取得了一些进展，但是没有达成最终协议。"他还说："4天的会谈是在建设性的气氛中进行的，双方都取得了积极进展，在一定程度上缩小了他们在悬而未决的问题上的分歧。"拉米在会谈结束后对记者说："充分考虑到欧盟与中国重要的贸易关系的敏感性，应该最后达成一个平衡的一揽子交易。"他还说："我将立即向我所代表的欧盟15个成员国以及欧洲议会汇报，以便评估如何才能最好地对待未来一轮的谈判。"中国外经贸部发言人只是说，会谈是积极的、建设性的，并且富有成果，但没有进一步透露详细情况。

5. 世贸出面干预，中方因势利导

2000年2月17日，世界贸易组织总干事穆尔应中国外经贸部部长石广生的邀请，开始对中国进行为期三天的访问，主要是讨论中国加入世贸组织问题，澄清中国加入世贸组织还有哪些障碍。

对此，中方回应积极。时任国务院总理的朱镕基当天下午就在中南海会见了他，双方就中国加入世贸组织问题深入交换了意见，表达了积极合作的态度。第二天，中国外经贸部部长石广生又与他举行了会谈。

这三天的访问，给穆尔留下了良好的印象，他对中国年内加入世贸组织表示持乐观态度，并表示中国加入世贸组织也是世贸组织的努力方向。

与此同时，中国也在加快其他双边谈判和世贸组织中国工作组内的多边谈判进程，全方位地推进中国加入世贸组织的进程。

6. 共同促进，终于一锤定音

5月11日，拉米对新闻界发表谈话说，他希望在下周举行的谈判中与中国达成一项协议。他说："我们希望这是与中国举行的最后一轮谈判。"拉米承认开放中国电信市场问题是中欧谈判的关键，并表示仍然要坚持在这个问题上的立场。他说："电信对我们来说当然是至关重要的一点。欧盟工业具备竞争优势，我们拥有中国移动电信90%的市场份额，我们想巩固这一地位。我们的目标是使外资在中国移动电信合资企业中达50%。"5月15日，拉米率欧盟代表团抵达北京，与中国展开新一轮谈判。拉米在抵达北京时对记者说："如果我们要有所进展，就必须表现出灵活性。"

当记者问他对这一次最终达成协议是否乐观时，拉米说："很可能，是的，有希望。"拉米的发言人古奇表示，这次达成协议的可能性要大于上一次，因为双方建立了一种融洽的关系。新一轮的谈判当然不会一帆风顺。第一天的谈判结束后，欧盟说，要达成一项旨在为中国加入世贸组织铺平道路的协议需要更多的时间。古奇对记者说，现在说中国表现出了更多的灵活性尚为时过早，但是也表示过去的技术谈判是在积极和建设性的气氛中进行的。

第五天，在古奇第五次出现在记者面前时，双方终于达成共识，签订协议。

7. 好评如潮，谈判获得双赢

中欧双方都对中国与欧盟就中国加入世界贸易组织达成的协议表示满意。中国说这是一个"双赢协议"，欧盟说这是一个"第一流的协议"。由此看来，中欧协议确实是双方互相妥协的产物。

据悉，直到第四轮谈判的头几天，欧盟方面还在坚持其所谓的20%"特殊利益"，要求中国扩大电信、保险市场准入额，降低汽车、化妆品和酒类的进口关税。具体来说，就是欧盟要求在中国合资电信公司中享有51%的控股权；在中国合资人寿保险公司中享有50%以上的控股权；还要求中国从欧盟进口汽车、酒类、化妆品和工业设备征收的关税降低到17.5%的水平。欧盟的要求远远超出了中美协议中的规定。按照中美达成的协议，美国在中国合资电信公司和人寿保险公司中的股权最高不得超过49%，中国对从美国进口的产品征收25%的关税。

欧盟的要求过于苛刻，远远超出了中国所能接受的限度，中方显然不能答应。中方一再重申自己的原则立场：中国是一个发展中国家，中国的承诺只能和目前的发展水平相适应，中国不会牺牲自己的根本利益来求得加入世贸组织。对于谈判方的个别要求，中国能满足的将尽量满足，但是，中国不能承诺的对谁都不能承诺。也就是说，中国没有答应美国的，同样也不能答应欧盟。

另外，有分析认为，中国之所以拒绝欧盟的要求也与美国国会要审议是否给予中国永久性正常贸易关系地位(PNTR)有关。中国担心欧盟的过高要价可能会冲击中美已经达成的协议，妨碍给予中国永久性正常贸易关系地位在美国国会的通过。

事实上，欧盟正是利用美国国会部分议员刁难中美协议，企图阻挠国会通过给予中国永久性正常贸易关系的机会，向中国提高要价的。中美两国政府也确实都希望中欧尽早达成协议，以便对美国国会通过给予中国永久性正常贸易关系地位起到一种积极的促进作用。但是，中方并不因此而让步，中方始终坚持"对欧盟的让步不能超过美国"，允许服务业外资股权达到49%是"底线"。在中国的强硬立场面前，欧盟不得不收回自己的过高要求，改在其他方面寻求中方让步以作为其放弃过高要求的"补偿"。同时，由于美国参众两院的专门委员会已经通过了给予中国永久性正常贸易关系地位的议案，众议院最终通过的可能性也很大，欧盟坚持高要价的"王牌"已经没有多大意义。因此，欧盟调整了自己的策略，通过相互让步与中方达成了协议。

尽管在电信方面以及其他一些方面，中欧协议与中美协议内容一致，欧盟未能获得比美国更优惠的条件，但是，欧盟在其他方面获得了一定的补偿。按照摩根士丹利公司的一位中国经济专家的说法，"欧盟已经得到了他们能够期望的最好结果"。

在降低关税方面，欧盟取得的成果与美国大体相当。但降税产品的范围却扩大到150多种，其中包括一些欧洲特有产品，如英国的杜松子酒和意大利的皮革等，这些在中美协议中并没有包括进去，而且这些产品的关税从过去的高达70%下降到了38%。驻北京的英国商会主席吉思·玛丽亚·盖斯赫因此说，欧盟的谈判代表非常明智地进行了取舍，这使得欧洲企业能够在它们最有优势的领域里保持领先地位。

在开放中国的保险市场方面，欧盟的谈判官员为欧洲的人寿保险公司争得了七项新的许可，而这对于一直由美国主导的市场来说是一个非常大的进步。中国保险业对欧盟的开放时间比对美国的开放时间早了两年,这将使欧洲公司能够更加充分地管理和控制保险业的合资公司,并且更好地选择它们的合作伙伴,而且不会受到管理当局的过多干预。但在这个领域,欧盟仍未能取得合资公司的控股权。

盖斯赫称,在中欧达成的协议中,欧洲的银行业似乎并未获得太多的利益。虽然欧洲银行一直希望能够经营人民币业务,但目前它们仍然被限定在只能经营外汇业务。只有广东省的珠海是个例外,这里的欧洲银行可以经营人民币业务。目前,欧盟方面非常希望能在更多的地区经营人民币业务。不过,欧盟仍然在其他一些方面取得了进展,它为欧洲的非金融机构争得了发放商品信贷的权力,包括为购买卡车和拖拉机在内的所有机动车提供信贷,而不只是为购买轿车提供信贷。

中欧达成协议引起了预料之中的好评。总之,中欧双方在总体环境良好的条件下,通过对各自利益的正确认识和趋势的正确预测,终于取得双赢的好结果。

(资料来源:刘园. 国际商务谈判——理论·实务·案例[M]. 2版. 北京:中国商务出版社,2005.)

思考题:
1. 简述中方在谈判中的几次波折,并阐明中方都采取了什么样的应对策略。
2. 你认为中方谈判人员做法的成功之处有哪些?

阅 读 资 料

分橙子的谈判

以下是一个在谈判界广为流传的经典小故事。有一位妈妈把一个橙子给了邻居的两个孩子。这两个孩子便开始讨论如何分这个橙子。两个人吵来吵去,最终达成了一致意见:由一个孩子负责切橙子,而另一个孩子选橙子。结果,这两个孩子按照商定的办法各自取得了一半橙子,高高兴兴地拿回家去了。

第一个孩子把半个橙子拿到家,把皮剥掉,扔进垃圾桶,把果肉放到榨汁机中打果汁喝。另一个孩子回到家把果肉挖掉,扔进垃圾桶,把橙子皮留下来磨碎,混在面粉里烤蛋糕吃。

从上面的情形我们可以看出,虽然两个孩子各自拿到了看似公平的一半,然而,他们各自得到的东西却未物尽其用。这说明他们事先并未做好沟通,也就是说两个孩子并没有申明各自的利益所在,导致双方盲目追求形式上和立场上的公平,结果,双方各自的利益并未在谈判中达到最大化。

试想一下,如果两个孩子充分交流各自所需,或许会有多个方案和结果出现。可能的一种情况,就是两个孩子想办法将果皮和果肉分开,一个拿到果肉去喝汁,另一个拿果皮去做烤蛋糕。也可能是另外一种情况——恰恰有一个孩子既想要果皮做蛋糕,又想喝橙子汁。这时,如果能创造价值就非常重要了。结果,想要整个橙子的孩子提议可以将其他问题拿出来一块儿谈。他说:"如果把这个橙子全给我,你上次欠我的棒棒糖就不用还了。"其实,他的牙齿被蛀得一塌糊涂,父母上星期就不让他吃糖了。另一个孩子想了想,很快就答应了。他刚刚从父母那儿要了五块钱,准备买糖还债。这次他可以用这五块钱去打游戏,才不在乎这酸溜溜的橙子汁呢。

两个孩子的谈判思考过程实际上就是不断沟通、创造价值的过程，双方都在寻求对自己最大利益的方案的同时，也满足对方的最大利益的需要。

商务谈判的过程实际上也是一样。好的谈判者并不是一味地固守立场，追求寸步不让，而是要与对方充分交流，从双方的最大利益出发，创造各种解决方案，用相对较小的让步来换得最大的利益，而对方也是遵循相同的原则来取得交换条件。在满足双方最大利益的基础上，如果还存在达成协议的障碍，那么就不妨站在对方的立场上。替对方着想，帮助扫清达成协议的一切障碍。这样，最终的协议是不难达成的。

(资料来源：龚荒. 商务谈判与沟通——理论、技巧、案例[M]. 北京：人民邮电出版社，2018.)

问题： 结合案例谈谈你对谈判本质的认识。

第三章　商务谈判准备

【学习要点及目标】

通过本章的学习，使学生了解谈判班子的规模、谈判人员应具备的素质、谈判人员的配备、谈判班子成员如何分工与合作，掌握谈判环境、谈判市场行情、信息的收集方法和谈判方案的拟订，了解谈判物质条件的准备。

【引导案例】

美国有位谈判专家想在家中建一个游泳池，建筑设计的要求非常简单：长30英尺，宽15英尺，有水过滤设备，并且在6月1日前做好。谈判专家在游泳池的造价及建筑质量方面是个外行，但这难不倒他。在极短的时间内，他不仅使自己从外行变成了内行，而且还找到了质量好、价格便宜的建造者。

谈判专家先在报纸上登了个想要建造游泳池的广告，具体写明了建造要求，结果有A、B、C三位承包商来投标，他们都交给他承包的标单，里面有各项工程的费用及总费用。谈判专家仔细地看了这3张标单，发现所提供的温水设备、过滤网、抽水设备、设计和付款条件都不一样，总费用也有差距。接下来的事情是约这三位承包商来他家里商谈，第一个约好早上9点，第二个约好早上9点15分，第三个约好早上9点30分。第二天，三位承包商如约而来，他们都没有得到主人的马上接见，只得坐在客厅里彼此交谈着等候。10点钟的时候，主人出来请第一个承包商A先生到书房去商谈。A先生一进门就宣称他的游泳池一向是造得最好的，好的游泳池的设计标准和建造要求他都符合，顺便还告诉主人B先生通常使用陈旧的过滤网，而C先生曾丢下许多未完的工程，而且他现在正处于破产的边缘。接着主人同B先生进行谈话，从他那里了解到其他人提供的水管都是塑胶管，他所提供的才是真正的铜管。C先生告诉主人的是，其他人使用的过滤网都是品质低劣的，并且不能彻底做完，拿到钱以后就不管了，而他则绝对保质保量。谈判专家通过静静地倾听和旁敲侧击地提问，基本弄清了游泳池的建筑设计要求及三位承包商的基本情况，发现C先生的价格最低，而B先生的建筑设计质量最好，最后他选中了B先生建游泳池，而只给他C先生提供的价钱。经过一番讨价还价之后，谈判终于达成了一致。

(资料来源：王德升. 商务谈判[M]. 北京：中国商务出版社，2000.)

第一节　谈判人员准备

谈判的主体是人，因此，筹备谈判的第一项工作内容就是人员准备，也就是说组建谈判班子。谈判班子的素质及其内部协作与分工的协调对于谈判的成功是非常重要的。

一、谈判班子的规模

组建谈判班子首先碰到的就是规模问题，即谈判班子的规模多大才是最为合适的。

根据谈判的规模，谈判可分为一对一的个体谈判和多人参加的集体谈判。个体谈判，即参加谈判的双方各派出一名谈判人员完成谈判的过程。个体谈判的好处在于：在授权范围内，谈判者可以随时根据谈判桌上的风云变幻作出自己的判断，不失时机地作出决策以捕获转瞬即逝的机遇，而不必像集体谈判时那样，由于对某一问题的处理首先要在内部取得一致意见然后再作出反应而常常延误时机，也不必担心对方向自己一方谈判成员中较弱的一人发动攻势以求个别突破，或利用计谋在己方谈判人员间制造意见分歧，从中渔利，一个人参加谈判独担责任，无所依赖和推诿，全力以赴，因此会获得较高的谈判效率。

谈判班子由一个人组成，也有其缺点，它只能适用于谈判内容比较简单的情况。在现代社会里，谈判往往是比较复杂的，涉及面很广。从涉及的知识领域来讲，包括商业、贸易、金融、运输、保险、海关、法律等多方面的知识，谈判中所要运用收集的资料也非常多，这些绝非个人的精力、知识、能力所能胜任的，何况还有"智者千虑，必有一失"之说。

在通常情况下，谈判班子的人数在一人以上。在由多个人组成谈判班子的情况下，首先，可以满足谈判多学科、多专业的知识需要，谈判人员之间可取得知识结构上的互补性，以发挥综合的整体优势。其次，谈判人员分工合作、集思广益、群策群力，形成集体的进取与抵抗的力量，谈判人员集体智慧的发挥有助于谈判的成功。

谈判班子人数的多少没有统一的标准，谈判的具体内容、性质、规模以及谈判人员的知识、经验、能力不同，谈判班子和规模也不同。实践表明，直接上谈判桌的人不宜过多。如果谈判涉及的内容较广泛、较复杂，需要由各方面的专家参加，则可以把谈判人员分为两部分：一部分主要从事背景材料的准备，人数可适当多一些；另一部分直接上谈判桌，这部分人数与对方相当为宜。在谈判中应注意避免对方出场人数很少，而我方出场人数很多的情况。

二、谈判人员应具备的素质

人是谈判的行为主体，谈判人员的素质是筹备和策划谈判谋略的决定性主观因素，它直接影响着整个谈判过程的发展，影响谈判的成功与失败，最终影响谈判双方的利益分割。可以说，谈判人员的素质是事关谈判成败的关键。

在心理学中，素质是指人的神经系统和感觉器官的先天特点。然而从广义上理解，人的素质不仅有生理、心理两个方面的基本特点，而且也包含了一个人的知识修养和实际能力等方面的内容，并且人的素质可以在实践中得到逐步发展与提高。

那么，一个优秀的谈判人员应该具备怎样的素质？弗雷斯·查尔斯·艾克尔在《国家如何进行谈判》一书中曾提出："一个完美无缺的谈判家，应该心智机敏，而且有无限的耐心。能巧言掩饰，但不欺诈行骗；能取信于人，而不轻信于人；能谦恭节制，但又刚毅果敢；能施展魅力，而不为他人所惑；能拥有巨富、藏娇妻，而不为钱财和女色所动。"当然，对于谈判人员的素质，古今中外向来是仁者见仁，智者见智。但是，一些基本的要求却是共同的，并历来为许多谈判者所遵奉。一个商务谈判人员应该在自身素质培养方面做好哪些准备？这个问题就如同一个运动员必须取得何种资格条件方能参加重大国际比赛一样重要。一般来说，商务谈判人员必须具备下述几个方面的素质条件。

(一)知识素质

通晓相关知识是任何一个以商务活动为职业的人员开展工作的基础，对于一个谈判人员来说也不例外。通常，除了国际贸易、国际金融、国际市场营销这些必备的专业知识以外，谈判人员同时还要具有心理学、经济学、管理学、法学、财务会计、历史学等方面的知识。谈判是协调磋商人与人之间、团体与团体之间的利益关系的过程。这种协调需要谈判者有较强的洞悉与体察对方心理状态及其变化的能力，并能借以作出有针对性的反应。这种协调不仅反映为谈判一方与对手之间的外部的相互适应过程，还更多地反映为谈判一方内部的观点、意见、立场的统一过程，以及对谈判策略、谈判方式及谈判进程的选择与控制等。因此，对谈判队伍的组织协调与控制必须借助于科学的方法来指导。

【案例3-1】

> 内地某公司与香港地区一家公司谈判并签订了一项合同，由香港公司为内地该公司提供贷款，内地该公司提出当时香港汇丰银行最优惠贷款月利率8.7‰计算，合同上却写明按香港汇丰银行的最优惠贷款利率计算。由于该公司有关谈判者对专业知识不了解，又缺乏对香港地区银行利率变化的分析，也就答应了。后来，香港公司拿来了汇丰银行的最优惠贷款利率，一连七八个月都在20%以上。按照这个标准，内地公司将付出高额利息。为此，该内地公司要求修改合同，按月利率8.7‰计算，但对方以合同已生效为由而拒绝修改。几经交涉没有结果，该企业终因负债累累而倒闭。

(资料来源：龚荒. 商务谈判与沟通——理论、技巧、案例[M]. 北京：人民邮电出版社，2018.)

知识的增长主要靠自己有心积累，要仔细观察，多考虑一些问题，在平时多听、多学、多分析、多实践。天长日久，日积月累，知识就会丰富起来，就能得心应手地驾驭谈判的过程。

不言而喻，熟练掌握一门外语在国际谈判中具有十分积极的意义。在国际谈判中，商务合同可能会用外语写成。作为国际商务谈判者应该懂得外语，这样不仅便于沟通，而且更能准确地在合同中表述出双方所达成的一致意见。当然，这并不是排斥国际商务活动中翻译人员的作用，谈判人员懂得外语与充分发挥翻译的作用不仅不是矛盾的，而且在商谈过程中，翻译人员的翻译过程可以为谈判者赢得一个更长的思考时间。不少国际商务谈判者往往很善于利用这种技巧来获得对问题的深思熟虑的时机，这一点是值得我们学习和借鉴的。

全面的知识结构不仅构筑了一个谈判者的自信与成功的背景，而且在谈判实践中，当他碰到某些复杂的专业问题时，这种背景也能帮助他很快地找到通往成功之路的钥匙，至少他会知道该向谁请教什么问题。

一个商务谈判人员必须善于与别人讨论，向别人学习。要敢于启齿说自己不懂，然后才能诚恳地向别人请教，这才是聪明的谈判者。一个优秀的谈判人员必然具有较为广博的知识，可是终究不可能涵盖各项谈判中所需要的全部知识。例如，与外商交往中需要了解和尊重对方的宗教习俗问题，谈判项目涉及的某些具体技术标准、法律条文、金融财务手段的运用等专业问题。如果采取得过且过，甚至不懂装懂的态度，那是一定会破坏和谐的谈判气氛，最终损害自身利益的。其实，这也是一种对工作不负责任的态度。对于一个谈判者而言，十分重要的是要善于了解谈判可能涉及的各个方面的问题，而后及时去研究乃至向别人讨教。可怕的是对于一些重要问题，谈判者根本就不能意识到其存在，忽略其影响，当这些问题导致不能挽救的后果时才恍然悔悟，然而已为时过晚。

谈判人员应该谦虚好学，善于从各方面专家那里吸取所需要的知识。提倡这种良好的学习作风还有利于增强谈判小组中各方面专家之间的彼此互补合作，增强团体合作精神以及增强谈判实力。谦虚好学不仅是指谈判一方内部的相互学习、取长补短，它还体现在向有经验的外商虚心求教，特别是像我国这种发展中国家在同发达国家进行商务合作时，更要善于向他们学习。在国际商务谈判中，发达国家在处理技术、项目管理、国际惯例、支付方式等方面积累了丰富的经验。认真听取、分析外方提出的意见、建议，或者由我方提出一些具体设想，请外方加以充实完善，或许不仅能给外方带来方便，而且也会为我方节约大笔的资金。

(二)心理素质

耐心、毅力是一个谈判人员应该具备的基本素质。有时谈判是一项马拉松式的工作，在长时间的谈判中始终如一地保持镇静、信心与机敏不是一件容易的事情。周恩来总理是一位举世公认的谈判高手。他虽然经常夜以继日地工作，但只要一到谈判场合，他总是精神抖擞。在谈判中，人们有时发现女服务员会不时地递上一块热毛巾，这时，他身边的同志就会明白总理一定是连续几夜不眠了，他宁愿以热毛巾擦脸醒脑，也不愿中断谈判休息片刻，这种精神实在令人钦佩。

在商务谈判中，有些对手也会以拖延时间来试图消磨对方的意志，以求获取更好的谈判条件，对付这种伎俩没有坚韧的毅力是不行的。

这种意志力、忍耐力还表现在一个谈判人员无论在谈判的高潮阶段还是低潮阶段，都能心平如镜。特别是当胜利在望或陷入僵局时，更要善于控制自己的情感，喜形于色或愤愤不平不仅有失风度，而且也会给对手抓住自己的弱点与疏忽造成可乘之机。

顽强的意志品质也是与一个谈判人员对工作一丝不苟、认真负责的态度和坚持原则的精神联系在一起的。谈判人员经常会面临四面受压的局面，压力既有来自谈判对手一方的，也有来自自己一方的。当谈判陷入争执不下、久拖未果的境地时，这种压力还会呈现几何级数的增长。来自内部的压力往往是由于某些领导者不了解实际情况，急于求成，以主观臆断代替客观分析，以行政命令干预谈判具体工作所造成的。然而领导者的决策正确与否，跟具体工作人员的工作水平、工作作风关系密切。在具体的项目谈判中，谈判人员一定要坚持实事求是的原则，不管谁说了什么，不管周围的压力有多大，都应该据实测算分析，如实反映报告，这样才能帮助领导做到心中有数，保证决策的正确性，为项目合作争取有利的条件。

能否在谈判中顶住来自内部和外部的压力，不但是对谈判人员耐心与毅力的考验，也是对谈判人员能否坚持原则的考验。谈判者应该从工作实际出发，严格按商务谈判的客观规律办事，善于顶住来自各方面的压力，有效维护国家利益，争取项目的最大效益。

(三)仪态素质

不卑不亢、有理有节始终是商务谈判人员应该坚持的谈判态度，从另一个角度看，这也是谈判双方把谈判引向成功的基础。这句话看起来简单,但要准确地把握分寸却是很不容易的事情。如何表现强硬?如何表现灵活?如何表现妥协?这些技巧的掌握来自平时不断地积累经验。有的人认为对谈判对手要客气些,甚至于认为对方讲的都是对的,这样就连对方都瞧不起你。但也有些人有莫名其妙的优越感,虚狂孤傲,在实际谈判中表现粗鲁,常常将不平等的条件强加于人。例如,在有些发展中国家,某些人在与发达国家的商人交往过程中常常表现出既相当自卑、盲目崇洋,又过分骄傲、妄自菲薄的矛盾心理。所有这些都是不正确的态度。

(四)谈判技能素质

知识广博是一个谈判人员素质构成中的基本因素,而技能则是知识的外在表现与具体应用。

(1) 一个谈判人员应该有必要的运筹、计划能力。谈判的进程如何把握?谈判在什么时候、什么情况下可以由准备阶段进入到接触阶段、实质阶段,进而进入协议阶段?在谈判的不同阶段要注意重点的转移,采取何种技巧、策略?对此,谈判者都要进行精心设计与统筹安排。当然,这种计划离不开对谈判对手的背景、需要、可能采用的策略的调查了解与充分估价,由此才能做到知己知彼、成竹在胸。

(2) 要懂得所谓谈判就是靠"交谈"来消除双方的分歧,达成彼此观点一致的过程,因此,语言驾驭能力就是谈判者的基本素质之一。这就要求谈判者能够善于表达自己的见解,叙述条理清晰,用词准确明白。即使对于某些专业术语,也能以简明易懂的语言加以解释;同时谈判者还要善于说服对方接受自己的观点与条件,善于通过辩论来批驳对方的观点,维护自己的利益。谈判者驾驭语言方面的不足不仅容易引起交流中的误解,造成沟通障碍,而且会使自己的合理要求在谈判过程中得不到有效的表达和保障。

(3) 对谈判进程的把握和谈判中语言技巧的运用,都离不开对谈判对手的了解与认识。而这种了解与认识的依据不能仅仅从对对手的背景调查中得到,面对面的谈判为了解与认识谈判对手提供了直接的机会和丰富的信息。这就需要依赖于谈判者的观察能力,对对手在口头语言、动作语言、书面语言等各方面表述中所体现出的心理状态及其细微变化的体察能力,而且还要求谈判者捕捉到信息后能作出迅速的判断与有效的反应。理论与实践的结合,是提高这种观察力的重要途径。

(4) 创造力与灵活性是谈判人员素质中"天然"的组成部分,与谈判人员意志力的坚忍、顽强互为补充、相得益彰,并在谈判中具体表现为既不轻易退让,又能善于妥协的谈判能力。如果一个人在谈判中只是表现出单纯的"原则性"和百折不挠的精神,那往往会使双方陷入争执,这时候坚持强硬的立场常常会使僵持局面得不到化解。在这种情况下,谈判人员所发挥出的创造力、想象力,并在制定与选择方案上表现出的灵活性,对于推动谈判的发展具有关键性的作用。

(5) 商务谈判人员应该有较强的人际交往能力,特别是要注意与各方面建立联系。同政府官员、金融机构、工商企业等各界朋友建立广泛的联系,这样在谈判时,就可能获得一个方便的信息通道或若干义务咨询顾问。这对了解谈判对手、确定谈判方案、突破谈判僵局都大有益处。

(五)礼仪素质

礼仪是一种知识、修养与文明程度的综合表现,它体现在人际交往的许多细小环节中。例如,赴约要遵守时间,既不要早到,也不要晚到;宴会时要注意主人对餐桌次序的安排,在正式场合要注意穿戴合适。

在礼仪上,我们还要保持冷静的头脑。对方有时夸奖你年轻精干,你别太当真了,那可能是人家在恭维你、取悦于你。当称赞你英语很好时,你也别太得意,那很可能因为你是中国人,你说的英语还过得去。

礼仪是一个人修养的反映,在商务谈判中也是影响谈判气氛与进程的一个重要因素。在和高层商务人员交往时,不注意细节,对方会觉得不受尊重,或者认为差距太大不值得交往。因此,项目谈判人员要十分注意社交的规范性,尊重对方的文化背景和风俗习惯。这对于赢得对方的尊重和信任,推动谈判的顺利进行,特别是在关键场合,同关键人物谈判时往往能起到积极的作用。

注重礼仪的内容还包括谈判人员在谈判破裂时能给对方留住面子,不伤感情并为以后的合作与交往留下余地,做到"生意不成友情在"。这样就会有越来越多的客商愿意与你建立合作关系。

(六)身体素质

商务谈判往往是一项牵涉面广、经历时间长、节奏紧张、压力大、耗费谈判人员体力和精力的工作。如果赴国外谈判还要遭受旅途颠簸、生活不适之苦。如果接待客商来访,则要尽地主之谊,承受迎送接待、安排活动之累。所有这些都要求谈判人员必须具备良好的身体素质,这同时也是谈判人员保持顽强意志力与敏捷思维的物质基础。

商务谈判对人员的素质要求很高,但这并不等于要求一个人只有全面具备了各项素质后,才能够坐到谈判桌上。这就像要求一个初上赛场的短跑运动员非要有打破世界纪录的能力才准许站到百米起跑线上一样不切实际。滴水穿石,非一日之功。一个谈判高手的成长也要经历实践的磨炼与摔打。所以,我们提出的各项素质要求应成为一个谈判人员毕生追求的目标,在商务谈判生涯中时时处处都需要提醒自己注意积累。

三、谈判人员的配备

谈判者个体不但要有良好的政治、心理、业务等方面的素质,而且要恰如其分地发挥各自的优势,互相配合,以整体的力量征服谈判对手。谈判人员的配备直接关系着谈判的成功,是谈判谋略中技术性很强的学问。

在一般的商务谈判中,所需的知识大体上可以概括为以下几个方面。

(1) 技术方面的知识。
(2) 价格、交货、支付条件等商务方面的知识。
(3) 合同法律方面的知识。
(4) 语言翻译方面的知识。

根据谈判对知识方面的要求,谈判班子应配备相应的人员:①业务熟练的财务人员;②技术精湛的专业人员;③精通经济法的法律人员;④熟悉业务的翻译人员。

从实际出发，谈判班子还应配备一名有身份、有地位的负责人，组织协调整个谈判班子的工作，一般由单位副职领导兼任，称首席代表。另外，还应配备一名记录人员。

这样，由不同类型和专业的人员就可以组成一个分工协作、各负其责的谈判组织群体，谈判组织群体模型如图 3-1 所示。

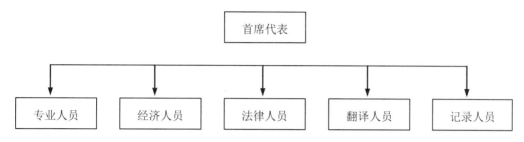

图 3-1　谈判组织群体模型

在这个群体内部，每位成员都有自己分工明确的职责。

1. 首席代表

首席代表是指那些对谈判负领导责任的高层次谈判人员，他们在谈判中的主要任务是领导谈判组织的工作。这就决定了他们除具备一般谈判人员必要的素养外，还应阅历丰富、目光远大，具有审时度势、随机应变、当机立断的能力，具有善于控制与协调谈判小组成员的能力。因此，无论从什么角度来看，他们都应该是富有经验的谈判高手，其主要职责如下所述。

(1) 监督谈判程序。
(2) 掌握谈判进程。
(3) 听取专业人员的建议、说明。
(4) 协调谈判班子成员的意见。
(5) 决定谈判过程中的重要事项。
(6) 代表单位签约。
(7) 汇报谈判工作。

2. 专业人员

专业人员是谈判组织的主要成员之一，其基本职责如下所述。

(1) 阐明己方参加谈判的愿望、条件。
(2) 弄清对方的意图、条件。
(3) 找出双方的分歧或差距。
(4) 同对方进行专业细节方面的磋商。
(5) 修改草拟谈判文书的有关条款。
(6) 向首席代表提出解决专业问题的建议。
(7) 为最后决策提供专业方面的论证。

3. 经济人员

经济人员又称商务人员，是谈判组织中的重要成员，其具体职责如下所述。

(1) 掌握该项谈判总的财务情况。
(2) 了解谈判对手在项目利益方面的预期指标。
(3) 分析、计算修改中的谈判方案所带来的收益变动。
(4) 为首席代表提供财务方面的意见、建议。
(5) 在正式签约前提供合同或协议的财务分析表。

4. 法律人员

法律人员是一项重要谈判项目的必然成员，如果谈判小组中有一位精通法律的专家，将会非常有利于谈判所涉及的法律问题的顺利解决。其主要职责如下所述。
(1) 确认谈判对方经济组织的法人地位。
(2) 监督谈判在法律许可的范围内进行。
(3) 检查法律文件的准确性和完整性。

5. 翻译人员

翻译人员在谈判中占有特殊的地位，他们常常是谈判双方进行沟通的桥梁。翻译的职责在于准确地传递谈判双方的意见、立场和态度。一个出色的翻译人员，不仅能起到语言沟通的作用，而且必须能够洞察对方的心理和发言的实质，既能改变谈判气氛，又能挽救谈判失误，增进谈判双方的了解、合作和友谊。因此，对翻译人员有很高的素质要求。

在谈判双方都具有运用对方语言进行交流能力的情况下，是否还需配备翻译人员呢？现实谈判中往往是配备的。因为利用翻译提供的重复机会，可争取更多的思考时间。此时，可以密切观察对方的反应，迅速捕捉信息，考虑应付对方的战术，为谈判的最终成功奠定基础。

6. 记录人员

记录人员在谈判中也是必不可少的，一份完整的谈判记录既是一份重要的资料，也是进一步谈判的依据。为了出色地完成谈判的记录工作，要求记录人员要有熟练的文字记录能力，并具有一定的专业基础知识。其具体职责是准确、完整、及时地记录谈判内容。

第二节　谈判信息的积累和信息的收集

一、信息论与谈判

在商务谈判活动中，对信息的掌握与运用是十分重要的，信息的沟通畅顺与否对谈判结果有直接的影响。

(一)信息模式三要素

信息论的创立者——美国科学家申农在 1948 年发表了《通信的数学理论》，从而提出了信息传递的模型。他认为，信息的沟通过程主要有三要素，即信源、信道和信宿。信源是指信息的来源或信息的发出者，信道是指信息传递的通道，信宿是指将信息源所发出的信号再进行的最终转换。

人们在接收外界的各种信息时，是按一定的信息通道，不断将信源所发出的信号进行转换和编码处理。影响人们对信息的接收与处理的，除了上述三要素外，还有在信息传递中同样具有重要地位的编码与译码，它们直接影响着人们对信息接收的准确性。

商务谈判是一种重要的社会活动，要求参与的谈判者必须掌握十分准确的信息。因此，对所接收的信息必须反复核对，一定要掌握第一手材料，切忌道听途说、捕风捉影。

(二) 主、客方关系论

美国心理学家福里茨·海德通过对客方、主方与信息关系的研究指出，从主、客方关系来分析信息传递及作用，会得到四种结论：一是如果主方与客方存在着彼此信赖的关系，而且客方对主方所传递的信息也持赞成的立场，即高信誉、高赞同，信息传递效果最佳，客方也会作出积极的响应。二是客方对主方有好感，但却对传递信息的立场持否定态度，即高信誉、低赞同，主方可利用客方对自己的感情倾向说服客方转变立场，使传递的信息发挥更大的作用。三是客方对主方没有好感，但对所传递的信息持赞同的立场，即低信誉、高赞同，这会对信息的传递造成很大的扭曲。例如，我们提倡与不熟悉的企业做生意时找中间人，但如果对方对中间人有恶感，结果会适得其反。四是客方既不支持说服者，又对主方传递的信息反感，即低信誉、低赞同，在这种情况下，信息传递最为困难。

(三) 认知结构论

认知结构是指人由于过去经验所形成的一整套思维规则或归纳方式。它在某种程度上反映了人的信念、情感和态度。由此，认知结构是具有多种特征的心理机制，如行为归类机制、自我认知机制、原形概括机制等。当人们面临某些信息刺激时，可以用若干不同认知结构来解读这些信息，最典型的是一种外界信息会引起人们不同的心理反应，既有赞同的，也有反对的。

影响人的认知结构的因素主要有两种，即内因和外因。由于人们的个性、智商、能力等方面的差异，使人的认知机制作用倾向有很大的区别。就外因来说，信息的发出者、环境因素等都会对信息接收者的认知结构机制有一定影响。

(四) 信息的特征

人们对信息的接收，或者说信息对人们行动的作用，主要与下列三项因素相关：①信息的稀缺程度。如果对某类信息，许多人感兴趣，但又只有少数人能获得它，那么，我们就可以认为这一信息的稀缺程度很高；反之则很低。就谈判行为来说，越是稀缺的信息，对谈判当事者的价值越大，人们就愿意以较高的价值获得它。②获取信息的代价。获得信息的代价与获取的信息价值成正比。这是由于一方面，人们对于重要的信息愿意付出较大的代价去获取；另一方面，人们对得来不易的信息，会格外珍惜与重视。③信息源发布状况。一般较为重要的信息，其传播要受到较多的限制，许多信息的价值之所以被人们重视，就在于信息很难得到。例如，谈判的一方特别想要了解另一方的资金、技术、最低价格标准等信息。

二、掌握谈判信息

我们已进入信息时代，了解信息，掌握知识，已成为人们成功地进行各种活动的保证。谈判则是人们运用信息获取所需事物的一种活动。所以，谁掌握了信息，谁就掌握了谈判的主动权，有了赢得谈判成功的基本保证。首先是对谈判环境因素信息的掌握。谈判的环境因素包括政治与法律环境和社会文化环境。

(一)政治与法律环境

任何国家的经济活动都离不开政府的调节与控制。社会经济活动都是在国家的宏观计划调节下进行的，政府的各项方针、政策为经济发展指明了方向，创造了宽松的市场环境，从而保证了经济活动的顺利进行。企业的各种经济活动也是在这些方针指导下进行的。这就要求谈判人员必须了解党和政府的有关方针、政策，以及与此相适应的各种法律、法规，以保证交易的内容、方式符合政府的有关规定，保证合同协议的有效性、合法性。

对于国家间的贸易往来，谈判人员还要了解、掌握有关国际贸易的各种法规条例，了解对方国家政府的关税政策、贸易法规、进出口管理制度，对我国是否实行禁运或限制进出口的种类范围，以利于我方制订正确的谈判方针、计划，避免谈判中出现不必要的分歧、误会，促使谈判顺利进行。

(二)社会文化环境

在国际贸易谈判中，了解不同文化背景下的消费习俗、消费心理和购买行为也是十分必要的。这是因为所交易的产品从设计、命名、商标、包装、运输以及交货日期都可能在不同程度上与消费习俗、购买心理有一定的联系，会影响买方的经营与销售。

不同的社会文化背景就会形成不同的价值观念与行为取向，正所谓"一方水土养一方人"。

1. 宗教信仰

据了解，宗教信仰者占全球人口总数的近 15%，这是一个需要商务工作者引起重视的数字，所有的宗教信仰者都有着一定的工作、生活及社交规范，只有了解了这些规范，你才有可能为对方所接纳，才谈得上能一起"坐下来，好商量"，否则，很可能会因为冒犯宗教习俗而被视为"敌人"。

传统的宗教信仰包括佛教信仰、道教信仰、伊斯兰教信仰以及基督教信仰等，不同宗教及教派都有着不同的行为礼仪及价值取向，也只有了解并遵守这些教规才能保证商务活动的正常进行。

2. 社会习俗

社会习俗的具体内容非常繁杂，概括起来主要有以下几个方面。
(1) 符合当地礼仪规范的衣着、饮食与称呼礼仪。
(2) 工作与娱乐、休息的关系。

(3) 赠礼的礼仪及回赠的礼仪。
(4) 对荣誉、名声、面子的不同理解。
(5) 朋友的标准。
(6) 基本价值观。
(7) 时间的价值与效率。
(8) 友情与金钱的取舍等。

【案例 3-2】

> 20世纪80年代末，我国某公司曾向德国出口一批核桃，在谈判中双方商定，交货日期在11月中旬。提前交货和延后交货都有奖罚条款。但我方由于某种客观原因，推迟了交货日期，这批货于1月中旬到达德国，错过了销售的黄金时期，德方进口核桃是供应圣诞节的。结果，核桃大量积压，对方要求赔偿包括核桃储藏费在内的所有损失，其赔偿费远远超过了核桃的成本。如果我方了解到德国人有在圣诞节消费核桃的习俗，恐怕就会对核桃的交货期限格外当心，如实在不能按期发货，至少可以采取一些亡羊补牢的措施。
>
> （资料来源：杨晶. 商务谈判[M]. 北京：清华大学出版社，2005.）

三、掌握市场行情

随着现代社会生活节奏的不断加快，企业间的竞争也更加激烈，市场行情瞬息万变，这一切要求人们必须十分重视信息的收集与掌握。在谈判中，必须及时、准确地了解与标的对象有关的市场行情，预测分析其变化动态，以掌握谈判的主动权。这里所讲的市场行情是广义的，不仅仅局限于对价格变化的了解，还应包括市场同类商品的供求状况，相关产品与替代产品的供求状况，产品技术发展趋势，主要竞争厂家的生产能力、经营状况、市场占有率，市场价格变动比例趋势，有关产品的零配、供应，以及影响供求变化显现与潜在的各种因素。

掌握市场行情，并不是要把所有市场信息都收集起来，不分轻重、主次、真假，一概加以考虑研究。为保证信息、情报的准确、可靠，必须对所收集的市场信息进行反复筛选、过滤、加工、整理，使原始的情报信息变成对谈判交易活动有用的市场情报。鉴别和筛选情报、信息主要应从客观性、及时性、全面性、典型性和适应性几个方面加以考虑。

(一)供求状况

一般而言，在买方市场条件下，卖方居劣势；反之亦然。但不同地区、不同时间的市场供求状况也会发生某种变化，简单地说，甲地的滞销商品在乙地并非肯定滞销，特别是时尚品，它与消费地域密切相关，不可一概而论。

(二)供求动态

供求动态即市场供求变化的提前量，有些新产品、新时尚在市场投入期往往不被人们所看好，但一旦被消费者知晓，就会形成消费热潮，对此商务人员要做好充分论证。

【案例3-3】

> 英美两个鞋业公司的推销员一起来到南太平洋的一个岛国上,他们发现那里的人们没有穿鞋的习惯,都光着脚。于是英国的推销员发电报给公司:"这里的人没有穿鞋的习惯,我明天就回来。"美国的推销员也发电报给公司:"这里的人都没有穿鞋,而且我发现,他们的脚因为没穿鞋都有不同程度的伤害,这是一个没有被开发的市场,我发现了金矿。"
>
> (资料来源:易开刚.现代商务谈判[M].上海:上海财经大学出版社,2006.)

很难说上述例子中的两个推销员谁对谁错,这是对市场供求动态的分析观点不同所导致的。

(三)相关产品(或服务)分析

相关产品包括替代品、补充品、前续产品与后续产品等。

替代品,包括功能相近而品牌不同的产品、功能上升级换代的产品等多种类型。往往替代品的快速发展会导致主项产品的价格下降,甚至被挤出市场。

补充品,指人们在消费主项产品时,必须附带消费的产品,如汽车与汽油、休假时间与娱乐、计算机与网络。补充品的快速发展(或低价位)可以为主项产品本身的发展创造条件。

前续产品,即生产主项产品必需的原材料或初级加工产品(服务)。如汽车与钢材价格及进口关税、酒类与粮食供应价格。前续产品的充裕有助于主项产品(服务)的供应量增加和成本下降。

后续产品,指因主项产品(服务)而派生的为主项产品提供直接服务的产品或行业。如汽车与维修、美容,与前续产品同样,它也能促进主项产品的社会需求。

【案例3-4】

> 20世纪60年代中期,中国发现了大庆油田,但当时对外是严格封锁消息的。1966年7月,《中国画报》封面上刊登了大庆石油工人艰苦创业的照片,画面上,工人们身穿大棉袄,正冒着鹅毛大雪奋战在钻井平台上。据此,日本人得出结论,大庆油田可能在东三省北部的某地,因为中国其他地区很难下这么大的雪。接着,日本人又注意到《人民日报》报道,王进喜到了马家窑,豪迈地说:"好大的油海啊,我们要把中国石油落后的帽子扔到太平洋里去。"于是,日本人找来伪满时期的旧地图,发现马家窑位于黑龙江省海伦县东南的一个村子。以后日本人又根据日文版的《人民中国》介绍的中国工人阶级发扬"一不怕苦,二不怕死"的精神,肩扛人抬将设备运到现场,推断石油钻井离马家窑很近,又根据当年王进喜出席第三届人民代表大会,推断大庆油田出油了。最后,日本人又根据大庆油田钻塔的照片,推算出油井的直径,由当时的全国石油产量减去原有产量,算出大庆油田的石油总产量。在此基础上,日本人设计了适合大庆油田操作的石油设备,当我国突然向外界宣布在国际上征求石油设备设计方案时,日本人一举中标。
>
> (资料来源:黄越.底牌——谈判的艺术[M].北京:新华出版社,2006.)

第三章　商务谈判准备

四、信息收集的主要方法与途径

(一)信息收集的主要方法

古语曰:"知己知彼,百战不殆。"只有了解和掌握谈判对手的情况,才能有针对性地制定我方的谈判策略。收集谈判对手的信息,可以从已收集的市场信息中加以筛选,但这类情报具有较强的目的性、特殊性,还要采用其他信息收集方法,以掌握更多的信息。

1. 案头调查法

当双方成为谈判对手,准备进行贸易洽商时,为了便于对方了解本企业或产品的情况,常常相互间提供一些资料,如商品目录、报价单、企业情况简介、产品说明书等。有些企业为了招揽客户,还专门把印有企业生产经营所有产品的一览表、小册子赠送给可能成为交易对象的客户。所以,谈判人员应首先把这些资料收集、整理起来,进行分析研究。这种调研方法投资少、见效快,简便易行。

2. 直接调查法

直接调查法是由谈判人员通过直接、间接地接触获取有关信息和资料的方法。例如,谈判人员可以向本企业那些曾和对方有过交往的人员进行了解,也可以通过函电的方式直接与对方联系,而对较重要的谈判,双方则可以安排非正式的初步洽商。这种预备性接触好处很多,不仅可以使我们有机会正面观察对方的意图以及立场、态度,而且也可以使对方对我们的诚意、观点有所了解,以此促进双方在平等互利、互谅互让的基础上通力合作。

3. 观察法

观察法是指企业有关人员根据一定的观察目的,运用自己的感官直接了解谈判对手,以取得第一手感性资料的方法。观察法可分为直接观察和间接观察、隐蔽观察和非隐蔽观察、人工观察和机械观察等类型,其具体形式主要有以下几种。

(1) 参观谈判对手的生产经营场地,以了解对方的实际情况。

(2) 安排非正式的初步洽谈。通过各种预备性的接触,创造机会,当面了解谈判对手的态度,观察其意图。

(3) 购买谈判对手的产品进行研究。将谈判对手的产品拆开后进行检验,分析其结构、工艺等,获取相关有价值的信息。

观察法收集信息适用性强,并且其直接性和可靠性较大,但也有一定的局限性,如观察活动必须在事件发生的现场、受到时空限制等。

【案例 3-5】

情绪也能暴露信息

20世纪90年代,我国一个化工代表团在东南亚 E 国进行考察时发现,该国的一家工厂对使用 S 国化工原料 N2121 有抱怨情绪。该代表团的李先生是我国生产 N2121 化工厂的厂长。回国后,他对这个问题做了进一步的了解。S 国生产 N2121 的企业集团是国际知名的大企业,其 N2121 的产量占全世界总产量的 50%以上,产品纯度高(纯度在 98%以上),质量稳定,缺点是只供应大包装产品(每袋 50 千克)。而 E 国的那家工厂需要的是小包装产品。虽然 E 国方面一再要求,但问题一直没得到解决。E 国只好增加一道工序,将 S 国生产的 N2121 分装成每袋 10 千克后再送车间使用,增加一道工序也就增加了最终产品的成本。另外,E 国的工厂并不需要 98%的高纯度,纯度达 95%就足够了,而 95%的 N2121 的价格相对较低。

　　E 国的工厂每年需要 N2121 约 20 万吨。这个数量对 S 国的化工企业集团来说只是一笔小生意,因此,在与 E 国工厂打交道的过程中,S 国的态度非常傲慢,对于 E 国改换包装规格的要求根本不予理睬。平时交往时,也不注意异国的风俗习惯,以大国代表自居。但 20 万吨对于李先生的工厂来说是一笔大生意,占了公司年产量的 1/3,李先生的工厂生产小包装不成问题,95%的纯度也能满足 E 国对 N2121 产品的纯度要求。

　　在充分了解 E 国工厂的需求之后,李先生向该工厂的总经理发出了访问我国的邀请。总经理来华以后,受到了李先生工厂的热情接待。在代表团访问期间,李先生还特别安排了三天对北京名胜古迹的参观游览,表示在两个东方文明古国之间有许多共同语言。该总经理在参观工厂以后,对李先生工厂的产品质量,运行现状以及尊重客户、平等待人的作风都很满意,回国后就派出代表团到李先生的工厂进行购买 N2121 产品的谈判。在谈判中中方代表表示:中方可以提供每袋 10 千克的小包装产品;纯度为 95%,价格比国际市场上纯度为 98%的产品每吨低 40 美元。与 S 国相比,我国距 E 国更近。运输费用也可以节约一大笔。E 国代表经过仔细权衡后,与李先生的工厂签订了两年的合约。

　　李先生依靠观察对方的情绪,最终促成了跨国生意。这个案例告诉我们,在商务活动中,人的情绪是不好伪装的,情绪反映了信息,把握它可以发现问题,争取更多机会。

(资料来源:龚荒.商务谈判与沟通——理论、技巧、案例[M].北京:人民邮电出版社,2018.)

　　最后,了解对手还包括了解对方参加谈判人员的个人信息,尽可能了解和掌握谈判对手的性格、爱好、兴趣、专长,了解他们的职业、经历以及处理问题的风格、方式等。特别是在一对一的谈判中,掌握对手的兴趣、爱好,投其所好,会使你取得意想不到的成功。

【案例 3-6】

　　1992 年,中国一个代表团去美国采购 3 000 万美元的化工设备和技术。美方自然想方设法令我方满意,其中一项是送给我方每人一个小纪念品。纪念品的包装很讲究,是一个漂亮的红色盒子。红色代表发达。可当我们高兴地按照美国人的习惯当面打开盒子时,每个人的脸色却显得很不自然——里面是一顶高尔夫帽,但颜色却是绿色的。美方的原意是:签完合同后,大伙去打高尔夫。但他们哪里知道,"戴绿帽子"是中国男人最大的忌讳。合同我们最终没和他们签,其中原因之一也与此相关,不是因为他们"骂"我们,而是因为他们对工作太粗心。连中国人忌讳"戴绿帽子"都搞不清,怎么能把几千万美元的项目交给他们?

(资料来源:龚荒.商务谈判与沟通——理论、技巧、案例[M].北京:人民邮电出版社,2018.)

(二)信息收集的途径

　　为了更好地了解谈判对手,可通过多方面的调查研究,收集谈判对手的信息资料,为正式洽谈工作的开始做好准备。怎样才能获得有关谈判对手的信息资料呢?通常情况下,有以下几条途径。

1. 从国内的有关单位或部门收集资料

这些可能提供信息资料的单位如下所述。
(1) 商务部。
(2) 中国对外经济贸易促进委员会及其各地的分支机构。
(3) 中国银行的咨询机构及有关的其他咨询公司。
(4) 与该谈判对手有过业务往来的国内企业和单位。
(5) 国内有关的报纸、杂志、新闻广播等。

2. 从国内在国外的机构及与本单位有联系的当地单位收集资料

这些可能提供信息资料的单位如下所述。
(1) 我国驻当地的使馆、领事馆、商务代办处。
(2) 中国银行及国内其他金融机构在当地的分支机构。
(3) 本行业集团或本企业在当地开设的营业分支机构。
(4) 当地的报纸、杂志。国外的许多大银行，比如巴克利银行、劳埃德银行、大通银行等都发行自己的期刊，这些期刊往往有最完善的报道，而且一经获取就可收集许多信息。
(5) 本公司或单位在当地的代理人。
(6) 当地的商会组织等。

3. 从公共机构提供的已出版和未出版的资料中获取信息

这些公共机构可能是官方的，也可能是私营的，它们提供资料的目的，有的是作为政府的一项工作，有的则是为了赢利，也有的是为了自身的长远利益需要。因此，作为企业或单位的业务洽谈人员，应该熟悉一些公共机构，甚至要熟悉这些机构里的工作人员，同时还要熟悉他们提供资料的种类及发行途径。现列举如下几种资料来源。
(1) 国家统计机关公布的统计资料。比如工业普查资料、统计资料汇编、商业地图等。
(2) 行业协会发布的行业资料。这些资料是同行企业资料的宝贵来源。
(3) 图书馆里保存的大量商情资料。比如贸易统计数字、有关市场的基本经济资料、各种产品交易情况统计资料，以及各类买卖机构的翔实资料等。
(4) 出版社提供的书籍、文献、报纸杂志等。比如出版社出版的工商企业名录、商业评论、统计丛书、产业研究等。目前，许多报刊为了吸引读者，也常常刊登一些市场行情及其分析报道。

【案例3-7】

1935年3月20日，有个名叫伯尔托尔德·雅各布的作家被德国特务从瑞士绑架了，因为这位人物引起了希特勒的极度恐慌。他曾出版了一本描述希特勒军队组织情况的小册子，这本172页的小册子描绘了德军的组织结构、参谋部的人员布置、部队指挥官的姓名、各个军区的情况，甚至谈到了最新成立的装甲师里的步兵小队。小册子中列举了168名指挥官的姓名，并叙述了他们的简历，这在德国属于军事机密。希特勒勃然大怒，他要求情报顾问瓦尔特·尼古拉上校弄清雅各布的材料是从哪里窃取的，上校决定让雅各布本人来解决这个问题，于是便发生了上述这次绑架事件。

在盖世太保的审讯室里，尼古拉抓住雅各布盘问道："雅各布先生！告诉我们，你的材料是从哪里来的？"雅各布的回答却大大出乎他的意料，"上校先生，我的小册子里的全部材料都是从德国报纸上得来的。比如，我写的哈济少将是第17师团指挥官，并驻扎在纽伦堡，因为当时我从纽伦堡的报纸上看到了一个讣告，这条消息报道说新近调驻纽伦堡的第17师指挥官哈济将军也参加了葬礼"。

雅各布接着说："在一份乌尔姆的报纸上，我在社会新闻栏里发现了一宗喜事，就是关于菲罗夫上校的女儿和史太梅尔曼少校举行了婚礼的消息。这篇报道提到了菲罗夫是25师团第36联队的指挥官。史太梅尔曼少校的身份是信号军官。此外，还有从斯图加特前往参加订婚的沙勒少将，报上说他是当地的师团指挥官。"真相终于大白，雅各布不是间谍，却在做着被认为是间谍才能做到的事。在这个传播媒介极其发达的世界上，只要你留心，许多秘密其实早就不是秘密了。

(资料来源：杨晶. 商务谈判[M]. 北京：清华大学出版社，2005.)

(5) 专业组织提供的调查报告。随着经济的发展，出现了许多专业性组织，比如消费者组织质量监督机构、股票交易所等，他们也会发表有关统计资料和分析报告。

(6) 研究机构提供的调查报告。许多研究所和从事商业调研的组织，除了为单独委托人完成工作以外，为了提高自身的知名度还经常发表市场报告和行业研究论文等，这些都是我们收集信息的有效途径。

4. 本企业或单位直接派人员到对方国家或地区进行考察，收集资料

如果派人员出国进行考察，在出国之前应尽量收集对方的有关资料，在已有资料中分析出真实、不真实、可能还有新增内容、尚需进一步考察等几个部分，以便带着明确的目的和问题去考察。

在通过各种渠道收集到资料以后，必须对收集来的资料进行整理和分析。整理和分析谈判资料的目的有以下两点。

(1) 鉴别资料的真实性与可靠性，即去伪存真。在收集资料的过程中，由于各种各样的原因，在所收集的资料中某些资料可能比较片面、不完全，有的甚至是虚假的、伪造的，因而必须进行整理和分析。例如，某些人可能自己另有所图，于是提供了大量有利于谈判的信息，而将不利于谈判的信息或是掩盖或是扭曲，以达到吸引对方的目的；有些人可能自己没有识别真伪的能力，而将道听途说的信息十分"真实"地提供出来。经过资料的整理与分析，才能做到去粗取精、去伪存真，为我方谈判所用。

(2) 在资料具备真实性、可靠性的基础上，结合谈判项目的具体内容，分析各种因素与该谈判项目的关系，并根据它们对谈判的重要性和影响程度进行排列。通过分析，制定出具体的谈判方案与对策。

第三节 拟订谈判方案

方案是人们在行动前预先拟订的具体内容和行动步骤的框架，制定周密、细致的谈判方案是保证谈判顺利进行的必要条件。所以，拟订谈判方案是谈判准备工作的核心。拟订

谈判方案应包括以下几个方面的内容。

一、选择谈判对手

由于谈判至少是两方以上发生的行为，因此要进行谈判，必须确定谈判对手。但谈判又是双方自愿的行为，因此还要考虑对方能否成为我方的贸易伙伴。双方在谈判中的实力和地位如何，对我们在谈判中应采用何种风格和策略影响很大。如果谈判双方有可能存在经常性的贸易行为，就必须重视对对方企业乃至个人情况进行详细的调查研究，并估计谈判双方的实力，寻找那些可能增进双方友谊、促进双方感情交流的机会。例如，西方一些大企业之间经常安排球队互访比赛，召开各种形式的联谊会，其目的都是增强双方的友谊，融洽双方关系，以利于双方洽谈。

如果谈判内容广泛，交易比较复杂，可将对手确定在两家以内。否则，对手过多，会分散己方注意力，难于处理和控制复杂的谈判过程。谈判另一方也会因竞争对手较多而失去谈判的信心，反而不利于谈判进行。

然而，如果只选择一家企业作为谈判对手，而无法进行比较和鉴别，对方就可能利用这一点，向己方提出苛刻的要求，迫使己方作出较大让步。所以，至少应考虑将两家以上的企业作为谈判对手。

对一次性买卖，谈判对手的数目则不必受到限制。如果是大项目，企业可以采取招标的方式，在对方递价的基础上，确定谈判对手。

二、制定谈判目标

目标是人们行动预期获得的成果或结果，也是考核或检查人们行动效率的标准。

谈判目标就是检验谈判效率与成果的依据和标准，也是谈判思想、方针、策略的具体化和数量化。目标制定得正确与否，以及能否实现目标，意味着谈判活动的成败与效率的高低。因而，正确地制定与实现谈判目标，对于整个谈判具有决定性的意义。

由于谈判是一个持续发展的过程，因此，谈判目标也要有阶段性目标或分目标。从战略角度来讲，目标可以分为三个层次，即企业总目标、谈判目标、谈判某一阶段的具体目标。

(一)企业总目标

任何企业的生产经营活动都离不开目标体系，如企业发展的长期目标、中短期目标、企业总体目标、部门目标等。目标在企业的生产经营活动中具有重要意义，决定着企业在一定时期内的生产经营方向和奋斗目标。它是企业目的和任务的转化、分解。企业主要根据各个不同的具体目标进行生产经营活动。

谈判内容是企业生产经营活动的一部分，必须服从和维护企业的总体目标，这就要求在制定谈判目标时要以企业的总目标为标准。例如，为了保证企业在2000年开工率达100%，要确保得到总数为500万元的订单。这里，得到总数为500万元的订单并不是一次谈判所要实现的目标。但是，每次谈判都要考虑到这一总体目标，总体目标的实现依赖于每个部分目标的实现。500万元的订单,如果需要五次交易实现的话,那么,每次谈判至少要实现100万元的分目标,所以,总目标是制定分目标的依据和标准。总目标确定后,谈判人员就可以明确在每次谈判中的目标和责任,明确自己所处的地位及谈判成功的意义,从而采取相应的谈判策略与技巧,以保证实现企业的总目标。

(二)谈判目标

谈判目标是指每次谈判所要实现的目标,它既是谈判活动的总目标,而对企业生产经营活动来讲,它又是分目标、具体目标。分目标的实现对实现总目标有极其重要的意义,也是谈判成功的标志。

谈判目标,即分目标的制定,既要考虑企业的总体目标,也要考虑企业的实际状况、谈判对手的实力、双方力量的对比,以及市场供求变化等因素。

谈判目标的制定极为重要,它关系到企业总体目标的实现,又决定了在谈判中每一阶段具体目标的制定,以及在谈判中所采取的策略。因此,在制定谈判目标时需要十分慎重,要在综合多方信息、资料的基础上,反复研究确定。确定谈判目标一般包括以下几个要素,即交易额、价格、支付方式、交货条件、运输、产品规格、质量、服务标准等。

要更好地解决这些问题,就必须认真研究、制定谈判的最优期望目标、最低限度目标和可接受目标。

1. 最优期望目标

最优期望目标是指在谈判桌上,对谈判者最有利的一种目标,它在满足某方实际需求利益之外,还有一个"额外的增加值",在谈判实践中这一目标往往很难实现。因此,真正较为老练的谈判者在必要时可以放弃这一目标。但这并不是说这种最优期望目标在谈判桌上没有积极意义,它往往是谈判进程开始时的话题。

美国著名的谈判专家卡洛斯通过向两千多名谈判人员进行的实际调查表明,一个良好的谈判者必须坚持"喊价要狠"的准则。这个"狠"的尺度往往接近喊价者的最优期望目标。在讨价还价的磋商过程中,倘若卖主喊价较高,则往往能以较高的价格成交;倘若买主出价较低,则往往也能以较低的价格成交。因此,在谈判桌上,卖方喊价高或买方还价低,都会获得对自己较为有利的谈判结果。

2. 最低限度目标

最低限度目标是指在谈判中对某一方而言,必须实现的目标。换言之,最低限度目标即对某一方而言,是宁愿离开谈判桌,放弃合作项目,也不愿接受的目标。最低限度的确定主要应考虑到以下几个因素。

1) 价格水平

价格水平的高低是一个谈判双方最敏感的问题,是双方磋商的焦点。它直接关系到获利的多少或谈判的成败。影响价格的因素有主观与客观之分。主观因素包括营销的策略、谈判的技巧等可以由谈判方决定或受谈判方影响的因素,而影响价格的客观因素主要有以下几种。

(1) 成本因素。这里的成本主要是指"市场成本",一般是指产品从生产到交货的全部费用。具体来说,它包括生产该产品所需的原材料、劳动和管理费用以及为购销该商品所耗费的调研费、运输费、广告费和关税、保险费、中间商的佣金等费用。

(2) 需求因素。需求因素对价格水平的影响主要通过需求弹性加以体现。应结合需求弹性与市场的供需状况、同类产品的市场价格等因素，合理确定价格策略。

(3) 竞争因素。决定价格下限的是商品成本，决定价格上限的则是顾客的需求程度。在上限与下限之间所定的价格的高低，则由竞争来决定。也就是说，价格的确定不以个别成本为依据，而是取决于既定需求条件下同类商品的竞争状态，取决于由竞争形成的社会平均成本和平均利润。一方面，主要是注意竞争者的多少，竞争者越多，说明竞争越激烈，价格的变化也就越大；另一方面，要注意竞争的激烈程度，不同的市场条件下，竞争的激烈程度有所不同，在谈判中要充分利用这一点。

(4) 产品因素。对于不同性质和特征的产品，买方的购买习惯也有所不同。一般来说，消费品价格的灵活性较大，而工业品价格的灵活性较小。此外，人们对于不同产品的利润率存在不同的期望，也会导致谈判者有不同的价格目标。

(5) 环境因素。环境因素包括谈判的微观和宏观两个层面的各种因素，谈判环境是指二者的统一体，当环境对谈判某一方有利时，其希望通过价格得到的利益也就更大，买方可能会进一步要求降价，而卖方则可能会要求提价。因此，我们应该善于把握住机会，使环境向有利于自己一方的方向发展。

2) 支付方式

不同的支付方式通过价格对谈判的预期利润会造成较大影响。现款交易与赊款交易就存在不同的风险性，如果直接付款可以在价格上进行适当的优惠；但如果赊款的话，就不能在价格上有所退让，力争将由于时间带来的资金损失降到最小，而且赊款带来的债务人不付款或扣款的现象也普遍存在。

3) 交货

在货物买卖中，交货的期限与双方都有利害关系。在商务合同中，交货期限作为根本条款或是重要条款有明确的规定，一方若未按时交货就要赔偿对方的经济损失。一般情况下，卖方总是希望迟交货，而买方总是希望卖方能早交货。按照国际惯例，卖方报价中的交货期一般为签约后两个月。若买方提出要在签约后一个月交货，而卖方不能按双方已签订的合同如期交货，那么卖方就需交纳迟交货罚金。卖方可以根据买方提出的要求，对各方面因素进行综合考虑后，提出交货条件方面的最低可接受限度为：如果不增加额外罚金的话，可以同意对方提出的提前交货要求。

4) 保证期的长短

保证期是卖方将货物卖出后的担保期限。担保的范围主要包括货物的品质和适用性等。关于保证期限的长短，从来都是商务谈判中双方据理力争的焦点问题之一。卖方一般会尽力缩短保证期，因为保证期越长，卖方承担的风险越大，可能花费的成本也就越多。买方总是希望保证期越长越好，因为保证期越长，买方获得的保障程度就越高。但是，由于保证期的长短事关卖方的信誉及竞争能力，事关交易能否做成和怎样成交的问题，因此，卖方在通常情况下会仔细考虑保证期问题。

3. 可接受目标

可接受目标是指谈判人员根据各种主客观因素，通过考察，经过科学论证、预测和核算之后所确定的谈判目标。可接受目标是介于最优期望目标与最低限度目标之间的目标。在谈判桌上，谈判者一开始往往要价很高，提出自己的最优目标。实际上这是一种谈判策略，其目的完全是为了保护最低目标或可接受目标，这样做的实际效果往往超出了谈判者的最低限度要求，通过双方讨价还价，最终选择一个最低与最高之间的中间值，即可接受目标。

在实际的谈判业务中，双方最后成交值往往是某一方的可接受目标。可接受目标能够满足谈判一方的某部分需求，实现部分利益目标。可接受目标往往是谈判者秘而不宣的内部机密，一般只在谈判过程的某个微妙阶段挑明，因而是谈判者死守的最后防线，如果不能实现这一可接受目标，谈判就可能陷入僵局或暂时休会，以便重新酝酿对策。

可接受目标的实现，往往意味着谈判的胜利。在谈判桌上，为了实现各自的可接受目标，双方会各自施展技巧，运用各种策略。

(三)谈判某一阶段的具体目标

具体目标是指对谈判目标的分解。有些谈判，特别是交易复杂、规模较大的谈判，制定阶段目标十分必要，它可以使谈判人员随时检查和调整谈判进程以及谈判策略。

谈判具体目标的制定要相对灵活，可根据谈判内容、预计的谈判期限、谈判的规模而定。如谈判初始阶段是了解对手报价，提出己方条件；第二阶段，就交易主要内容进行协商，进一步讨论产品规格、价格、质量、交货期限、运输等条款，确定双方存在争议的有关问题；收尾阶段，审议合同条款，复查协商的所有内容，商谈履行合同事宜。

综上所述，谈判目标是使谈判顺利、有效进行的保证。在划分目标的同时，一定要注意相互之间的衔接与连贯，企业总目标是制定谈判目标的依据，阶段目标又是实现谈判目标的保证，三者缺一不可。

三、谈判方案的基本要求

谈判方案是谈判人员在谈判前预先对谈判目标等具体内容和步骤所制订的实施计划，是谈判者行动的指针和方向。有了谈判方案，就会使参加谈判的人员做到心中有数，明确努力的方向，打有准备之仗。谈判方案应对各个阶段的谈判人员、议程和进度作出较周密的安排，对谈判工作进行有效的组织和控制，使其既有方向，又能灵活地左右错综复杂的谈判局势，使谈判沿着预定的方向前进。

从形式上看，谈判方案应是书面的。文字可长可短，可以是长达几十页的正式文件，也可以是短至一页的备忘录。一般来说，一个成功的谈判方案应该注意以下几个方面的基本要求。

(一)谈判方案要简明扼要

所谓简明扼要，就是要尽量使谈判人员容易记住其主要内容与基本原则，在谈判中能随时根据方案要求与对方周旋。谈判的方案越是简单明了，谈判人员照此执行的可能性就越大。

(二)谈判方案要具体

谈判方案的简明扼要不是目的,它还要与谈判的具体内容相结合,以谈判的具体内容为基础,将谈判的具体内容简明扼要地表达出来。谈判方案的内容虽要求具体,但不等于把有关谈判的细节都包括在内。如果事无巨细、样样俱全,执行起来必然十分困难。

(三)谈判方案要灵活

由于谈判过程千变万化,方案只是谈判前某一方的主观设想或各方简单磋商的产物,不可能将影响谈判过程的各种随机因素都估计在内,所以,谈判方案还必须具有灵活性,要考虑到一些意外事件的影响,使谈判人员能在谈判过程中根据具体情况灵活运用。例如,对可控因素和常规事宜应安排细些,对无规律可循的事项可安排粗些。

第四节 谈判物质条件的准备

物质条件的准备工作包括四项内容,即谈判场所的选择、通信设施的完备、谈判房间的布置以及谈判人员的食宿安排。从表面上看,这四个方面同谈判内容本身关系不大,但事实上,不仅联系密切,甚至关系到整个谈判的成败。

一、谈判场所的选择

谈判专家对于谈判地点的选择有这样一种意见:谈判地点不论设在哪一方都各有利弊。如果谈判地点设在己方办公室或会议室,其优点如下所述。

(1) 避免由于环境生疏带来心理上的障碍,而这些障碍很可能会影响谈判的结果。

(2) 获得额外的收获。己方可借"天时、地利、人和"的有利条件,向对方展开攻势,以求对方让步。

(3) 可以处理谈判以外的其他业务。

(4) 便于谈判人员请示、汇报、沟通联系。

(5) 节省旅途的时间和费用。

综合上述优势,谈判地点争取在己方的最有利之处在于己方可自由发挥,就像体育比赛一样,在己方场地举行比赛活动,获胜的可能性就会更大。

如果谈判地点设在对方处,也有其优越性。

(1) 可以排除多种干扰,全心全意地进行谈判。

(2) 在某些情况下,可以借口资料不在身边,拒绝提供不便泄露的情报。

(3) 可以越级与对方的上级洽谈,获得意外收获。

(4) 对方需要负担起准备场所和其他服务的费用。

正是由于上述原因,在多轮谈判中,谈判场所往往是交替更换的,这已是不成文的惯例。当然,谈判地点在哪一方还取决于许多其他客观因素,如考察生产过程、施工基地、投资所在地的地理环境等。有时,中立地点也是谈判的合适场所。如果预料到谈判会紧张、激烈,分歧较大,或外界干扰太大,选择中立地点就是上策。但是,不论哪一方做东道主,都不应忽视对谈判地点的选择和谈判场所的布置。在某种程度上,它直接影响着谈判人员的情绪及会谈的效果。

二、通信设施的完备

在谈判场所,谈判人员要能够很方便地打电传、电报、电话,要具备良好的灯光、通风和隔音条件。最好在举行会谈的会谈室旁边备有一两个小房间,以利于谈判人员协商机密事情。主要谈判场所也可以配备一些专门的设施,供谈判人员挂图或进行计算。除非双方都同意,否则不要配备录音设备。经验证明,录音设备有时对双方都会产生副作用,使人难以畅所欲言。

三、谈判房间的布置

谈判房间的布置,如选择什么形状的谈判桌、怎样安排谈判人员的座位等也很重要。一般来说,比较大型、重要的谈判,谈判桌可选择长方形的,双方代表各居一面。但如果谈判规模较小,或双方人员比较熟悉,可以选择圆形谈判桌,这可以消除长桌那种正规、不太活泼的感觉。双方团团坐定,会营造出一种双方关系融洽、共同合作的氛围,而且彼此交谈容易,气氛随便。有时,出于需要,还可以采用任意排位方法就座,它适合于小规模的、双方都比较熟悉的谈判,或是比较特殊的谈判。

四、谈判人员的食宿安排

由于谈判是艰苦复杂,耗费体力、精力的一种交际活动,因此,用膳、住宿安排也是会谈的内容。东道国一方对来访人员的食宿安排应周到细致、方便舒适,但不一定要豪华、阔气,按照国内或当地的标准条件招待即可。要根据谈判人员的饮食习惯,尽量安排可口的饭菜。许多外国商人,特别是发达国家的客商,十分讲究时间、效率,反而不喜欢烦琐冗长的招待仪式,但适当组织客人参观游览、参加文体娱乐活动也是十分有益的。它不仅能很好地调节客人的旅行生活,也是增进双方感情、融洽双方关系的有效形式,有助于谈判的进行。

本 章 小 结

谈判人员准备就是组建谈判班子,它包括谈判班子的规模、谈判人员应具备的素质、谈判人员的配备和谈判班子成员的分工与合作等内容。优秀的谈判人员应具有坚强的政治思想素质、健全的心理素质和合理的学识结构。

谈判所需知识的积累主要包括了解谈判环境(政治与法律环境和社会文化环境)、掌握市场行情、摸清对方情况。信息的收集应从公开的资料和未公开的资料中分析获取,也可以由人员实地调查了解,并对资料进行整理与分析。

拟订谈判方案,应当从选择谈判对手、制定谈判目标着手。物质条件的准备包括谈判场所的选择、通信设备的完备、谈判房间的布置和谈判人员的食宿安排。

自 测 题

1. 优秀的谈判人员应具备什么样的素质?
2. 怎样进行谈判人员的配备?
3. 影响谈判的环境因素有哪些?
4. 如何拟订谈判方案?
5. 谈判的物质条件准备包括哪些内容?

案 例 分 析

苏州某公司听说南非是一个诱人的市场,便希望自己的产品打进南非市场。为了摸清合作伙伴的情况,公司决定组团到南非进行实地考察。到达南非后,对方立即安排他们与南非公司的总经理会面,会面地点被安排在一个富丽堂皇的大饭店里。考察团在电梯门口遇到一位满面笑容的执行员,她将考察团引到一间装修豪华、设施现代化的房间。坐在皮椅上的总经理身材肥胖,手中夹着雪茄,脸上一副自信的表情,谈话时充满了激情。他对公司的情况、经营方略以及公司未来的打算侃侃而谈。总经理的介绍和他周围所有的一切都深深打动了考察团,他们深信这是一个可靠的财力雄厚的合作伙伴。考察团回国后,马上发去了第一批价值 100 多万美元的货物,然而,该批货物再也没有了音信。公司只好再派人去调查,此时才发现他们掉进了一个精心设计的圈套里。那位肥胖的"总经理"原来是当地的一个演员,在电梯门口招呼他们的女招待才是真正的总经理,而陈设精良的接待室不过是临时租来的房间。待真相大白之后再寻找这家公司才知道它已宣告破产。

(资料来源:陈福明,王红蕾. 商务谈判[M]. 北京:北京大学出版社,2006.)

思考题:
请问从该案例中,你认为谈判人员在谈判之前应该做好哪些工作?

阅 读 资 料

多年来,日本航空公司的经理们像西方大企业的高级管理人员一样,总是竭力把自己设计成超人的形象:仪容威严尊贵,背脊挺直,高视阔步;开口满是专业术语,闭口对什么都一清二楚;保持音色深沉而带有磁性,不管是否出自肺腑,对客人都低沉地说"幸会",跟下属握手暗中使劲,以示坚定而有魄力……其实他们心里明白,如此这般,只是巧妙地化妆、装模作样的表演罢了,并不总是有效。于是他们希望有人带头变革这种令人生厌的老套,创造出奇制胜的新招。20 世纪 80 年代初,此种人物终于应运而生。

日本航空公司决定从美国麦道公司引进 10 架新型波音客机,指定常务董事领队,财务经理为主谈,技术部经理为助谈,组成谈判小组,负责购买事宜。日航代表团飞抵美国,稍事休息,麦道公司立即来电约定明日在本公司会议室开谈。第二天,3 位日本绅士仿佛还未消除旅途的疲劳,行动迟缓地走进会议室,只见麦道公司的一群谈判代表已经端坐一边。

谈判开始，日航代表慢吞吞地啜着咖啡，好像还在缓解时差的不适。精明狡猾而又讲求时效的麦道公司主谈把客人的疲怠视为可乘之机，在开门见山地重申双方购销意向之后，迅捷地把谈判转入"概说"阶段。概说原是各方充分阐述自身需要及规定对方应予配合的极好时机，麦道便毫不客气地发起强大的攻势。

从早上9点到11点30分，3架放映机相继打开，字幕、图表、数据、计算机图案、辅助资料、航行画面应有尽有，顿时，面对图文并茂的资料，人们就像置身于迪士尼乐园的神奇之中，不由自主地相信麦道飞机的性能及定价都是无可挑剔的。孰料，日航3位谈判代表却自始至终默默地坐着，一语不发。麦道公司的主谈自负地拉开窗帘，充满期待地望着对方问道："你们认为如何？"三位不为所动的日本人礼貌地笑笑，技术部经理(主谈)答道："我们不明白。"

麦道主谈的脸上顿时失去血色，大惑不解地问："你们不明白？这是什么意思？你们不明白什么？"

日航领队笑了笑，回答："这一切。"麦道主谈急切地追问："这一切是什么意思？请具体地说明你们从什么时候开始'不明白'的。"

日航助谈歉意地说："对不起，从拉上窗帘的那一刻开始。"日方主谈随之咧咧嘴，用连连点头来赞许同伴的迷惑。

"笨蛋！"麦道主谈差一点脱口骂出声来，泄气地倚在门边，松了松领带后气馁地呻吟道："那么，你们希望我们再做些什么呢？"

日航领队歉意地笑笑说："你们可以重放一遍吗？"麦道主谈别无选择，只得照办。但麦道公司谈判代表重复那两个半小时的介绍时，已经失去了最初的热忱和信心，忍不住要抱怨这3个不可理喻的东方人，不时为这种莫名的挫折而烦躁。是日本人开了美国佬的玩笑吗？不是，他们只是不想在交涉之初就表明自己的理解力，不想用一上来就合作的态度使对方产生误解，以为自己在迎合、讨好他们。谈判风格素来以具体、干脆、明确而著称的美国人，哪里会想到日本人有这一层心思呢？更不知道自己在谈判伊始已先输一盘了。

谈判进入交锋阶段，老谋深算的日航代表在"假痴不癫"上又使出了新的一招：装成听觉不灵，反应迟钝，显得很难甚至无法明了麦道方在说些什么，让麦道方觉得跟愚笨的人谈判，早已准备好的论点、论据和推理是没有用的，精心选择的说服策略也无用武之地。连日来，麦道方已被搅得筋疲力尽，实在担心日方继续纠缠不清，只想尽快结束这种与笨人打交道的灾难，于是直截了当地把球踢向对方："我们的飞机性能是最佳的，报价也是合情合理的，你们有什么异议吗？"

此时，日航主谈似乎由于紧张，忽然出现语言障碍。他结结巴巴地说："第……第……第……""请慢慢说。"麦道主谈虽然嘴上是这样劝着，心中却不由得又恨又痒。"第……第……第……"日航主谈还是急得说不出来。"你要说的是第一点，对吗？"麦道主谈问。日航主谈点头称是。"好吧，第一点是什么呢？"麦道主谈急切地问。"价……价……价……""是价格吗？"麦道主谈问。日航主谈又点了点头。"好，这点可以商量。第二点是什么？"麦道主谈焦急地问。"性……性……性……""你是说性能吗？只要日航方面提出书面改进要求，我们一定满足。"日航主谈点头赞许。

至此，日航一方说了些什么呢？什么也没有说。麦道一方做了什么呢？在帮助日方跟自己交锋。他们先是帮日方把想说而没说出来的话解释清楚，接着为了问出对方后面要说的话，就未加思索地匆忙作出许诺，结果把谈判的主动权拱手交给对方。

麦道轻率地许诺让步，日航就想得寸进尺地捞好处。这是一笔价值数亿美元的大宗贸易，还价本应按国际惯例取适当幅度，日航的主谈故意装作全然不知，一开口就要求降价20%。麦道主谈听了不禁大吃一惊，再看看对方是认真的，不像是开玩笑，心想既然已经许诺让价，为表示诚意就爽快地让吧，于是便说："我们可以降价5%。"

双方差距甚大，都竭力为自己的报价陈说大堆理由，第一轮交锋在激烈的争论中结束。经过短暂的沉默，日方第二次报价：削减18%，麦道方还价是降低6%，于又陈说理由，辩驳对方，尽管口干舌燥，可谁也没有说服谁。麦道公司的主谈此刻对成交已不抱多大希望，开始失去耐心，提出休谈："我们双方在价格上距离很大，有必要都为成交寻找新的办法。你们如果同意，两天后双方再谈一次。"

休谈原是谈判陷入僵局时采取的一种正常策略，但麦道公司却注入了"最后通牒"的意味，即"价钱太低，宁可不卖"。日航谈判代表这时不得不谨慎地权衡得失：价格还可以争取降低一点，但不能降得太多，否则触怒美国人，那不仅会丧失主动权，而且连到手的6%让价也捞不到。倘是空着两手回日本，怎么向公司交代？他们决定适可而止。

重开谈判，日航一下子降了6个百分点，要求降价12%；麦道仅增加1个百分点，只同意降价7%，谈判又形成僵局。沉默，长时间的沉默，麦道公司的主谈决意终止交易，开始收拾文件。恰在此时，口吃了几天的日航主谈突然消除了语言障碍，十分流利地说道："你们对新型飞机的介绍和推销使我们难以抵抗，如果同意降价8%，我们现在就草拟购买11架飞机的合同。"日航主谈说完，笑吟吟地起身，把手伸给麦道公司主谈。"同意！"麦道的谈判代表们也笑了，起身和3位日本绅士握手："祝贺你们，用最低的价格买到了世界上最先进的飞机。"的确，日航代表把麦道飞机的价格压到了前所未有的低位。

(资料来源：冯德连，管州. 谈判就这几招[M]. 郑州：河南人民出版社，2000.)

第四章 谈判者的素质与谈判心理

【学习要点及目标】

通过本章的学习，使学生理解需要层次理论在商务谈判中的应用，认识谈判中需要的存在及发现，掌握商务谈判中的心理挫折及成功谈判者的心理素质要求，了解商务谈判中的心理禁忌。

【引导案例】

> 美国的一家化妆品公司曾有一名优秀的"推销冠军"。有一天，他还是和往常一样，把公司里刚推出的化妆品的功能、效用告诉顾客，然而，听他介绍的女主人并没有表示出多大的兴趣。于是，他立刻闭上嘴巴，开动脑筋，并细心观察。突然，他看到阳台上摆着一盆美丽的盆栽，便说："好漂亮的盆栽啊！平常似乎很难见到。"
>
> "你说得没错，这是很罕见的品种。同时，它也属于吊兰的一种。它真的很美，美在那种优雅的风情。"
>
> "确实如此。但是，它应该不便宜吧？"
>
> "这个宝贝很昂贵的，一盆就要花700美元。"
>
> "什么？我的天哪，700美元？那每天都要给它浇水吗？"
>
> "是的，每天都要很细心地养育它……"女主人开始向推销员倾囊相授所有与吊兰有关的知识，而他也聚精会神地听着。最后，这位女主人一边打开钱包，一边说道："就算是我的先生，也不会听我唠唠叨叨讲这么多的，而你却愿意听我说了这么久，甚至还能够理解我的这番话，真的太谢谢你了。希望改天你再来听我谈兰花，好吗？"女主人爽快地购买了化妆品。
>
> （资料来源：舒雪冬．每天懂点谈判心理学[M]．北京：中国纺织出版社，2014．）

第一节 马斯洛需要层次理论

一、需要的含义

需要是人对客观事物的某种欲望，它同人的活动相联系，是人的行为活动的内在驱动力。

人的活动总是为某种需要所驱使，而行动的目的又总是反映某种需要。所以，我们认为，谈判活动也是建立在人们需要的基础上的。产品贸易洽商，卖方想要出售自己的产品，买方想要购买所需的产品，这两种需要就会促使交易双方坐下来，磋商具体条款。需要是谈判行为活动的动力基础，谈判是满足各方需要的过程。无论任何个人、组织、团体、企业甚至国家，采取什么样的洽商形式，都是建立在产生需要并满足需要的基础上的。

要研究需要对人行为的支配作用，就有必要了解需要的一般特点。

第四章 谈判者的素质与谈判心理

第一，需要具有对象性。对象性是指需要必定包含具体的内容，例如，想要购买一批价格适宜、性能良好的计算机；以市场价出售一批配件等。

第二，需要具有选择性。人们形成的需要是多种多样的，已经获得满足需要的经验，使人们能够对需要的内容进行选择。如要购买上述设备，既可以通过函电洽商，也可以通过采购人员面谈洽商；既可以把销售者请到企业来，也可以走出去上门购买。当然要购买哪一家的产品，可供选择的对象就更多了。

第三，需要具有连续性。连续性是指人的需要不断地产生、满足，再产生、再满足，周而复始，不断上升。例如，交易双方出于合作的需要，坐到谈判桌边，准备洽商合作的事宜。而反复磋商的结果，达成了双方都满意的协议。当合同顺利执行后，双方可能还要产生合作的欲望，也许交易的规模更大了。

第四，需要具有相对满足性。相对满足性是指人的需要在某一具体条件下所达到的满足标准。人的行为活动要达到一定的目的，但需要的满足只是相对的。例如，一个产品滞销的企业在一次交易中能签约售出数百件，可能是值得庆贺的事，但若是对于一个产品畅销的企业来讲，很可能是微不足道的。

第五，需要具有发展性。人的需要产生与满足，再产生，不是简单的重复，而是不断发展、不断上升的。这一方面表现为标准的不断提高，另一方面表现为需要的内容不断变化。

二、需要层次理论

人的需要是多种多样、不断发展的，所以，从需要的种类上讲，需要是无穷无尽的。这正是推动人类不断进化的根源。但是，人的需要的产生又是有层次性的，研究需要的层次性，可以从根本上揭示需要对人行为的支配作用。对人的需求，人们有过许多研究和大量论述。在众多的需求理论研究中，得到最广泛认可与应用的是美国著名社会心理学家、人格理论和比较心理学家马斯洛的需求层次论。马斯洛(Abraham H.Maslow，1908—1970)在1954年发表的代表作《动机与个性》一书中提出了人类的需求层次理论，该理论指出人的需要是有层次的，全部发展的一个最简单的原则就是满足各层次的需要。他把人类的需要分为7个层次，认为人类动机的发展和需要的满足有着密切的关系，需求的层次有高低的不同，并由低级向高级发展，低层次需求的满足或基本满足有助于高层次动机的产生。

(一)生理的需要

人的需要首先是生理需要。人要维持生存，就会对食物、空气、活动、睡眠产生需要，而且必须得到满足。这是人最基本的需要。现代各种类型的交易洽商活动，无论怎样紧张、激烈，参加谈判的人员都要保证这种生理需要的满足，以恢复体力。许多事例证明，在洽商活动中，像就餐、住宿休息、娱乐等事宜安排得越好、越周到，谈判活动的效率越高，成效也就越显著。相反，当人这方面的需要不能得到很好满足时，会直接影响谈判效果。

(二)安全的需要

在生理需要满足以后，就应接着考虑安全需要。和挨饿的人一样，一个寻求安全保障的人对生活的全部看法很可能因缺乏安全感而受到影响。在他看来，任何事物都不如求得安全那么合乎需要。在战争年代，家破国亡，却仍不能阻止人们求生的本能。

(三)爱与归属的需要

在生理与安全的需要得到合理满足以后，追求爱与归属的需要就占据了主导地位。这种对朋友、爱人和家庭的渴望，可以完全支配一个孤独的人的行为。在忍饥挨饿、凶险临头的时候，他只想获得食物、获得保护。一旦这些需要得到满足，他对爱的向往便超乎人世间一切事物之上了。他渴望同人们建立起一种充满友情的关系，渴望成为某个群体中的一员，渴望交流感情，渴望关怀与爱护。

(四)获得尊重的需要

获得尊重的需要是人类希望挖掘自己的潜在能力，取得成就，对社会有较大贡献，能够得到别人尊重的欲求。实际上，这是一个多种需要的集合，包括自尊、自重、威信和成功，具体表现为希望自己有能力、有成就、能胜任工作，渴望得到别人的赏识和高度评价，得到名誉和荣耀。这种心理需要在谈判活动中表现得最典型的就是有的人喜欢显示自己的身份、地位、权威，有的人特别要面子，有的人喜欢听别人的恭维话，也有的人喜欢排场、阔气与豪华。人们在谈判时可能会为了维护面子与尊严愤而退出谈判，放弃他原打算进行的交易；也可能为了取得令人钦佩的谈判业绩，废寝忘食、夜以继日地工作。

(五)自我实现的需要

当上述种种需要都已得到充分的满足之后，人们需要的层次又会上升，这就是自我实现的需要，即每个人都处在最适合于他的工作岗位，充分发挥每个人的能力。所以，人们也称这一层次的需求为创造性的需求。就拿谈判活动来讲，有项目负责人、专业人员、辅助人员，每个人所具备的能力与应发挥的作用是不一样的。领导者不但应把谈判小组中每个成员协调在一起，充分发挥集体的智慧，还要使谈判小组的成员明确各自承担的具体工作，使其各负其责，使谈判活动取得理想的结果。

(六)求知与理解的需要

求知与理解的需要是人类希望不断增加学识与智能、充分探究未知世界的欲求。在一个正常人身上，存在着一种寻求、探索和理解有关自己周围环境知识的基本动力。一种活跃的好奇心策动着每一个人，激励着人们去尝试，使人们为神秘与未知所吸引，探索和解释未知的需要是人类行为的一个基本要素。求知与理解的需要必须以自由和安全为先决条件，只有在自由和安全的条件下，这种好奇心才可能得到满足。

(七)美的需要

美的需要是人类行为的最高动机，是人类追求美好事物、寻求美的感受的欲求。人类的行为被某种所谓美的需要的渴望所驱策。处在丑的环境里，有些人甚至卧床不起，换一个美的环境，他又重新站起来了。当然，这种对美的渴求在艺术家中表现最为强烈。对于

第四章 谈判者的素质与谈判心理

丑的东西,有些艺术家是无法容忍的。马斯洛把一个人"情不自禁地要把墙上的画挂正"的行为也归结为对美的需求。

总之,人的一生就是一场为满足需要而拼搏的持久斗争过程,行为动机是生物体为减轻需要的压力而做出的正常反应。马斯洛的需要层次理论为我们进行论证和辩论提供了广泛的选择余地,使我们能从双方需要的不同侧面、不同角度进行解释和评论。了解每一种需要相应的动力和作用,我们就能对症下药,选择最佳方法。在每一种场合下,采用的方法所针对的需要越是基本,就越可能获得成功。我们的目的就是要运用这些关于人类需要的基本知识去进行成功的合作谈判。

三、需要层次理论在商务谈判中的应用

谈判活动是建立在人们需要的基础上的,正是因为有了需要,才使谈判的各方坐下来进行磋商,最后达成满足彼此需要的协议。我们研究需要与谈判,是要研究是哪一层次的需要支配着人的活动,是显现的需要还是潜在的需要,在什么条件下人的需要会发生转化,从而更好地探究人的行为变化的内因。

潜在需要是人们的一种下意识的欲望,它虽然没有被明确地表示出来,但在某种条件下,更能影响谈判者的思维活动。买卖交易谈判双方能够坐下来洽商,彼此都清楚有合作的要求,经过初步的洽商,卖方的具体条件、买方的要求也都摊牌了,但是谈判的结果却可能是多样的:可能谈判非常成功,各方都十分满意,也可能谈判只获得了一方的赞许,也可能双方都不满意,还有可能谈判破裂,没有达成协议。之所以会出现多种谈判结果,一个最重要的原因就是需要的满足。

我们知道,人的需要是可以变动的,是受许多因素影响的,满足需要的方式也是多种多样的。尽管我们所研究的谈判活动的需要是集体的需要,是理性的需要,但是,它是由代表企业的人来实现的,它的满足与否是由人来评价的。这就难免会带有个人感情的因素,受个人需要的影响。在谈判中,常见这样的场面,由于一方语言或行为的不慎,使另一方感到受到了不公正的待遇和丢了面子,即使他的目的达到了,他也会感到不满意,甚至还可能出现为维护面子愤而反击,中止谈判的行为。也有这样的情况,双方在最初的洽商时,都感到各方的要求差异很大,很难协调,但随着谈判的进展、关系的融洽、感情的加深,居然达成了双方都十分满意的协议。原因很简单,就是谈判双方都感到了他们的要求被满足。

应该指出的是,这里所谓需要的满足,不一定就是实现企业的既定目标,而是谈判者认为需要的满足。谈判所签订的协议条款,很可能与企业原计划相差较大,这可能是在双方的洽商中制订计划的一方认为原有的标准过高,不符合实际需要,或者需要发生了变化,或许他认为,不管怎么说,签订这个协议是值得的。这就是需要对谈判的影响。如果我们细心观察现实生活中的各种谈判,情形大抵如此。那么,我们认为,谈判之后,他的增加劳动报酬的需要(生理需要)没有得到满足,而他的自尊需要却得到了满足。可见,满足不同层次的需要是取得理想的谈判结果的关键因素,同时,也是解开或缓和谈判僵局的有效工具。它有利于谈判人员采取灵活变通的办法,取得双方满意的结果。

【案例 4-1】

在一次世界汽车博览会上，日本丰田汽车株式会社向非洲某国推销其"霸道"系列越野型吉普车。考虑到谈判对手所在国路况崎岖，地形复杂，买主均为政要、部落首长等，丰田公司推测其主导需要是汽车的安全性能而非价格，故精心准备视频资料和欧美主要国家安全碰撞试验证书，向买方显示产品的安全性和可靠性，并作出有关销售和服务方面的承诺。而欧美汽车厂家一味在推介中强调其产品的豪华和舒适。最终，一笔近千万美元的大订单花落丰田。

(资料来源：王淙，丁晶. 国际商务谈判 M]. 北京：对外经济贸易大学出版社，2013.)

【案例 4-2】

在马厩的隔壁签署《独立宣言》

当年，美国革命战争已进行一年有余，来自 13 个殖民地的代表就《独立宣言》进行辩论和表决。经过三天激烈的辩论，许多人觉得《独立宣言》要流产。当天的气温是 36 摄氏度，然而费城议会大厦门窗紧闭，以免让行人听到代表们的激烈争吵声，大厅仿佛成了一口闷热的蒸锅，只有窗子上方的小通风口流进一缕缕新鲜空气。无数只从附近马厩飞来的牛蛀和蚊子在大厅中乱飞，即使代表们都穿着长丝袜也无法阻止蚊虫的叮咬。最后人们匆匆忙忙通过了《独立宣言》，长舒一口气，离开了令人心烦的议会大厅。托马斯·杰弗逊在《独立宣言》签字几年之后说过："在不舒适的环境下，人们可能会违背本意，言不由衷。"

(资料来源：王淙，丁晶. 国际商务谈判 M]. 北京：对外经济贸易大学出版社，2013.)

通常，我们还会见到这样的情景，一些谈判协议的签订，对某一方来讲并不合算，但他们却感到很值得。那么目的是什么呢？显然，是为了建立关系和联系，为了交朋友，为以后的长期交易打基础，这是出于社会的需要。至于从满足谈判各方的生理需要来获得理想的谈判结果就更为常见了。例如，在就餐、娱乐、休息方面精心安排，热情款待，希望以此达到自己生意上的目的。但如果这样做达不到目的，那么很可能情况会颠倒过来，给来客造成种种生活上的不便，形成一定的心理压力，迫使对方妥协。

同样，满足人的自尊与自我实现的需要也是谈判活动比较常见的心理现象。

在实际谈判活动中，像这样的事例比比皆是。人们在谈判时经常运用的一个策略是最低报价，就是利用这一心理。诸如"这是我们最优惠的价格""这是特别优待价"等，就是利用另一方追求自我实现的心理。实际上，这是人们最普遍的心理要求。这就是自尊与自我实现需要的体现。如果你能掌握人的需要特点，巧妙地满足人们各个层次的需要，你就是一个成功的谈判家。

在谈判中，需要的心理主要表现在以下几个方面。

第一，权力的需要。这实际上是自尊需要心理。它是个人控制环境的需要，这在自我表现欲强的人身上表现最为明显。通常在谈判中他们表现得咄咄逼人，立场强硬，支配欲望强，目标要求高，他们为掌握权力、支配他人、控制局面，可以牺牲其他方面的利益，甚至为了获得权力而不择手段。

第二，交际需要。谈判是一种社会交往活动。而广泛的社会交往、良好的人际关系是谈判成功的保证。很多情况下，人们是为了建立关系，寻求友谊而谈判。

第四章 谈判者的素质与谈判心理

第三，成就需要。这是自我实现需要的表现。敢于冒险的人，目的是为追求更大的成就，也是为了获得自我满足。

总而言之，需要是谈判的心理基础。没有需要，就没有谈判，而通过谈判，可以达到满足需要的目的。一方的需要越迫切，越想达成谈判的协议，相应地，要取得理想的谈判结果就越困难，而形势对另一方就越有利。从这一点上说，需要程度直接影响着谈判行为活动的结果。

【案例4-3】

在城里最好的餐馆之一，林先生主持晚宴。他要在宴会开始前发表讲话。林先生说："亲爱的福特先生和我亲爱的同事们，我们很高兴今晚福特先生和我们在一起。孔子曾说：'有朋自远方来，不亦乐乎！'福特先生是我们的老朋友，来自地球的另一边，所以我们今晚的开心无法表达。福特先生是美国对华贸易的先驱，他是20世纪70年代末我国实行对外开放政策后第一批来到中国的美国商人之一。从那时算起，我们已经与IBM签订了16份合同。虽然贸易额有起伏，但我们发展了一种互利的关系，因此关系非常牢固。我们为此感到非常自豪。由于我们现在的合同下个月就要到期了，我们很高兴你能来这里和我们一起制定一份新合同。我坚信，通过我们的共同努力，新合同将进一步加强我们两家公司的联系，使双方都受益。我们的谈判后天开始，借此机会，我提议为谈判的成功，为我们两家公司的进一步合作干杯。"(干杯！所有的客人都站起来。)

(资料来源：廖国强，艾湘华. 商务谈判实训 双语[M]. 北京：对外经济贸易大学出版社，2018.)

第二节 需要的发现

一、谈判中需要的存在

需要是谈判活动的动力和目的，但它绝不是纯粹的、单一的。为了进一步了解影响谈判进行和最后结果的各种需要，我们可以将它划分为两类：一类是谈判的具体需要，另一类是谈判者的需要。

(一)谈判的具体需要

谈判的具体需要是产生谈判的直接原因和谈判所要达到的第一目的。它们相对比较具体，可以协商调整的幅度比较小。例如，某企业实行计算机化管理，需要购进40台586计算机，该企业对40台计算机的需要就是促成这次谈判的直接原因，买回40台计算机是谈判的目的。这类需要是通过谈判必须满足或基本得到满足的，否则，谈判本身也就不存在了。

(二)谈判者的需要

谈判者的需要并不是谈判的动力和目的，但它却直接影响着谈判的进行和结果。谈判者是谈判活动的当事人和直接操作者，他的需要虽然不是谈判的目的，但却通过对当事人的行为活动的影响决定着谈判的成功与否。这里的需要主要是指谈判者生理、安全、社交、自尊和自我实现的需要。在具体的谈判活动中，表现最强烈、影响最大的主要是交际的需要——社交的需要、权力的需要(即自尊的需要)和成就的需要(即自我实现的需要)。

二、谈判中需要的发现

所有谈判都是在人与人之间进行的。无论是两个人为一笔小生意大讲价钱，还是大企业为一种并购或一份劳务合同谈条件，还是国与国之间为签订一项条约而谈判，都是如此。在上述每一种场合，都是个人与个人直接打交道。问题的关键是弄清楚他们有哪些需要，包括他们个人的需要和他所代表的某个团体的需要。

要了解对方在想什么，在谋求什么，就必须运用各种方法和技巧，去发现他的需要，即如何彼此沟通。对此，美国谈判专家尼伦伯格的精彩著作《彼此沟通》一书，可作为一种有效的指南。精乖老练的谈判家，总是十分注意捕捉对方心理活动的蛛丝马迹，以追踪揭示对方动机的线索。仔细倾听对方的发言，注意观察对方的每一个细微动作，对方的仪态举止、神情姿势、重复语句以及说话语气等，这些都是反映其思想、愿望和隐蔽的需要的线索。

(一)适时提问

获得信息的一种有效方法就是提问。提问是通达思想的窗口。在适当的场合可以向对方问"你希望通过这次谈判得到什么？""你期待的是什么？""你想要达到什么目的？"等。通过这种直截了当的试探，除了能得到其他信息，还能发现对方的需要，知道对方追求的是什么并能以此来指导以后的谈判。

但在提问中应该注意三点，即提出什么问题、如何表达问题、何时提出问题。此外，这些问题在对方身上会产生什么反应，也是一个重要的考虑因素。

提问的形式通常可以归结为以下三种类型。

(1) 一般性提问。"你认为如何？""你为什么这样做？"这种提问没有限制，因此，回答不可控制。

(2) 直接性提问。"你能解决这个问题吗？"这种提问具有限制性，因此，在限制的范围内，回答是可控制的。

(3) 诱导性提问。"这不是事实吗？"回答是可控制的。

回答上述这些泛泛的问题，必须认真思索一番，因为不经意的回答可能常有风险，对对方问话所提问题都应斟酌，弄清问题背后的真实意图，然后考虑如何回答。

审时度势地提问，容易立即引起对方的注意，保持双方对讨论中的议题的兴趣，并按照你的意愿主导谈判的方向。通过提问题可使对方作出你所期望的结论，并发现对方的需要。

在商务谈判中，提问要注意两个要点：一是通情达理，说明理由。在提出问题之前，先要把理由说透，使对方知道你提问的意图。这样对你的问题，可避免造成麻烦和不愉快的后果。二是要充分考虑提问的方式，掌握提问的技巧。提问要简明扼要、具体明确，不能含糊其辞、隐隐约约，使对方无法回答。

(二)恰当陈述

巧妙的提问,能够揭示某种激起强烈情绪反应的隐蔽的假设。在这种情况下,最好是简短地说一句:"我理解你的感情。"这种陈述可以避免对抗。因为这是在告诉对方,你已经注意到了他的意见,理解了他的观点,并认为他的看法是有道理的,而且因为这也是告诉对方,你已经调查了他的心思,所以你就能让他也来揣摩你的意图。

恰当的陈述,不仅能控制谈判的进展,而且能把你想让对方知道的信息传递出去。不管怎样陈述,都要力求完全控制情绪。当然,不用忌讳有感情因素的陈述,但一定要使这种陈述有力地推动谈判,而不是中断谈判。美国谈判专家马基雅弗利有一个忠告:"以我所见,一个老谋深算的人应该对任何人都不说威胁会使他更加谨慎,辱骂会使他更加恨你,并使他更加耿耿于怀地设法伤害你。"

在谈判处于僵持不下时,最好直截了当地说一句:"在目前情况下,我们最多只能做到这一步了。"这一陈述针对对方认识和理解的需要,促使他重新考虑眼前的处境。这时你可以说:"我认为,如果我们能妥善解决这个问题,那么这个问题也不会有多大的麻烦。"这一陈述明确表示愿意就第二个问题作出让步,这就有利于谈判的进展。这种陈述,心照不宣地传递了信息,既维护了自己的立场,又暗示了适当变通的可能。另一种陈述可以说:"如果您愿意把要求稍微降低一点,我将尽一切可能去说服我的合伙人。"然而,要是对方不能作出任何让步和调整,那么这种陈述很可能导致谈判的破裂。

正确的陈述,选词、造句和文法上都要十分讲究。要在言出之前,思考再三,每句话都要深思熟虑、审慎斟酌,千万不能信口开河、轻浮潦草。陈述之前要知己知彼,陈述时要明了概括、措辞得当。

(三)悉心聆听

除了提问和陈述,发现需要的另一个方法是悉心聆听对方吐露的每一个字,注意他的措辞,选择的表达方式,他的语气,他的声调。所有这些,都能为你提供线索,去发现对方一言一行背后隐喻的需要。

对于聆听,必须注意人与人之间的谈话或谈判可以在不同层次的意义上进行。弗洛伊德假设,梦可以在三个不同层次上加以解释。同样,一个人的谈话或陈述,在许多情况下也都具有多层次的意义。例如,对方作出一项陈述,在第一个层次上可以表明,看来他想要交换意见。在第二层次上可以根据他的表达方式和措辞,推知某些信息。在第三层次上,可以根据他探讨问题的方式,得知他的意思。

听和讲一样,是一种引导的方法。在谈判中,听在一定程度上占有相当的位置。任何一个谈判者都应该在善于听和乐于听两个方面下功夫。俗话说:"听其言而观其行",这是分析对方,了解对方,洞察对方心理活动的好方法。一个善于听和乐于听的、富有经验的谈判老手,也一定是能全面了解情况、驾驭谈判形势的人。

我们通常听到这样的说法:"顺便提一下……"说话的人试图给人一种印象,似乎他要说的事情是刚巧想起来的,但实际上他要说的事情恰恰是非常重要的。先说这么一句显得漫不经心、轻描淡写,其实不过是故作姿态而已。当一个人用这样一些词句来提起话头,如"老实说""坦率地说""真诚地说""说真的"等,可能正是此人既不坦率也不诚实的时候。这种词句，不过是一种掩饰而已。因此，只要对方有所言，你就应该留神听，随时注意从他那些似乎出于无意的重要词句中，发现其隐蔽的动机和需要。

有时可以根据对方怎么说，而不是根据他说什么，去发现对方态度的变化。假定谈判一直顺利进行，气氛融洽，由大家都相互直呼其名，却突然变为以姓氏相称呼，"琼斯先生"或"史密斯先生"等，这可能是气氛转为紧张的兆头，甚至意味着僵局的开始。

(四)注意观察

为了了解对方的意愿和需要，不仅要注意聆听对方的言辞，而且要注意观察对方的举止。例如，在一次气氛友好的会谈中，要是突然有人往椅背上一靠，粗鲁地叉起双臂，你马上会意识到麻烦发生了。在谈判中，举止非常重要，它传达着许多微妙的意思，有着种种心理上的含义和暗示。要注意观察对方的举止，从中发现其思路，掌握谈判的脉络。

"举止"一词就其广泛的意义而言，不只是指一般的身体动作。脸部表情、眨眼、手势、咳嗽等，也能为你提供无言的信息。

从脸部表情上看，脸红、面部肌肉绷紧、烦躁不安、过分专注、强笑、冷笑，或者只是默默地凝视，所有这些都反映出他的情绪相当紧张。当然，我们有时也会碰到那种毫无表情的"扑克面孔"。这种极其缺乏表情的神态告诉我们，此人一点儿也不愿意让别人知道他的感情。然而，尽管有这张假面具，我们还是可以千方百计地觉察到他的意图的。

眨眼是一种使眼膜湿润、排除落入眼内的细小灰尘的保护性反应。然而，研究表明，人们在发怒或激动的时候，眨眼的频率就会提高，正常的眨眼几乎不为人所觉察，但在它成为一种特别的举动时，频繁而又急速地眨眼就应引起我们的注意。人们发现，这种反常的举止，总是和内疚或恐惧的情感有关。眨眼常被用作一种掩饰的手段。

手势当然可以有意识地代替语言，特别是在不允许用语言表达或语言本身不能表达的时候，更是如此。例如，律师想在陪审团面前表示对法官的异议，士兵想对顶头上司表明自己有不同的意见。但是，手势的表达有时过于外露。它们泄露的内容，也许会超出你本身想要表达的范围。警察们声称，他们能在聚会中，根据大家对某人流露出来的极度尊敬，找出这伙人的首领。

咳嗽常常也有其特定含义。有时，它是紧张不安的表现，谈判人员借此稳定情绪，以使自己能继续讲下去；有时，它被用来掩饰谎话；有时，倘若有人自吹自擂、狂妄自负，听的人会以此来表示怀疑或惊讶。

总之，老练的谈判家始终不会让对方逃过自己的眼睛和耳朵。如果你能充分注意谈判中的姿势和举动带来的信息，你在谈判中获得成功的可能性也就越大。如果对方采用一项相关的策略，那你就还之以一种更基本的需要，这样就能增加获得谈判成功的机会。需要理论犹如一条主线，贯穿于一切谈判之中。只有善于发现需要、利用需要，才能成为一名老练的谈判者。

【案例4-4】

美国著名谈判大师荷伯·科恩曾代表一家大公司去购买一座煤矿。公司给荷伯一个可以接受的心理价格是2 400万美元，但矿主长期经营煤矿，对自己苦心经营多年的煤矿有深厚的感情，并且十分固执，开口要价2 600万美元，荷伯还价1 500万美元。"你在开玩笑

第四章　谈判者的素质与谈判心理

吧！"矿主粗声吼道。"不！我们不是在开玩笑，请你把实际售价告诉我们，我们好作考虑。"荷伯说。但矿主坚持2 600万美元不变。这次谈判陷入了僵持局面。

在以后的几个月时间里，荷伯的出价逐渐提高：1 800万美元、2 000万美元、2 100万美元、2 150万美元，但是卖主毫不心动。这个时候，由于价格的原因造成双方僵持不下，谈判陷入僵局。如果就价格问题继续谈下去，而不从对方需要方面考虑，谈判将肯定不会有所进展。那么，卖主为什么固守己见，不接受这个显然是公平的还价呢？荷伯始终没有了解到卖方的真实意图。

在不断的接触中，荷伯反复向矿主解释自己的还价合理，可是矿主就是不说话或者说别的。一天晚上，矿主终于对荷伯的反复解释正面应对了。他说："我的一个朋友的煤矿卖了2 550万美元，而且还有一些附加利益。"这句话终于使荷伯明白了症结所在，荷伯马上跟公司的有关经理人员联系。荷伯说："我们首先要搞清楚他朋友究竟得到了多少，然后我们才能商量我们的对策。我们首先应该处理好个人的重要需要，这跟市场价格并无关系。"公司同意了，按照荷伯这个思路进行工作。他们对煤矿进行了更深入的走访，最终他们发现了矿主的另外一些需求。

(1) 矿主对他苦心经营的煤矿有很深的感情，他不希望将煤矿卖掉后就和煤矿没有丝毫关系了。这是从和他一同创业的一个同事那里了解到的。

(2) 这个煤矿的大部分工人都在这里工作很久了，他们和矿主的关系很好，矿主很担心煤矿卖掉后这些老员工丢掉饭碗。这是从一位老工人那里了解到的。

(3) 矿主所提到的他的朋友是他一直以来的竞争对手，他一直都不想输给他。这是荷伯和他一起吃饭时了解到的。

针对这些需求，荷伯与矿主又对交易的额外条件进行了商谈，最后达成了几个附加条件。

(1) 收购后的煤矿仍旧沿用老煤矿的名称，并且聘请矿主担任技术顾问。事实上，公司也缺乏一个经验丰富的人来把关。

(2) 煤矿中80%的工人与新东家签订了劳动合同，继续为煤矿服务。其实公司也正在为招聘人手发愁，这只是顺水推舟。

(3) 公司一次性付清款项。这比他的那位朋友的5年之内付清交易额的条件好得多。不久，谈判就达成了协议。

最后的成交价格为2 250万美元，并没有超过公司的预算，但是附加条件却使矿主感到自己干得远比他的朋友强。正是这些附加条件使矿主得到了更大的满足，而公司也并没有真正付出额外的代价。

(资料来源：宾敏，刘建高. 商务谈判原理与实务[M]. 北京：北京邮电大学出版社，2015.)

第三节　知觉在商务谈判中的作用

通常我们把知觉理解为人对客观事物各种属性整体、概括的反应。它对于我们认识客观事物是十分重要的。这里我们介绍几种主要的知觉现象。

一、首因效应

在知觉认识中,一种最常见的现象就是第一印象决定人们对某人某事的看法。这在心理学上被称为"首要印象"。

当我们与某人初次见面时,有时会留下比较深刻的印象,甚至终生难忘。许多情况下,我们对某人的看法、见解、喜欢与不喜欢,往往来自第一印象。如果第一次见面感觉良好,很可能就会形成对对方的肯定态度,否则,很可能就此形成否定态度。

正是由于首要印象的决定作用,比较优秀的谈判者都十分注重双方的初次接触,力求给对方留下深刻印象,赢得对方的信任与好感,增加谈判的筹码。

人们首要印象的形成主要取决于人的外表、着装、举止和言谈。通常情况下,仪表端庄,着装得体,举止大方稳重,较容易获得人们的好感。但心理学家研究发现,如果一个人很善于沟通或感染别人,那么他给人留下的首要印象也比较好。

二、晕轮效应

晕轮是指太阳周围有时出现一种光圈,远远看上去,太阳好像扩大了许多。晕轮效应是指人对某事或某人好与不好的知觉印象会扩大到其他方面。最典型的是如果一个人崇拜某个人,可能会把其看得十分伟大,其缺点怪癖也会被认为很有特点,而如果这些怪癖出现在其他人身上,则不能忍受。

这种晕轮效应,就像太阳的光环一样,把太阳的表面扩大化了,这是人们知觉认识上的扩大。如果一个人的见识、经验比较少,这种表现就更加突出。

晕轮效应在谈判中的作用既有积极的一面,又有消极的一面。如果谈判的一方给另一方的感觉或印象较好,那么,他提出的要求、建议都会引起对方积极的响应,他们要求的东西也容易得到满足。如果能引起对方的尊敬或更大程度的崇拜,那么,他就会具有威慑力量,完全掌握谈判的主动权。

但如果给对方的首要印象不好,这种晕轮效应就会向相反的方向扩大。他会对你提出的对双方都有利的建议也不信任。总之,他对你提出的一切建议都表示怀疑、不信任或反感,寻找借口拒绝,甚至回避你个人。

三、先入为主

先入为主是指人们习惯于在没有看到结论之前就主观地下结论。常见的有不等某人说完话就打断他,想当然地认为对方就是这个结论。

先入为主直接影响着人们的知觉认识,影响着人们的客观判断。这是由于人们日常活动的经验、定向思维和习惯作用的影响。例如,我们看到照片上长条会议桌的两边坐着两行人,中间插着两国国旗,不用看说明,就知道是两国之间的政治性谈判。

先入为主的结果可能是正确的,也可能是错误的。最主要的是它影响、妨碍人们对问题的进一步认识,是凭主观印象下结论。这在谈判中常表现为猜测对方的心理,自觉或不自觉地走进自己认识的误区。

四、激励

激励是指调动人的积极性，激发人的内在潜力。它对人行为的推动作用是十分重要的，激励作用的大小直接影响着人们的工作积极性和工作效率，所以是行为科学研究的重要内容。

美国著名心理学家佛隆姆认为，激励力量的大小主要取决于两个因素，即期望值大小和效价的高低。期望值是根据个人的经验判断实现目标的把握程度；效价是实现目标满足个人需要的价值。两者是乘积关系，任何一个因素不具备，激励就谈不上。一个人对目标的把握越大，估计实现目标的概率越高，激发起的动机越强烈，积极性就越大。对于谈判活动来讲，谈判的某一方认为，争取谈判成功的可能性很大，而且谈判达成协议对他来说十分重要，那么，他参与谈判的积极性就会很高，会千方百计设法达成协议。但如果他认为达成协议的可能性很小，或达成协议对他来讲不是很重要，那么，激励力量就小得多，他就不会那么积极地参与谈判，甚至拖延时间。

激励作用对人行为的推动，主要表现在以下两个方面。

(1) 目标激励。设置适当的目标，对于调动人的积极性作用显著。在谈判活动中，每一方都有总体和具体的目标。如果目标制定得切实可行，又有一定的挑战性，就能激发和调动谈判人员的积极性；如果目标值过小，没有挑战性，或目标制定得过高，难以实现，就会使谈判人员缺乏工作积极性、主动性，失去激励作用。

(2) 奖惩激励。奖励和惩罚是从正反两个方面激发人的积极性，使行为活动取得更好的效果。奖励是对人的某种行为给予肯定与表扬，使人保持这种行为。奖励得当，对调动人的积极性有良好的作用。奖励包括精神和物质两个方面。惩罚是对人的某种行为通过批评、处罚予以否定，使人中止和消除这种行为。惩罚得当，可以化消极因素为积极因素，但要注意其副作用。

需要指出的是，期望理论重视激发对象的心理特性，这在实际工作中具有一定的指导意义。但是，激励作用大小的期望因素还要受到社会、经济、道德等因素的制约和影响。例如，有的人认为谈判的成功就意味着己方在交易中赚了大头，只要能保证己方的利益，牺牲对方利益是理所当然的。那么，他很可能把自己的期望值建立在损害对方利益的基础上，激励的结果是不理想的。

第四节　商务谈判中的心理挫折

一、心理挫折

人们的各种活动很少有一帆风顺的，都会遇到这样或那样的困难，碰到各种各样的障碍。当实际活动受阻时，会影响到人的心理，从而使人产生各种挫折感。所以，心理挫折是指人在实现目标的过程中遇到自感无法克服的阻碍、干扰而产生的一种焦虑、紧张、愤懑、沮丧或失意的情绪性心理状态。

心理挫折是人的一种主观感受，有别于实际上的行动挫折。人们的行为活动，在客观上遭受挫折是经常的。但是，并不是遇到了挫折，人们就会产生挫折感，而且面对同一挫折，人们的感觉反应也不相同。例如，在商务谈判中，当双方就某一问题各不相让、僵持不下时，形成了活动中的挫折，对此人们的感受可能是不同的。有的人感到遇到了困难，反而可能会激起他更大的决心，要全力以赴把这一问题处理好，而有的人则感到沮丧、失望乃至丧失信心。

人们行动挫折的产生有主观、客观两个方面的原因。其主观原因在于人的知识、经验、能力水平、智商等方面；而客观原因则是活动对象、环境条件的复杂、困难程度。在人的行为活动遇到挫折时，人们的主观心态由于各种原因会产生不同的反应，如对行为挫折的情境的主观判断、遭受挫折目标的重要性、抱负水平及对挫折的忍受力都会影响人们对遭受挫折后的心态反应。

二、心理挫折对行为的影响

(一)心理挫折的行为反应

心理挫折是人的内心活动，它是通过人的行为表现和摆脱挫折困扰的方式反映出来的。

1. 攻击

人在受挫时，生气、愤怒是最常见的心理状态。这在行动上可能表现为攻击。例如，语言过火、激烈，情绪冲动，容易发脾气，并伴有挑衅、煽动的动作。

攻击是在人产生心理挫折感时可能出现的行为，但攻击的程度却因人而异。理智型的人善于自我调节，比感情易冲动的人更能控制自己；文化程度低的人，受挫后产生攻击行为的可能性比较大；经验丰富、见多识广的人遇挫后会有多种排解方法，攻击的可能性比较小。此外，受挫目标的期望程度、动机范围等因素都可能影响人的攻击性。

2. 倒退

倒退是指人遭受挫折后，可能发生的幼稚的、儿童化的行为，如像孩子一样的哭闹、暴怒、任性等，目的是为了威胁对方或博得别人的同情。

3. 畏缩

畏缩是指人受挫后发生的失去自信、消极悲观、孤僻离群、盲目顺从、易受暗示等行为表现。这时其敏感性、判断力都相应降低。

4. 固执

固执是指顽固地坚持某种不合理的意见或态度，盲目地重复某种无效的动作，不能像正常情况下那样正确、合理地作出判断。其表现为心胸狭窄、意志薄弱、思想不开朗，这都会直接影响人们对具体事物的判断分析，导致行动失误。此外，不安、冷漠等都是心理挫折的表现。

(二)摆脱挫折困扰的心理防卫机制

在出现心理挫折时的情绪状态是人的应激状态,无论对谁,都是一种不适的困扰,甚至是苦恼的折磨。人人都会自觉地采取措施来消除心理挫折,摆脱困扰。比较常见的方式有如下几种。

1. 理喻作用

理喻作用是指人在受挫时,会寻找各种理由和事实来解释或减轻焦虑困扰的方式。例如,谈判所签订的协议没有达到原定的价格标准,会不自觉地拿"今年价格上涨"的理由来安慰自己。

理喻的作用有积极与消极之分,如果是不合逻辑的"自我理喻",则被称为文饰,即寻找不符合客观实际的理由推卸个人的责任。

2. 替代作用

替代作用,即以调整目标来取代遭受挫折的目标,主要采取升华、补偿、抵消等形式。例如,在上笔交易中吃了亏,在下笔交易中赚回来的心理就是如此。消极意义的替代,是将自己的不当、失误转嫁到他人身上,以减轻自己的不安。例如,自己憎恨某人,却大谈某人憎恨自己,以小人之心度君子之腹。

3. 转移作用

转移作用是指将注意的中心转移到受挫事件之外的事情上,以减轻和消除心理困扰。消极的转移称为逃避,常见的有,有人现在失意,却大谈自己过去的辉煌。

4. 压抑作用

压抑作用是指人有意控制自己的挫折感,不在行动上表露出来。通常所讲的临危不乱、受挫不惊,具有大将风度,就是压抑作用的结果。这也是一个优秀谈判者所应具备的素质。

三、商务谈判与心理挫折

谈判活动是一种协调行为,即协议交易各方的利益与冲突。因此,在商务谈判活动中,谈判人员会遇到这样或那样的矛盾,碰到各种挫折,难免会产生心理波动,并直接影响其行为活动。

商务谈判活动所产生的心理挫折主要表现在以下几个方面。

第一,成就需要与成功可能性的冲突。成就感在人的需要层次中表现为自尊和自我实现,是一种高层次的追求。正是这种追求促使人们认真努力,不懈地追求,希望有所成就,希望获得良好的工作业绩。但是谈判活动的不确定性,又造成了谈判人员的谈判结果的不确定性,由此构成了成就需要与成功可能性的冲突。

交易洽商既涉及交易各方的实际利益,又具有很大的伸缩性和变动性。就连什么是成功的谈判,什么是理想的结果,都众说纷纭,没有统一的标准。即使谈判前制订了详细的计划,确定了明确的目标,谈判的结果在很大程度上仍然取决于双方力量的对比和谈判人员作用的发挥。这既增加了取得工作业绩的难度,也为谈判人员更好地发挥个人潜力创造了条件。其中，努力、勤奋、创造性都是获得成功的必要因素。

心理挫折对人的行为有直接的影响，但并不只是消极的影响。对于振奋的人来讲，遭受挫折后，尽管会使人蒙上心理阴影，但却可以激励、鞭策人，最终取得成功。例如，中国留美学生周励，初涉美国生意场，就被骗去1 500美元，这一教训使她认识到，做生意比不得写文章，充满了风险与艰辛。但她并没有就此消沉下去，反倒激起她要进入这一领域，成为一个生意人的决心。结果，她获得了成功。

第二，创造性与习惯定向认识的冲突。谈判是一种创意性较强的社交活动，没有哪两个谈判项目是完全一致的。适用于上次谈判的方式和方法，可能完全不适用于这一次。虽然每进行一次一定规模的交易活动，各方都要进行详细、周密、认真的准备，但很大程度上取决于谈判人员的"临场发挥"。所以，谈判人员的应变能力、创造性、灵活性都是十分重要的。

但是，人们的认知心理都存在着一种思维惯性，这在心理学上被称为"习惯定向"，即人们在思考认识问题的过程中，习惯于沿着某一思路进行，这样考虑问题的次数越多，采用新思路的可能性就越小，这种习惯思维对人的束缚性就越大。这就导致人们习惯于用某种方法解决问题后，对又出现的新问题，不寻求更好的方法，还是机械地套用老方法去处理。所以，我们认为，习惯定向是影响谈判人员创造性地解决问题的主要障碍。如何摆脱定式思维对人们认识活动的影响，怎样既重视经验，又不依赖于经验，怎样创造性地解决洽商活动中出现的各种问题，可能是每一个参与谈判活动的人都面临的问题。最重要的是培养谈判人员良好的心理素质、正确的工作态度和坚强的意志品质。

第三，角色多样化和角色期待的冲突。在实际生活中，每个人在不同的场合可能会扮演不同角色，如一个人在家里是父亲，在单位可能是位领导者，而从事洽商活动时又是临时组织的负责人或专业人员，还可能是其他组织负责人等。不同的角色，所处的社会地位不同，社会规范的行为方式也不同。由于在不同的场合扮演不同的角色，彼此之间必然会产生矛盾冲突，作为具体的个人，要承担如此众多的角色，而且都要符合角色的要求，这就难免会遇到挫折，形成心理冲突。特别是当原有角色与洽商活动中所扮演角色相冲突时，会直接影响谈判者的心理活动，影响其作用的发挥。例如，一个人在原单位是一名技术人员，但在谈判活动中成为一个主谈人，还承担着决策重任，那么，他很可能不适应这种角色的转化；而一个人在原单位是主要负责人，但在洽商活动中，他只扮演了一个从属的角色，他会感到不受重用，也会影响其作用的发挥。可见，这种原有角色与实际角色的心理冲突是值得我们认真研究并加以注意的。

第五节　成功谈判者的心理素质

一、意志力

意志力是为了达到既定的目的而自觉地努力的心理品质。而耐心则是意志力表现的一种形式。

耐心是在心理上战胜谈判对手的一种战术与谋略，也是成功谈判的心理基础。在谈判中，耐心表现为不急于取得谈判结果，能够很好地控制自己的情绪，掌握谈判的主动权。

第四章　谈判者的素质与谈判心理

耐心可以使我们更多地倾听对方，了解掌握更多的信息；耐心也能使我们更好地克服自身的弱点，增强自控能力，更有效地控制谈判局面。有关统计资料表明：人们说话的速度是每分钟 120~180 个字，而大脑思维的速度却是它的 4~5 倍。这就是为什么常常对方还没讲完，我们却早已理解了。但如果这种情况表现在谈判中却会直接影响谈判者倾听，会使思想溜号的一方错过极有价值的信息，甚至失去谈判的主动权，所以，保持耐心是十分重要的。

耐心还可以作为谈判中的一种战术与谋略，耐心可使谈判者认真地倾听对方讲话，冷静、客观地谈判、分析谈判形势，恰当地运用谈判策略与方法；耐心可使谈判者避免意气用事，融洽谈判气氛，缓和谈判僵局；耐心可使谈判者正确区分人与问题，学会采取对人软、对事硬的态度；耐心也是对付脾气急躁、性格鲁莽、咄咄逼人的谈判对手的有效方法，是实施以软制硬、以柔克刚的最为理想的策略和方法。

具有耐心也是谈判者心理成熟的标志，它有助于谈判人员对客观事物和现象进行全面分析和理性思考，有助于谈判者作出科学决策。

需要指出的是，耐心不同于拖延。在谈判中，人们常常运用拖延战术打乱对方的战略部署，或借以实施己方策略。耐心主要是指人的心理素质，从心理上战胜对方。心理学研究表明，人是否具有耐心，与人的气质有直接的关系。黏液质气质类型的人，天生性格稳重、平和，而胆汁质气质类型的人则脾气暴躁、缺乏耐性。因此，黏液质气质类型的谈判者运用耐心则得心应手，而对于胆汁质的谈判者来讲，则需要克服较大的心理障碍。

在谈判活动中，谈判者要自始至终保持耐心，其动力来源于对利益目标的追求，但人们的意志、对谈判的信心，以及对追求目标的勇气都是影响耐心的重要因素。

【案例 4-5】

美国前总统吉米·卡特的最大特点就是惊人的耐心。科恩评论道，不论什么人同卡特在一起待上十分钟后，就像服了镇静剂一样。正是由于他的耐心和坚忍不拔、毫不动摇，使他成功地斡旋了埃以两国争端，达成了著名的戴维营和平协议。

埃及和以色列两国争端由来已久，积怨颇深，谁也不想妥协。卡特邀请他们坐下来进行谈判，精心考虑之后，地点确定在戴维营。尽管那里设施齐备、安全可靠，但却没有游玩之处，散步成了人们主要的消遣方式。此外，还有两台供锻炼身体用的自行车和三部电影。所以，两国谈判代表团在住了几天之后，都感到十分厌烦。

但是，每天早上八点钟，萨达特和贝京都会听到通常的敲门声，接着就是那句熟悉的话语："你好，我是卡特，再把那个乏味的题目讨论上一天吧。"结果等到第十三天，他们谁都忍耐不住了，再也不想为谈判中的一些问题争论不休了，这就有了著名的戴维营和平协议。它的成功，有一半归于卡特总统的耐心与持久。

(资料来源：于博远. 商务谈判理论与实务[M]. 哈尔滨：哈尔滨工业大学出版社，2009.)

二、自制力

自制力是谈判者在环境发生巨大变化时克服心理障碍的能力。由于商务谈判涉及双方的经济利益，谈判双方在心理上处于对立状态，故而僵持、紧张、激烈的局面不可避免，这会导致谈判者情绪的波动。如果是明显的情绪波动，如发怒、沮丧，可能会造成疏漏，从而给对方制造击败己方的机会。所以，谈判者应善于在激烈变化的局势中控制自己的情绪和行为。具体来说，谈判顺利时，不要沾沾自喜，冲昏头脑；遇到挫折时，也不要心灰意懒，萎靡不振。

三、应变力

应变力是指谈判者具有善于与他人相处，有良好的人际关系，并能调动其他谈判人员的积极性，协调他们的意志，统一其行动，根据谈判局势及时调整谈判部署、策略的心理素质。商务谈判既是一种涉及人员与领域比较多的复杂活动，又是一种局势变化莫测的商务活动。因此，在谈判过程中，要求谈判人员察言观色，及时掌握对方动向，摸清对方"底牌"，随机应变。

四、感受力

美国的谈判家尼伦伯格在他的《谈判艺术》一书中有这样的描述："老练的邻家能把坐在谈判桌对面的人一眼望穿，断定他将作什么行动和为什么行动。"合格的谈判者要随时根据谈判中的各种变化及有关信息，透过复杂多变的现象，抓住问题的实质，迅速分析，综合作出判断，并采取必要的措施，果断地提出解决问题的具体方案。

五、信念

良好的心理状态是取得谈判成功的心理基础。只有具备必胜的信念，才能使谈判者的能力得到充分发挥，使人成为谈判活动的主宰。

信念是人的精神支柱，是人们信仰的具体体现。持有什么样的信念，往往决定着人们的行为活动方式。我们坚持谈判者必须具备必胜的信念，不是仅仅指求胜心理，它有着更广泛的内涵和更深的层次。信念决定了谈判者在谈判活动中所坚持的谈判原则、方针，运用的谈判策略与方法。例如，谈判的一方为达到目的不择手段，甚至采取欺诈、威胁的伎俩迫使对方就范，为获得自己的利益，不惜损害对方的利益。在某种情况下，这些做法也是在求胜心理支配下进行的。但是我们不能提倡这种必胜信念，这是不道德的。实践也证明，这样做的后果是十分消极的。不择手段的做法即使使你获得了合同，也获得了利益，但它同时也使你失去了信誉，失去了朋友，失去了比生意更加宝贵的东西。

所以，我们认为必胜的信念是符合职业道德的，是具有高度理性的自信心。这是每一个谈判人员想要取胜的心理基础。只有满怀取胜信心，才能有勇有谋、百折不挠，实现既定目标，才能虚怀若谷、大智若愚，赢得对方信任，取得合作的成功。

六、诚意

谈判是两方或两方以上的合作，而合作能否进行，能否取得成功，还取决于双方合作的诚意。这就是说，谈判需要诚意，诚意应贯穿于谈判的全过程。受诚意支配的谈判心理是保证实现谈判目标的必要条件。我们认为，诚意是谈判的心理准备，只有双方致力于合作，才会全心全意考虑双方合作的可能性和必要性，才会合乎情理地提出自己的要求和认真考虑对方的要求。所以说，诚意是双方合作的基础。

诚意也是谈判的动力。希望通过洽商来实现双方合作的谈判人员会进行大量细致、周密的准备工作，拟订具体的谈判计划，收集大量的信息情报，全面分析谈判对手的个性特点，认真考虑谈判中可能出现的各种突发事件。诚意不仅能够保证谈判人员有良好的心理准备，而且也能够使谈判人员心理活动始终处于最佳状态。只有在诚意的前提下，双方才能求大同，存小异，相互理解，相互让步，以求达到最佳的合作。

第六节　商务谈判心理的禁忌

一、必须避免出现的心理状态

(一)信心不足

在激烈的谈判中，如果信心不足，是很难取得成功的。即使做成了交易，也必将付出巨大的代价。

在谈判中，八仙过海，各显神通，明比质量与价格，暗斗意志与智慧。谈判各方为了实现自己的目标，都试图调整自己的心理状态，从气势上压倒对手，以充分运用各种谈判策略与技巧。如果信心不足则无力支撑谈判的全过程，在对方的攻击下，中途就将败下阵来。

信心十足是谈判人员从事谈判活动的必备心理素质。有了充足的信心，谈判者才能使自己的才能得到充分展示，潜能得到充分发挥。在必胜信心的支持下，谈判者能将自己的需求动机转变为需求行为，最终如愿以偿，目标得到实现。所以，无论如何，谈判人员一定不能表现出信心不足，即使谈判出现十分困难的情形。

(二)热情过度

过分热情，会暴露出你的缺点和愿望，会给人以有求于他的感觉。这样就削弱了自己的谈判力，提高了对手的地位，本来比较容易解决的问题可能就要付出更大的代价。一般来说，人们对于自己喜欢而又无法得到的东西，会产生一种强烈取得的意念。但作为谈判者，却要考虑到对手的反应，要用自己的一言一行来牵制对方，力争让谈判的局面向有利于自己的方向发展。

当己方实力强于对方时，要让对方表现出热情很高，让对方巴结你，强烈要求和你成交，从而维护自己的优势地位。当己方实力弱于对方时，要表现出热心但不过度，感兴趣却不强求，不卑不亢，处之泰然。这样反而会使对方对自身产生怀疑，从而增加你的谈判力量。

当谈判出现分歧或僵局时，冷处理比热处理更有效。例如，提出一个竞争对手，对方的态度和条件马上就会发生变化。

(三)不知所措

一旦出现某些比较令人棘手的问题,如果没有心理准备,不知所措,就会签订对自己利益损害极大的协议,或者处理不当,不利于谈判的顺利进行。

在谈判中,谈判对手性情不同,各种情形复杂多变,难以预料。例如,有为一点儿事纠缠不清的,有思路不同而令人难以解释的,有故意寻衅挑事的。当这些事情发生时,应保持清醒的头脑,分析其原因所在,找出问题的症结。如果是对方蛮不讲理,肆意制造事端,就应毫不客气,以牙还牙,不让对方得逞,以免被对方的气势所压倒,使对方从中谋利。如果己方也有责任,则应以礼相待,消除隔阂,加强沟通。

当己方处于不利情形时,也不能不知所措。事前就应对各种可能出现的最坏局面心里有底,尽量避免不利局面出现。不知所措,只会乱了自己,帮了对手。谈判人员一定要学会遇险不惊、遇乱不烦。

二、对不同类型的谈判对手要区别对待

根据人们自我追求和行为习惯的不同,可以把谈判对手分为三类,即权力型、进取型和关系型。不同类型的谈判者会有不同的心理状态,会采取不同的行为。所以,我们要研究不同类型谈判对手的心理,避免触犯某些禁忌。

(一)与权力型对手谈判的禁忌

权力型对手以对别人和对谈判局势施加影响为满足。这类人的特点是对成功的期望一般,对于保持良好关系的期望一般,对于权力欲的期望也一般。这类人能够与对方建立友好关系,能有力控制谈判进程。对成功的期望是只要他带回去的结果能使自己的上司和同事满意就行了,在必要的时候会作出一定的让步,达成一个勉强满意的协议,而不愿意使谈判破裂。

与这类人谈判的禁忌是:①试图去支配他、控制他;②压迫他作出过多的让步,提出相当苛刻的条件。

(二)与进取型对手谈判的禁忌

进取型对手以取得成功为满足,对权力与成功的期望都很高,对关系的期望则很低。这类人尽力争取凡是他认为重要的东西,极力想向对方施加影响,以强权办法求得利益。这类人的目标可能定得并不高,主要是为了能轻易实现谈判目标,甚至轻易地超过目标。同这类人谈判,可让他负责谈判程序的准备,以满足他的权力欲,让他第一个陈述,从而使他觉得自己获得了某种特权,但是要注意控制整个谈判的程序。

同这类人进行谈判的禁忌是:①不让他插手谈判程序的安排;②不听取他的建议;③让他轻易得手;④屈服于他的压力。

(三)与关系型对手谈判的禁忌

关系型对手以与别人保持良好的关系为满足,对成功与谈判对手保持良好的关系的期

望很高,对权力的期望很低。这类人更加期望对他的上司及公司的同事尽责,希望他带回去的协议能得到上司和同事的赞赏,同时也较多地注重与对方人员保持友好的关系。由于这类人热衷于搞好关系而不追求权力,他在谈判中更容易处于被动地位。

同这类人员进行谈判的禁忌是:①不主动进攻;②对他让步过多;③对他的热情态度掉以轻心。

三、了解不同性格谈判对手的心理特征

在谈判过程中,我们必须了解不同性格谈判者的心理特征,根据其不同的心理采取不同的对策,极力避免触犯他们心中的禁忌,伤害他们的感情,造成不必要的心理隔阂,阻碍谈判的进行。

(一)与迟疑的人进行谈判的禁忌

这类人的心理特点:①不信任对方。这类人不信任对方,没有特殊的理由,只是怕上当受骗。怀疑是这类人保卫自己的一种手段,如果要令他相信,就要拿出确切的证据。②不让对方看透自己。希望自己有一块领地不被人知晓,对方稍有靠近,这类人就会敏锐地感觉到,并采取相应的行动,误导对方的看法。③极端讨厌被说服。想一下子说服这类人是不可能的,即便话是真的,并没有骗他。说得越多,他越不相信。④不立即作出决定。这类人从来不仓促行事,做事要经过全面考虑才采取行动,不轻易相信别人,以至于有时延误了时机。这类人的特点是完全根据自己的感觉、自己的意志来行事,他们头脑清晰,考虑问题多。

与这类人谈判的禁忌是:①在心理上和空间上过分接近他;②强迫他接受你的观点;③喋喋不休地说服;④催促他作出决定,不给予他充分的考虑时间。

(二)与唠叨的人进行谈判的禁忌

这类人的心理特点:①具有强烈的自我意识,喋喋不休地说,谈到最后也说不出个所以然,内心深处却有不堪一击的弱点,尽力想用说话来掩饰这个弱点。②爱刨根问底。凡事想通过自己来弄个明白,坚持自己的看法,好与人争辩。经常讨人厌恶,浪费别人的时间。③好驳倒对方。这也不行,那也不是,利用种种手段驳倒对方,看到对方被驳倒灰溜溜的样子,有一种满足感。④心情较为开朗。唠叨是这类人的习惯,不唠叨就难受,把想说的都毫不客气地吐出来后,心情就会开朗。但这类人并没有多少心机。

与这类人谈判的禁忌是:①有问必答,这样会没尽头;②和他辩论,即使在道理上能胜过他,但买卖依然不能成交;③表现出不耐烦,不妨听之任之;④胆怯,想开溜。

(三)与沉默的人进行谈判的禁忌

这类人的心理特点:①不自信。由于不善言辞,生怕被别人误解或被小看,常常闷闷不乐,有自卑感。②想逃避。对于说话一事感到很麻烦,从来不会因没有说话而感到不自在,自然而然地以听者自居。表现欲差,不愿在人多的场合出头露面,对事物的认识依赖直觉,对好恶反应极为强烈。③行为表情不一致。当他面带微笑时,可能内心正处于一种

焦虑和不耐烦的心态。④给人不热情的感觉。这些人看似态度傲慢,其实,内心深处也有一种愿为人做些事情的想法。因为答应不爽快,被误认为是爱理不理的。

与这类人谈判的禁忌是:①不善察言观色;②感到畏惧;③以寡言对沉默;④强行与之接触。

(四)与顽固的人进行谈判的禁忌

这类人的心理特点:①非常固执。你说东,他谈西。你越想说服他,他越固执地抵抗。这类人很难后退一步,合作起来会不愉快。②自信自满。自以为无所不能,认识事物带有片面性,只按自己的标准行事,往往听不进别人的意见。③控制别人。对某事拘泥于形式,深信自己的所作所为是绝对正确的,怕自己深信的一切被别人修正,想让别人也按他的意志行事。④不愿有所拘束。个性外向者居多,精力充沛,多半在外与众人接触,做起事来很有魄力。

与这类人谈判的禁忌是:①缺乏耐心,急于达成交易;②强制他,企图压服他;③对产品不加详细说明;④太软弱。

(五)与情绪型的人进行谈判的禁忌

这类人的心理特点:①容易激动。看到新东西,有好奇心,如果很合他的意,马上就会表露出来。一般来说,很难掩饰住内心的变化。②情绪变化快,兴趣和注意力容易转移。高兴时有股莫名的冲动,沉不住气,对谁都笑容可掬,而心情不好时,敏感的情绪会迅速变化,有时甚至失去控制,恶语伤人。③任性,见异思迁。什么事情都希望由着他的性子办。情绪不稳定,一般没有知心的朋友,较为孤寂。

与这类人谈判的禁忌是:①不善察言观色,抓不住时机;②找不到他的兴趣所在;③打持久战。

本 章 小 结

商务谈判心理对商务谈判活动有着重要的影响。熟悉商务谈判心理,有助于培养谈判人员的心理素质,揣摩谈判对手心理,实施心理诱导,表达或掩饰谈判者自身的心理和营造谈判氛围。

商务谈判是建立在需要的基础上的,谈判者应了解谈判双方的需要,要洞悉谈判中需要的存在,并根据谈判者当前需要层次中各需要的主次程度、需要满足的可替代性因素及时发现各种需要,据此制定相应的谈判策略。

心理挫折是指人在实现目标的过程中遇到自感无法克服的阻碍、干扰而产生的一种焦虑、紧张、愤懑、沮丧或失意的情绪性心理状态。在商务谈判中,谈判者要努力摆脱各种心理挫折,培养成功谈判者的意志力、自制力、应变力和感受力等心理素质,克服商务谈判中的各项心理禁忌。

第四章 谈判者的素质与谈判心理

自 测 题

1. 商务谈判心理的定义是什么?
2. 什么是谈判中的心理挫折?
3. 简述摆脱挫折困扰的心理防卫机制。
4. 成功谈判者的心理素质要求有哪些?
5. 商务谈判的心理禁忌是什么?

案 例 分 析

印刷机生产线设备技术引进项目价格谈判

2002年11月中旬,沈阳市某印刷厂周厂长一行5人来到德国,进行为期11天的技术考察及价格谈判工作。供应商为德国海德堡公司,它是世界一流的该类设备的制造企业,其技术先进,在世界上首屈一指,因此,中方估计价格谈判难度将相当大。所以在考察过程中,中方就开始采取心理战策略。德方陪同中方考察的是一位技术副总监。针对他自信自己公司的技术设备最好和鄙视他国同行设备技术水准的心理,在对其德国本土和西班牙、比利时等海德堡公司生产厂和其他几家用户企业考察的过程中,中方人员对该公司制造厂家的生产手段、产品与制造技术水平,不做任何肯定和赞扬的表示,相反倒是多提出疑问,使其忙不迭地介绍、解释,中方因此得以尽最大可能了解掌握该公司产品的性能、特点、质量水准及制造使用与维护的深度技术问题,包括产品存在的尚未解决的不足之处。另外,故意向其询问了解别的国家同类设备产品的技术水准与市场价格,使其感觉中方并非只重视他们公司的产品,还关心别国的同类生产线设备和技术,并通过他将中方的态度间接反馈到他的公司,使其对销售能否成功打上问号,让其心中无数,动摇他们自认为产品好、价格高无可争辩的自信心理。同时,中方提前对使用该公司产品(即印刷机)的用户企业进行了认真仔细的考察,重点了解和掌握存在的问题和不足,以及该公司制造的五色套色印刷机生产线的维修难点及易损备件的配备和消耗情况,以增加谈判的筹码。例如中方在位于法兰克福的一家名为迈菲尔的印刷厂车间里,看到要引进的海德堡印刷设备制造公司制造的五色套色印刷机生产线正在工作,经向管理人员了解,该印刷机在每次换纸后裁刀都会出现运行不稳和印刷轮转速不同步问题,影响印刷品质量,需重新调整,影响生产效率。可见该公司设备制造技术及产品水准虽属世界一流,但并非完美无瑕。考察结束谈判开始后,在德方海德堡公司本部的谈判室,有关设备技术问题的技术谈判一天就谈完了。第二天德方也出场了5人,以施·布劳恩先生为主谈,他们首先对在中国国内第一次接触谈判的报价218万美元做再次强调,并充分强调他们的设备是世界一流的。这一点,中方事先已经充分估计到,因此中方依据事先已掌握的德方设备生产线报价水平,提出了远低于他们可能接受的报价170万美元。中方这样做的目的,是避免对方提出较高的难以接受的报价不好下压。中方超低回价,必定激起对方强烈反应。果然,德方的销售经理冯·克德利斯先生激动地站了起来,几乎是吼了一声:"这不可能,难以想象!"他坚持他们的产品一流,无可挑剔,报价218万美元不能降。针对他的这一说法,中方随即使用法兰克福郊区那个生产企业生产线存在的问题反驳他："贵公司生产的五色套色印刷机生产线是有欠缺的，问题是存在的"，并当场请陪同我们考察的那位技术总监先生作证，那位在场的技术总监先生没有否认，这表现了德国人实事求是的负责精神。这时冯·克德利斯先生才慢慢地坐在了椅子上，不再坚持。沉寂了一阵后，德方又提出了210万美元的报价，而中方却又回报175万美元。就这样，双方争执了半天时间，未能达成一致。至此，按照中方预先研究的方案，已经达到了使德方动摇其初始报价的目的。为了扩大战果中方决定暂时中止谈判，提出休息，另外确定时间再谈。对方同意了。鉴于设备技术谈判双方已基本确定，以及中方最初低报价已抛出并经过第一番交锋，中方已摆脱了被动，甚至已取得了一定的主动，因此决定进一步施加心理压力，采取了不再主动提出续谈要求，以使其误以为我方不愿再谈及有可能转向他国或德国其他厂询价，迫其主动找中方约谈，以加强谈判地位。整整两天，中方除自行研究外，未向对方约谈。到了第4天下午，德方终于沉不住气了，主动找到中方住处，提出进一步会谈。正如中方设计的那样，中方诚恳地同意续谈。在谈判室，始终没有发言的施·布劳恩先生明确表示了态度："我们双方可以合作，向双方都能接受的方向努力……"而且非常客气地请中方先提一个接近的报价。中方看到对方的阵脚和价格防线已动摇，即按照预定方案提出185万美元的新价。对方相互研究了一下，对中方的报价未置可否，却由冯·克德利斯先生提出了一个200万美元的回价，请中方考虑。中方人员此时感到对方让了一大步，10万美元啊，这也再次体现了欧美企业的特点，这样大幅度地一步让价在和日本、韩国的谈判中是不可能的。但同时也感到对方的价格谈判进程已接近终局了，只能有最后一次讨价机会，否则谈判将陷于绝境。中方立即进行了研究和磋商，决定抛出最后报价，并争取主动。于是中方明确表示：对200万美元报价不能接受。再次说明为表示合作诚意，中方最终可接受报价将不超过190万美元，而且条件是增加部分易损备用备件，否则我们将不再谈了。最后的坚决态度无疑给了对方一个震慑，德方看来没有估计到中方不远万里来到欧洲，竟然能先表现出拒谈的意向，整个谈判室内气氛顿时有些紧张。这时，始终处于沉默状态的德方谈判首席代表施·布劳恩先生缓缓地坐直了身躯(看得出他不愧是一个谈判老手)，在沉着冷静中突然放声大笑，笑得十分自然可亲。笑毕，他语气沉静然而却坚定地讲了一句话："我讲了我们双方可以合作，我认为我们双方都能接受的合理报价应该是193万美元，不要再争了，我们尊敬的中国客人认为可以吗？"他的一锤定音，应该说是最后的不可再争的价格，而在中方此次价格谈判的理想目标195万美元之内。中方人员相互交换了一下眼神后，鼓掌表示了同意。施·布劳恩先生也很兴奋，走过来和中方人员一一握手相互表示祝贺。他巧妙地在最后一轮报价200万美元和中方最后一轮报价185万美元之间取了一个中间价，还占了中方1万美元的便宜。而中方人员此刻的心情一点也不比他差，毕竟经过努力，在218万美元的基础上又压下来25万美元。据了解，该公司的同类设备技术的售价从未上下浮动过10万美元，与拥有世界一流的设备技术水准的德国公司谈判得到现在的价格结果，中方感到满意。中德双方均高兴，说明实现了双赢。剩下的时间，中德双方就备品备件事宜进行了友好的磋商，并就运输、保险、安装高度等均达成协议，顺利签了约。

(资料来源：韩乐江，王心泉. 商务谈判[M]. 北京：北京邮电大学出版社，2011.)

第四章　谈判者的素质与谈判心理

思考题：
1. 中方是如何寻找到谈判的突破口的？
2. 在中方中止谈判时，德方是否可以要求明确下次谈判日程，而不要主动上门约谈？
3. 从本案中，我们得到什么启示？

阅 读 资 料

准备充分再谈判

美国人十分注重商业谈判技巧，在行动前总要把目标方向了解清楚，不主张贸然行动。所以，他们的生意谈判成功率较高。美国商人在任何商业谈判前都要先做好周密的准备，广泛收集各种可能派上用场的资料，甚至对方谈判人员的身世、嗜好和性格特点，使自己无论处在何种局面，均能从容不迫地应付。

一家美国公司与日本公司洽谈购买国内急需的电子机器设备。日本人素有"圆桌武士"之称，富有谈判经验，手法多变，谋略高超。美国人在强大对手面前不敢掉以轻心，组织精干的谈判班子，对国际行情做了充分了解和细致分析，制定了谈判方案，对各种可能发生的情况都做了预测性估计。

尽管美国人做了各种可能性预测，但在具体方法步骤上还是缺少主导方法，对谈判取胜没有十分把握。谈判开始，按国际惯例，由卖方首先报价。报价不是一个简单的技术问题，它有很深的学问，甚至是一门艺术：报价过高会吓跑对方，报价过低又会使对方占了便宜而自身无利可图。

日本人对报价极为精通，首次报价1 000万日元，比国际行情高出许多。日本人这样报价，如果美国人不了解国际行情，就会以此高价作为谈判基础。同时日本人过去曾卖过如此高价，有历史依据，如果美国了解国际行情，不接受此价，他们也有词可辩，有台阶可下。

事实上美国人已经知道了国际行情，知道日本人在试探，果断地拒绝了对方的报价。日本人采取迂回策略，不再谈报价，转而介绍产品性能的优越性，用这种手法支持自己的报价。美国人不动声色，旁敲侧击地提出问题："贵国生产此种产品的公司有几家？贵国产品优于德国和法国的依据是什么？"

用提问来点破对方，说明美国人已了解产品的生产情况，日本国内有几家公司生产，其他国家的厂商也有同类产品，美国人有充分的选择权。日方主谈人充分领会了美国人提问的含意，故意问他的助手："我们公司的报价是什么时候定的？"这位助手也是谈判的老手，极善于配合，于是不假思索地回答："是以前定的。"主谈人笑着说："时间太久了，不知道价格有没有变动，只好回去请示总经理了。"

美国人也知道此轮谈判不会有结果，宣布休会，给对方以让步的余地。最后，日本人认为美国人是有备无患，在这种情势下，为了早日做成生意，不得不作出退让。

"准备充分再做交易"，这是美国人的经商法则。在经商过程中，如果遇到不懂的问题，美国人会问到自己彻底弄清楚以后才善罢甘休。美国人这种问则问个水落石出的工作作风，在商业谈判中可以彻底地表现出来。

(资料来源：赵飞. 博弈智胜[M]. 北京：中国言实出版社，2017.)

第五章　商务谈判过程

【学习要点及目标】

通过本章的学习，使学生了解谈判过程三个阶段的主要任务，掌握开局气氛的营造、报价的原则和方式、报价的时机和模式、磋商的准则和环节、成交阶段的判断方法和主要任务，从而对整个谈判过程有清晰的认识。

【引导案例】

2014年5月22日，京东在纳斯达克上市，成为继腾讯和百度之后中国第三大已上市互联网公司。京东能够以较高估值成功上市，与腾讯的结盟功不可没。全程参与京东腾讯谈判的华兴资本董事王力行戏称两大公司上演了一场"闪婚"的戏码。双方在2013年年底开始试探性接触，2014年春节后进入战略合作细节的谈判环节。由于整个战略合作是自上而下确定的，合作的大框架由老板直接敲定，然后派出各自下面的团队落实交易细节。在这次联盟谈判中，腾讯用拍拍、网购、易迅三块资产及微信入口换取京东15%的股权，等于是"以物易物"的概念，所以，谈判中耗时最长的不是价格，而是双方业务的合作细节。而且，腾讯的内部管理相当规范、专业，从法律到人力到业务部门的人，都派出参与谈判。因此，京东腾讯结盟得以迅速实现，让京东获得一份厚重的背书，成功上市。

(资料来源：https://www.globrand.com/2019/607732.shtml.)

第一节　开局阶段

商务谈判的开局阶段，一般指谈判双方坐在谈判桌边起，到开始对谈判内容进行实质性讨论之前的一段时间。这一阶段谈判双方对谈判尚无实质性感性认识，而且谈判各方的心理都比较紧张，态度比较谨慎，都在调动一切感觉功能去探测对方的虚实及心理状态。所以，这个阶段只是进行见面、介绍、寒暄，以及谈判一些非关键性问题。这些内容，似乎与整个谈判主题关系不大甚至毫不相关，但却十分重要，能为整个谈判定调。

一、开局的基本任务

良好的开端是成功的一半，一个良好的开局能奠定谈判成功的基础，为进入实质性谈判创造有利的条件，因此，开局是整个谈判的基点，对谈判过程会产生重要的影响。开局阶段主要有以下三项基本任务。

(一)协商谈判议程

谈判议程就是关于谈判的主要议题、谈判的原则框架、议题的先后顺序与时间安排。

第五章　商务谈判过程

谈判之初，一般应首先将谈判议程确定下来。谈判议程的商定，实质上也是谈判的内容，因为议程本身如何将会决定谈判者在以后的工作中是否有主动性，将会决定谈判的最终成果。

谈判议程可分为两种：一种是通则的议程，另一种是细则的议程。通则议程是商务谈判双方共同商定正式议程的依据，由谈判双方共用。而细则议程则是由己方拟定的谈判议程，是通则议程的补充，供己方自用。为了更好地控制整个谈判的进程，为谈判制定的议程要有弹性，能在谈判过程中灵活变通。因为谈判过程中可能会出现这样或那样的问题。

典型的谈判议程，应包括以下内容。

(1) 商务谈判的时间。包括总的期限、开始时间、各轮次时间、每次时间的长短以及休会时间等。

(2) 商务谈判的场所。包括具体的谈判地点、对场所的具体要求等。

(3) 商务谈判的主题。包括谈判的中心议题，解决中心议题的大原则，围绕中心议题的各项内容、细节和要求等。

(4) 商务谈判的日程。包括洽谈事项的先后顺序、系列谈判的各个轮次的划分、各方谈判人员在每一轮次中的大致分工等。

(5) 商务谈判的其他事项。包括成交签约的要求与准备，仲裁人员的确定与邀请，谈判人员的食宿、交通、旅游、休息、赠礼等事项的安排。

(二)营造有利的谈判气氛

谈判气氛对谈判者的心理、情绪和行为方式有着直接的影响，进而影响到整个谈判的发展进程。经验丰富的谈判者会采取不同策略努力控制谈判气氛从而实现对谈判主动权的掌握。谈判的气氛在谈判不同阶段会呈现不同状态，但开局的气氛最为关键，所以，在开局应尽可能营造有利于谈判的环境气氛。

影响谈判气氛的因素很多，谈判双方的关系、谈判双方的实力对比、谈判的环境、谈判目标和策略的需要等，都能营造出不同的谈判气氛。

1. 谈判双方的关系

商务谈判利益主体之间的关系，特别是以往的合作关系，是影响谈判开局气氛的一个非常重要的因素。如果双方过去有业务往来关系，且关系不错，那么开局气氛应该是友好而热烈的；如果双方过去的业务关系一般，或者没有打过交道，那么开局时应该力争营造一种积极友好的气氛；如果双方过去的业务往来给彼此留下了不好的印象，那么，或者使开局气氛严肃而紧张，以表达己方对过去合作的不满意，或者创造友好的气氛，以消除不良印象带来的影响。

2. 谈判双方的实力对比

谈判双方的实力对比，也是影响谈判开局气氛的一个重要因素。如果双方实力旗鼓相当，那么开局阶段的气氛可以是轻松自然、积极友好的。如果双方实力有明显差距，实力较强的一方可以通过营造紧张的气氛来向较弱的一方施加压力，而实力较弱的一方同样可以通过营造紧张的气氛来向对方表示己方的信心和决心。

3. 谈判环境的影响

谈判环境是指对商务谈判目标、进程和结果等各方面产生影响的内外部因素，包括谈判双方国家的所有客观因素，如政治形势、经济形势、市场变化、文化氛围、实力差距，以及谈判时的场所、天气、时间、突发事件等。例如，在国际商务谈判中，谈判双方主体所在国家或地区之间的政治、经济关系都会影响到谈判气氛，较为紧张的大环境会带来比较紧张的谈判气氛，反之亦然。

4. 谈判目标和策略的需要

如果谈判中有一方具有特殊的谈判目标或者策略，需要在谈判一开始就创造出一种特殊的开局效果，对谈判对手施加某种压力或影响，以赢得谈判的主动权或者达到己方的目的。例如，如果谈判一方需要尽快完成谈判，在最短的时间内与对方达成自己满意的协议，那么，在开局的时候，一方面需努力营造出积极友好的谈判气氛，以拉近双方的距离；另一方面也应该适当地营造略为紧张的气氛，以加快谈判的节奏，缩短谈判的时间。

【案例5-1】

> 一个有经验的谈判者，能通过相互寒暄时的那些应酬话去掌握谈判对象的背景材料，如性格爱好、处事方式、谈判经验及作风等，进而找到双方的共同语言，为相互间的心理沟通做好准备，这些都对谈判成功有着积极的意义。美国一家跨国集团派了一个代表团到中国某医药器材公司考察。由于是第一次与中国企业合作，见面时，双方比较拘谨。这时医药器材公司的谈判负责人秦军微笑着说："看到你们，就让我想起了十年前我在贵国哈佛大学求学的时光。"美国公司的代表听到秦军谈到他们熟悉的城市、学校及其他建筑、文化等，感到十分亲切，顿时打开了话匣子。就这样，双方的距离拉近了，不知不觉开始了友好的谈判。

(资料来源：黄杰, 汤曼. 商务沟通与谈判[M]. 北京：人民邮电出版社, 2019.)

(三)开场陈述

商务谈判开局阶段的另外一个重要任务，就是谈判双方要在此时分别做开场陈述。开场陈述是指谈判的参与方分别把己方的基本立场、观点和利益向对方阐述，让谈判对手了解己方的谈判期望、谈判风格和表达方式的过程。

1. 开场陈述的基本内容

在开场陈述中，要求对方都要把自己的观点作一个全面的陈述，使对方能弄清己方的意图。陈述中要包含以下内容：根据己方理解，阐明此次会谈应涉及的问题；说明己方通过谈判应取得的利益，尤其要阐明哪些方面是己方至关重要的利益，说明己方可以采取何种方式为双方共同获得利益作出贡献；双方要根据以前合作的成果作出评价，并对双方继续合作的前景作出评价。

2. 开场陈述的基本原则

开场陈述在谈判开局阶段有着非常重要的作用，所以，在作开场陈述时，不能草率，应遵循以下几项原则。

第五章　商务谈判过程

(1) 开场的陈述要双方分别进行，并且在此阶段各方只阐述自己的立场、观点而不必阐述双方的共同利益。

(2) 双方的注意力应放在自己的利益上，不要试图猜测对方的立场。

(3) 开场陈述是原则性的而不是具体的。一般来说，开始阶段的谈判任务是向着横向而不是纵向发展，也就是说，只洽谈当次谈判中的原则性问题和陈述己方的基本立场、观点和建议，而不是就某一个具体问题进行深入谈判。

(4) 开场陈述应简明扼要、通俗易懂。这样既可避免对方误会，又可使双方有机会立即交谈下去，还可避免被冗长烦琐的发言搅昏头脑而影响谈判气氛。

(5) 对方陈述时不要插言，待其陈述完毕后再进行提问，只有待到问清对方的意图后，再陈述己方的建议，表明己方的立场。

3. 开场陈述的方式

开场陈述的方式一般有三种，即书面陈述、口头陈述和书面结合口头陈述。无论是书面陈述、口头陈述，还是书面结合口头陈述，其基本内容和所遵循的原则都是相同的。

(1) 书面陈述。这是一种局限性很大的方式，一般只在两种情况下运用。第一种情况是，本部门在谈判规则的束缚下不可能选择别种方式。比如，本部门向政府部门投标，这个政府机构规定在裁定期间是不准备与投标者磋商的。另一种情况是，本部门准备把所提交的最初书面交易条件作为最后的交易条件。这时对文字材料的要求是各项交易条款必须写得准确无误，让对方一目了然，只需回答"是"与"不是"，无须再作解释。

(2) 口头陈述。在许多情况下，谈判者基于一种原则性或试探性的想法，事先并不提交任何书面形式的文件，他们只是根据在谈判中找到的某种感觉来决定是否有必要继续谈下去，而把书面文字化的东西放在最后去完成。在中国的相当一部分交易中，人们甚至连最后的这些文字也省去了，完全凭一种口头承诺，甚至是一个点头、一次握手来决定交易。

(3) 书面结合口头陈述。这种形式即是在双方会谈之前，先就某些较复杂或较关键的细节用书面形式进行表达。这种陈述方式可以将己方一些在口头表达中难以阐释的条款、容易引起误会的条件，以较为准确的形式事先进行一些必要的说明，使对方能够较为认真地考虑己方提出的这些条件，为正式谈判做好准备。

提出书面交易条件之后，应努力做到下述几点：让对方多发言，不可多回答对方提出的问题；尽量试探出对方反对意见的坚定性，即如果不作任何相应的让步，对方能否顺从意见；不要只注意眼前利益，还要注意目前的合同与其他合同的内在联系；无论心里如何感觉，都要表现出冷静、泰然自若的态度；随时注意纠正对方的某些概念性错误。

【案例 5-2】

李东想在阳光城商业中心开一家时尚用品店，他联系了打算转手店铺的秦鹏。

一开始，秦鹏介绍了店内的基本状况和装修情况，并说道："我这家店铺的装修你也看到了，时尚有特色，非常吸引年轻人的。而且，我这家店原来是做服饰的，听说你们也打算卖服饰用品，这样，我店里的货你们就可以直接拿去卖。店铺加现货的话，价格上我们可以再谈。"

李东说道："我们都是跳街舞的，开店也主要卖街舞和轮滑这一类运动的时尚用品。你们家的店面装修的确有特色和个性，但可能和我们的风格不太一致，所以接手后我们在装修上还是要有比较大的改动。加上，你家店位置太偏了，在整条街的尾巴上，对客流会有很大影响。所以，我们关心的是价格问题。如果你的出价合适，那我们就继续谈下去。"

从以上案例我们可以看出，谈判各方通过简明的语言，明确地阐述了各自的谈判目的、所关心的问题、立场和态度，耐人寻味。

（资料来源：https://wenku.baidu.com/view/ac87283b094e767f5acfa1c7aa00b52acfc79ca6.html.）

二、开局气氛的营造

(一)开局气氛的类型

谈判气氛的营造应该服务于谈判的方针和策略，服务于谈判各阶段的任务，应该有利于谈判目标的实现。谈判的气氛大体有三种：一是积极友好的谈判气氛，二是紧张对立的谈判气氛，三是自然轻松的谈判气氛。

1. 积极友好的谈判气氛

一般来说，最理想的谈判气氛是积极友好的气氛，即在开局阶段使双方有一种"有缘相知"的感觉，双方都愿意友好合作，都愿意在合作中共同受益。营造积极友好的气氛并不仅仅是出于谈判策略的需要，更重要的是双方长期合作的需要。尽管随着谈判的进行会出现激烈的争辩或者矛盾冲突，但是双方是在积极友好的气氛中去争辩，不是越辩越远，而是越辩越近。因此，要求谈判者真诚地表达对对方的友好愿望和对合作成功的期望，此外热情的握手、热烈的掌声、信任的目光、自然的微笑都是营造积极友好气氛的有效手段。

2. 紧张对立的谈判气氛

当谈判涉及一些敏感问题，或者谈判双方对己方利益要求都比较高，或是双方过去有过不愉快的合作经历，或是谈判中发生冲突及陷入僵局时，谈判中就会出现紧张对立的气氛。在这种气氛中，谈判双方针锋相对，不肯轻易作出让步，谈判气氛压抑而沉重。这时，需要谈判者把握好情绪，根据现场情况，尽可能将谈判气氛调整到适合谈判顺利开展的基调上，避免其阻碍谈判顺利进行。当然，在某些特殊的情况下，为了对谈判对手施加一定的压力或者加快谈判的进程，谈判者也可以适当强化这种紧张对立的气氛，这对谈判者的控制能力提出了更高的要求。

3. 自然轻松的谈判气氛

开局初期常被称为"破冰"期。谈判双方抱着各自的立场和目标坐到一起谈判，极易发生冲突。如果一开局气氛就非常紧张、僵硬，可能会过早地造成情绪激动和对立，使谈判陷入僵局。过分的紧张和僵硬还会使谈判者的思维更加偏激、固执和僵化，不利于细心分析对方的观点，不利于灵活地运用谈判策略。所以，谈判人员在开局阶段首先要营造一种平和、自然、轻松的气氛。例如，随意谈一些题外的轻松话题，松弛一下紧绷着的神经，不要过早与对方发生争论。语气要自然平和，表情要轻松亲切，尽量谈论中性话题，不要过早刺激对方。

营造谈判气氛在不同特点的谈判中需求是不一样的，即使在一次谈判的过程中，不同阶段谈判气氛也会发生微妙的变化。一般来说占有较大优势，价格等主要条款相对有利，想尽早达成协议的一方，希望营造一种高调气氛，在这种轻松愉快的氛围中谈判对手往往只注意到对他自己的有利方面，而且对谈判前景的看法也倾向于乐观，因此，更易促进协议的达成。相反，如果一方拥有讨价还价的砝码，但是并不占有绝对优势，而合同中某些条款并未满足己方要求，如果施加压力，对方就会在某些问题上作出让步，选择营造低调气氛。但低调气氛紧张、对立，会给谈判双方都造成较大的心理压力，在这种情况下，哪一方心理承受力弱，哪一方往往会妥协让步。因此，在营造低调气氛时，己方一定要做好充分的心理准备并拥有较强的心理承受力，所以这种选择并不常被使用。

【案例5-3】

> 纽约高级座椅公司的总裁亚当森为了获得伊斯曼音乐学校和伊斯曼戏院的座椅订单，与音乐学校的校长伊斯曼约见会谈。当亚当森被领进伊斯曼的办公室时，伊斯曼正在伏案处理一堆文件。等伊斯曼处理完文件，亚当森满脸诚意地说："早上好，伊斯曼先生！刚才我一直在欣赏您的办公室，我很羡慕您有这样一间办公室。如果我自己有一间这样的办公室，那么即使工作辛劳一点，我也不会在乎的。虽然我从事的业务是室内木建工作，但我还未见过比您这儿更漂亮的办公室呢。"
>
> 伊斯曼说道："这间办公室确实很漂亮，是吧？刚建好的时候我是非常满意的，但现如今，我每次来这儿总是忙着各种事，有时甚至一连几个星期都顾不上好好看这房间一眼。"
>
> 亚当森抚摸着办公桌的一块镶板，仿佛抚摸一件心爱之物一样，"这是栎木做的，对吗？英国栎木的组织和意大利栎木的组织就是有点儿不一样。"
>
> 伊斯曼答道："不错，这是从英国进口的栎木，是一位专门同细木工打交道的朋友为我挑选的。"
>
> 接下来，伊斯曼带亚当森参观了那间房子的每一个角落，并把自己参与设计并建造的部分一一指给亚当森看。参观结束后，亚当森也轻而易举地获得了音乐学校和戏院的座椅订单。
>
> 亚当森选择了中性话题，使谈判在友好和谐的气氛中开始，为取得谈判成功创造了条件，也为以后可能的合作奠定了良好的基础。
>
> (资料来源：谭慧.哈佛商学院必修课：谈判·营销[M].北京：电子工业出版社，2014.)

(二)开局气氛的营造方法

1. 注重环境的烘托作用

谈判不是在真空中进行的，而是存在于一定的环境中。不少谈判者为了选择一个好的谈判环境而煞费苦心。谈判环境的布置一般应以宽敞、整洁、优雅、舒适为基本格调，这样既能显示己方的精神面貌，符合礼节要求，同时还可根据对方的文化、传统及爱好增添相应的设置，促使双方以轻松、愉快的心情参与谈判。

1958年，德意志联邦共和国第一任总理阿登纳访问法国与戴高乐举行会晤。戴高乐选择了他在科隆贝的私人别墅接待阿登纳。会谈在戴高乐的书房里举行。阿登纳认为，一个人的书房陈设可以全面反映一个人的内心世界。而戴高乐的书房给阿登纳留下了极好的印象，从而促成了此次愉快、顺利的会谈，也为尔后签订法国-联邦德国友好条约奠定了基础。

良好的环境使人流连忘返，而恶劣的环境使人力求解脱。这种力求解脱的愿望可能转化为达成协议的努力。汤姆士·杰弗逊在《独立宣言》签字几年后说过："在不舒适的环境下，人们可能违背本意，言不由衷。"众所周知，那个签字的独立厅在马厩的隔壁，7月份天气非常闷热，到处都是苍蝇，苍蝇还不时停在代表们的身上。在这种环境下，早一点签字就意味着早一点摆脱。

2. 把握开局之初的瞬间

开局阶段人们精力最为充沛，注意力也最集中，所有的谈判人员都在专心倾听别人的发言，注意观察对方的一举一动，谈判者应注意把握这一关键时机，力争营造良好的谈判气氛。

(1) 以友好坦诚的态度出现在对方面前。双方见面伊始，首先应轻松地与对方握手致意，热情寒暄，在第一次目光接触时要表现出真诚和自信，面带微笑，以示友好。

(2) 选择中性话题破题。素不相识的谈判双方走到一起谈判，在最初极易出现停顿和冷场。因此，双方坐下后，不要单刀直入，或首先提出棘手敏感的问题，最好利用可以引起双方感情共鸣的非业务性的话题来开启谈判之门，一般应是对方感兴趣的话题，如体育比赛、文艺演出、对方的业余爱好等，或是双方过去经历中的某些关系，如校友、同行、同乡等。在双方通过轻松的交谈，感情已见趋近、气氛比较和谐的前提下，一方才可试探性地选择一些相同或近似的正式话题进行交谈，以此由表及里、由浅入深，使正式谈判之门慢慢打开。

(3) 开场之初最好站着交谈。双方还未就座之前站着时，是洽谈进行开场白的最好时机。许多社交礼节站着比坐着更方便些。例如，站着更易改变同对方接触及交谈的角度，或近或远，视需要而定。另外，如果洽谈气氛在人们站着时已经建立起来，那么，由站立转为坐下，则将从一般性交谈转入正式的业务洽谈，从而提醒双方应当把精力投入到正式工作中去。

三、开局行为的禁忌

谈判开始阶段，甚至在最初极短的时间内，由彼此之间给对方留下的形象、诚意状况、性格特征、行为方式等综合印象，会影响以后谈判过程的行为和心理，并难以轻易改变。所以，在谈判开局要想给对方留下良好的印象，必须注意以下几方面的禁忌。

(一)忌直奔主题

开局是谈判的一个必经阶段，有其重要的意义，如果不经开局而是直奔谈判主题，一方面会暴露出谈判者过于急切的心态，另一方面也失去了开局应有的作用，不利于谈判的顺利进行。因此，不能在洽谈刚开始就进入实质性洽谈，而应留有一定的协调时间。所以，开始时选择的话题最好是轻松的、非业务性的话题，从而为良好的心理沟通做好准备。

(二)忌毫无保留

开局是双方的一个试探、适应过程，在此阶段的主要任务是营造适宜的谈判气氛，以利于正式谈判的进行。如果过早、过多地暴露己方的信息和意图,就会失去谈判的主动权,因此开局应言简意赅,点到为止,留有充分的余地。

(三)忌缺乏自信

开局是建立第一印象的重要时机,谈判者的一举一动、一言一行都会影响到后面的谈判,因此展示良好的心态和形象至关重要。如果将谈判开局视作如临大敌,过于紧张,举止慌乱,目光游移,精神不振,穿戴不整齐,就暴露了自己底气和力量的不足,从而为对方所利用。

(四)忌漫无边际

开局虽然是双方的寒暄和非正式交流,但不等于海阔天空地瞎聊、胡吹神侃、夸夸其谈。这样做很容易使自己显得不够稳重。因为开局毕竟是一个短暂的过程,其目的在于为谈判提供契机和营造氛围,所以一旦时机成熟,就应及时切入正题。

第二节　磋商阶段

一、确定报价标准

价格事关商务谈判双方的切身利益,同时,价格又是在诸多因素的共同作用下最终形成的。当谈判进入报价阶段,也就意味着实质性谈判的开始。这里所说的报价,不单指对于价格的要求,还泛指所有的与谈判标的物相关的各种条件,包括数量、质量、支付条件、包装、责任条款等各种交易条件。因此,报价阶段是商务谈判中最重要、最复杂的一个阶段。报价的合理与否、成功与否,关系到整个价格谈判的成败,从而也关系到整个商务谈判的成败。

(一)影响价格的因素

报价决策不是由报价一方随心所欲地制定的,而是根据所搜集、掌握的来自各种渠道的商业情报和市场信息,对其进行分析、判断,在预测的基础上加以制定的。对于每种商品的价格来说,影响其形成的因素主要有成本、市场供求、品质、竞争、政策等因素。上述每一种因素本身是由许多因素决定的,这些子因素又相互联系、相互制约和不断变化。这就造成了价格的复杂多变和把握价格的困难。因此,了解商务谈判中价格的影响因素,便于我们正确作出价格决策,掌握价格谈判的主动权。

1. 成本因素

成本是报价的基础,它是影响报价的最基本因素。当商品成本一定时,降低报价是增强商品的竞争能力,占领市场,战胜竞争对手的行之有效的方法。但有时也要根据企业的经营战略、商品的市场定位来报价,过低的价格可能会造成"低价低质"的印象。此外,在决定商品的报价时,不仅要考虑现在的成本、将来的成本,以及降低成本的可能性,而且要考虑竞争对手的成本。要依据有关成本资料,恰当地报出商品的价格。

2. 需求因素

由于谈判者的需求情况不同,他们对价格的接受度也各不相同。同样是一件款式新颖的时装,即使价格较高,年轻人也可以接受,而老年人往往不能接受。当"等米下锅"时,人们就不大计较价格。所以,当对方带着迫切需要某种原材料、零配件、产品、技术或工程项目的心情来进行谈判时,他首先考虑的可能是交货期、供货数量以及能否尽快签约,而不是价格的高低。

3. 品质因素

商品的品质是指商品的内在质量和外观形式。商品的品质是消费者最关心的问题,也是谈判双方必须洽谈的问题。因此,商品的报价必须考虑商品的品质,按质报价。

4. 竞争因素

商品竞争激烈程度不同,对报价的影响也不同。竞争越激烈,对报价影响越大。由于竞争影响报价,因此要做好报价,除了考虑商品成本、市场需求及品质外,还必须注重竞争对手的价格,特别是竞争对手的报价策略以及新的竞争对手的加入。

5. 政策因素

每个国家都有自己的经济政策,对市场价格的高低和变动都有相应的限制和法律规定,因此,商品的报价必须遵守国家政策要求。例如,国家对某种产品的最高限价和最低限价的规定就直接制约着报价的高低。在国际贸易中,各国政府对价格的限制就更多了,报价方更应了解这些限制,并以此作为自己报价的依据。

另外,在报价时,交易量的大小、支付方式、产品和企业的声誉、谈判双方的交易次数及合作的前景等都是报价时应考虑的因素。

(二)报价的原则

要成功地完成报价,谈判者要遵循下述几项原则。

1. 采取最高报价(卖方)或最低报价(买方)的报价方式

对卖方来说,开盘价应该是最高的。一般来说,开盘价提出之后,没有特殊原因,就不能再提出更高的要价了,而最后成交的价格通常将在这个价格之下。而对买方来说,开盘价应该是最低的,也就是确定了要价的最低限额,最后成交的价格通常在这个价格之上。开盘价的高低往往会对最终成交的价格产生实质性的影响。即开盘价高,最终成交价格也高;开盘价低,最终成交价格也低。换言之,开盘时要求越多,最终获得的往往也越多。

"卖方开价要高,买方出价要低"的报价起点策略,有以下作用。

第一,这种报价策略可以有效地改变双方的盈余要求。当卖方的报价较高,并振振有词时,买方往往会重新估算卖方的保留价格,从而价格谈判的合理范围会发生有利于卖方的变化。同样,当买方的报价较低,并有理有据时,卖方往往也会重新估算买方的保留价格,从而价格谈判的合理范围便会发生有利于买方的变化。

第二,卖方的高开价,往往为买方提供评价卖方商品的价值尺度。因为在一般情况下,价格总是能够基本上反映商品的价值。人们通常信奉"一分钱一分货",所以,高价往往

第五章 商务谈判过程

与高档货相联系，低价自然与低档货相联系。这无疑有利于实现卖方更大的利益。

第三，这种报价策略中包含的策略性虚报部分，能为下一步双方的价格磋商提供充分的回旋余地。因为，在讨价还价阶段，谈判双方经常会出现相持不下的局面。为了打破僵局，往往需要谈判双方或其中一方根据情况适当作出让步，以满足对方的某些要求和换取己方的利益。所以，开盘的"高开价"和"低出价"中的策略性虚报部分，就为讨价还价过程提供了充分的回旋余地和准备了必要的交易筹码，这可以有效地造成作出让步的假象。

第四，这种报价策略对最终议定成交价格和双方最终获得的利益具有不可忽视的影响。这种"一高一低"的报价起点策略，倘若双方能够有理、有利、有节地坚持到底，那么，在谈判不致破裂的前提下，往往会达成双方满意的成交价格，从而使双方都能获得预期的物质利益。

2. 报价要合乎情理，有根有据

卖方的报价要尽可能高，买方的报价要尽可能低，是商务谈判报价的一般原则，但是这并不意味着报价时可以漫天要价，而必须合乎情理，能够讲得通才行。如果己方报价过高，会使对方认为己方缺乏谈判的诚意，可能马上使谈判破裂，也可能提出一个令己方根本无法认可的还价，或者对己方报价中不合理的内容提出质疑，迫使己方不得不很快作出让步。所以，开盘价格应该在合乎情理的基础上，尽量地争取更有利于己方的价格；如果双方有过良好的合作背景，报价则更应该稳妥合理。

【案例5-4】

> 一家小家电专卖店的李老板去进货，当时供货商提供了一种进货价为480元的豆浆机，李老板感觉进货的价格有些贵。多次协商之后，供货商仍然坚持这个价格，没有留下一点余地。供货商一再强调："我们的价格绝对公平。"接下来，供货商给李老板看了另外的一款产品。这是一款经过改良的豆浆机，价格是980元。供货商说："虽然这款豆浆机的功能更加强大，但是它的价格很难被普通的消费者所接受，销路并不好。所以，我建议你还是进480元的这一款。这款豆浆机的进货情况非常不错，我们给许多大型的家电销售公司都是这个价，如果你不信，可以去那些卖场里转转。为了避免引起争议或者讨价还价的麻烦，我们给你的价格是绝对公平的。"最后，经过慎重考虑，李老板签了进货合同。事后，他发现供货商说的果真没错，他进货的价格确实不高，别的同行进货也是这个价。
>
> 在这次谈判中，李老板怀疑供货商区别对待客户，而供货商回应的"我们的价格绝对公平"，就给出了确定的回答。"我们的价格绝对公平"是一种态度的保证，其中体现出了一种肯定的态度，听者往往会受这种态度的影响。这句话表示供货商绝对可以保证对所有人都是一视同仁的。这句暗语也意味着很难在价格上有所松动，无论听者感觉这款产品的价格是高了还是低了，他们都会从这句话里感觉到对方将不会再更改价格。在这种情况下，要想说服对方，可能性不会太大。

(资料来源：龚荒. 商务谈判与沟通：理论、技巧、案例[M]. 北京：人民邮电出版社，2018.)

3. 报价要明确，不必作过多的解释或说明

开盘报价应该果断、坚定、毫不犹豫，这样才能给对方一种诚实而又认真的印象。如果报价拖泥带水、欲言又止，必然导致对方的不信任。

开盘报价应明确、清晰而完整,切忌含含糊糊,否则会使对方产生误解。一方报价必须让对方准确无误地了解其期望,这样才能达到提出报价的目的。

报价时不应对所报价格主动进行解释和说明。因为合乎情理的事情是没有必要进行过多的解释和说明的。如果在对方提问之前便主动就报价进行解释和说明,会提醒对方意识到己方最关心的问题,其中可能包括对方先前并没有意识到的问题,从而露出破绽,为对方提供了突破口。

(三)报价的方式

商务谈判的报价方式主要有两种,即书面报价和口头报价。两者各有其优势和劣势,在运用中应根据不同的实际需要选择合适的报价方式。

1. 书面报价

书面报价是指提出较为详尽的文字资料、数据和图表等,将己方的价格要求和所愿意承担的义务,以书面的形式表达清楚。一般书面报价可以采取两种形式:①书面报价,不作口头补充;②书面报价,结合口头补充。前者表述准确详尽,能使对方产生一种严肃且正式的感觉,而后者更具灵活性。

书面报价的优点是能使对方充分了解己方的报价要求,使谈判进程安排得更紧凑。缺点是书面材料将成为己方言行的永久性记录,由此加大了条文的约束性,且文字性的报价缺乏灵活性和生动性,限制了谈判者发挥其能动性的作用。因此,在现实谈判中,已经很少采用书面报价这种形式了。

2. 口头报价

口头报价是指不提交任何书面形式的文件,只是以口头告知的方式提出交易条件。这种方式相比书面报价而言,具有更大的灵活性,使谈判者可以察言观色,见机行事,根据谈判进程调整变更谈判策略达到谈判目的。

口头报价的缺点:对于某些价格条款比较复杂的谈判,则不易将其中复杂要点表述清楚,双方的理解容易产生偏差,而日后的磋商也容易因此偏离主题而转向细枝末节的讨论,从而拖慢谈判的进程。

(四)报价的模式

国际上有两种通用的报价模式,即所谓的西欧式报价和日本式报价。两种模式在原则和方法上有着本质的差别,在实际操作中也有各自的用途和适用原则。

1. 西欧式报价

西欧式报价的一般模式是首先提出有较大回旋余地的价格,然后通过双方磋商,作出适当让步,如数量折扣、价格折扣、佣金和支付条件上的优惠等来逐步使对方最终接受交易条件,达成最后的交易。实践表明,这种报价模式只要能够稳住买方,往往会获得不错的结果。

2. 日本式报价

日本式报价的一般模式是先报出一个对对方有利、对己方不利的交易条件,以引起对方的兴趣。但一般与这种价格相关的其他交易条件都是对己方最有利的，对方很难接受。因此，在正式进行价格谈判时，对方往往会要求改变有关条件，这时己方就可提出想要改变条件，就要提高价格。因此，最终成交的价格往往会高于最初报出的价格。这种模式在面临众多外部对手时，是一种比较艺术而策略的报价方式。

3. 报价模式的选择

在商务谈判中，通常采用的是西欧式报价，这有利于双方在一个比较熟悉的谈判模式基础上开展价格谈判，并且有利于达成双方都期望的谈判结果。而日本式报价容易在一开始就出乎对方的意料，打乱对方的战略部署。但是，随着谈判的深入，后报价方会有一种被欺骗的感觉，往往不利于后续谈判的友好气氛的维持，要获得一个令双方都满意的结果也比较困难。所以，一般情况下都应采用西欧式报价模式，只有在特定条件下，需要用一定手段实现谈判目标，才可以考虑采用日本式报价模式。

同时，为了避免落入日本式报价的圈套，最好的做法就是把对方的报价内容与多个客商的报价内容进行认真的分析、比较，看看它们包含的内容是否一样，判断内容和价格的关系。切忌只注意最后的价格，只看表面形式，不顾内容实质而误入圈套。

二、选择报价时机

(一)报价的最佳时机

在价格谈判中，报价时机也是一个很重要的问题。有时卖方虽然报出了合理的价格，但由于没有选择合适的时机，报出的价格并没有激发买方的交易欲望。一般来说，买方首先注重的是商品的使用价值，在其充分了解商品的使用价值和为其带来的实际利益之后，才有兴趣谈价格问题。因此，提出报价的最佳时机，一般是对方询问价格时，这时对方已对商品产生了交易欲望，此时报价往往就能水到渠成。

有时，谈判刚开始的时候买方就询问价格，这时最好的策略应当是听而不闻。最好先谈谈该商品或项目能为买方带来的好处和利益，待对方的交易欲望真正被调动起来后再报价。但如果对方坚持要马上答复价格问题，也不宜拖延。否则，就会使对方感到不被尊重甚至产生反感心理。此时，谈判者应当建设性地回答价格问题，把价格同使用价值联系起来回答。

(二)报价的先后顺序

在价格谈判中，不管是出于自愿、主动，还是应对方的要求，总有一方要先报价。谁先报价，这是一个非常重要而又微妙的问题。先报价和后报价各有利弊，需要视谈判当时的具体情况而定。

1. 先报价的利弊

先报价的有利之处在于可以为价格谈判划定一个大致的框架，这样能把对手的期望限制在一个特定范围内。此外，先报价比反应性报价显得更有力量、更有信心。当然，这种力量和信心是建立在详尽收集资料和信息的基础之上的。此外，先报价还可以占据主动，打乱对方的原有部署，甚至动摇对方的谈判信心，对谈判全过程的所有磋商持续发挥作用。

先报价的不利之处在于一方面，对方听了己方的报价后，可以对他们自己原有的想法进行最后的调整。由于先报价，对方对己方交易条件的起点有所了解，他们就可以修改原先准备的报价，获得本来得不到的好处。另一方面，先报价后，对方还会试图在磋商过程中迫使己方按照他们的路子谈下去。其最常用的做法是采取一切手段，调动一切积极因素，集中力量攻击己方的报价，逼迫己方进一步降价，而并不透露他们自己究竟肯出多高的价值。

2. 后报价的利弊

后报价的有利之处在于可以先获得对方对价格的要求，特别当其对价格的市场动态不了解时，后报价将有利于己方调整价格期望，提出更有效的价格，提高报价的成功率。后报价的不利之处在于失去了报价的主动地位，价格谈判的范围被对方基本限定，最后的成交价格往往达不到己方的期望。

总之，先报价和后报价都各有利弊。谈判中是决定"先声夺人"还是选择"后发制人"，一定要根据实际需要灵活处理。

【案例 5-5】

> 美国著名发明家爱迪生在某公司当电气技师时，他的一项发明获得了专利。公司经理向他表示愿意购买这项专利权，并问他要多少钱。当时，爱迪生想只要能卖到 5000 美元就很不错了，但他没有说出来，只是对经理说："您一定知道我的这项发明专利权对公司的价值了，所以，价钱还是请您自己说一说吧！"经理报价道："40 万元，怎么样？"还能怎么样呢？谈判当然是没费周折就顺利结束了。爱迪生因此而获得了意想不到的巨款，为日后的发明创造提供了资金。
>
> （资料来源：https://wenku.baidu.com/view/ac87283b094e767f5acfa1c7aa00b52acfc79ca6.html）

三、磋商交易阶段

谈判双方报价之后，商务谈判就进入了实质性内容谈判的阶段，也就是磋商阶段。它是商务谈判的中心环节，也是在整个过程中耗费时间比较长的阶段。磋商是指谈判双方面对面讨论、说理、讨价还价的过程，包括诸如价格解释与评论、讨价、还价、让步、小结等多个环节。

(一)磋商准则

在磋商的各个阶段，各有各个阶段不同的技巧和准则，同时磋商作为一个总的过程，也有其总的准则。一般而言，磋商有条理、客观、礼节、沟通和节奏五个准则。

1. 条理准则

条理准则是指磋商过程中所提议题有序，表述立场有理，论证方式易于理解的原则。在磋商中，双方都面临着许多要谈的议题，如果不分先后次序，就会显得杂乱无章、毫无头绪，逻辑混乱，缺乏效率。因此，双方要通过磋商确定几个重要的谈判议题，按照其内

第五章 商务谈判过程

在逻辑关系排列先后次序，然后逐题磋商。此外，磋商过程中还要运用恰当合适的方式清楚地表述己方的观点立场，采用明白清晰的方法进行论证，使论者言之有理，听者心服口服。

2. 客观准则

客观准则是指在磋商过程中，说理和要求具有一定的实际性。只有具备实际性的说理才具有说服人的效果，只有符合实际的要求才会有回报的可能。在磋商过程中，说出的道理要有真实感和可靠性，利用一切可供运用的真实资料说明问题，任何要求应具有合理性与可能性。

3. 礼节准则

理解准则是指磋商过程中保持礼貌友好的行为准则。进入磋商阶段之后，双方之间难免要出现提问和解释、质疑和表白、指责和反击、请求和拒绝、建议和反对、进攻和防守等针锋相对的场面。这时，谈判者应保持风度，控制好情绪，体现出相互尊重、谅解妥协的风范，这样才能将一开始营造的良好合作气氛维持下去，以确保谈判的顺利进行。

4. 沟通准则

沟通准则是指磋商过程中谈判双方相互沟通、相互说服、自我说服的原则。磋商的过程实质上就是沟通交流的过程，谈判者一定要善于沟通，善于倾听对方的意见和建议，并积极向对方反馈信息。沟通的内容应该是多方面的，既要沟通交易条件，又要沟通相关的理由、信念、期望，还要交流感情。沟通从"求同"开始，解决分歧，达到最后的"求同"。"求同"既是起点，又是终点。

5. 节奏准则

节奏准则是指谈判者要控制好节奏的原则。一般来说，磋商阶段的节奏要稳健，不可过于急促，特别是在开始磋商时节奏要相对慢一些，因为这时双方都需要时间和耐心倾听对方的观点，了解对方的诉求，分析研究分歧的性质和解决分歧的途径。所以磋商是需要花费较多时间的，谈判者要善于把握节奏，不可急躁，稳扎稳打，步步为营，一旦出现转机，要抓住有利时机，加快谈判节奏，不失时机地消除分歧，争取尽快达成一致意见。

(二) 磋商的主要环节

商务谈判的实质性磋商，主要还是围绕着价格展开的，也就是一个讨价还价的过程。在此期间，将会出现的问题有谈判双方价格争论、冲突甚至僵局，也包括双方为最后达成交易而各自作出的让步。本部分主要介绍磋商中讨价、还价和让步这三个环节的具体内容和注意事项，僵局的具体内容放在第九章进行详细介绍。

1. 讨价

讨价是指在谈判一方报价之后，另一方认为该报价离己方的期望价格比较远，从而要求报价方重新报价或调整报价的行为。讨价可以是实质性的，也可以是策略性的。为了实现己方的期望目标，应遵循尊重、说理的原则，动之以情，晓之以理，说服对方，表明己方的合理要求，改变对方的期望值，为己方的还价作准备。

1) 讨价的阶段和方式

讨价一般可分为三个阶段，即开始阶段、实质内容阶段和最后阶段。

(1) 讨价的开始阶段。在这个阶段，己方可以首先要求对方对其报价的理由、组成、条件等作出充分的说明，因为报价方的首次报价或是简单而概括的，或是不合理的甚至是漫天要价的。然后，在此基础上对对方的报价作出评价。这种评价一般是消极的，例如，"我方觉得贵方提供的售后服务方面并不完善，却为之索取完全服务的价格，是我方无法承受的"。最后，在评价的基础上提出讨价的要求。

这个阶段的讨价方式是全面讨价，即讨价者根据交易条件全面入手，要求报价者从整体上调整价格，重新报价。需要注意的是，该阶段的讨价不一定是一次性的，可以视具体情况，进行多次讨价，以获得更加接近己方期望价格的报价。

(2) 讨价的实质内容阶段。此时己方对报价方的价格内容已经有了一个大致的了解，该阶段的讨价方式是针对性的讨价，即讨价者有针对性地找出交易条款中明显不合理、水分较大的条款，进行讨价。目的是通过讨价，将这些条款中的不合理部分和水分去除掉，从而获得更有利的报价。这些被选中的条款可以是一项，也可以是若干项；可以同时是几项，也可以是逐条逐项。

(3) 讨价的最后阶段。此时己方对报价方的价格已经有了比较清晰的了解，该阶段可以在第二阶段有针对性讨价的基础上，最后进行总体讨价，即讨价者从总体出发综合分析交易条件，运用策略，改变报价者的理想目标，降低其期望值，给出最终改善后的报价或重新报价。这一阶段的讨价同样可以视具体情况进行多次，以最终获得最优化的报价。

讨价的这三个阶段是可以不断重复、连续进行的过程。讨价次数的多少，应根据心中保留价格与对方价格改善的情况而定。

2) 讨价的基本方法

(1) 举证法，又称引经据典法。事实的力量是强大的，谈判者用事实说话，能够增加讨价的力度，使对方难以抗拒。这种事实可以是市场行情、竞争者价格、对方的成本、过去的交易惯例、产品的质量与性能、研究成果等，总之是有说服力的证据。证据要求一定是客观实在的，起码是对方难以反驳或难以查证的，而不是凭空杜撰的。

(2) 求疵法。讨价是冲着报价方交易条款中不合理的、水分较大的部分而来的。有经验的谈判者，都会以严格的标准要求对方，以敏锐挑剔的目光寻找对方的缺漏、差错和失误，并引经据典，降低对方的期望值，要求对方重新报价或改善报价。此时要把握好求疵的程度，最好能褒贬结合，即在贬低对方标的质量及报价条款内容的同时，把赞美或略带恭维的话语送给谈判者个人，例如赞美其"能干""讲信誉""懂做人""会经营"。这样，融进了生意场中朋友的感情，使对方不得不承认其条款的不足，再按谈判者的权限和成交的决心，尽力向前推进，及早改变对方的期望值。

(3) 假设法。以假设更优惠条件的口吻来向对方讨价，如以更大数量的购买、更优惠的付款条件、更长期的合作等。这种方法往往可以摸清对方可以接受的大致底价，而且假设不一定会真正履行，但因其是假设，所以留有余地。

3) 讨价中应注意的问题

讨价是一种策略，也是一门艺术，在讨价过程中，为了保证讨价的成功，应注意以下几个问题。

(1) 不要受报价方言语的误导。讨价时，报价方经常会运用这样一些言语来阻止另一方的进一步讨价，如"这已经是成本价了，就赚你一个辛苦钱了"，或者"不能再降价了，再降下去就亏本了"，等等。此时，不能轻信报价方或者碍于面子而停止讨价，而应该根据己方的期望价格和报价方对成交的愿望，利用其他方法继续讨价。

(2) 谨防误入圈套，提前进入还价环节。报价方在调整报价的时候，经常会停止报价，并向另一方提问，如"那请问贵方到底想要一个什么价钱？"。如果己方用数字回答了对方的问题，按照商务谈判的惯例，即等于进入了还价环节。所以，在这种情况下，不要用具体的数字或者定量的文字回答此类问题，而要迂回婉转地继续要求报价方调整价格。

(3) 保持平静的态度，采取平和的手段，对事不对人。在讨价时，应采用循循善诱的方法，诱使对方降价，而不应该强挤硬压、咄咄逼人。否则，容易使对方产生抵触心理，从而影响谈判的顺利进行。此外，讨价要适可而止，毕竟讨价之后还有还价。如果迟迟停留在讨价阶段，会使对方对己方的谈判诚意产生怀疑，从而陷入谈判僵局。

2. 还价

还价是指谈判一方根据对方报价，结合己方的谈判目标，提出己方的价格要求的行为。在磋商中，还价是一个比较关键的环节，因为还价是谈判双方真正针对价格进行正面交锋的阶段，还价策略运用得成功与否，直接关系到能否达成最后协议以及己方谈判目标是否能够实现。

1) 还价的依据

在还价的过程中，最关键的问题首先是明确还价的依据，以此确定还价的起点和幅度。还价起点和幅度的高低，直接关系到己方的利益，也体现着谈判者的谈判水平。因此，还价的总体要求是既要力求使自己的还价给对方造成压力，影响或改变对方的判断，又要接近对方的目标，使对方有接受的可能性。

(1) 对方的报价。在还价之前必须充分了解对方报价的全部内容，弄清对方报价中的条件哪些是关键的、主要的；哪些是附加的、次要的；哪些是虚设的、诱惑性的；哪些仅仅是交换性的筹码，只有把这一切都摸清了，才能科学而策略地还价。因此，要逐项核对对方报价中所提的各项条件，探询其报价根据或弹性幅度，注意倾听对方的解释和说明，切勿妄加评论，更不可主观猜测对方的动机和意图，以免给对方的反击提供机会。

(2) 己方的目标。对方报价和己方目标价格的差距是确定如何还价的第二项依据。目标价格是己方根据自身利益需要、他人利益需要并综合各种客观因素制定的，并力图经过讨价还价达到的成交价格。因此，对方的每一个报价，己方都应拿来与自己的目标价格相比较，然后根据差距决定自己的行动。对方报价离己方的价格目标越远，其还价起点越低；反之，还价起点则越高。但无论还价起点高低，都要低于自己准备成交的价格，为以后的讨价还价留下余地。

(3) 己方准备还价的次数。这是确定如何还价的第三项依据。在每次还价的幅度已定的前提下，自己准备还价的次数越多，还价的起点就应越低；反之，则应较高。

2) 还价的方式

采取何种还价方式要看在什么基础上还价。商务谈判中的还价方式主要有两种类型：

一种是按价格评论还价，另一种是按项目还价。

(1) 按价格评论还价。根据价格评论的不同，这种还价方式可以分为比较法和成本法。

比价法是指还价方按同类商品的价格或者竞争者商品的价格作为参考进行还价。这种方式既便于操作，又易于使对方接受，但关键在于选取的参考商品的可比性。

成本法是指还价方运用成本构成的资料，进行计算分析，再加上一定百分比的利润，最后构成商品的价格，以此进行还价。这种方式可以明确估计对方的利润额，判断其策略性虚拟价格的水分，还价有力、准确，但关键在于计算的成本是否准确。

(2) 按项目还价。根据每次还价项目的多少，这种还价方式又可以分为单项还价、分组还价和总体还价三种方式。

单项还价是以商品报价的最小项目单位进行还价。如果是独立商品，可以按照计量单位进行还价；如果是成套设备，可以按主机、辅机、备件等不同部分进行还价；如果是服务费用，则可以按照不同的费用项目进行还价。

分组还价是把谈判内容分成若干项目，并按每个项目报价中所含水分的多少分成几个档次，然后逐一还价。

总体还价又叫一揽子还价，是将整个报价按照一定百分比进行还价，而不考虑报价中各部分所含水分的差异。

在谈判中，具体按照以上哪一种方式来进行还价，首先取决于标的商品的条件，如商品的规格、数量、市场供求状况及替代品状况等。此外，还取决于谈判现场的具体情况，如谈判双方的实力对比、己方所掌握信息量的多少、己方的谈判经验等。总之，在确定还价方式时，哪一种方式更有说服力，哪一种方式更容易让对方接受，就应选择哪一种方式。

【案例5-6】

一个叫作爱德华·尼古拉的美国女商人来到了绍兴丝绸厂，范厂长在厂里的样品展览室接见了她。尼古拉仔细研究完展览室的样品后脸上露出了满意的神色。她向范厂长提出她打算预订其中的7种款式，她的报价是每码3.5美元。听到尼古拉的报价后，范厂长并没有对她的报价作出正面回答，而是报出了同类产品在意大利、法国和欧洲其他国家以及美国的价格，接着他报出了5.36美元的价格。

听到这个价格，尼古拉大叫起来，5.36美元是中国香港的零售价格，如果她以此价格成交，她的老板一定要骂她笨蛋。范厂长信心十足地回答说这个价格是中国香港的零售价，但是目前香港市场上没有这样的产品。事实上，这个价格是产品的成本价，因为工厂所进的坯绸价格是每码5美元，印染加工费是每码0.36美元。而同类产品在欧洲市场上可以卖到每码30美元。范厂长进一步强调说，因为这是第一次与她做生意，建立友谊和关系是第一位的，因此他的报价是不赚钱的。

尼古拉再也沉不住气，不断提高自己的报价，从4美元到4.2美元，再到4.3美元，最后提到4.6美元。范厂长只是微笑不语，最后他让尼古拉回去再考虑考虑，并说中国有一句俗话，买卖不成友谊在。尼古拉没有多说什么，她踏进汽车离去。三天后尼古拉发来电报，希望与范厂长再谈谈。

(资料来源：白远. 国际商务谈判：理论、案例分析与实践(第5版)[M]. 北京：中国人民大学出版社，2019.)

3. 让步

谈判双方进行讨价还价之后，为了促成交易，必然都要作出一定程度的让步。让步是指谈判一方向另一方妥协，调整己方的理想目标，降低己方的利益要求，向双方的期望目标靠拢的谈判过程。让步也是谈判磋商阶段中非常重要的一环。每个谈判者必须重视让步，学会让步，掌握让步，从让步中获益。

1) 让步的原则

让步不是为了满足对方的单方面苛求，而是要以满足双方的利益为标准。是否让步不能草率，让步多少也应三思。因此，谈判中，让步应遵循以下几项原则。

(1) 目标价值最大化原则。谈判的过程事实上是一个寻求双方目标价值最大化的过程，但这种目标价值的最大化并不是所有目标的最大化，而是在多个目标之间依照重要性和紧迫性建立优先顺序，优先实现重要及紧迫目标，在条件允许的前提下适当争取实现其他目标。其中的让步策略就是为了保护重要目标价值的最大化，如关键环节——价格、付款方式等。

成功的商务谈判者在解决这类矛盾时所采取的思维顺序。

第一，评估目标冲突的重要性，分析自己所处的环境和位置，在不牺牲任何目标的前提下是否可以解决冲突。

第二，如果在冲突中必须有所选择的话，区分主要目标和次要目标，以保证整体利益的最大化。但同时也应注意目标不要太多，以免顾此失彼，甚至自相矛盾，给谈判对手以可乘之机。

(2) 刚性原则。在谈判中，谈判双方在寻求自己目标价值最大化的同时也应对自己最大的让步价值有所准备。换句话说，谈判中可以使用的让步资源是有限的，所以，让步策略的使用是具有刚性的，其运用的力度只能是先小后大，一旦让步力度下降或微小，则以往的让步价值也就失去意义；同时谈判对手对于让步的体会具有"抗药性"——一种方式的让步使用几次就会失去效果，同时也应该注意到谈判对手的某些需求是无止境的。必须认识到，让步策略的运用是有限的，即使你所拥有的让步资源比较丰富，但是在谈判中对手对于你的让步的体会也是不同的，并不能保证取得预先期望的价值回报。

因此，在坚持刚性原则时必须注意以下几点。

第一，谈判对手的需求是有一定限度的，也是具有一定层次差别的，让步策略的运用也必须是有限的、有层次差别的。

第二，让步策略的运用效果是有限的，每一次让步只能在谈判的一定时期内起作用，是针对特定阶段、特定人物、特定事件起作用的，所以不要期望满足对手的所有意愿，对于重要问题的让步必须进行严格的控制。

第三，时刻将让步资源的投入与你所期望效果的产出进行对比分析，必须做到让步价值的投入小于所产生的积极效益。在使用让步资源时一定要对所获利润有一个测算，你需要投入多大比例来保证你所期望的回报，并不是投入越多回报越多，而是寻求二者之间的最佳组合。

(3) 时机原则。所谓让步策略中的时机原则就是在适当的时机和场合作出适当适时的让步，使谈判让步的作用发挥到最大，所起到的作用最佳。虽然让步的正确时机和不正确时机说起来容易，但在谈判的实际过程中，时机是非常难以把握的，常常存在以下各种问题。

第一，时机难以判定。例如，认为谈判的对方提出要求时就认为让步的时机到了，或者认为让步有一系列的方法，谈判完成是最佳的时机。

第二，对于让步的随意性导致时机把握不准确。在商务谈判中，谈判者仅仅根据自己的喜好、兴趣、成见、性情等因素使用让步策略，而不顾及所处的场合、谈判的进展情况及发展方向等，不遵从让步策略的原则、方式和方法。这种随意性导致让步价值缺失、让步原则消失，进而促使对方的胃口越来越大，在谈判中丧失主动权，导致谈判失败，所以在使用让步策略时千万不得随意而为之。

(4) 清晰原则。在商务谈判的让步策略中的清晰原则是让步的标准、让步的对象、让步的理由、让步的具体内容及实施细节应当准确明了，避免因为让步而导致产生新的问题和矛盾。常见的问题有下述两种。

第一，让步的标准不明确，使对方感觉自己的期望与你的让步意图错位，甚至感觉你没有让步而是含糊其辞。

第二，方式、内容不清晰。在谈判中你所做的每一次让步必须是对方所能明确感受到的，也就是说，让步的方式、内容必须准确、有力度，对方能够明确感觉到你所作出的让步，从而激发对方的反应。

(5) 弥补原则。如果迫不得已，己方再不作出让步就有可能使谈判夭折的话，也必须把握住"此失彼补"这一原则。即这一方面(或此问题)虽然己方给了对方优惠，但在另一方面(或其他地方)必须加倍地，至少均等地获取回报。当然，在谈判时，如果发觉此问题己方若是让步可以换取彼处更大的好处时，也应毫不犹豫地让步，以保持全盘的优势。

2) 让步的类型

(1) 按照让步的姿态划分，让步可分为两类，即积极让步和消极让步。

积极让步是以在某些谈判条款上的妥协来换取主要方式或基本方面的利益的让步。采用积极让步的条件：谈判一方具有谈判实力和优势；收集掌握了较充分的资料，取得了较准确的数据；并经事先安排，制订合理科学的让步计划和幅度。

消极让步是以单纯的自我牺牲、退让部分利益，以求得打破僵局、达成交易的让步。采用消极让步的条件：谈判一方有求于人；急于达成交易；报价的水分、噱头被揭开；价格解释于情于理都说不过去；谈判处于劣势。

(2) 按照让步的实质划分，让步也可分为两类，即实质性让步和象征性让步。

实质性让步是指利益上的真正让步，目的是以己方的让步换取对方的合作与让步。

象征性让步是指在谈判中一方作出的让步没有任何实质内容，而是以同等价值的替代方案换取对方立场的松动，使对方得到心理上的满足，从而达成交易。成语"朝三暮四"就是象征性让步的典型例子。

3) 让步的基本形态

(1) 坚定式让步。不到关键时候绝不让步，让对方一直以为妥协无望。若是软弱的谈判对手可能坚持不下去，就会放弃讨价还价，而接受最初报价了。

(2) 等额式让步。逐步诱导，让步幅度比较小，但次数较多，容易刺激谈判对手继续期待更进一步的让步。

(3) 递增式让步。每一次让步的数额是逐渐增加的。这种让步模式往往会造成让步方重大损失，因为对手的胃口被越吊越高，期望值越来越大，这样对让步方极为不利。

第五章　商务谈判过程

(4) 递减式让步。这是一种由大到小，渐次下降的让步形态。这种形态比较自然、坦率，同时显示出让步方的立场越来越坚定，给予对方的期望值越来越小。

(5) 不定式让步。即在己方所提条件较高的前提下，面对对方的讨价还价，采取灵活多变的方式进行让步。可以先高后低，然后再拔高，也可以高低错落综合运用。其关键是谈判者要了解对方底细，能控制局面，灵活掌握。

(6) 一步到位式让步。这种模式会让谈判对手产生极强烈的影响。一开始作了极大的让步，让对手顿时充满了希望和信心，但接下来的便是失望，如果没有得到进一步的好处，就有谈判破裂的可能。

从实际谈判的情况来看，采用较多的是第四种和第五种让步形态。这种形态对让步方来说是步步为营，较适应一般人的心理，因而较容易被对方所接受。第六种形态如果运用得好，可以迅速达成交易，如果运用不好，则可能造成僵局。第二种和第三种让步形态较少采用，而第一种基本不被采用。

【案例 5-7】

买方：您这种机器要价 750 元一台，我们刚才看到别家同样的机器标价为 680 元。
卖方：如果您诚心买的话，680 元也是可以的。
买方：如果我批量购买，一次买 35 台，价格上还可以优惠吗？
卖方：每台可以再优惠 60 元。
买方：我们现在资金紧张，可不可以分期付款呢？
卖方：我们从来没有分期付款的先例呢，这个实在是做不来。
买方：如果是全额付款，我现在的资金只够买 20 台，3 个月后我再买 15 台。您看这样可以吗？
(卖方犹豫了一会儿，只买 20 台优惠力度就不能这么大了，但这几个月销售状况不怎么理想，所以最终还是答应了。)
买方：那就是说您现在是以 620 元的价格卖给我们 20 台机器，是吗？
(卖方点点头。)
买方：干吗 620 元呢？凑个整，600 元一台，计算起来也省事，干脆利落，我们马上成交。
最后，双方以每台机器 600 元的价格成交。买卖双方在这笔交易中，买方要求价格降低，作出批量购买的让步，卖方想要实现销售，也在价格和付款方式上作出一定的让步，通过各自的让步，达成双赢的局面。

(资料来源：https://wenku.baidu.com/view/c2bce777a12d7375a417866fb84ae45c3b35c28f.html?fr=search-4.)

第三节　成交阶段

经过讨价还价，谈判双方立场趋近，并最终达成完全一致，双方即可成交，并用文字以合同形式将全部交易内容和交易条件按照双方确认的结果记录在案。到此为止，一次商务谈判即告完成。

一、注意成交信号

在谈判后期,谈判者必须正确判断谈判是否该进入终结时期。只有准确判定形势,才能运用好这个阶段的策略。错误的判定可能会使谈判有始无终,致使前期的努力付诸东流。因此,商务谈判何时终结成为成交阶段极为重要的问题,是需要完成的一项重要任务。一般来说,可以从三个方面来判断谈判是否已进入成交阶段。

(一)从谈判时间来判定

谈判的议程都规定了谈判计划终结的时间,当这个时间临近,自然就进入了终结阶段。根据时间来判断谈判是否进入成交阶段,是比较简单而直观的一种方法。这个时间可能是双方事先约定好的,也可能是单方限定的,还有可能是受到谈判环境影响而确定的。

1. 双方事先约定的时间限定

在谈判之初,双方协商议程的时候,一般都会为谈判设定结束时间或时间段,超过这个时间,即视为谈判破裂。所以,当谈判时间接近谈判议程规定的结束时间时,双方即可准备进入谈判的成交阶段。此时,如果双方还未能就谈判的某些交易条件达成一致,就应努力寻求和解,通过适当地让步来达成交易。按谈判时间终结谈判对双方都有时间约束性,能促使双方提高工作效率,避免长时间地纠缠在一些问题上而争辩不休。

2. 单方限定的谈判时间

由于谈判目标和谈判环境的限制,一般谈判的任何一方都经不起谈判无休止地拖下去,所以,谈判者在谈判开始前的制订的计划中都会设定己方的谈判时限。谈判者应尽力在这个时限内完成谈判任务,一旦超出了这个时限,谈判就失去了继续进行的意义。所以,当谈判时间接近己方时限的时候,谈判者就要考虑将谈判带入最后的结束阶段了。单方限定谈判时间无疑可以对被限定方施加某种压力,被限定方可以妥协,也可以不妥协。关键要看交易条件是否符合己方的谈判目标。

3. 环境变化的特殊要求

谈判环境对商务谈判的影响是十分巨大的,很多时候,虽然谈判没有到事先限定的时限,但是由于环境发生变化,要求谈判提前结束,这样的情况经常发生。例如公司内部重大事件的发生、市场行情的突变、国家经济政策的变化、地区金融危机的爆发等。面对这种情况,谈判者应在事前做好充分的信息收集工作,以应对这些环境因素突变,并在环境变化时及时反应,如需提前结束谈判,应该立即着手于促成成交的工作。

(二)从谈判涉及的交易条件来判定

谈判的中心任务是交易条件的洽谈,在磋商阶段双方进行了多轮讨价还价,所以,谈判是否进入终结阶段的重要标志之一就是谈判是否已就交易条件基本达成一致。考察交易条件是否达成一致主要看两个标准:交易条件中尚余留的分歧,对手的交易条件和己方成交线的差距。

1. 交易条件中尚余留的分歧

首先，从数量上看，如果双方已达成一致的交易条件占据大多数，所剩的分歧数量仅占极小部分，就可以判定谈判已进入终结阶段。其次，从质量上来看，如果交易条件中最关键、最重要的问题都已经达成一致，仅余留一些非实质性的无关大局的分歧点，就可以判定谈判已进入终结阶段。

2. 对手的交易条件和己方成交线的差距

在几轮磋商之后，当对方愿意接受的交易条件距离己方成交线即己方可以接受的最低交易条件不远的时候，即可考虑将谈判带入最后的成交阶段。此时，通过最后的讨价还价和让步，双方能够比较容易地达成一个都能接受的交易条件，最终促成签约。至于这个适当的距离到底有多大，需要谈判者根据价格的高低、双方还价的力度等具体谈判情况来确定。

(三) 从谈判策略来判定

谈判过程中有各种各样的策略，能使谈判进入终结阶段的策略叫终结策略。终结策略能引导谈判双方进入最后的决定阶段，它表现出一种最终的冲击力和影响力，具有终结的信号作用。常见的终结策略有最后立场策略、折中进退策略和一揽子策略。

1. 最后立场策略

最后立场策略是指经过多次磋商之后，如果谈判仍无结果，一方阐明己方最后的立场，讲清只能让步到某种条件，如果对方不接受，谈判即告破裂；如果对方接受，则谈判成交。这种最后立场的宣布，可以作为谈判终结的标志之一。但有时，谈判者也会使用"最后立场"来作为拒绝对方讨价还价的理由，这时就需要谈判者正确判断对方"最后立场"的真伪。一般来说，越是到磋商的后期，对方抛出的"最后立场"就越真实，而那些一开始就抛出来的所谓的"最后立场"，则大可不必当真。

2. 折中进退策略

折中进退策略是指将双方条件差距综合考虑，取中间条件作为双方共同接受或妥协的条款。一般来说，到了磋商阶段的后期，由于双方所能接受的交易条件已经越来越接近，两者的折中价格往往是一个比较合理的达成交易的条件。这时，双方在权衡利弊、深思熟虑之后，就有可能就折中价格达成一致意见，最终促成签约。折中进退策略虽然不够科学，但在双方僵持不下、各执己见的时候，也是寻求尽快解决分歧的一种方法，这样能比较公平地让双方分别承担相同的义务，避免在残余问题上过多地耗费时间和精力。

3. 一揽子策略

一揽子策略是指谈判一方向对方提出的交易条件中不同条款做好坏搭配、捆绑式交易的策略。在谈判磋商中，当对方抛出一揽子交易的建议时，往往说明他们希望以此来结束谈判。此时，如果对方提出的交易条件总体对己方有利，或者在部分条款上获得的超额利益大于在其他条款上的损失的时候，还是可以考虑接受对方的提议，将谈判带入最后的阶段。

二、表明成交意向

在谈判的最后阶段,双方意见逐渐趋向一致,谈判接近尾声,有经验的谈判者应善于抓住时机,趁热打铁,在关键的、恰当的时刻,巧妙地表明自己的签约意向,促成交易的达成与实现。

(一)成交前的回顾

谈判双方在起草合同前,有必要就整个谈判过程、谈判内容进行一次回顾,以最后确认双方在哪些方面达成一致,对那些没有达成共识的问题有必要作最后的磋商与妥协。回顾要以双方会谈的书面记录为依据,回顾的时间和形式取决于谈判的规模,回顾的内容主要包括下述几点。

(1) 已经达成一致的条件。
(2) 尚需讨论的地方。
(3) 谈判目标的检讨。
(4) 最后的价格和让步评估。
(5) 最后的谈判策略和技巧。

(二)最后的让步

谈判进行到最后,双方只在最后一二个问题上尚有个别意见需要让步才能求得一致,缔结协议。在这种情况下,一定要把握好两个问题:一是最后让步的时机,二是最后让步的幅度。

1. 最后让步的时机

一般来说,为了使最后的让步获得最佳的效果,可以将最后的让步分为主要部分的让步和次要部分的让步,主要部分是在最后期限之前作出让步,而次要部分排在最后时刻出让步。

2. 最后让步的幅度

通常情况下,在谈判的最后关头,双方管理部门的高级主管会出面参加或主持谈判。因此,确定最后让步的幅度时,要考虑的一个重要因素就是对方接受让步的人在对方组织中的地位或级别。这种幅度,要大到刚好满足该主管维持他(她)的尊严和地位的需要,但同时又不能过大,以免伤了其他谈判人员的面子。

(三)明确表达成交意图

经过反复磋商,克服了一个又一个障碍和分歧,谈判双方都会产生成交、结束谈判的愿望,不同程度地向对方发出缔结协议的信号。这种信号的表达方式主要有以下几种。

1. 明朗表达法

该方法就是指用明确、完整的语言直截了当地向谈判对手提出成交的建议或要求的方法。一般在以下几种情况下使用。

(1) 当知道对方有成交意向，只是一时犹豫不决，拿不定主意时，可用该方法促使对方下定决心。例如："您已经了解了许多情况，现在可以下决心了吧""没问题了吧，什么时候给您送货""现在成交，您才能获得更大利润"，等等。

(2) 当谈判对手没有提出异议也没有表示明确的反对时，为使对方集中精力考虑成交问题，谈判人员应主动向对方提出成交要求。例如："张经理，既然没有什么不满意的地方，就请您在这里签个字……"

(3) 经过一番谈判，各种主要问题已基本明确，尤其是在解决某项重要的疑难问题之后，谈判人员应该趁机使用明朗表达法主动请求成交。

(4) 其他条件都已成熟，只是对方提出某些异议，如商品质量、价格或是货源等，对此谈判人员应加以利用和转化。比如：对方说，"就这一点那当然好了，不过半年才交货，时间太长了点"，你可以说，"如果我们把交货时间缩短为3个月，请你马上决定好吗？"主动向对方表明某种妥协立场，会促使对方尽快作出取舍的决定。

(5) 对一些老客户用明朗表达法最为适宜。因为双方较为熟悉，人际关系好，对方一般不会拒绝成交建议。例如："最近好吧，打算进多少货？"

为了有效地促成交易，在使用明朗表达法时，商务谈判人员必须特别注意以下几个问题。

其一，在提出成交时，应表现得自然诚恳，不慌不忙，不卑不亢，主动而不过分激动；更不能冲动，语言要恰当，不能是央求或乞求。乞求只会降低商务谈判者的身份，过分的请求和紧张会使对方获得心理优势和成交主动权，不利于商务谈判人员达成成交条件，甚至会增加成交困难。

其二，应抓住适当的成交机会。如果成交时机不成熟，商务谈判者的成交请求就会变成一种障碍，会使对方产生一种高度紧张的心理状态，从而引起对方的反感，不利于成交。

其三，应针对对方真实的谈判动机，直接提示对方的需求问题。只有直接指出对方的需要或直接提出解决问题的办法，才能促使对方作出成交反应。同时，应该重视对方的谈判动机，如果忽视了对方的真实动机，再强有力的提示也难打动对方。

总之，明朗表达法是一种基本的成交意图表达的方法，它体现了现代商务谈判精神——主动进取，灵活机动，讲求效率，节省时间。商务谈判者应该熟练掌握和正确使用，看准成交时机，及时促成交易。

2. 含蓄表达法

所谓含蓄表达法是指商务谈判者不明说自己的成交意图，而是通过隐语、委婉语句或其他间接方式启发引导对方领悟，并提示对方采取成交行动的成交意图表达方法。运用含蓄表达法的微妙之处在于既达到表达己方意图的目的，又不使商务谈判各方处境尴尬。使用含蓄表达法可以有效地排除心理障碍，进而促成交易。

在以下情况下可考虑采用这种表达技巧。

(1) 对对方的成交意向把握不准时，为了既能表达己方的成交意图，又能使自己不失面子。

(2) 如果交易的内容是复杂的商品、贵重的商品和新上市的商品，当对方拿不定主意时，商务谈判者应尽量使用含蓄的语言进行诱导，或用严密的逻辑分析进行推理，进而表达成交意图，力争使对方理解并接受。

(3) 针对有些对象适合采用含蓄表达法。不同的商务谈判对象喜欢不同的表达方式，对于那些为人精明的谈判对象、老成持重的谈判对象、机警敏锐的谈判对象、刚愎自用的谈判对象、地位显赫的谈判对象用含蓄表达法表达成交意图均比较合适。

使用含蓄表达法需要注意如下事项。

第一，掌握好含蓄的分寸，营造有利的成交气氛。既要含蓄又要把意思表达清楚，才能达到预期的目的。含蓄不是含糊，要准确表达自己的成交意图，而不能使谈判对方如坠云雾，摸不着头脑，甚至弄巧成拙，造成误会，变成成交异议，不利于成交。

第二，需有针对性地使用含蓄技巧。首先，必须把握交易的目的，启发对方。同时，应根据提示目的来选用提示方法，使之峰回路转，达到提示对方成交的目的。其次，对不同的商务谈判对象，含蓄的程度、方式也应不同，要适合对方的学识、气量、修养。

第三，对反应迟钝或特别敏感的谈判对手不宜使用含蓄表达法。

3. 暗示表达法

暗示表达法就是不明确表明立场，而以隐蔽含蓄之言或动作情景使人领悟其含意所在。暗示表达法一般有三种形式：语言的暗示即用含蓄的语言引导提示；行为的暗示即以姿态、面部表情、眼神、动作等提示；媒介物、情景的暗示，例如以文件电报等资料、环境和时间、东西的摆设位置、座位的安排等暗示。

在商务谈判过程中，可根据对手的不同而采取以下不同方法作出最后的决策。

(1) 向对方强调说明，现在成交对他有哪些方面的有利因素。

(2) 大胆地设想一切问题都已解决。如果是买方可以询问对方交货地点在哪里；如果是卖方，可以询问对方要采用哪一种贷款支付结算方式，以明确暗示自己的成交意图。

(3) 采取结束商务谈判的某种实际行动。买方可以给卖方一个购货单的号码，卖方则可以开始写销货单，或递呈对方签字，或开始与对方握手，等等。

(4) 向对方反复说明，如果现在不签约，将可能使利润受到损失。或可以用时间上限、存货有限等理由，暗示自己的成交意图并促使对方尽快作出成交决定。

(四)合同的签订

虽然谈判双方就交易条件达成一致便可视为谈判成交，但是为了明确这种一致并明确谈判后双方各自的权利和义务，谈判的结果还应形成书面文件，即商务合同或协议。签订商务合同或协议的过程就是商务谈判的签约阶段，一般把签约作为商务谈判成交的标志，同时也标志着商务谈判的正式结束。

合同或协议一旦签订，就具有法律效力，谈判双方必须严格遵守和执行，否则就要承担相应的法律责任。因此，商务谈判的签约是一个非常严肃、非常谨慎的过程。在签约时，通常要注意以下问题。

(1) 尽量争取由己方起草合同文本。一般情况下，合同文本由哪一方来起草，哪一方就相对掌握了主动。

(2) 认真审核合同或协议文本。审核工作包括两方面的内容：一是认真核对合同文件的一致性或文本与谈判协议条件的一致性；二是核对各种批文，包括项目批文、许可证、订货卡片等是否完备。

(3) 确认签字人。商务谈判活动中的主谈人并不一定是谈判团体的负责人或企业的负责人，一般来说，在书面协议上签字的人应该是企业的法人代表，政府部门的官员或谈判团体的一般成员不宜签字。

(4) 安排好签字仪式。不同分量的协议，其签字的仪式也不相同。一般的书面协议，主谈人与对方签字即可，签字仪式可简单。重大协议的签字，一般应由企业的最高领导人出面，有时还要政府主管部门的领导参与，其签字仪式也比较隆重。

【案例5-8】

> 2009年5月11日，新华都实业集团以2.35亿美元收购青岛啤酒7%股份的新闻引起了市场广泛的关注。这一重大投资决定进入实质谈判仅花了两天。5月7日，正式谈判分两轮进行，第一轮是说服美国百威英博公司接受新华都集团为买家，第二轮是价格谈判。在第一轮谈判中，具有资深国际背景的新华都总裁唐骏是新华都方面的主谈判员，他通过阐述新华都创始人陈发树的投资理念和自己的经历，向百威英博公司展示新华都集团在国际化视野、激励机制和管理机制等方面给青岛啤酒提升的价值，由此让百威英博认可了新华都，顺利进入到价格谈判环节。百威英博希望以谈判前一天的收盘价21.9港元进行交易，但新华都更希望采取60日均价19.71港元进行交易。在双方对价格争执不下的时候，唐骏了解到百威英博的首席谈判官着急回美国庆祝其夫人的生日，抓住其着急结束谈判的心理，基于双方的出价报出了一个折中的价格19.83港元，最终双方达成了协议。
>
> (资料来源：http://finance.sina.com.cn/chanjing/gsnews/20090512/03186211284.shtml。)

本章小结

一般来说，一场正式而完整的商务谈判，其过程由三个连续性阶段衔接而成，分别是谈判的开局阶段、磋商阶段和成交阶段。

开局阶段对于整个谈判具有非常重要的作用，包括协商谈判议程、营造有利的谈判气氛和开场陈述。

商务谈判的磋商阶段包括报价和磋商两部分。商务谈判的报价根据谈判内容的不同，有各自不同的含义，但是报价的原则是一致的。在报价时，选择恰当的报价顺序、报价模式以及报价方式是非常重要的。磋商的主要内容，包括对商品的价格、数量、质量、支付条件、包装等条款的全面磋商。在磋商的过程中，应不断对谈判进程进行评估，主要通过当时的交易条件能否被谈判双方接受来判断。

成交即经过讨价还价阶段，谈判双方立场趋近并最终达成完全一致的过程。在此之前，应当正确判断谈判是否已经进入成交阶段。确定之后，即可用签订合同或协议结束整个商务谈判的过程。

自测题

1. 商务谈判的开局阶段有哪些主要任务？
2. 商务谈判的开局气氛有哪几种？如何营造合适的开局气氛？

3. 谈判人员报价时要注意遵循什么原则？
4. 商务谈判中如何选择最佳报价时机？报价的模式有哪些？
5. 商务谈判讨价可分为几个阶段？各阶段的任务是什么？
6. 还价的依据有哪些？让步应遵循什么原则？
7. 如何判定成交信号？表达成交意图的方式有哪些？

案 例 分 析

中方某公司向韩国某公司出口丁苯橡胶已一年，第二年中方又向韩方报价，以继续供货。中方公司根据国际市场行情，将价从前一年的成交价1200美元/吨下调了120美元，韩方感到可以接受，建议中方到韩国签约。中方人员一行二人到了首尔该公司总部，双方谈了不到20分钟，韩方说："贵方价格仍太高，请贵方看看韩国市场的价，三天以后再谈。"中方人员回到饭店感到被戏弄，很生气，但人已来汉城，谈判必须进行。中方人员通过有关协会收集到韩国海关丁苯橡胶进口统计，发现从哥伦比亚、比利时、南非等国进口量较大，中国进口也不少，中方公司是占份额较大的一家。在韩国市场的调查中，哥伦比亚、比利时和南非的价格高出中方公司的现报价30%～40%，韩国市场价格总体虽呈降势，但中方公司的报价是目前世界市场最低的价。中方人员分析，韩国对手之所以为难，是以为中方人员既然来了韩国，肯定急于拿合同回国，可以借此机会再压中方一手。根据这个分析，中方人员决定在价格条件上做文章。首先，态度应强硬，因为来前对方已表示同意中方报价，所以不怕空手而归。其次，价格条件还要涨回市场水平，即1200美元/吨左右。

第二天，中方人员电话告诉韩方人员："调查已结束，得到的结论是：我方来首尔前的报价低了，应涨回去年成交的价位，但为了老朋友的交情，可以下调20美元，而不再是120美元。请贵方研究，有结果请通知我们。若我们不在饭店，则请留言。"韩方人员接到电话后一个小时，即回电话约中方人员到其公司会谈。韩方认为：中方不应把过去的价再往上调。中方认为：这是韩方给的权利。我们按韩方要求进行了市场调查，结果应该涨价。韩方希望中方多少降些价，中方认为原报价已降到底。经过几回合的讨论，双方同意按中方来汉城前的报价成交。这样，中方成功地使韩方放弃了压价的要求，按计划拿回合同。

（资料来源：http://tradeinservices.mofcom.gov.cn/article/zhishi/anlijq/201702/22008.html.）

思考题：
1. 中方面对韩方施加的压力是否做了让步？让步与否的原则是什么？
2. 在此案例中中方为了尽快达成协议采取了哪些谈判策略？

阅 读 资 料

分清利益层次，把握谈判结果

谈判前要弄清楚自己的利益，即你到底要什么。利益分三个层次：must、want、give。非要不可的叫 must；可要可不要、拿来交换的叫 want；可以拿来与对方建立共识的叫 give。谈判时一定要排优先顺序。也就是说，如果没有这个东西你就不签字，这个叫 must；你一

第五章 商务谈判过程

开始可以放出来，用作建立起一点互信的，这个叫 give；可以拿来交换的叫 want。在谈判的时候，还要注意，你认为这是 must，对对方来说可能只是 want，这就叫作"横看成岭侧成峰，远近高低各不同"。所以，谈判的时候，大家看法不一样才能够交换 must、want、give。

谈判有五个结果：赢、和、输、破、拖。

1. 赢和输

一次决胜负时，我要赢；大家建立长远关系时，我要和；放长线钓大鱼时，我要输。什么叫和呢？举个例子，电视剧《宰相刘罗锅》里面，乾隆就跟刘罗锅说："跟你们这些臣子下棋最无聊了，每一次都和棋。"刘罗锅则缩缩脖子，伸伸舌头，觉得不好意思。其实，臣子跟主子下棋，除了和棋还能怎么下？臣子在棋盘上把主子杀了，主子明天真的就把臣子给宰了。臣子要是放水，就说明看不起主子，那就是欺君之罪，一样还是被宰。所以只有一个办法，就是和棋。

2. 破

有时候需要破局来挫挫对方的锐气。当己方要控制谈判的节奏，不想走那么快时，就要"破"给对方看。"破"的目的，如果用一个英文单词来解释，就是"pause"，即暂停，因为"破"了之后还可以再谈。但是要注意的是，万一弄巧成拙、弄假成真，真破了怎么办？所以，要先找好退路，任何"破"之前要先找退路。谈判不是耍帅，也不要暴虎冯河。一定要先想好"万一"，然后才能"破"。

3. 拖

谈判有时候也需要拖时间。比如，要等待政府发布一个新的统计数字，这个统计数字可能对己方有很大的帮助；或者要等哪个分公司开业，可以将其拿来作杠杆；再或者说，有个外资可能要进来，这对己方有一定的加分效果。这时就需要拖一下时间。

(资料来源：刘必荣. 中国式商务谈判[M]. 北京：北京大学出版社，2011.)

第六章　商务谈判语言技巧

【学习要点及目标】

通过本章的学习，使学生了解谈判中语言沟通的类型，掌握语言运用的条件和技巧；了解行为语言的含义和构成，掌握行为语言的认知；了解谈判中文字处理的含义和特征，掌握文字处理的技巧。

【引导案例】

开口说话，看似简单，实则不易。古人云："一言可以兴邦，一言也可以丧邦"。《战国策》中的名篇《触龙说赵太后》讲述了战国时期赵国左师触龙在国家危急之际，循循善诱，说服了赵太后以爱子长安君出质齐国，从而解除了赵国危机的故事。

赵太后刚刚执政，秦国就急攻赵国，危急关头，赵国不得不求救于齐，而齐国却提出救援条件——让长安君到齐国做人质。当时掌权的赵太后不肯答应这个条件，于是大臣竭力劝阻，惹得太后暴怒。面对此情此景，深谙说话艺术的左师触龙并没有像别的朝臣那样一味地犯颜直谏，而是察言观色，相机行事。他知道，赵太后刚刚执政，缺乏政治经验，加之女性特有的溺爱孩子的心理，盛怒之下，任何谈及人质的问题都会让太后难以接受，使得结果适得其反。所以触龙避其锋芒，对让长安君到齐国做人质的事只字不提，而是转移话题。他借由自己"病足，曾不能疾走"的话题关心太后的饮食起居，缓和紧张的气氛，使得谈话有了良好的开端。接着以为儿子舒祺求谋一个职位为由论及疼爱子女的事情，用一句"老臣窃以为媪之爱燕后贤于长安君"引得赵太后共鸣，打消赵太后的防备。最后大谈王位继承问题，"位尊而无功，奉厚而无劳，而挟重器多也。今媪尊长安君之位，而封之以膏腴之地，多予之重器，而不及今令有功于国，一旦山陵崩，长安君何以自托于赵？"触龙步步诱导，旁敲侧击，明之以实，晓之以理，全部对话无一字涉及人质，但又句句不离人质。不知不觉之中，太后怒气全消，幡然悔悟，明白了怎样才是疼爱孩子的道理，高兴地安排长安君到齐国做人质。

(资料来源：袁丽. 从商务谈判的角度分析《触龙说赵太后》谈判策略与谈判语言魅力 [J]. 新商务周刊，2018(12): 246.

第一节　商务谈判语言概述

列宁曾说过："语言是人类最重要的交际工具。"在商务谈判过程中，语言的作用格外重要，谈判者几乎所有观点的表达和技巧的运用，都必须通过语言来表现。语言轻则可能影响谈判者个人之间的人际关系，重则关系到商务谈判的气氛，使谈判陷入僵局，甚至导致谈判的破裂。因此，谈判者对语言的驾驭能力，已成为商务谈判能否顺利进行的关键。

第六章　商务谈判语言技巧

一、商务谈判语言的类别

商务谈判的语言多种多样,从不同的角度或依照不同的标准,可以把它分成不同的类型。同时,每种类型的语言都有各自运用的条件,在商务谈判中必须视具体需要而定。

(一)按语言的使用方式分类

商务谈判按语言的使用方式分为以下几种。

1. 面谈语言

面谈语言是谈判者用口语方式表达其意愿的一种语言,它是最直接、最灵活、运用最普遍的谈判语言,能够及时、充分地表达谈判者的要求与愿望,适用于任何类型的谈判,但也有保留时间短、受外界干扰、空间条件限制、语音差异等影响造成信息的曲解等不足。

2. 电话谈判语言

电话谈判语言是谈判者在不会面条件下使用的谈判语言,是一种间接的口头谈判语言。电话具有传递使用方便、效率高等特点。同时,也有一些不利于语言表达的缺点,如对方的表情、环境、有无泄密、有无第三者窃听等都无法观察和掌控。

3. 书面谈判语言

书面谈判语言是商务谈判者用文字处理及其载体记录来表达意愿的一种语言。它的优点是严谨、正式、准确,便于保存,不易更改;缺点是灵活性差、传递反馈速度慢。由于书面材料具有法律效力,因而要求使用者要认真谨慎,使用文字语言应尽可能严密、精确、完整,不留下遗漏。

4. 函电谈判语言

函电谈判语言是现代通信手段发展的产物,包括电报、传真、电子邮件等。它除了具备书面语言的所有特点之外,还有精练、保密性好、迅捷等特点。一般来说,不宜用这种语言进行全面谈判,只能用其处理谈判来往中的急事急件。

(二)按语言表达特征分类

商务谈判按语言表达特征分为以下几种。

1. 专业语言

它是指有关商务谈判业务内容的一些术语,不同的谈判业务,有不同的专业语言。例如,产品购销谈判中有供求市场价格、品质、包装、装运、保险等专业术语;在工程建筑谈判中有造价、工期、开工、竣工、交付使用等专业术语。这些专业语言具有简单明了、针对性强等特征。

2. 法律语言

它是指商务谈判业务所涉及的有关法律规定用语,不同的商务谈判业务要运用不同的法律语言。每种法律语言及其术语都有特定的含义,不能随意解释使用。法律语言具有规范性、强制性和通用性等特征。通过法律语言的运用可以明确谈判双方的权利、义务和责任等。

3. 外交语言

它是一种弹性较大的语言,其特征是模糊性、缓冲性和圆滑性。在商务谈判中,适当运用外交语言既可满足对方自尊的需要,又可以避免失去礼节;既可以说明问题,还能为进退留有余地。但过分使用外交语言,会使对方感到缺乏合作诚意。

4. 文学语言

它是一种富有想象的语言,其特点是生动活泼、优雅诙谐、适用面宽。在商务谈判中恰当地运用文学语言,既可以生动明快地说明问题,还可以缓解谈判的紧张气氛。

5. 军事语言

它是一种带有命令性质的语言,具有简洁自信、干脆利落等特征。在商务谈判中,适当运用军事语言可以起到坚定信心、稳住阵脚、加速谈判进程的作用。

(三)按语言的表达方式分类

商务谈判按语言的表达方式分为以下几种。

1. 有声语言

有声语言即口头语言,是利用发声器官(肺、气管、喉腔(包括声带)、咽腔、口腔、鼻腔发出声音,用这些不同的声音来表达思想。有声语言能够表达丰富复杂的意义,能够充分满足生活交际的需要。它能描述、反映客观现实,表达人的思想感情,甚至表达一些虚幻的想象的概念。有声语言的内容可以说是无所不包,人的认知能力所能达到的范围,就是有声语言所能达到的范围。它是人类交际最常用的、最基本的信息传递媒介。

2. 无声语言

无声语言又称为行为语言或体态语言,是指通过身姿、手势、表情、目光等配合有声语言来传递信息,也称体态语,是有声语言的重要补充。广义的无声语言包括空间、时间、颜色、气味等一切影响沟通的客观因素。而狭义的无声语言主要指的是肢体语言。肢体语言主要有目光、微笑、握手、手势、坐姿、站姿、体势、衣着和声调。

二、语言技巧在商务谈判中的重要性

谈判是一种表达的艺术,语言艺术水平的高低往往决定着谈判双方的关系乃至谈判的成败。讲究商务谈判语言的艺术性是非常重要的。

(一)有利于清晰明白地表达谈判者的目的和要求

在谈判中,双方要把自己的判断、推理、论证等思维成果表达出来,就必须出色地运用语言艺术。例如，谈判者在阐述问题时，能够论点突出，论据充分，逻辑层次清楚，简明扼要地讲清己方的观点、要求，在解释问题时，能够详细、具体，避免使用一些鲜为人知的行话、术语，尽量通俗易懂、深入浅出。这样既能减少信息传递的障碍，也能充分表达己方的合作诚意，整个沟通过程就会和谐顺利。

(二)有利于促使谈判顺利走向成功

美国企业管理家哈里·西蒙曾说："成功的人都是一位出色的语言表达家。"成功的谈判都是谈判双方出色运用语言艺术的结果。如在谈判中，谈判者常常会为各自的利益争执不下。此时，谁能说服对方接受自己的观点，作出让步，谁就会成功。恰当地运用语言艺术来表达同样的一段话，可使对方产生兴趣，并乐意听下去；否则，就可能让人产生乏味、反感甚至抵触的心理。

(三)有利于处理谈判中的人际关系

成功的谈判应重视三个价值评判标准，即目标实现标准、成本优化标准和人际关系标准。在商务谈判中，除了争取实现自己的预定目标，努力降低谈判成本外，还应该重视建立和维护双方的友好合作关系。在商务谈判中，双方人际关系的变化，主要通过语言交流来体现。语言艺术性的高低可能使双方人际关系得以调整、改善、巩固和发展，也可能导致谈判解体、破裂，进而失败。因此，既表达清楚自己的意见，又较好地保持双方的良好人际关系，取决于语言艺术。语言艺术决定了谈判双方关系的建立、巩固、发展、改善和调整，从而决定了双方对待谈判的态度。

三、正确运用谈判语言技巧的原则

谈判语言和一般的语言表达有着明显的区别，谈判是双方意见、观点的交流，谈判者既要清晰明了地表达自己的观点，又要认真倾听对方的观点，然后找到突破口，说服对方，协调双方的目标，争取双方达成一致。要想掌握、运用好谈判语言，首先应该了解谈判语言运用的基本原则。

(一)准确性

推动谈判的动力是需要和利益，谈判双方通过谈判可以说服对方理解、接受己方的观点，最终使双方在需要和利益方面保持协调一致。所以这是关系到个人和集体利益的重要活动，语言表述上的准确性就显得至关重要了。谈判双方必须准确地把己方的立场、观点、要求传达给对方，帮助对方明了自己的态度。

但有时谈判者会出于表达策略上的需要，故意运用一种模糊语言，但是使用模糊语言时，也要求它具有准确性。因为模糊语言反映了谈判者对某一种客观事物的一定的认识程度，而这种程度的表现必须是相对准确的。换句话说，使用模糊语言正是为了更准确地传递复杂信息，表达错综的复杂思想。模糊语言具有一定的理解范围，如果抛开了准确性原则，超出了它的理解范围，模糊语言就变成糊涂语言了。

(二)针对性

谈判语言的针对性是指根据谈判的不同对手、不同目的、不同阶段的不同要求使用不同的语言。简言之，就是谈判语言要有的放矢、对症下药。如根据不同的谈判对象，采取不同的谈判语言。不同的谈判对象，其身份、性格、态度、年龄、性别等均不同。在谈判时，必须反映这些差异。从谈判语言技巧的角度看，这些差异分得越细，洽谈效果就越好。谈判者在谈判中还要考虑各种差异对语言应用的影响。跨国谈判更要注意语言的针对性，不同的文化背景决定了对语言的不同的理解。所以，在谈判时必须考虑对方的接受能力。

(三)逻辑性

谈判语言的逻辑性，是指商务谈判语言要概念明确、用词恰当，推理符合逻辑，证据确凿、说服有力。在商务谈判中，逻辑性原则反映在问题的陈述、提问、回答、辩论、说服等各种语言运用方面。陈述问题时，要注意术语概念的同一性，问题或事件及其前因后果的衔接性、全面性、本质性和具体性。提问时要注意察言观色、有的放矢，要注意和谈判议题紧密结合在一起。回答时要切题，一般不要答非所问，说服对方时要使语言、声调、表情等恰如其分地反映人的逻辑思维过程。同时，还要善于利用谈判对手在语言逻辑上的混乱和漏洞，及时驳倒对手，增强自身语言的说服力。提高谈判语言的逻辑性，要求谈判人员必须具备一定的逻辑知识，包括形式逻辑和辩证逻辑，同时还要求在谈判前准备好丰富的材料，进行科学整理，然后在谈判席上运用逻辑性强和论证严密的语言表述出来，促使谈判工作顺利进行。

(四)灵活性

俗话说"到什么山上唱什么歌""到什么时候说什么话"，就是说，说话一定要根据特定的语言环境灵活运用。所谓语言环境主要是言语活动赖以进行的时间和场合、地点等因素，也包括说话时的前言后语。语言环境是言语表达和领会的重要背景因素，它制约并影响着语言表达的效果。谈判不能由一个人或一方独立进行，必须至少有两个人或两方来共同参加。谈判过程中谈判双方你问我答，你一言我一语，口耳相传，当面沟通，根本没有从容酝酿、仔细斟酌语言的时间。而且谈判进程常常风云变幻、复杂无常，尽管谈判双方在事先都尽最大努力进行了充分的准备，制定了一整套对策，但是，因为谈判对手说的话谁也不能事先知道，所以任何一方都不可能事先设计好谈判中的每一句话，具体的言语应对仍需谈判者临场组织，随机应变。

(五)说服性

说服性是谈判语言的独特标志。这一原则要求谈判人员在谈判沟通过程中无论语言表现形式如何，都应该具有令人信服的力量和力度。比如，是否引起了对方的共鸣，是否达成了协议，是否建立了谈判各方长期友好的合作关系等。谈判语言是否具有说服性，最终要用实际效果来检验。谈判语言的说服性，不仅仅是语言客观性、判断性、逻辑性等的辩证统一，还包括更广泛的内容。它要求声调、语气恰如其分，声调的抑扬顿挫，语言的轻重缓急都要适时、适地、适人。谈判人员还要将丰富的面部表情和适当的手势、期待与询问的目光等无声语言，作为语言说服性的重要组成部分。

上述基本原则都是在商务谈判的语言表达中必须遵守的，运用这些原则的目的是为了提高语言艺术的说服性。因此，说服性的大小是语言艺术高低的衡量尺度。但这几项原则又都是就语言的某一方面而言的，各有侧重，各有针对。在实践中，不能将其绝对化，强调过分或偏废一方都会适得其反。所以在商务谈判中运用语言艺术，必须坚持上述几项原则的有机结合和辩证统一。

第二节　有声语言的技巧

谈判的有声语言沟通主要涉及倾听、提问、应答、叙述、辨论、说服等诸多方面，这几个方面的技巧事关沟通的成败。要掌握有声语言沟通的诀窍，就必须反复练习、总结，不断借鉴、提高。

一、倾听的技巧

既是交谈，首先就应善于倾听。美国谈判学家卡洛斯曾说过："如果你想给对方一个你丝毫无损的让步，这很容易做到，你只要注意倾听他说话就成了，倾听是你能做的一个最省钱的让步。"在人际交往中，善于倾听的人往往给人留下一种有礼貌、尊重人、关心人、容易相处和理解人的良好印象。倾听也是实现正确表达的十分重要的基础和前提，一些谈判者，往往利用倾听，首先树立起己方愿意成为对方朋友的形象，以获得对方的信任与尊重，当对方把你当成了他的朋友，就为达到说服、劝解等目的奠定了基础。因此，作为商务谈判人员，一定要学会如何倾听，在认真、专注地倾听的同时，积极地对讲话者作出反应，以获得较好的倾听效果。

(一)克服倾听的障碍

一系列试验表明，"听"是存在障碍的，当你无法接受一个人的观点时，你心中自然就会筑起一道封闭的墙，使你无法听进对方的话，从心理上反对对方讲话的内容，并主观地认为对方的话不对，从而成为你倾听的障碍。在商务谈判中，谈判者彼此频繁地进行着微妙、复杂的信息交流，如果谈判者一时疏忽，将会失去不可再得的信息。为了能够听得完全，听得清晰，就必须了解听力障碍，这样才有利于克服这些障碍，掌握积极的倾听技巧。谈判过程中倾听的障碍主要有以下几种。

1. 判断性障碍

心理学家通过多年的实践得出结论：人们都喜欢对别人的话进行判断、评价，然后决定赞成或不赞成，这是造成不能有效倾听的重要原因之一。人们喜欢判断耳闻目睹的一切，并且总是从自己的立场出发来判断别人的话。而根据个人的信念作出的反应往往是有效收听的严重障碍。

2. 精力或思路的障碍

商务谈判是一桩十分耗费精力的活动，如果谈判日程安排紧凑，而谈判人员得不到充分休息,特别是在谈判的中后期,如果连日征战,则消耗更大。此时即使是精力十分旺盛的人,也会出现由于精力不集中而产生少听或漏听的现象。此外,由于人与人之间客观上存在着思维方式的不同,如果一方的思维属于收敛型,而另一方的思维属于发散型,那么由于收敛型的人思维速度较慢,发散型的人思维速度较快,双方就很难做到听与讲的一致,让收敛型思维的人去听思维速度较快的发散型思维的人发言时,就会因为思路跟不上对方或思路不同而造成少听或漏听。

3. 带有偏见地倾听障碍

在谈判中以下几种常见的偏见也会造成倾听障碍:一是自己先把别人要说的话做个标准或价值上的估计,再去听别人的话;二是因为讨厌对方的语音语调而拒绝听对方讲话的内容;三是有些谈判者喜欢假装自己很注意听,尽管心里明明在想别的事情,却为了使讲话者高兴而假装自己很注意听。

4. 文化知识和语言水平的障碍

商务谈判往往涉及某种专业知识,因此,如果谈判人员对知识掌握有限,在谈判中一旦涉及这方面知识,就会由于知识水平的限制而形成收听障碍。特别是对于国际商务谈判,由于语言上的差别,也会造成倾听障碍。如果谈判者对对方的市场文化、价值观、地理条件、传统观念、宗教信仰和社会习俗等一无所知的话,他们就无法驾驭整个谈判的进程并获得成功。

5. 环境干扰形成的障碍

商务谈判的环境千差万别,不同的环境对谈判过程中的倾听会造成不同的影响。自然环境的干扰,常常会使人们的注意力分散而形成效果障碍。客观环境的干扰,会分散谈判者的注意力。在商务谈判中,双方的外表、表情、形象、气质等都会使对方在倾听过程中的注意力受到不同程度的影响。此外,主观环境也是影响倾听的因素之一。如果谈判者自己把注意力放在分析、研究对方讲话的内容以及根据内容而思考自己的对策上,就不能收听对方的全部讲话内容。在遇到对方的讲话中有出乎意料之事或有隐含意义时就会不知所措无法继续收听。

(二)倾听的技巧

商务谈判中必须想尽办法克服听力障碍,掌握"听"的要诀,提高收听效果。"听"的要诀与技巧主要包括以下几个方面。

1. 专心致志、集中精力地听

专心致志倾听讲话者讲话,要求谈判人员在听对方发言时要特别聚精会神,同时,还要配以积极的态度去倾听。主动与讲话者进行目光接触,并以相应的表情鼓励讲话者。比如,可扬下眼眉,或是微微一笑,或是赞同地点点头,抑或否定地摇摇头,也可不解地皱皱眉头等。即使自己已经熟知的话题,也不可充耳不闻,万万不可将注意力分散到研究对策问题上去,因为这样非常容易出现万一讲话者的内容为隐含意义时,就没有领会到或理解错误,造成事倍功半的后果。在商务谈判过程中,当对方的发言有时我们不太理解甚至

第六章 商务谈判语言技巧

难以接受时，千万不可表示出拒绝的态度，因为这样做对谈判非常不利。

2．通过记笔记来集中精力

通常，人们即时记忆并保持不忘的能力是有限的，为了弥补这一不足，应该在听讲时做大量的笔记。实践证明，即便记忆力再好也只能记住一个大概内容，有的干脆忘得干干净净。因此，记笔记是不可少的，也是比较容易做到的用以清除倾听障碍的好方法。记笔记，一方面，可以帮助自己记忆和回忆，而且也有助于在对方发言完毕之后，就某些问题向对方提出质询，同时，还可能帮助自己作充分的分析，理解对方讲话的确切含义与精神实质；另一方面，通过记笔记，给讲话者的印象是重视其讲话的内容，当停笔抬头望着讲话者时，又会对其产生一种鼓励的作用。

3．有鉴别地倾听对手发言

在专心倾听的基础上，为了获得良好的倾听效果，应采取有鉴别的方法来倾听对手发言。通常情况下，人们说话时大多边说边想、来不及整理，有时表达一个意思要绕着弯子讲许多内容，从表面上听，根本谈不上什么重点突出。因此，听话者就需要在用心倾听的基础上，鉴别收听过来的信息的真伪，去粗取精、去伪存真，这样才能抓住重点，收到良好的听的效果。

4．克服先入为主的倾听做法

先入为主的倾听，往往会扭曲说话者的本意，忽视或拒绝与自己心愿不符的意见，这种做法实为不利。因为这种听话者不是从谈话者的立场出发来分析对方的讲话，而是按照自己的主观框框来听取对方的谈话。其结果往往是听到的信息变形地反映到自己的大脑中，导致自己接收的信息不准确、判断失误，从而造成行为选择上的失误。将讲话者的意思听全、听透是倾听的关键。

5．创造良好的谈判环境

人们都有这样一种心理，即在自己所属的领域里交谈，无须分心于熟悉环境或适应环境。如果能够进行主场谈判是最为理想的，因为这种环境下有利于己方谈判人员发挥出较好的谈判水平。如果不能争取到主场谈判，至少也应选择一个双方都不十分熟悉的中性场所，这样也可避免由于"场地优势"给对方带来便利和给己方带来的不便。

6．听到自己难以应付的问题时，也不要充耳不闻

在商务谈判中，可能会遇到一些一时回答不上来的问题，这时，切记不可持一种充耳不闻的态度。要有信心、有勇气去迎接对方提出的每一个问题，用心领会对方每个问题的真实用意，找到解开难题的真实答案。培养自己急中生智、举一反三的能力，应多加训练，多加思考，以便自己在遇到问题时不乱、不慌。

【案例6-1】

美国谈判界有一位号称"最佳谈判手"的考温，他非常重视倾听的技巧，并从他丰富的谈判实践中，总结出倾听是谈判中获取信息的重要手段的结论。有一次，他到一家工厂去谈判。在谈判之前他习惯于提早到谈判地点，四处走走，跟人聊天。这次他和这家工厂

的一个车间主任聊上了。考温总是有办法让聊天对象打开话匣子，即使是不爱讲话的人遇到考温，也会滔滔不绝地说话，车间主任也不例外。在聊天时，他告诉考温："我用过多家公司的产品，可是只有你们的产品通过我们的试验，符合我们的规格和标准。"后来在边走边聊时，他又说："考温先生，你说这次谈判什么时候才能有结论呢？我们厂里的存货快用完了。"从和车间主任的聊天中，考温获取了极有价值的情报，当他与这家工厂的采购经理谈判时，很显然，考温取得很大的主动权，获得了这家工厂的大订单。

(资料来源：https://www.sohu.com/a/133004602_696323)

二、提问的技巧

商务谈判中经常运用提问技巧作为摸清对方真实意图、掌握对方心理变化以及明确表达自己意见观点的重要手段。通过提问，可以引起对方的注意，对双方的思考提供既定的方向；可以获得自己不知道的信息、不了解的资料；可以传达自己的感受，引起对方的思考；可以控制谈判的方向等。

(一)提问的类型

1. 引导式发问

即运用对结论具有强烈暗示性问句的发问方式。如"违约要受惩罚，你说是不是？""谈到现在，我看给我方的折扣可以定为4%，您一定会同意的，是吗？"这类问话往往使对方只能按照发问者所设计的结论回答问题。

2. 借助式发问

这是借助第三者意见以影响对方提问的一种发问方式。如"某某先生也认为你们的产品质量可靠吗？""某某先生是怎样认为的呢？"问句中的第三者如果是对方很熟悉或很尊敬的人，问话的效果会相当好，反之则会引起对方的反感心理。

3. 澄清式发问

这是针对对方的答复，重新措辞以使对方澄清或补充原先答复的一种发问方式。如"您刚刚说上述情况没有变动，这是不是说你们可以如期履约了？"澄清式的问句不但可以确保谈判各方能在叙述"同一语言"的基础上进行沟通，而且还可以针对对方话语进行反馈。

4. 强调式发问

该发问方式旨在强调自己的观点和己方的立场。如"这个协议不是要经过公证之后才生效吗？""怎么能够忘记我们上次合作得十分愉快呢？"

5. 探索式发问

这是针对对方答复，要求引申或举例说明的一种发问方式。如"你有什么事实能证明贵方如期履约呢？"这种方式不仅可以挖掘较充分的信息，而且可以表明发问者对所提问题的重视。

6. 强迫选择式发问

这种发问方式旨在将己方的意见抛给对方，让对方在一个规定的范围内进行回答。如"原定的协议，你们是今天实施还是明天实施？"在使用强迫选择式发问时，要注意语调和措辞的得体，以免给对方留下不好的印象。

7. 证明式发问

证明式发问旨在通过己方的提问，使对方加深对问题的理解。"为什么要更改原已定好的计划？"

8. 多层次式发问

这是含有多种主题的发问方式，即一个问句中包含有许多种内容。如"您能否将这个协议产生的背景、履约情况、违约的责任以及双方的看法和态度谈一谈？"这种问句因含过多的主题而致使对方难以周全把握。许多心理学家认为，一个问题最好只含有一个主题，才能使对方有效地掌握。当然，在一定的条件下，也可以灵活掌握，比如在发问时可以超过三个以上的主题。

(二) 如何提问

1. 注意提问的时机

在谈判中，要合理掌握问话的时机。当需要以客观的陈述性的讲话作开头时，而你却采用提问的方式讲话，就很不合适。双方一接触，主持人就宣布说："大家已经熟悉了，交易内容也都清楚，还有什么问题吗？"很明显，这是不合适的。因为此时需要双方的代表出来各自阐述自己的立场、意图，提出具体条件，过早地问话会影响人的思路，使人摸不着头脑，也会令人感到为难。

把握提问的时机还应注意，当交谈中出现某一问题时，应该等对方充分阐述完之后再提问。过早或过晚地提问都会打断对方的思路，而且也显得不礼貌，同时也会影响对方回答你问题的兴趣。合理掌握问话的时机，还可以控制和引导谈话的方向。假如你想从被打断的话题中回到原来的话题上，那么，你就可以运用提问的方式。如果你希望别人能注意到你提的话题，也可以运用发问，并连续提问，把对方引回到你希望的话题上。

2. 明确提问的内容

提问的人首先应明确自己问的是什么。如果你要对方明确地回答你，那么你的问话也要具体明确。例如："你们的运费是怎样计算的？是按每吨重计算，还是按交易次数估算的？"提问一般只是一句话，因此，用语一定要准确、简练，以免使对方产生不必要的误解。

问话的措辞也很重要。要更好地发挥问话的作用，问话之前的思考、准备是十分必要的。思考的内容包括我要问什么，对方会有什么反应，能否达到我的目的等。必要时也可先把提出问题的理由解释一下，这样就可避免许多意外的麻烦和干扰，达到问话的目的。

3. 选择问话的方式

问话的方式很重要，提问的角度不同，引起对方的反应也不同，得到的回答也就不同。

在谈判过程中，对方可能会因为你的问话而感到压力和烦躁不安。这主要是由于提问者问题不明确，或者给对方以压迫感、威胁感。这就是问话的策略性没有掌握好。例如："你们的报价这么高，我们能接受吗？" 这句话似乎有挑战的意思，它似乎告诉对方，如果你们不降价，那么我们就没什么可谈的了。但如果这样问："你们的开价远超出我们的估计，有商量的余地吗？" 很显然，后一种问话效果要比前一种好，它可使尖锐对立的气氛得到缓和。

同时，在提问时，要注意不要夹杂着含混的暗示。避免提出问题本身使你陷入不利的境地。例如，当你提出议案，对方还没有接受时，如果问"那你们还要求什么呢"这种问题，实际上是为对方讲条件，必然会使己方陷入被动，是应绝对避免的。有些时候，所以提出问题，并不是为了从对手那里获得利益，而是在澄清疑点。因此，提出的问题要简明扼要，一针见血，指出关键所在。

4. 注意提问的连续性

由于谈判主体利益不同，在商务谈判过程中，彼此都会有各种各样的问题；同时，因为谈判方之间存在着利益共同点，不同的问题之间必然存在内在的联系。所以，谈判者在提问时，围绕某一事实，应考虑到前后几个问题的内在逻辑关系。像跳跃式的提问方式，就会分散谈判对手的精力，使各种问题纠缠在一起，没办法理出头绪来。在这种情况下，谈判者的提问当然不会获得对方圆满的答复。

三、应答的技巧

提问和回答都是谈判沟通中不可缺少的环节，通常人们认为，提问是主动的，回答是被动的，回答是遵循提问的内容。这种观点其实是不恰当的，回答同样需要技巧，讲究艺术，掌握和运用好这些技巧，是达到谈判目的的有效策略。

(一)回答的方式

通常可将商务谈判中的回答分为正面回答、迂回回答和避而不答三种类型。在商务谈判过程中，这三种类型又可以以多种具体回答方式体现。常用的方式有以下几种。

1. 针对式回答

这种回答是针对提问人提的问题给出答案。一般而言，提问者总是有着一定的意图和目的，在提问时可能有意识地使语句含糊其辞。例如，"请谈谈产品价格方面你方是如何考虑的？"面对这样的问题，回答者要弄清对方提问的真实用意，然后再酌情回答。如果贸然回答，一方面可能很难满足对方的要求，另一方面可能落入对方设计的陷阱，同时又泄露自己的秘密。

2. 不确切回答

这种回答模棱两可，富有弹性，不把话说死。谈判时要知道该说什么和不该说什么，这样既可以打乱对方的思路，又可以避免把自己的底盘暴露给对方。此外，由于没有进行准确的说明，因而可以作多种解释，从而为以后的谈判留下回旋的余地。

3. 缩小范围回答

这种回答是缩小对方问题的范围后再作回答。有时对方问话，全部回答不利于己方，就可以选取问题的某一部分进行回答。例如，对方问"产品的质量如何"，回答时不必详细介绍所有质量指标，而是只回答几个有特色或者优异的指标，给对方留下质量优秀的印象即可。

4. 转换式回答

这种回答即常说的"答非所问"，在回答对方的问题时把谈判的话题引到其他方向去。但这种答非所问的话题转换必须显得自然巧妙，不露痕迹。例如，当回答对方的价格问题时可以这样说："关于价格我相信一定会使您满意，不过在回答这一问题之前，请让我先把产品的几种特殊功能说明一下。"这样就自然地把价格问题转到了产品的功能上，介绍完功能之后再谈价格，就能把价格建立在特殊的产品性能基础上，这样己方就能处于有利的地位上。

5. 反问式回答

这种回答是以问代答，用向对方提出其他问题来作为回答。当对方提出某一问题以后，己方不直接回答，而是按照一定的思路，步步为营、环环相扣，向对方进行反问，尽量诱使对方的回答进入己方预定的目标范围，然后再综合对方回答来概括出己方的答案。

6. 避而不答

这种回答是针对那些一时难以回答的问题，寻找借口暂时拖延，回避回答，比如借口有急事、资料不全、记不得、要去洗手间等。运用借口拒绝回答对方的问题，既避开了锋芒，减轻了己方的压力，又给自己争取了思考应答的时间。

(二)回答的技巧

1. 使用模糊的语言

模糊语言一般可分为两种表达形式：一种是用于减少真实值的程度或改变相关的范围，如"有一点""几乎""基本上"等；另一种是用于说话者主观判断所说的话或根据一些客观事实间接所说的话，如"恐怕""可能""对我来说""我们猜想""据我所知"等。在商务谈判中对一些不便向对方传输的信息或不愿回答的问题，可以运用这些模糊用语闪烁其词、避重就轻，以模糊应对的方式解决。

2. 使用委婉的语言

商务谈判中有些话语虽然很正确，但对方却觉得难以接受。如果把言语的"棱角"磨去，也许对方就能从情感上愉快地接受。比如，少用"无疑、肯定、必然"等绝对性词语，改用"我认为、也许、我估计"等，若拒绝别人的观点，则少用"不、不行"等直接否定的词语，可以找"这件事，我没有意见，可我得请示一下领导"等托词，以获得特殊的语言效果。

3. 使用幽默含蓄的语言

商务谈判的过程也是一种智力竞赛、语言技能竞争的过程，而幽默含蓄的表达方式不仅可以传递感情，还可以避开对方的锋芒，是紧张情境中的缓冲剂，可以为谈判者树立良好的形象。例如，在谈判中若对方的问题或议论太琐碎无聊，这时便可以肯定对方是在搞拖延战术。如果我们对那些琐碎无聊的问题或议论一一答复，就中了对方的圈套，而不答复，就会使自己陷入"不义"的窘境，从而导致双方关系紧张。谈判者可以运用幽默含蓄的文学语言这样回应对方："感谢您对本商品这么有兴趣，我绝对想立即回答您的所有问题。但根据我的安排，您提的这些细节问题在我介绍商品的过程中都能得到解答。我知道您很忙，只要您等上几分钟，等我介绍完之后，您再把我没涉及的问题提出来，我肯定能为您节省不少时间。"或者说"您说得太快了。请告诉我，在这么多的问题当中，您想首先讨论哪一个"。

【案例 6-2】

> 某酒店的客房清扫人员在清查客人刚退的 806 客房时，发现少了一件浴袍，于是向大堂副理汇报。大堂副理找到正在结账的客人，彬彬有礼地将他请到一处比较僻静的地方，说道："先生，刚才我们在查房时发现您房里少了一件浴袍。"客人非常生气，"你的意思是说我拿的？真是岂有此理！"大堂副理面带微笑地问："我希望您回忆一下，今天早晨或者昨晚是否有朋友来看过您？"客人说："不用回忆，没有朋友来过。"大堂副理又说："我认为像您这样有身份的人是不会拿酒店的东西的，但是想请您回忆一下，是否把浴袍放在房间里哪个角落了。以前我们也曾遇到类似的情况，所以，还是麻烦您回房间自己找一下好吗？"客人总算领悟了大堂副理的话，提着行李箱又回到房间。过了不多久，客人下到大堂，面孔显出一副怒气未消的样子，对大堂副理说："你们的服务员太粗心了，浴袍明明就在浴室浴帘后面！"大堂副理听见客人这么说，一颗石头落了地。
>
> (资料来源：鲁小慧，孙勇.商务谈判 [M]. 郑州：河南科学技术出版社，2015.)

四、叙述的技巧

叙述是商务谈判中传递大量信息，沟通情感的一种有效方法，也是基于己方的立场、观点、方案等，通过陈述来表达对各种问题的具体看法，以便让对方有所了解的一种方法。

按照常理，谈判中叙述问题、表达观点和意见时，应当态度诚恳，观点明朗，语言生动、流畅，层次清楚、紧凑。但这只是就一般情况而言的，具体地讲，谈判中的叙述应把握以下几项技巧。

(一)叙述应注意具体而生动

为了使对方获得最佳的倾听效果，我们在叙述时应注意语言生动而具体。这样做可使对方集中精力，全神贯注地收听。叙述时一定避免令人乏味的平铺直叙，以及抽象的说教，要特别注意运用生动、活灵活现的生活用语，具体而形象地说明问题。有时为了达到生动而具体的目的，也可以运用一些演讲者的艺术手法，声调抑扬顿挫，以此来吸引对方的注意力，达到己方叙述的目的。

(二)叙述应主次分明、层次清楚

商务谈判中的叙述不同于日常生活中的闲叙,切忌语无伦次、东拉西扯,没有主次、层次混乱,让人听后不知所云。为了能让对方方便记忆和倾听,应在叙述时符合听者的习惯,便于其接受;同时,分清叙述的主次及其层次,这样即可使对方心情愉快地倾听我方的叙说,其效果应该是比较理想的。

(三)叙述应客观真实

商务谈判中叙述基本事实时,应本着客观真实的原则。不要夸大事实真相,同时也不缩小事情本来实情,以使对方相信并信任己方。如果万一由于自己对事实真相加以修饰的行为被对方发现,哪怕是一点点破绽,也会大大降低己方的信誉,从而使己方的谈判实力大为削弱,再想重新调整,已是悔之已晚。

(四)叙述的观点要鲜明准确

叙述观点时,应力求准确无误,力戒含混不清、前后不一致,这样会给对方留有缺口,为其寻找破绽打下基础。

总而言之,商务谈判中的叙述,应从谈判的实际需要出发,灵活把握上述有关叙述应遵循的原则,以便把握好该叙述什么,不该叙述什么,以及怎样叙述等。

【案例6-3】

美国钢铁大王戴尔·卡耐基曾经经历过这样一次谈判。有一段时间,他每个季度都有10天租用纽约一家饭店的舞厅举办系列讲座。突然有一天,他接到这家饭店的一封要求提高租金的信,将租金提高了2倍。当时举办系列讲座的票已经印好了,并且已经都发出去了。卡耐基当然不愿意支付提高的那部分租金。几天后,他去见饭店经理。他说:"收到你的通知,我有些震惊。但是,我一点也不埋怨你们。如果我处在你们的地位,可能也会写一封类似的通知。作为一个饭店经理,你的责任是尽可能多为饭店谋取利益。如果不这样,你就可能被解雇。如果你提高租金,那么让我们拿一张纸写下将给你带来的好处和坏处。"接着,他在纸中间画了一条线,左边写"利",右边写"弊",在利的一边写下了"舞厅、供租用"。然后说:"如果,舞厅空置,那么可以出租供舞会或会议使用,这是非常有利的,因为这些活动给你带来的利润远比办系列讲座的收入多。如果我在一个季度中连续20个晚上占有你的舞厅,这意味着你失去一些非常有利可图的生意。"

"现在让我们考虑一个'弊'。首先你并不能从我这里获得更多的收入,只会获得的更少,实际上你是在取消这笔收入,因为我付不起你要求的价,所以我只能被迫改在其他的地方办讲座。其次,对你来说,还有一弊。这个讲座吸引了很多有知识、有文化的人来你的饭店。这对你来说是个很好的广告,是不是?实际上,你花5000美元在报上登个广告也吸引不了比我讲座更多的人来这个饭店。这对于饭店来说是很有价值的。"

卡耐基把两项"弊"写了下来,然后交给经理说:"我希望你能仔细考虑一下,权衡一下利弊,然后告诉我你的决定。"第二天,卡耐基收到一封信,通知他租金只提高原来的1.5倍,而不是2倍。

卡耐基一句也没提自己的要求和利益，而始终在谈对方的利益以及怎样实现才对对方更有利，但却成功地达到了自己的目的。

(资料来源：http://tradeinservices.mofcom.gov.cn/article/zhishi/anlijq/201801/52376.html.)

五、辩论的技巧

商务谈判中的讨价还价集中体现在"辩"上。它具有双方辩者之间相互依赖、相互对抗的二重性。它是人类语言艺术和思维艺术的综合运用，具有较强的技巧性。作为一名谈判人员，为了获得良好的辩论效果，应注意以下几点有关"辩"的技巧。

(一)观点要明确，立场要坚定

商务谈判中的"辩"的目的，就是论证己方观点，反驳对方观点。论辩的过程就是通过摆事实，讲道理，以说明自己的观点和立场。为了能更清晰地论证自己的观点和立场的正确性及公正性，在论辩时要运用客观材料，以及所有能够支持己方论点的证据，以增强自己的论辩效果，从而反驳对方的观点。

(二)辩路要敏捷、严密，逻辑性要强

商务谈判中的辩论，往往是双方进行磋商时遇到难解的问题时才发生的，因此，一个优秀的辩手，应该是头脑冷静、思维敏捷、讲辩严密且富有逻辑性的人，只有具有这种素质的人才能应付各种各样的困难，从而摆脱困境。任何一次成功的论辩，都具有辩路敏捷、逻辑性强的特点，为此，商务谈判人员应加强这方面基本功的训练，培养自己的逻辑思维能力，以便在谈判中以不变应万变。特别是在谈判条件相当的情况下，双方谁能在相互辩驳过程中思路敏捷、严密，逻辑性强，谁就能在谈判中立于不败之地。这也就是谈判者能力强的表现。

(三)掌握大的原则，枝节不纠缠

在辩论过程中，要有战略眼光，掌握大的方向、大的前提，以及大的原则。辩论过程中要洒脱，不在枝节问题上与对方纠缠不休，但在主要问题上一定要集中精力，把握主动。在反驳对方的错误观点时，要能够切中要害，做到有的放矢。同时要切记不可断章取义、强词夺理、恶语伤人，这些都是不健康的、应予摒弃的辩论方法。

(四)态度要客观公正，措辞要准确犀利

文明的谈判准则要求：不论辩论双方如何针锋相对，争论多么激烈，谈判双方都必须以客观公正的态度，准确地措辞，切忌用侮辱诽谤、尖酸刻薄的语言进行人身攻击。如果某一方违背了这一准则，其结果只能是损害自己的形象，降低己方的谈判质量和谈判实力，不会给谈判带来丝毫帮助，反而可能置谈判于破裂的边缘。

(五)要善于处理辩论中的优劣势

当处于优势状态时,谈判人员要注意以优势压顶,滔滔雄辩,气度非凡,并注意借助语调、手势的配合,渲染己方的观点,以维护己方的立场。切忌当己方处于优势时,表现出轻狂、放纵和得意忘形。要时刻牢记:谈判中的优势与劣势是相对而言的,而且是可以转化的。当处于劣势状态时,要记住这是暂时的,应沉着冷静、从容不迫,既不可怄气、无理不让人,又不可沮丧、泄气、慌乱不堪。在劣势状态下,只有沉着冷静,思考对策,保持己方阵脚不乱,才会对对方的优势构成潜在的威胁,从而使对方不敢贸然进犯。

【案例6-4】

纪晓岚与和珅是乾隆身边的一对活宝,纪晓岚巧舌如簧,才高八斗;和珅是精明能干,深得乾隆的宠信。二人向来因为政见不合,非要一较高下。往往是纪晓岚更胜一筹。这和珅整天被纪晓岚戏弄,很是郁闷。在一晚的饭局上,和珅联合一些官员给纪晓岚设套,要杀一下纪大学士的锐气。

在座的官员大多都是和珅一派,纪晓岚姗姗来迟坐下后,和珅就让管家刘全把事先准备好的狼狗放在了门口。此时和珅借题发挥,问:"刘管家,这是狼是狗?"因为纪晓岚当过礼部侍郎,所以众人听到和珅是在骂纪晓岚是狗,然后哈哈大笑。此时纪晓岚非但不着急,也跟着笑了起来。众人笑毕,纪晓岚开口说道:"是狼是狗,和大人,和尚书,是狼是狗您分不清楚?那我得教教您了。这得看尾巴,您看好了,尾巴往下拖着的是狼,上竖着的是狗,记住了啊,尚书是狗。"这么反击和珅,是因为和珅原来当过兵部尚书。和珅听完脸上顿时无光。

在和珅身边坐着的江南道御史开口替和珅说话了:"狼吃肉,狗吃粪,这只狗吃肉,是狼(侍郎)是狗毫无疑问。"这眼看着替和珅扳回来一局,众人又是随声附和。纪晓岚笑着说道:"御史大人说的不当,狼吃肉,狗也不是不吃肉。狗是遇肉吃肉,遇屎吃屎。"这是在暗指御史吃屎,众人听完,面面相觑,但也不得不佩服纪晓岚的随机应变,能言善辩。

(资料来源:https://baijiahao.baidu.com/s?id=1604116111096529554&wfr=spider&for=pc。)

六、说服的技巧

商务谈判中的说服,就是综合运用听、问、答、叙等各种技巧改变对方的初始想法,使之接受己方的意见。说服是谈判中最艰巨、最复杂,也最富有技巧性的工作。

(一)说服他人的基本要诀

(1) 取得他人的信任。信任是人际沟通的基石。只有对方信任你,才会理解你友好的动机。

(2) 站在他人的角度设身处地地谈问题,从而使对方对你产生一种"自己人"的感觉。

(3) 营造出良好"是"的氛围,切勿把对方置于不同意、不愿做的地位,然后再去批驳他、劝说他。商务谈判事实表明,从积极的、主动的角度去启发对方、鼓励对方,就会帮助对方提高自信心,并接受己方的意见。

(4) 说服用语要推敲。通常情况下,在说服他人时要避免用"愤怒""怨恨""生气"

或"恼怒"这类字眼,这样才会收到良好的效果。

(二)说服他人的方法

1. "揉面"说服法

"揉面"说服法是指把富有争论性的问题掺在容易取得协议的问题中说服。有些谈判,双方同时谈判几种商品的买卖事宜,有些商品是对方急需的,有些则是对方不急需或不太需要的。为了把那些对方不急需或不太需要而我们急于处理的商品销售出去,就把对方要买的同己方要卖的商品同时考虑,迫使对方在购买急需商品的同时,也购买己方要推销的商品。

2. 参与说服法

如果公开将一种意见说成是自己的,就可能遭到对手公开或潜在的抵制。在商务谈判中,谈判高手总是努力把自己的意见伪装成对方的意见,在自己的意见提出之前,先问对手如何解决问题。当对方提出解决问题的方法以后,如果和自己的意见一致,要让对方相信这是他自己的创见,在这种情况下,对手感到被尊重,他就会认为反对这个方案就是反对他自己本身。这样,一个与对的价值和观念相联系的方案就会牢固地建立起来。这就是参与说服法的要点。

3. 对比效果说服法

人在判断事务时,往往会无意识将它拿来和其他事务作比较。也就是说,一个人在判断到某事时,他会以社会上的一般常识,也就是共通的感觉作为判断的基准,以衡量二者的优劣,这是一般人共同的心理。所以,我们应该事先找出与一般常识背道而驰的项目和欲提示的正事一起提出,使对方脑海被此二事占满,而仅就两件事选一较为有利者。也许所提示的那件事,在事先想起来会觉得是无法接受的要求,可是在当时相互比较之下,却认为是较有利的要求,而毫无抵抗地接受了,这就是"对比效果"。在商务谈判中,对比效果说服法应用比较广泛。

4. 底牌突袭说服法

为了达成最有利的协议,将自己手中的底牌作最大限度的利用,在对方毫无防御的情况下进行突袭,往往可以使谈判对手防不胜防,从而被说服。

第三节 无声语言的技巧

一、无声语言的作用

从人的行为语言具有的作用角度来说,在商务谈判中,"人可以貌相"。谈判者可以通过观察谈判对手的形体、姿态、表情等非发音器官来与谈判对手沟通,以达到传递信息、表达意见、交流思想的目的。在商务谈判中,谈判者的行为语言主要有以下几种作用。

(一)补充作用

非语言符号可以强化语言符号的传播效果。在谈判中,伴随着语言的运用出现的动作或表情在不同程度上起着补充语言传送、增大语言传送效果的作用。例如,谈判者说话时可以通过手势表示物体的大小,挥动手臂表示自信,挥舞拳头表示威胁,调节声音大小还可以引起谈判对手的注意等。

(二)替代作用

非语言符号在谈判中可以代替语言准确地传送语言难以表达的思想感情、意图、要求和条件。如以热烈的握手和拥抱传送热情、友好的态度。有时,千言万语难以表达的思想,或一时说不出口的话,常常一个微妙的眼神、一个会意的动作,就使谈判对手心领神会了,可谓"无声胜有声"。

(三)调节作用

行为语言常常被人们作为判断一个人的品质、性格、素养和整体形象的参考标准。此外,行为语言还可以起到调节谈判者情绪的作用,避免商务谈判时发生的窘迫感。例如,谈判者有时会拿着笔在笔记本上随意地写画,或者动动腿脚等。通过这些小动作,谈判者可以排解心中的烦闷,调节不适的心理,缓解紧张的心境。

【案例6-5】

2016年4月,在中国进出口商品交易会(春交会)上,一位30多岁的中国年轻商人刘先生正在与一位20多岁的美国女商人莫妮卡(Monica)商讨某化工产品出口事宜。经过一个多小时的激烈商谈,除了价格,其他合同条款均商定完毕。当莫妮卡要求报最终价格时,刘先生为了争取到这个新客户,加之被对方的友好和彬彬有礼所打动,便报出了最优惠的价格: USD 2100 per ton FOB Qingdao port, China(中国青岛港船上交货,每吨2100美元)。

"这是最低价格吗?"莫妮卡问道,双眼紧紧盯着刘先生。

过去从未有一位外国女士这样看着自己,这么近又这么直接,尤其是一位年轻漂亮的金发女郎。刘先生感到有点害羞,低下头说道:"是的,是最低价。"

令他吃惊的是,这位年轻的美国女商人站起身来,毫不犹豫地离开了谈判桌,再也没有回来。刘先生很是迷茫,百思不得其解。回去问公司同事,大家也众说纷纭,莫衷一是。

一个月之后,刘先生接见了一个加拿大客户,便向加拿大客户咨询这件事情的缘由。加拿大客户听完后说道:"刘先生,你犯了一个大错误。"然后,便将秘密告诉了刘先生。原来,在美国有一句俗语:不要相信不敢直视你眼睛的人。也就是说,在美国,如果你不敢直视对方的眼睛,那就意味着你没有说实话,你在撒谎。当美国女商人莫妮卡问刘先生是否是最低价并盯着他看时,刘先生立刻移开了目光。对中国商人刘先生来讲,移开目光是因为一位年轻漂亮的异性这么直接地看着自己,自己感到不好意思;而对美国女商人莫妮卡来讲,移开目光则意味着他在撒谎。

(资料来源:刘白玉,刘夏青,韩小宁.一例基于中美非言语沟通差异的价格谈判及启示[J].对外经贸实务,2018(8):74-76.)

二、行为语言

在商务谈判中，谈判代表之间的沟通不只局限于语言，谈判者双方的眼神、面部表情和肢体动作等都能表达谈判者的内心感受。因此，在商务谈判过程中，适当运用一些有意识、无意识的动作是谈判内容中不可或缺的增效剂。而这些有意识、无意识的动作，即身体语言，也称行为语言，或肢体语言。它包括姿态语言、头部语言和肢体语言。

(一)姿态语言

商务谈判中的姿态语言包括坐、立、行三方面的姿势和行为。不同的姿态会给人不同的感觉，对谈判产生的作用也不一样。谈判者的姿态还可以作为谈判中的一种手段和工具来配合谈判策略。

1. 坐姿

一般情况下，商务谈判的坐姿都是严肃坐姿，即男性的标准坐姿是上身挺直，双腿微微分开，以显示自信和豁达；女性则是上身端直，膝盖并拢，表示端庄。但不同情况下可采取不同的坐姿，传递不同的信息。

(1) 挺着腰笔直的坐姿，表示对对方或对谈话有兴趣，同时也是一种对人尊敬的表示。
(2) 弯腰曲背的坐姿，是对谈话不感兴趣或感到厌烦的表示。
(3) 斜着身体坐，表示心情愉快或自感优越。
(4) 双手放在翘起的腿上，是一种等待、试探的表示。
(5) 一边坐着一边双手摆弄手中的东西，表示一种漫不经心的心理状态。

2. 立姿

正确的站立姿势应该是两脚脚跟着地，两脚呈 45°，腰背挺直，自然挺胸，两臂自然下垂。在谈判中，不同的站姿会给人不同的感觉。

(1) 背脊笔直给人充满自信、乐观豁达、积极向上的感觉。弯腰曲背给人缺乏自信、消极悲观、甘居下游的感觉。
(2) 双腿分开，一手叉腰，一手摸下巴或拿着什么东西，有点玩味的样子，表现出一种无所畏惧、不急于求成的态度。如果用这样的姿态，却低头看对方的脚则表示在沉思或有点为难的样子。
(3) 双腿分开站立，双手交叉抱在胸前，给人以冷淡、怀疑、犹豫的感觉。
(4) 双腿交叉站立，显得内心比较紧张，不庄重。

3. 行姿

人行走起来的样子各有差异，给人的感觉也不一样。一般来说，男性走路的姿态应当是昂首、闭口、两眼平视前方，挺胸、收腹、直腰。行走间上身不动、两肩不摇、步态稳健，以显示出刚强、雄健、英武、豪迈的男子汉风度。女性走路的姿态应当是头部端正，但不宜抬得过高，目光平和，直视前方。行走间上身自然挺直、收腹，两手前后摆动幅度要小，两腿并拢，小步前进，走成直线，步态要自如、匀称、轻柔，以显示出端庄、文静、温柔、典雅的女子窈窕美。

(1) 轻松灵活、富有弹性的行姿，会让人觉得健康、活力、令人振奋。
(2) 自然大方、步伐稳健的行姿，给人以庄重、斯文的感觉。
(3) 走路时摇头晃脑、晃着肩膀，给人以无知和轻薄的感觉。
(4) 低头弯腰、步履蹒跚的行姿，则给人以疲倦、老态龙钟的感觉。

(二)头部语言

头部动作是人类发展最早的动作，其次才到躯干，最后是脚。头部也是人体接触最频繁的部位，据英国动物学家和人类行为学家德里蒙德·莫里斯(Desmond Morris)的研究，虽然头部仅占人体表面积的1/9，但自我触摸行为竟有半数以上集中在头部。头部语言包括头部的动作语言、眉眼的动作语言和嘴部的动作语言。

1. 头部的动作语言

头部的动作语言简称首语，是指运用头部动作、姿态来交流信息的非语言符号。点头和摇头是最基本的头部动作。点头表示同意、肯定或赞许，摇头表示反对、否定或批评。又如，头侧向一旁，说明对谈话有兴趣；头挺得笔直，说明对谈判和对话人持中立态度；低头则表明对对方的谈话不感兴趣或持否定态度。

2. 眉眼的动作语言

眉眼语，顾名思义指运用眉毛、眼睛的动作、姿态所表达的非语言符号。意大利艺术家达·芬奇曾有过"眼睛是心灵的窗户"的论述，一语道破了眼睛的微观动作能显示内心情感的语言功能。而当眼睛在传情达意时，富有表现力的眉毛也会积极"响应"。

(1) 根据目光凝视讲话者时间的长短来判断听者的心理感受。通常，与人交谈时，视线接触对方脸部的时间在正常情况下应占全部谈话时间的30%~60%。超过这一平均值者，可认为对谈话者本人比对谈话内容更感兴趣；低于这个平均值者，则表示对谈话者和谈话内容都失去了兴趣。

(2) 眨眼频率有不同的含义。正常情况下，一般人每分钟眨眼5~8次，每次眨眼一般不超过1秒钟。如果每分钟眨眼次数超过5~8次这个范围，一方面表示神情活跃，对某事物感兴趣；另一方面也表示个性怯懦或羞涩，因而不敢直视对方，作出不停眨眼的动作。在谈判中，通常是指前者。从眨眼时间来看，如果超过1秒钟的时间，一方面表示厌烦，不感兴趣；另一方面也表示自己比对方优越，因而对对方不屑一顾。

(3) 凝视的部位、时间长短不同都给对方以不同影响。首先，自然地凝视对方脸部由双眼底线和前额构成的三角区域，是商务谈判中最常发生的一种凝视行为。这种行为显得严肃认真给对方以诚恳的感觉，在商务谈判中运用这种凝视方式往往能把握谈话的主动权。其次，凝视对方脸部由双眼上线和唇中点构成的三角区域，是谈判过程中举行的酒会、餐会、茶会等场合常出现的凝视行为，这种行为能给对方造成轻松的社交印象。

(4) 倾听对方谈话时，不正视对方是试图掩饰的表现。据一位有经验的海关检查人员介绍，他在检查过关人员已填好的报关表时，还要再问一句："还有什么东西要申报吗？"这时，他的眼睛不是看着报关表，而是看着过关人员的眼睛，如果该人不敢正视他的眼睛，那么就表明该人在某些方面可能有试图掩饰的内容。

(5) 眼睛瞳孔所传达的信息。眼睛瞳孔放大，炯炯有神而生辉，表示此人处于欢喜与兴奋状态；瞳孔缩小，神情呆滞，目光无神，愁眉苦脸，则表示此人处于消极、戒备或愤怒的状态。实验证明，瞳孔所传达的信息是无法用人的意志来控制的。

(6) 眼神闪烁不定所传达的信息。眼神闪烁不定是一种反常的举动，常被认为是掩饰的一种手段或是人格上不诚实的表现。一个做事虚伪或者当场撒谎的人，其眼神常常闪烁不定，以此来掩饰其内心的秘密。

(7) 眉毛和眼睛的配合是密不可分的，二者的动作往往共同表达一个含义，但单凭眉毛也能反映出人的许多情绪变化。人们处于惊喜或惊恐状态时，眉毛上耸，即所谓"喜上眉梢"之说；处于愤怒或气恼状态时，眉角下拉或倒竖；眉毛迅速地上下运动，表示亲切、同意或愉快；紧皱眉头，表示人们处于困窘、不愉快、不赞同的状态；表示询问或疑问时，眉毛会向上挑起。

3. 嘴部的动作语言

嘴的动作所传达的信息。人的嘴巴除了说话、吃喝和呼吸以外，还可以有许多动作，借以反映人的心理状态。例如，紧紧地抿住嘴，往往表现出意志坚定；噘起嘴是不满意和准备攻击对方的表现；遭受失败时，人们往往咬嘴唇，这是一种自我惩罚的动作，有时也可解释为内疚的心情；嘴角稍稍向后拉或向上拉，表示听者是比较注意倾听的；嘴角向下拉，是不满和固执的表现。

(三)肢体语言

1. 上肢语言

手和臂膀是人体比较灵活的部位，也是使用最多的部位。借助手势或与对方手的接触，可以帮助我们判断对方的心理活动或心理状态。同时，也可帮助我们将某种信息传递给对方。

(1) 拳头紧握，表示向对方挑战或自我紧张的情绪。握拳的同时如伴有手指关节的响声，或用拳击掌，则表示向对方无言的威吓或发出攻击的信号。握拳使人肌肉紧张，能量比较集中。一般只有在遇到外部的威胁或挑战时，人们才会紧握拳头，以准备进行抗击。

(2) 用手指或手中的笔敲打桌面，或在纸上乱涂乱画，往往表示对对方的话题不感兴趣、不同意或不耐烦的意思。这样做，一方面可以打发和消磨时间，另一方面也起到暗示或提醒对方注意的作用。

(3) 两手手指并拢并重置上胸的前上方呈尖塔状，表示充满信心。这种动作在西方常见，特别是在主持会议、领导者讲话、教师授课等场所比较常见。它通常可表现出讲话者的高傲与独断的心理状态，起到一种震慑听讲者的作用。

(4) 手与手连接放在胸腹部的位置是谦逊、矜持或略带不安的心情的反映。在给获奖运动员颁奖之前，主持人宣读比赛成绩时，运动员常常有这种动作。

(5) 两臂交叉于胸前，表示保守或防卫；两臂交叉于胸前并握紧，往往是怀有敌意的标志。

(6) 吸手指或指甲。成年人出现这样的动作是不成熟的表现，即所谓"乳臭未干"。

(7) 握手所传达的信息。原始意义的握手不仅表示问候，而且也表示一种信赖、契约

第六章　商务谈判语言技巧

和保证之意。标准的握手姿势应该是用手指稍稍用力握住对方的手掌，对方也用同样的姿势用手指稍稍用力回握，用力握手的时间约在 1～3 秒钟之内。

2. 下肢语言

腿和足部往往是最先表露潜意识情感的部位，主要的动作和所传达的信息如下所述。

(1) 摇动足部，用足尖拍打地板，抖动腿部，都表示焦躁不安、无可奈何、不耐烦或欲摆脱某种紧张感的意思。通常，在候车室等车的旅客常常伴有此动作，谈判桌上这种动作也是常见的。

(2) 双足交叉而坐，对男性来讲往往表示从心理上压制自己的情绪，如对某人或某事持保留态度，表示警惕、防范、尽量压制自己的紧张或恐惧。对女性来讲，如果再将两膝盖并拢起来，则表示拒绝对方或一种防御的心理状态。这往往是比较含蓄而委婉的举动。

(3) 分开腿而坐，表明此人很自信，并愿意接受对方的挑战。如果一条腿架到另一条腿上就座，一般在无意识中表示拒绝对方并保护自己的势力范围。如果频繁变换架腿姿势，则表示情绪不稳定、焦躁不安或不耐烦。

【案例 6-6】

小陈和男朋友要去巴黎度假，去机场的路上由于堵车耽搁了时间，等他们快到飞往巴黎的航班的登机口时，看到飞机尚未起飞，但登机通道已经关闭。登机口到机舱口之间的登机桥已被收起。

"等等，我们还没登机！"小陈喘着气喊道。

"抱歉，"登机口工作人员说，"登机时间已过。"

"可我们的转乘航班 10 分钟前才刚到。他们答应我们会提前打电话通知登机口的。"

"抱歉，登机口一旦关闭，任何人都不能登机。"

小陈和男友走到玻璃窗前，简直无法相信这个结果。太阳已经落下去了，两名飞机驾驶员微微下倾的脸庞正映照在飞机仪表板通明的光亮中。飞机引擎嗡嗡的轰鸣声越来越急促，一个家伙拿着一根亮亮的指挥棒不慌不忙地出现在机场跑道上。

小陈想了一会儿，然后领着男友来到玻璃窗正中间的位置，这个位置正对着飞机驾驶员座舱。他们站在那儿，全神贯注地注视着飞机驾驶员，希望引起驾驶员的注意。

一名飞机驾驶员抬起了头，他看到可怜兮兮地站在玻璃窗前的小陈和她的男朋友。小陈直视着他的眼睛，眼里充满了悲伤和哀求。然后小陈把行李包扔在脚下，就这样站在那儿，时间仿佛都凝滞了。最后，那名飞机驾驶员的嘴唇动了几下，另一名驾驶员也抬起了头。小陈又紧盯着他的眼睛，只见他点了点头。

飞机引擎嗡嗡的轰鸣声渐渐缓和了下来，我们听到登机口工作人员的电话响了。一位工作人员转向小陈，眼睛瞪得大大的。"拿上你们的行李！"她说，"飞机驾驶员让你们快点儿登机！"小陈和男友高兴地抓起行李包，向那两名飞机驾驶员挥挥手，匆匆走上登机通道上了飞机。

(资料来源：斯图尔特·戴蒙德. 沃顿商学院最受欢迎的谈判课[M]. 北京：中信出版社，2018.)

三、空间语言

(一)商务谈判交往空间的含义

英国谈判学专家罗伯特·索默经过观察和实验研究发现：人具有一个把自己圈住的心理上的个体空间，它就像一个无形的"气泡"一样，为自己割据了一定的"领土"。这个"气泡"就是个体交往空间。在商务谈判中，这个交往空间是指交往者彼此为了保持自己的领域以获得心理平衡而对交往距离和空间进行控制与调整的范围。影响交往空间的因素主要有社会文化习俗、社会生活环境、人与人之间的亲密与熟悉程度、谈判目的、个人素养等。商务谈判交往空间被看作一个极其敏感的问题，它涉及个人的具体领域。而领域是人的身体的延伸，是一个人为自己划定并认为是属于他个人的空间。一旦这个"气泡"或"领土"被人触犯，就会感到不舒服或不安全，甚至产生恼怒心理。

(二)西方交往空间的划分

根据国外有关资料介绍，谈判双方在空间上的距离越近，彼此交流的机会和频率就越高。谈判双方交往中的个体空间需要多大呢？这需要考虑各种具体情况，如交往对象、交往内容、交往场合、交往心境等主客观因素。西方文化环境中人与人交往的空间距离，一般可分为四个区域。

1. 亲密交往空间

这是人际交往中的最小间隔，是个人最重要的领域，所有人都会把它看作自己身体的一部分来保护，只有亲密的人才能接近。其近段距离在6英寸(约15cm)之内，彼此可能肌肤相触，耳鬓厮磨，以至相互能感受到对方的体温和气息。其远段距离在6～18英寸(15～44cm)之间，身体上的接触可能表现为挽臂执手，或促膝谈心，以体现出交往双方亲密友好的人际关系。

就交往情境而言，亲密距离属于私密距离，在公共场合与大庭广众之下，两个人如此贴近稍欠雅观。在近段距离中，基本上只谈论相互间切身利益的私事，而少谈正式公事，否则可能意味着有什么不想为人所知的私下交易，这里最适宜窃窃私语，说贴心话。就交往对象而言，亲密距离内最具排他性，在同性别的人之间，往往限于贴心朋友，彼此十分熟识和随和，可以不拘小节，无话不谈。在异性之间一般只限于夫妻和情人之间，超出这种感情关系之外的第三者闯入这个空间，就会引起十分敏感的反应和冲突。

因而，在交往中，一个不属于别人亲密交往圈子内的人，随意闯入这个空间，都是不礼貌的，会引起对方的反感，也会自讨没趣。

2. 私人交往空间

这在人际间隔上稍有分寸感，已较少直接的身体接触，近段距离在1.5～2.5英尺(约46～76cm)之间，正好能相互亲切握手，友好交谈。这是与熟人交往的空间。远段距离从2.5英尺到4英尺(76～122cm)，已有一臂之隔，恰在身体接触之外。

一般的个人间的交往都在这个空间之内，它有较大的开放性。任何朋友和熟人都可以自由地进入这个空间,但对陌生人来说,则要视具体情境而定。当一个人在独立思考什么或专心做什么事情时,素昧平生的人冒冒失失地闯入这个空间,还是会引起他的不满和不安的。

3. 社会交往空间

这已超出了亲密或熟悉的人际关系,而是体现出一种社交性的或礼节上的较正式的关系。近段距离在4～7英尺(1.2～2.1m),一般出现在工作环境和社交聚会、谈判协商场合。远段距离在7～12英尺(2.1～3.7m),表现了一种更加正式的交往关系。

谈判过程中保持社交距离,不仅从相互关系不够亲密的角度考虑,在很多情况下是从交往的正规性和庄重性来考虑的。社交距离中彼此说话响亮而自然,因此交谈的内容也较为正式和公开。一些本来只宜在私下场合交谈的话题就不宜在社交场合谈论。

4. 公共距离空间

在这个空间中,人与人之间的直接沟通大大减少了。其近段距离在12～15英尺(约3.7～4.6m),远段距离则在25英尺之外,这是一个几乎能容纳一切人的"门户开放"空间。人们完全可以对处于这个空间内的其他人"视而不见",不予交往,因为相互之间未必发生一定联系。

(三)个体空间的伸缩性

个体空间的范围是具有伸缩性的。不同的谈判人员所需的个体空间范围有所不同,同一个谈判者在不同心理状态下所需的个体空间也会发生变化。

(1) 现代谈判学家对不同民族交往距离的研究表明,不同文化背景或不同民族的谈判者其需要的个体空间不同。如同是美洲国家,对两个成年的北美人来说,最适宜的交谈距离是一臂至4英尺,即在个人距离之间,而南美人交谈则喜欢近一些,所以很容易闯入北美人的亲密距离。不同文化背景的人交往时常会因个体空间的不同需要产生误解:一方会觉得另一方粗俗无礼,而另一方则会觉得对方冷淡傲慢。这样很可能影响谈判双方之间的融洽与传播沟通。

(2) 性格差异会导致对个体空间的要求不同。性格开朗、喜欢交往的人更乐意接近别人,也较能容忍别人的靠近,他们的个体空间就较小。而性格内向、孤僻自守的人不愿主动结交别人,宁愿把自己孤立地封闭起来,他们的个体空间就较大。

(3) 谈判者的社会地位不同,也会表现出个体空间的差异。地位尊贵的人物,往往需要较大的个体空间,总是有意识地与下属和人群保持一定距离。就年龄而言,任何人可以抚摸儿童的头和脸,但如此对待一个成年人常是不尊敬的表现。

(4) 谈判者的情绪状态也会造成个体空间的伸缩性。心情舒畅时,个体空间就会有较大的开放性,允许别人靠得很近,甚至不熟识之人的接近也不会引起反感;而若独自生闷气时,个体空间就会非理性地扩张,甚至亲朋好友也可能被拒之门外。

(5) 特定的场合下,人们对个体空间的需要会自然发生变化。在拥挤的公共汽车上或电梯上,人们无法考虑自己的个体空间,因而也就能容忍别人靠得很近,这时已没有亲密距离还是公众距离的界限。但在这种场所,人们会以背靠背来避免视线或呼吸相接触,还常把手放在身体两侧来阻挡别人贴得太近。如果面对面时，则眼睛注意头顶或空间某个位置而不相互对视或打量对方。然而，若在较为空旷的公共场合，人们的个体空间就会扩大，如谈判会场、公园、阅览室，别人毫无理由地挨着自己坐下，就会引起怀疑和不自然的感觉。

本 章 小 结

商务谈判中，语言沟通至关重要。一言不慎就很可能导致谈判失败。谈判中的语言按使用方式分类，可分为面谈语言、电话谈判语言、书面谈判语言、函电谈判语言四种类型；按语言表达特征分类，可分为专业语言、法律语言、外交语言、文学语言、军事语言五种类型。在谈判中运用语言艺术时需要遵循准确性、针对性、逻辑性、灵活性和说服性五原则。谈判是有技巧、有诀窍的，运用有声语言的技巧主要体现在倾听、提问、应答、叙述、辩论、说服等方面。

人与人之间的沟通，不仅局限于语言，谈判者的眼神、面部表情和肢体动作等都能传达谈判者的内心感受。在商务谈判中，适当地运用一些行为语言是谈判过程中不可或缺的增效剂。

在商务谈判中，交往空间是指交往者彼此为了保持自己的领域以获得心理平衡而对交往距离和空间进行控制与调整的范围。影响交往空间的因素主要有社会文化习俗、社会生活环境、人与人之间的亲密与熟悉程度、谈判目的、个人素养等。

自 测 题

1. 商务谈判语言沟通的原则是什么？
2. 倾听的障碍有哪些？如何积极地倾听？
3. 提问的类型分别是哪几类？提问的技巧有哪些？
4. 谈判者面对对手的提问进行答复时应注意什么？
5. 谈判者说服对手的技巧有哪些？
6. 什么是行为语言？它在谈判中能发挥什么作用？

案 例 分 析

美国一家电器公司的推销员阿里普森曾谈过这样一件事：一次，他到一家不久前才发展的新客户那里去，目的是推销一批新型的电机。一到这家公司，总工程师劈头就说："阿里普森，你还指望我们能多买你的电机吗？"一经了解，原来该公司认为刚刚从阿里普森那里买的电机发热超过正常标准。阿里普森知道强行争辩没有任何好处，决定采取苏格拉底劝诱法来和对方论理并说服对方，即决意取得对方作出"是"的反应和同意的姿态。

他了解情况后，先故意说："好吧，总工程师先生！我的意见和你的相同，假如那电机发热过高，别说再买，就是买了的也要退货，是吗？""是的！"总工程师果然作出他所预料的反应。

第六章　商务谈判语言技巧

"自然，电机是会发热的，但你当然不希望它的热度超过规定的标准，是吗？" "是的！"对方又说了一次。

然后，阿里普森开始讨论具体问题了，他问道："按标准，电机的温度可比室温高72°F，是吗？"

"是的，"总工程师说，"但你们的产品却比这高得多，简直叫人没法用手去摸，难道这不是事实吗？"阿里普森也不和他争辩，反问道："你们车间的温度是多少？"总工程师略加思索，回答说："大约75°F。"阿里普森兴奋起来，拍拍对方肩膀说："好极了！车间是75°F，加上72°F，一共是147°F左右，如果你把手放进147°F的热水里，是否把手烫伤呢？"总工程师虽然不情愿，但也不得不点头称是。阿里普森接着说："那么，以后你就不要用手摸电机了，放心，那完全是正常的！"

谈判结果，阿里普森不仅说服了对方，消除了对方的偏见，而且又做成了另一笔生意。

阿里普森开始所问的问题，都是反对者所赞同的。在他机智而巧妙的发问中，获得无数"是"的反应，使反对者在不知不觉中，被包围在数分钟之前还在否认的结论中。

(资料来源：王平辉. 商务谈判规范与技巧[M]. 南宁：广西人民出版社，2008.)

思考题：
1. 从以上案例中分析和总结商务谈判语言运用的基本原则。
2. 简单列举商务谈判语言的四种形式，并简单分析谈判过程中"问"和"答"的一些技巧。

阅 读 资 料

谈：在言语中碰撞出火花

语言本身是人类主观创造的用来描绘客观事物的工具，这一特征决定了在特定环境下的语言在不同个体的运用过程中必然存在多样的指代性。因此，如何在言语中互动，碰撞出闪亮的火花，从而取得双赢结局，是每个谈判者都应该掌握的技能。第一，用理智分析情景；第二，用自觉端正态度；第三，用真心追随言语。

对于一个常常使用各种谈判技巧的谈判人员而言，如何在言语中得到对方的认可呢？唯一有用的方法就是真诚、真实。坦荡的内心中发出的声音一定最能打动人、感化人。在营销谈判中，所谓的技巧用得越少，客户满意度与成交率就会越高，尤其在那些经验丰富、精明过人的采购者面前，更应用心相待，用以和为贵的态度与之相处、相交。同样，如果你用真诚真实、坦荡的心智与客户互动，即使你的产品或者服务充满瑕疵，客户也会因为那一份单纯的"真"而心动，从而可能作出与你有所合作的决定，至少客户不会断然拒你于千里之外。

此外，密切关注对方的每一个表情、每一个眼神，即察言观色也是在谈的过程中需要运用的方法。比如对方的一举一动、首部、身体的姿势变化等都会瞬间暴露出言语的真实性，尤其是眼睛。苏联的心理学家曾经做过一个有趣的实验：在实验者的眼睛上装上微型橡胶吸盘，吸盘上有小巧的反射镜。在观摩人体时，反射镜能反射定向的灯光，从而在照相纸上留下眼球活动的轨迹。实验显示，看画者的目光一次又一次地返回到实验者的眼睛上。实验还证明,即使是一张侧面像,眼睛仍是被注意的中心。

但是,很多时候,谈判人员往往是在花费大量精力阐述自己产品的优势、特点,而忘记了紧密关注那扇"窗户"。尤其是一些刚入行的营销人员可能连正视对方的勇气都不具备,更无从谈起在交谈的过程中深刻了解对方,从而碰撞出心灵的火花。

当然,在其他活动中,比如电话预约,虽然本身也是一种谈判,而且更多的时候需要掌握和运用大量倾听方面的专业技术,但能不能见到对方,依然完全取决于你的声音和语言。有的人可能磨破嘴皮还是无法获得与客户见面的机会,有的人可能寥寥数语便可激发对方迫不及待想要见面的冲动,而后者之所以能打动和吸引别人,必然是真实、真切、真诚的态度在起作用。

(资料来源:袁良. 赢合谈判[M]. 北京:中国经济出版社,2010.)

第七章　商务谈判策略

【学习要点及目标】

通过本章的学习，使学生认识商务谈判策略的含义，能够根据不同的谈判场景使用不同谈判策略，在灵活掌握谈判策略的基础上，采取有针对性的措施破解相应的谈判攻势。

【引导案例】

> 1972年2月，美国总统尼克松访华，中美双方将要展开一场具有重大历史意义的国际谈判。为了营造一种融洽和谐的谈判环境和气氛，中国方面在周恩来总理的亲自领导下，对谈判过程中的各种环境都做了精心而又周密的准备和安排，甚至对宴会上要演奏的中美两国民间乐曲都进行了精心的挑选。在欢迎尼克松一行的国宴上，当军乐队熟练地演奏起由周总理亲自选定的《美丽的亚美利加》时，尼克松总统简直听呆了，他绝没有想到能在中国的北京听到他如此熟悉的乐曲，因为这是他平生最喜爱的并且指定在他的就职典礼上演奏的家乡乐曲。敬酒时，他特地到乐队前表示感谢。此时，国宴达到了高潮，而一种融洽而热烈的气氛也同时感染了美国客人。一个小小的精心安排，营造出和谐融洽的谈判气氛，这不能不说是一种高超的谈判艺术。
>
> （资料来源：宾敏，刘建高. 商务谈判原理与实务[M]. 北京：北京邮电大学出版社，2015.）

第一节　商务谈判策略概述

谈判是一门操作性极强的科学。在商务谈判过程中，为了使谈判能够顺利进行和取得成功，谈判者应善于抓住对方主观和客观上的弱点，善于发挥己方主观和客观上的某些优势，准确地把握谈判中合作与竞争的"度"，这是谈判成败的关键。谈判者双方不仅需要真诚与守信，同样需要根据具体情况，灵活运用适当的策略使双方之间的分歧能够合理解决，意见趋向一致，在谈判中获得最佳利益。因此，在商务谈判中熟悉、掌握和运用各种切合实际的策略，是衡量谈判者能力高低的重要标志。

一、商务谈判策略的含义

策略是指人们谋事的计策和方略，谈判策略是指进行谈判的计策和方略，是指在谈判实际过程中完成谈判任务与实现谈判目标的方法和手段。它是借助于一种巧妙的方式来完成谈判任务的，它是有预谋性和随机性的。精于谈判的高手，总是在谈判之前，对要谈什么、怎么谈、可能发生的意外及产生的后果等，有一个思维活动过程，以便形成谈判思路，预拟方案，然后实施，这就是所谓的"预谋性"。在谈判过程中，随时会发生各种各样想象不到的变化，正如美国著名的谈判专家尼尔伦伯格认为，"谈判者必须像剑术大师一样，以锐利的目光，机警地注视谈判桌那一边的对手，随时洞悉对方策略上的每一个变化，随时利用每一个微小的进攻机会,同时,他又必须是一个细腻敏感的艺术大师,善于体会辨察对方情绪或动机上最细微的色彩变化,他必须能抓住灵感产生的一刹那,从色彩缤纷的调色板上选出最合适的颜色,画出构图与色调完美和谐的杰作"。在谈判中灵活运用各种策略,这便是所谓的"随机性"。

因此,商务谈判策略,是指在商务谈判活动中,谈判者为了实现某个预定的近期或远期目标,所采取的计策和谋略。它依据谈判双方的实力,纵观谈判全局的各个方面、各个阶段之间的关系,规划整个谈判力量的准备和运用,指导谈判的全过程。

二、商务谈判策略是实现谈判目标的跳板

谈判策略在整个商务谈判中起着非常重要的作用。现代社会的竞争不仅仅是力量的竞争,更是智慧的较量,谈判正是这种智慧较量的集中体现。任何一个谈判高手,都是策略运筹的高手,策略是实现谈判目标的跳板,只要谈判者能在谈判中正确有效地运筹策略就等于为实现谈判的目标奠定了坚实的基础。谈判策略这种跳板作用体现在以下几个方面。

(一)有利于搞好谈判开局

谈判开局是谈判双方直接接触、正式举行谈判的第一个阶段。俗话说,"良好的开端是成功的一半"。尽管这一阶段的谈判较少涉及实质性问题,而且似乎与整个谈判的主题无关或关系不大,但开局的顺利与否在很大程度上决定着整个谈判的前途,具有举足轻重的作用。因此,谈判伊始,就应掌握和运用得当的谈判策略,做到"开局有道",形成有利于己方的局面,从而为进入实质性谈判铺平道路,否则,开局差之毫厘,在以后阶段可能谬以千里。

(二)有利于把握谈判的方向和进程

商务谈判是一个复杂的过程,无论是"全过程",还是某单项谈判的"分过程",均有掌握好方向的问题,没有全局的眼光和策略,方向就会偏离,谈判就会走弯路。因此,在变化莫测的谈判过程中,运用巧妙的策略,就能够巩固自己的主动地位或者变被动为主动,牢牢掌握谈判的主动权。

(三)有利于实现双方的友好合作

尼伦伯格认为,谈判不是一场比赛,不要求决出胜负;也不是一场战争,要将对方消灭。相反,谈判是一项互惠的合作事业。因此,在谈判中为了协调不同利益,以合作为前提,避免冲突,这就需要正确灵活的谈判策略。既坚持各自的利益目标,同时又作适当的妥协或让步,真正促进和加强双方的友好合作关系,真正达到互惠互利。

(四)有利于取得最佳谈判成果

理想的谈判结果是达到互利、共利,谈判结束时双方都能满意,皆大欢喜。所以,围绕着谈判目标,运用有效的策略,是最重要的环节。有效的策略才能使双方的利益都得到保证,同时都称心如意。

三、商务谈判策略运用的基本原则

(一)通晓

通晓,这一点很简单,就是不通晓谈判策略与技巧,就谈不上应用。有人认为,"通晓就是胜利"。这是有道理的,也是实践经验的总结。

(二)周密谋划

在谈判桌上,虽不见"刀光剑影",但舌战犹如枪战。有勇而无谋,必定无济于事。必须全局在胸,周密谋划。

(三)反应灵活,能急中生智

谈判桌上的攻防策略、招数、套路很多,策略无穷,常用常新,同时形势也有可能风云变幻。这就要求谈判者特别是主谈人,在单兵作战中,敏于应变,反应灵活,急中生智,足智多谋,多谋善断。你有什么高招,我也能拿出策略或措施来应付自如,得心应手,即所谓"魔高一尺,道高一丈"。

(四)有理、有利、有节

商务谈判是买卖双方不断磋商,相互让步,解决争端,以求最后达成协议或签订合同的过程。就达成的协议或签订的合同而言,一般都是双方可以接受而且彼此均能获益的结果。一次最佳的谈判,每一方都认为取得了对自己有利的合同条款,这就体现了造诣很深的谈判艺术。

在谈判过程中,要讲究"艺术",力求做到有理、有利、有节。所谓有理,就是在磋商中,无论提的是建议还是反建议都要掌握充分的材料与数据,具有充分的说理内容,而不是空洞的说教,更不是凭空臆测,或者无理坚持己见;所谓有利,就是谈判人员应当充分利用对自己有利的因素,包括内部和外部的因素;所谓有节,则是在谈判中涉及争议问题时,因关系双方利益,应掌握分寸与火候,适可而止。

(五)业精于勤

"业精于勤",这是我国一句有名的古语。"天才出自勤奋",这也是一句富有哲理的名言。古今中外的专家学者其成功之诀窍,都离不开"勤奋"二字。商务活动永远避免不了"谈判"事宜,商务谈判的策略技巧,涉及各方面的知识,更需要从知识宝库中吸收营养,同时也要掌握国内外有关这方面专家、学者所提出的专业知识。

四、商务谈判策略的分类

谈判桌上策略种种,丰富多彩,众说纷纭,令人眼花缭乱。而如何归类,则是仁者见仁,智者见智。这里将综合国内外不同学者的观点,试着从不同角度、不同层次,对商务谈判的策略进行分类。

(一)战略策略与战术策略

战略策略又称宏观策略，一般是指涉及全局利益的指导性的决策，是实现谈判总目标的原则性方案与途径。它旨在获得全局的利益和实现长远利益。战略性策略具有完整性、层次性和稳定性的特点。

所谓完整性，是指战略性策略包含的各种主客观因素，具有内容全面、完整的属性；所谓层次性，指战略性策略是由不同层次的战术内容构成的，反映了其方法的系统性；所谓稳定性，是指战略性策略一旦出台，便不可轻易改动或变更，与其他性质的策略比起来，具有相对固定性的特点。

【案例7-1】

> 日本某公司与一家美国公司进行了一场许可证贸易谈判。谈判一开始，美方就采用了先声夺人的策略，大肆宣扬己方的优势与实力，以求抢到谈判的制高点。然而，日方代表却一言不发，埋头记录。当美方代表口若悬河地大谈一番后向日方征询意见时，日方代表竟糊里糊涂，似乎什么也未弄明白。第一轮谈判就这样毫无意义地结束了。一个月之后，日方又派出人员全新的谈判代表团与美方接洽，但他们对以前的谈判全然不知，迫使对方不得不从头开始介绍情况和阐明己方的立场。末了，日方代表又故技重演，以"不明白"为理由结束了第二轮谈判。
>
> 又过了一个月，这样的闹剧再次重复了，日方仍未答复任何问题就结束了谈判。所不同的是，这次日方告诉美方，他们将慎重研究后，再给予明确回音。之后，日方一去未回，杳无音信。美方愤怒不已，大骂日方不讲信誉，浪费他们的精力和时间。恰在此时，日方派出了他们真正的谈判代表团突然来到美国，拿出一个无懈可击的最后方案。但美方此刻早已心灰意冷，毫无准备，无法抵御日方闪电般的攻势，无法与其讨论方案中的每一个细节。最后，只好接受了一个对日方明显有利的协议。事后，美方首席谈判代表感叹道："这是日本偷袭珍珠港事件在谈判桌上的重演。"
>
> (资料来源：杨群祥. 商务谈判[M]. 沈阳：东北财经大学出版社，2001.)

日方在此次谈判中的成功，完全取决于谈判策略的巧妙运用。首先，日方在这场谈判中采用的总策略，即具有战略意义的"后发制人"策略。日方谈判者在运用这一总策略时，避开了对方的锋芒，采用了消耗对方实力的方法，使其心灰意冷、疲惫不堪，然后出其不备，突然袭击。用"造成事实"的战术迫使对方就范。日本在这场谈判中所采用的所有战术性对策，都是围绕着"后发制人"这一战略性决策展开的。例如，日方谈判代表一开始采取了韬晦之计，假装糊涂，然后，又运用"车轮战术"更换谈判代表团，既从多角度探得了对方的虚实，又达到了消耗对手精力、挫败对手锐气的目的。继而，采用了"欲擒故纵"这一招，长时间内不理睬对方，使其心灰意冷，解除武装。最后，突然袭击，一锤定音，体现了"后发制人"的总策略。由此可见，日方在谈判前期已设计好了这样一个策略连环的总体系，并且不露声色地步步推进，最终完成了谈判的总任务。如果日方不是成功地运用了上述谈判策略，便很难在对方占有优势的条件下赢得利益。因此，战略性的策略体现着总原则、总方针，关系着整个事业的成败得失。

战术策略又称微观策略,是与战略性策略对应而存在的,战术性策略一般是指完成战略性策略的具体方案和手段。战术性策略旨在赢得局部战术上的胜利。有时实施这种策略不仅没有所得,还会失掉某些局部利益,但却可为实施总战略完成战术上的准备。

(二)时机策略、方位策略和方法策略

1. 时机策略

时机策略是指谈判者在谈判中巧妙地运用时机,借助于时间因素来创造谈判中的奇迹。此种策略最长见于化解谈判中的僵局。一般来说,谈判是一个动态过程,随时会发生新变化,产生新因素。时机性的策略就在于把握和利用这些新变化、新因素,使谈判获得成功。使用时机性策略的特点在于洞察形势,利用时间。

2. 方位策略

如果说时机策略是运用时间因素来施展计谋,获得利益的,那么,方位策略就是利用方位因素来实施谈判技巧的策略。谈判桌上的"散射",就是这样一种策略。散射是指借助尽可能扩大进攻的方法,来增加成功率的策略。

另外,谈判桌上还有一种较为典型的方位策略,叫作"夹叉射击"。"夹叉射击"本是一种炮兵术语,引申到谈判桌上,就是借助于在谈判目标的前后方位鸣击,不断逼近,缩小标距,最终达到击中目标的目的。在谈判实践中,精明的谈判者不注重把精力耗费于"正中目标"的决策上,而是在把握主次方向基本正确的前提下,通过逐渐缩小标距误差的方法来实现自己的目标。

3. 方法策略

方法策略是在谈判中运用方法获得利益的策略。这种策略具有较高的技巧性,在谈判中正确地运用这种策略,会获得立竿见影的效果,因而,是谈判中最普遍也是最有效的一种策略。例如,谈判实践中较为常见的"炒蛋"策略,它通过一下子推出许多难题,不分主次,忽东忽西地乱扯一气,扰乱谈判程序和内容,使对方在畏难或焦躁的情绪中犯下错误。这种方法性策略具有一定的技术难度,运用不好会惹恼对方,导致谈判的破裂。再如,虚张声势,此种策略借助于创造假象来迷惑对手,以达到获利的目的。谈判的方法性策略其最显著特点就在于它的运用技巧,即运用手法的巧妙。

第二节　谈判过程策略

谈判的阶段可分为三个,即开局阶段、磋商阶段和成交阶段。谈判在不同的阶段,所采取的策略是不同的。

一、开局阶段的策略

开局,是谈判双方正式接触,相互观察的阶段。双方的言行、表情、气度,甚至衣着打扮都会对整个谈判产生一定的影响。所以,好的开局是非常重要的。开局阶段要求掌握

以下策略。

(一)营造和谐气氛策略

该策略是通过谈判者的举手投足、言谈气质等外在形式体现的。它要求谈判者做到以下几点。

(1) 从容自若,侃侃而谈,自然地调动起对手的谈判兴趣。
(2) 巧妙地谈些中性话题,消除对手的陌生感和疑虑感。
(3) 旁敲侧击,探测出对方的虚实意向。

(二)切入正题策略

谈判的目的在于达成某种协议。要想围绕该目标切入话题,谈判者应做到以下几点。

(1) 态度诚恳真实,具有求实性。
(2) 共同商定谈判的议事日程。
(3) 沟通思想为前奏,以谋求同存异。
(4) 避免闲聊,离题太远。
(5) 切忌故作姿态,也不宜过分热情。

(三)察言观色策略

察言观色是指谈判者在开局的几分钟之内,细心地观察对手的言谈、态度和情绪,从而判断出对方的意图。运用该策略要做到以下几点。

(1) 径直步入会场,态度从容、友好、自信。肩膀放松,目光平视,握手力度适当。
(2) 动作和说话要轻松自如、从容不迫。
(3) 可适当地谈些业务方面的话题,避免情绪不稳、急躁或不耐烦。
(4) 切忌以貌取人或先入为主,过早地对对方的意图形成固定的看法。

(四)淡化等级、消除开局冷场策略

由于谈判双方在权力、地位、级别等方面的差异,会使开局时出现冷场局面。为冲淡这种由"等级"带来的拘谨,消除开局的冷场,应做到以下几点。

(1) 东道主一方应有主人风范,以热情友好的语言首先发言,并有意识地同客人产生共鸣,营造和谐、活跃的气氛。
(2) 双方的主谈人在举止、言谈中应尽量表现出豁达大度的风度,使对方放松心情。
(3) 发言时间上双方要分配合理,不要出现独霸会场的局面。
(4) 先把双方容易达成一致的事项提出,营造一种和谐的 "共同感""一致感"。
(5) 发言要简洁明了,切忌夸夸其谈。倾听者则要聚精会神,不能随便打断对方发言,更不能对对方的发言表现出不恭的神情。

二、磋商阶段的策略

磋商阶段又称为报价还价阶段,所用策略又可分为报价策略和还价策略。

第七章　商务谈判策略

(一)报价策略

报价也称为发盘,这里所说的报价不仅是指双方在谈判中就价格条款所提出的要求,还泛指谈判中某一方向对方提出的所有要求,包括商品的质量、数量、包装、价格、保险、支付条件、索赔和仲裁条件等。报价条件一般在谈判前各方都已确定。但是,谈判者也可以根据谈判的具体情况,在规定的幅度内加以确定。作为卖方报价策略是抬高,作为买方报价策略是压低。但是,无论抬高还是压低,都必须围绕着市场的平均价格上下浮动。高不能漫天要价,低也不能盲目杀价,否则,谈判是无法进行的。具体来说,报价的策略有以下几种。

1. 报价时机策略

报价之前一定要先把商品的使用价值介绍清楚,待对方对其产品已有所了解之后再报出价格。而最适宜的时机是对方询问价格之后,因为这时对方已对所提供的商品产生了兴趣,这时报出价格可以减少谈判阻力。而在还没有介绍产品之前,如果对方贸然问价,可采取回避策略,假装没听见,或巧妙地回答。比如,"这种商品规格较多,型号不一,可根据具体情况而定"。

2. 价格分割策略

该策略是指报价方可利用对方的求廉心理,用较小的计价单位报价,造成需方心理上的便宜感。例如,某某商品每吨5 000元,报价时可说每千克5元。

3. 价格优惠策略

报价时可把价格和商品的优越性联系起来一块儿讲,或者把价格与达成协议的优惠条件联系起来一起报。

4. 价格比较策略

报出己方商品价格时,可联系另一种可比商品的价格进行比较,突出相同使用价值商品的不同价格,或突出相同价格商品的不同使用价值。

5. 价格差异策略

根据商品的流向、卖方需求的急缓程度、购买次数、数量、付款方式等内容的不同,可采取不同的价格差异策略。一般来说,对老主顾或大批量需求者,价格可报得低些。而有时候,谈判对手最关心的是商品的其他方面。比如,急需某种商品时,他所关心的是到货时间,对于价格就不太计较了。再比如,对于一些技术性较强的商品,所关心的是商品的质量和性能,对于价格的要求也不会太苛刻。这些时候,都可以采用适当的高价政策。

(二)还价策略

还价也称还盘,它是针对对方的报价和采取的策略而使用的反提议及对策。在还价阶段首先要弄清对方报价的虚实,搞清真实价格后再还价。为此,要遵循以下原则。

(1) 对报价的内容寻根问底,进行调查、核实、验证。切忌不了解真实价格盲目还价。
(2) 对缺少依据的报价,进行深入分析,及时发现报价的"水分"。

(3) 认清关键问题，不要被次要的优惠条件所迷惑。

为了搞清价格真相，可采取以下策略。

1. 摸清真实价格策略

该策略的具体运用是：①强调按谈判议程办事，在前一个议程未完之前，阻止进入下一个议程，迫使对方提供资料；②给对方戴高帽，即称赞对方经营有方、重信誉，迫使对方为己方的询问调查提供方便；③运用国家的政策、法律法规向对方施加压力，促使对方提供报价的有关资料；④用货比三家的手段，向报价方说明己方已有另外的交易对象，并向对方适当地披露一些其他客户的情况，以此对对方施加压力。

2. 询问紧追策略

该策略是指在还价中提出某些问题，或是变更某些条件，要求报价方答复，从而达到了解和掌握对方底数的目的。比如，"如果我进货量增加一倍，你们在价格上能优惠多少？"对方在回答时，多少会露点底数。

当对对方的真实价格有所了解之后便可还价了，具体的还价策略有以下几种。

1) 吹毛求疵策略

该策略主要是挑剔对方的商品和条件，迫使对方进行说明和解释，从而争取到讨价还价的机会，增强还价的力度。

2) 不开先例策略

该策略是用来搪塞对方不合理的报价。比如，当对方报价后你可以说："如果应允了你的要求，就等于开了先例，其他人都来效仿，我方是承受不了的。"以此增强还价的力度。

3) 最后通牒策略

该策略的具体运用必须是在一方处于有利地位，对方在某些问题上纠缠不休时，这时有利方可采取该策略，向对方提出具体的时限和要求，迫使对方让步。运用该策略时要慎重，防止引起对方敌意。

三、成交阶段的策略

成交阶段即达成协议阶段，谈判中达成协议阶段，是通过中间阶段艰苦的讨价还价，取得一致意见后，进入成交的阶段，也是谈判的最后关键阶段。该阶段的主要任务就是促成签约。谈判的结果，只有签订合同才有实际意义。所以，谈判者为达成协议、促成签约必须采取一定的策略。

(一)期限策略

如果是供货方利用期限策略，可以向需方明确："存货不多，欲购从速。"或向需方说明：这批货所剩不多了，下批货要等到某某时间。如果是需方利用期限策略，可以这样表示："如果我们提出的条件贵方在三天之内不能明确答复，我们只好另找货源了。"

第七章　商务谈判策略

(二)优惠劝导策略

向对方提供某种特殊的优惠条件，作为尽快签约的鼓励。比如，用打折、提前送货、赠配件、允许试用等手段促其尽快签约。

(三)行动策略

谈判中只要主要问题基本谈妥，即可立即行动书写协议，促成签约。

(四)主动提示细节策略

谈判中一方主动向对方提出协议或合同中的某些具体条款的签订问题。比如，商谈货物验收的地点、时间、方式和技术参数等，以此来促成签约。

在该阶段，无论采取哪种策略，都不要恭维对方，更不能喜形于色，以免引起对方疑心。

第三节　谈判地位策略

一、主动地位策略

在商务谈判活动中，强有力的一方，其核心是获得尽可能多的利益，因而往往采取以下几种策略。

(一)前紧后松策略

"前紧"是指在谈判前一阶段，提出的条件都较苛刻，而且坚持不作任何让步，使对方产生疑虑、压抑、无望等心态，以大幅度降低其期望值，处于一种很难接受又怕谈判破裂的矛盾紧张的心理状态。"后松"是指在实际谈判中，逐步优惠或让步，使对方在紧张后产生某种特殊的轻松感，从而有利于达成满足己方需要的协议。

在具体运用前紧后松策略时，谈判组的成员可做恰当分工，由一位谈判人员扮演"前紧"角色，首先出场，提出较为苛刻的要求和条件，并且表现出立场坚定，毫不妥协的态度。然后，随着谈判活动的深入展开，当争持不下，气氛紧张之时，谈判组的第二个人便可登场了。他和颜悦色，举止谦恭，给人一个和事佬的印象，进行"后松"谈判，显得通情达理，愿意体谅对方的难处，经过左思右想，尽管面有难色，但仍表示通过做"前紧"角色的工作，从原持的立场上一步一步地后退。即使后退，仍能实现预期的目标。

【案例7-2】

你想到一家公司担任某一职务，你希望月薪2万元，而老板最多只能给你1.5万元。老板如果说"要不要随便你"这句话，就有攻击的意味，你可能扭头就走。而老板不那样说，而是这样跟你说："给你的薪水，那是非常合理的。不管怎么说，在这个等级里，我只能付给你1万元到1.5万元，你想要多少？"很明显，你会说"1.5万元"，而老板又好像不同意说："1.3万元如何。"你继续坚持1.5万元。其结果是老板投降。表面上，你好像占了上风，沾沾自喜，实际上，老板运用了选择式提问技巧，你自己却放弃了争取 2 万元月薪的机会。

(资料来源：宾敏，刘建高. 商务谈判原理与实务[M]. 北京：北京邮电大学出版社，2015.)

这一策略的成功是建立在人们心理变化的基础上的。其原则在于，人们通常对来自外界的刺激信号，总是以先入信号作为标准并用来衡量后入的其他信号。当先入信号为松，再紧一点则感觉很紧；若先入信号为紧，稍松一点则感觉很松。在谈判中，人们一经接触便提出许多苛刻条件的做法，恰似先给对方一个信号，尔后的优惠或让步，虽然仅为一点点，也会使他们感到已经占了很大便宜，从而欣然在对方要求的条件上作出较大妥协。不过，任何策略的有效性都是相对的、有局限的，起先向对方所提的要求，不能过于苛刻、漫无边际，"紧"要紧得有分寸，不能与通常的惯例和做法相距太远，否则，对方会认为己方太缺乏诚意，而使谈判破裂，切忌"过犹不及"，谈判失败，双方都会一事无成。

【案例 7-3】

美国一房地产主，买下一片土地，准备修建一幢大楼，在这片土地上，还剩最后一户不肯迁走。这位住户利用对方急于动工，而自己房子还有两年才到期的有利条件，在谈判中从对方开价 25 000 元，争到 12.5 万元成交。有人对住户说：假如你再多要 5 美元，恐怕起重机就要撞上住房了，"出乎意料"地一撞成了危险建筑就非拆不可，那时就得不到十二万五千元了。因此，"松"要把握时机，不要成了"马后炮"。

(资料来源：李振忠，沈根荣，张建军. 对外谈判技巧[M]. 北京：对外贸易教育出版社，1988.)

(二)不开先例策略

不开先例策略，通常是指有优势的卖方坚持自己提出的交易条件，尤其是价格条件而不愿让步的一种强硬策略。当买方所提的要求使卖方不能接受时，卖方谈判者向买方解释说：如果答应了这一次的要求，对卖方来说，就等于开了一个交易先例，这样就会迫使卖方今后在遇到类似的问题同其他客户发生交易行为时，也至少必须提供同样的优惠，而这是卖方客观上承担不起的。

当谈判中出现以下情况时，卖方可以选择运用"不开先例"的策略。

(1) 谈判内容属保密性交易活动时，如高级生产技术的转让、特殊商品的出口等。
(2) 交易商品属于垄断经营商品。
(3) 市场有利于卖方，而买主急于达成交易时。
(4) 当买主提出的交易条件难以接受，这一策略性回答也是退出谈判最有礼貌的托词。

卖主在运用"不开先例"的谈判策略时，应对所提出的交易条件反复衡量斟酌，说明不开先例的事实与理由，使买方感到可信，否则，不利于达成协议，除非已不拟再谈。

对于买方来讲，问题的关键是难以获得必要的情报和信息，以确切证明卖方所宣称的"先例"界限是否属实，而且即使在目前的谈判中卖方决定给予该买主一次新的优惠，但他是否就真的成为一个"先例"，也是无法了解的事情。因此，买方除非已有确切情报可予揭穿，否则只能凭主观来判断，要么相信，要么不相信，别无他途。

总之，不开先例策略是一种保护卖方利益，强化自己谈判地位和立场的最简单有效的方法，当然，买方如居优势，对于有求于己的推销也可参照应用。

(三)限定策略

在商务谈判活动中，实力强的一方常常会利用谈判中的有利地位，采用限定策略。因为在这种情况下，对方特别担心谈判破裂，一旦破裂，对方损失最大。限定可以是多方面的，应根据谈判的具体情况而定，通常有限定谈判范围或谈判时间。在应用中，表达限定内容时，态度宜委婉、真诚，采用征询式更好，比如，"由于我们最近业务很多，请你们谅解，这次谈判是否安排在明日下午四时结束，以便能赶上班机返回，想必你们一定会支持。"又如，"为抓紧时间，这轮谈判我建议是否对成交价格进行磋商，如果能取得一致意见，其他问题就容易解决了，你们不会不同意吧。"这样在对方心理上，能产生一定压力，可避免对方采用拖延或迂回战术，营造一种对己方有利的谈判氛围。

限定策略中，规定时限的谈判策略很多，它是指谈判一方向对方提出的达成协议的时间限期，超过这一限期，提出者将退出谈判，以此给对方施加压力，使其无可拖延地作出决断——改变自己的主张，让步妥协，还是谈判破裂？以求尽快解决问题。事实上，大多数贸易谈判，特别是那种双方争执不下的谈判基本上都是到了谈判的最后期限或者临近这个期限才出现突破性进展而达成协议的，因为最后期限带有明显的威胁性。每一个交易行为中都包含了时间因素，时间就是力量，时间限制的无形力量往往会使对方在不知不觉中接受谈判条件。

当谈判中出现以下问题时，可以选择运用规定最后期限策略。

(1) 对方急于求成时，如采购生产用的原料等。
(2) 对方存在众多竞争者时。
(3) 己方不存在众多竞争者时。
(4) 己方最能满足对方某一特别主要的交易条件时。
(5) 对方谈判小组成员意见分歧时。
(6) 发现与对方因交易条件分歧大，达成协议的可能性不大时。

选用规定最后期限的策略，目的是促使对方尽快地达成协议，而不是使谈判破裂，因而，运用时必须注意以下六点。

(1) 所规定的最后期限能留给对方可接受的余地，即最后期限的规定是由于客观原因造成的，无理的、给对方来不及思考的最后期限常会导致谈判破裂。
(2) 所规定的最后期限必须是严肃的，尽管该期限将来是可以更改或作废的，但到最后期限到来以前，提出最后期限的一方要表明执行最后期限的态度是坚决的。
(3) 在运用规定最后期限的同时，可以向对方展开心理攻势，做一些小的让步来配合，给对方造成机不可失、时不再来的错觉，以此来说服对方，避免因"规定最后期限"给对方留下咄咄逼人的印象，使双方在达成协议的态度上更加灵活一些。
(4) 在言语上要委婉，既要达到目的，又不至于锋芒太露。
(5) 拿出一些令人信服的证据，诸如国家的政策、与其他客户交易的实例或国际惯例、国际市场行情的现状及趋势以及国际技术方面的信息等，用事实说话。
(6) 给予对方思考或议论或请示的时间，这样一来，有可能使对方的敌意减轻，从而降低自己的条件或不太情愿地接受己方的条件。

【案例 7-4】

有一位顾客要求美国一家保险公司偿付一笔赔偿费。保险公司先是慷慨地答应给他一笔赔偿费，同时，该公司具体负责清算赔偿的人士也告诉他说，自己下星期就要去度假，要求这位顾客在星期五之前把所有资料送来核查，否则赔偿将无法实施。于是这位顾客加班加点，终于在星期五下午把所有资料都准备妥当。但当他把资料送到保险公司后，对方却答复说：经请示上级，公司只能偿付一半的赔偿费。这位顾客不知所措，为了要赶上星期五这个时间期限，他在焦急中暴露出了不利于自己的弱点。而根本就没有打算去度假的保险公司人士却借用了一个虚假的时间限制，便轻松地赢得了这场谈判。

(资料来源：王宝山. 商务谈判[M]. 武汉：武汉理工大学出版社，2007.)

当然，在使用这一策略时，也有可能使谈判破裂或陷入更严重的僵局，所以要视情况而定，除非有较大把握或万不得已时才用，千万别滥用和多用。

【案例 7-5】

在谈判中，日本人最善于运用最后期限策略。德国某大公司应日方邀请去日本进行为期四天的访问，以草签协议的形式洽谈一笔生意，双方都很重视。德方派出了由公司总裁带队，由财务、律师等部门负责人及其夫人组成的庞大代表团，代表团抵达日本时受到了热烈的欢迎。在前往宾馆的途中，日方社长夫人询问德方公司总裁夫人："这次是你们第一次光临日本吧？一定要好好旅游一番。"总裁夫人讲："我们对日本文化仰慕已久，真希望有机会领略一下东方悠久的文化、风土人情。但是，实在遗憾，我们已经订了星期五回国的返程机票。"结果，日方把星期二、星期三全部时间都用来安排德方的旅游观光，星期四开始交易洽商时，日方又搬出了堆积如山的资料，"诚心诚意"地向德方提供一切信息，尽管德方每个人都竭尽全力寻找不利己方的条款，但尚有6%的合同条款无法仔细推敲，就已经到了签约时间。德方进退维谷，不签，高规格、大规模的代表团兴师动众来到日本，却空手而归，显然名誉扫地；签约，有许多条款尚未仔细推敲。万般无奈，德方代表团选择后者，匆忙签订了协议。

(资料来源：江燕玲，唐斌. 商务谈判[M]. 重庆：重庆大学出版社，2012.)

(四)欲擒故纵

在谈判桌前，有的谈判者将己方的需求隐藏起来，却刺激对方的需求，急于谈判成功的一方，却装着无所谓的样子，这就是在使用欲擒故纵的策略。

"欲擒故纵"的方法很多，因条件而异，而且不难掌握。从态度上看，不过分忍让和屈从，该硬就硬，该顶就顶。在日程安排上，不是表现得非常急切，可附和对方，既表现得有礼貌，又可乘机收集对自己有利的信息。采取一种半冷半热、似紧又不紧的做法，使对手摸不到你的真实意图何在。有时候则在对方强烈的攻势下，采用让其表演、不怕后果的轻蔑态度，既不慌乱也不害怕，以获得心理上的优势。这样可以争取到比较好的价格条件。

第七章　商务谈判策略

【案例 7-6】

美国有一位杂志社的出版商，他在创立自己的刊物时资金短缺，于是他希望通过刊登广告的方式来筹集资金。于是他来到了一个写字楼，一家公司接一家公司地推销其杂志广告。但是，由于他们的杂志是新办的，人们对它缺乏信心，因此，其推销工作十分艰难。在推销过程中，这个杂志出版商了解到，这个写字楼最上面两层分别被两家不同的房地产公司包租了，这两家公司互为对手，竞争十分激烈。于是，他走进了其中一家公司，问他们是否愿意购买自己的广告版面，公司经理说对他的杂志不感兴趣。他扭头便往外走，边走嘴里边说："看来还是楼上的先生(即楼上房地产公司的老板)更精明些。"这位经理一听，赶快把他叫了回来，问道："楼上那伙人购买你的广告了吗？"这位出版商耸了耸肩说："这是商业秘密，等杂志出版后你就会知道的。"这位房地产公司的经理想了想说："那么好吧，请把您准备的广告合同给我看一下。"就这样，这位杂志出版商获得了一份大买卖。用同样方法，他又使得楼上的房地产公司也购买了他的广告版面。

(资料来源：宾敏，刘建高. 商务谈判原理与实务[M]. 北京：北京邮电大学出版社，2015.)

欲擒故纵谈判策略的明显特征是采取逆向行为，向对方传递一个不真实的信息。由于这是一种较为常见的策略，因此也常常被人识破。谈判者在采用这种策略时，应有真有假、真假难辨，而不能全虚全假。

破解欲擒故纵的对策：一是在准确把握了对方心理的基础上，从思想上克服急于求成的心理，宁去毋从，对方就会调整策略；二是直接指明对方的需求所在，要求他回到坦诚谈判的轨道上来。

(五)先声夺人策略

先声夺人的谈判策略是在谈判开局中借助于己方的优势和特点，以求掌握主动的方法。它的特点在于"借东风扬己所长"，以求在心理上抢占优势。

【案例 7-7】

汉明帝十六年，班超曾担任假司马随窦固出击匈奴，杀敌立功。后来又与郭恂一起出使西域的鄯善国。鄯善王开始对班超等人非常热情，待若贵宾，后来几天却突然冷淡疏远起来。同去的人都感到非常疑惑，不知什么原因。班超分析说："鄯善王一直在我们汉朝与匈奴之间摇摆不定，一会儿与汉朝友好，一会儿又与匈奴友好。我想，他对我们的态度变化一定与匈奴有关。会不会是匈奴的使者也来到鄯善国了呢？"

大家认为班超的分析有道理。于是，班超把接待他们的鄯善国侍者找了一个来，诈唬他说："匈奴的使者来了好几天了，现在在哪儿呢？"侍者不敢隐瞒，只好照实说了匈奴使者的情况和他们的住处。班超于是把侍者捆了起来关在他们住的营帐里，以免他泄露消息。

然后，班超把他所带领的三十六个人全部找到一起来喝酒。正喝到兴头上，班超突然站起来说："我们一起来到这边远的地方，原来是想为国立功而求得富贵。想不到，匈奴使者也来到了这里，现在大家都感觉到了，鄯善王的态度已明显地亲匈奴而冷淡我们。如果他把我们出卖给匈奴人，那我们恐怕就会死无葬身之地了。怎么办呢？"

大家都表示愿听班超的。班超说："事到如今，我们只有先下手干掉匈奴的使者，使鄯善王断了与匈奴友好的念头，我们的情况才会有所好转。"有人提出是不是要先和郭恂商量一下。班超说："事不宜迟，郭恂是个斯文官员，若跟他说，必然把他吓倒，反而会坏事。"大家都同意班超的意见。于是，班超作出周密的部署。

当天晚上大风呼啸，班超率领三十六人直扑匈奴使者的营帐。见营帐就烧，逢人头便砍，匈奴使者还在睡梦中就成了刀下鬼，一共被斩首三十余人，烧死一百多人。第二天，班超等人提着匈奴使者的头去见鄯善王。鄯善王大惊失色，心想已对匈奴王说不清楚，只好死心塌地与汉朝友好了。班超等人圆满完成了出使任务，带着鄯善王的儿子作为人质回到了汉朝。

(资料来源：周忠兴. 商务谈判原理与实务[M]. 南京：东南大学出版社，2012.)

先声夺人谈判策略是一种极为有效的谈判策略，但运用不当会给对方留下不良印象，有时甚至会给谈判带来副作用。例如，有些谈判者为了达到目的，以权压人，过分炫耀等，因而招致对方的反感，激起对方的抵制心理。因此，采用先声夺人的"夺"应因势布局，顺情入理，适当地施加某种压力也是可以的，但必须运用得巧妙、得体，才能达到"夺人"的目的。对付先声夺人的策略是首先在心理上不要怵，要敢于和对手争锋，但不要拘于一招一式的高低。在关键性的问题上应"含笑争理"，次要性问题可充耳不闻，视而不见。

(六)声东击西策略

"声东击西"初见《三国志·魏书·武帝纪》，原指公元200年元月，曹操与袁绍战于白马，谋士荀攸为曹操所出的计谋。后来唐朝人杜佑的《通典·兵典六》中也有记载："声东击西"，意思是说，善于指挥打仗的人，能灵活用兵，虽然他攻击的目标在西边，偏要大造攻击东边的声势，以扰乱敌人的耳目，创造打败敌人的条件。将"声东击西"作为策略用于商务谈判，是指在谈判桌上变换目标，借以转移对方注意力的手法，达到谈判的目的。谈判桌上的议题多种多样，但有主有次，聪明的谈判者往往利用变换题目，转移视线，分散精力，绕道前进的策略谈判。这种策略常令对方顾此失彼，防不胜防。它的特点在于具有较大的灵活性，能够避免正面交锋可能带来的不良影响，神不知鬼不觉地实现自己的目标。

【案例7-8】

一家丹麦的大型建筑公司参加了德国在中东某一工厂工程的招标，由于自身的技术条件好，所以丹麦公司觉得自己中标的可能性很大。经过几轮谈判，丹麦方面希望能够早日达成协议，但是德方却并不着急，坚持继续谈判，并就价格问题向丹麦公司提出了意见。

在谈判桌上，德方的高级负责人说道，德方在招标时对金额采取部分保留的态度，希望丹麦方面考虑降价2.5%，并且说明德方也在同时和其他的竞标单位就这一新的价格进行磋商，给丹麦公司施加压力。丹麦方面似乎感到了形势的紧迫，一时不知道如何回复德方。于是，丹麦谈判负责人提出休会，与其他成员进行商议。

当丹麦代表再次回到谈判桌时，已经是两个小时之后。他们一上桌便拿出了一份建筑规格明细，开始对德国代表仔细讲解。丹麦代表不断重复，这份明细表完全是根据德方的要求设计的，并权衡每一项可以改动的设计。德方代表很是不耐烦，说道，"不对，不对，你们搞错了。我们是希望你们将原有的设计保持不变。"但是，接下来的讨论始终围绕着

第七章 商务谈判策略

价格争论不休，丹麦代表逐项提出对原有设计的修改以节省成本，德国代表一一反驳，坚持原设计方案不能修改，而丹麦方面也越发不耐烦。

突然，丹麦方面主动向德国代表发问，"你们到底想降多少价？"

这时，德方忽然完全醒悟。是德方代表自己肯定了丹麦的每一项设计方案，并坚持不能有任何改动，又怎么能让对方降价。最后，德国代表只得苦笑着回答："如果我们让你们在不改变设计的基础上降价，你觉得我们还能成交吗？"

(资料来源：常磊，王骏，宿增睿.三十六计在商务谈判中的应用——"声东击西"与"暗度陈仓"[J].商业文化，2011(6X): 48-49.

采用声东击西策略的方式和条件，一般来说主要体现在以下几个方面。

第一，作为一种障眼法，转移对方的视线，隐蔽己方的真实意图。如己方实质关心的是价格问题，又明知对方在运输方面存在困难，是他们最不放心的问题。己方就可以来用"声东击西"的办法，即"集中力量"帮助对方解决运输上的困难，达到"击西"的目的，使对方在价格上对己方作出较大的让步。

第二，说东道西，分散对方的注意力，或者从中干扰、延缓对方所采取的行动，或者使对方在判断上失误，为以后若干议题的洽谈扫平道路。

第三，诱使对方在己方无关紧要的问题上进行纠缠，使己方能抽出时间对有关问题进行调查研究，掌握主动，迅速制定出新的对策。

第四，有时为投其所好，故意在己方认为是次要的问题上花费较多的时间和精力，目的在于表明己方的重视，提高该次要议题在对方心目中的地位，使己方在这个问题上一旦作出让步，对方会感到很有价值。

采用声东击西谈判策略的关键点是必须清醒地了解对方是否觉察到己方的动机，如果己方的动机已为对方所洞悉，那么，声东击西就不可能给己方带来任何意义。因此，随时洞察对方的动向，是破解声东击西谈判策略的关键。

(七)出其不意策略

出其不意谈判策略是谈判桌上一方利用突如其来的方法、手段和态度，使对方在毫无准备的情况下不知所措，进而获得意想不到的成果。

例如，在谈判中各方一直在和风细雨地谈问题，突然有人声色俱厉，就会产生一语惊四座的效果，因而，渲染了己方的立场，强调了己方的观点。这种先声夺人的手段，就使用了出其不意的谈判策略。

运用出其不意的谈判策略要把握两个要领：一是"快速"，以速制胜；一是"新奇"，以奇夺人。

【案例7-9】

美国谈判专家齐默尔曼在《怎样与日本人谈生意》一书中，介绍了他与日本人谈判运用这一策略取得了意想不到的效果。日本人在谈判中的准备工作之充分是首屈一指的，参加谈判的每一个人都是某一方面的专家，他们提出各种细节问题，要求对方予以答复。而要使他们满意，非得把总部的各种高级专家都请来不可，但要这样做十分困难。因此，对付日本谈判人员的最好办法，就是让他们认为，你也准备得十分充分，但不是像日本人那样不厌其烦地提出各种细节问题，而是出其不意，让他们大吃一惊。这样，就打乱了他们的阵脚，使他们忙于研究对策，处理意外问题。例如，齐默尔曼先生常常在下一轮会谈中能清楚地讲出上一轮会谈时某一个人提出的某一具体问题，当时是怎样研究的。他甚至能够讲出很久以前会谈的具体细节，这对对方的震惊不亚于提出一个爆炸性的问题，日本人怎么也搞不懂他怎么会有这么好的记忆力，随心所欲地说出他所需要的各种情况。这样，他就轻而易举地扭转了谈判中的被动局面，掌握了谈判的主动权。

(资料来源：李品媛. 国际商务谈判[M]. 武汉：武汉大学出版社，2006.)

出其不意是一种有效的获利手段。谈判者想破解这一策略，首先要在思想上做好应变的准备，并随时洞悉对手的动向。见奇不惊，常保心理平衡，是破解出其不意的有效策略。

(八)炒蛋策略

炒蛋策略也是当前国际谈判桌上一种比较流行的谈判策略，又被称为"浑水摸鱼"策略。照理说，谈判应当是循序渐进的，而炒蛋策略却是反其道而行之，故意将谈判秩序搅乱，将许多问题一揽子兜上桌面，让人眼花缭乱，难以应酬。这时，毫无精神准备的一方，就会大伤脑筋，望而却步。谈判中的失误也许就会因此而产生。

生活经验告诉我们，如果一个人面临一大堆杂乱无章的难题时，便会情绪紧张，智力下降，自暴自弃，丧失信心。"炒蛋"战术即是利用这种心理，打破正常的有章可循的谈判议程，将许多乱七八糟的非实质性问题同关键性议题糅杂在一起，使人心烦意乱，难以应付，借以达到使对方慌乱失措的目的，使对方滋生逃避或依赖对方的心理，对方便可趁机敦促协议的达成。

【案例 7-10】

中国某公司与外商洽谈合伙生产矿泉水生意。当中方对外商提出的某一技术数据表示怀疑时，外商马上从皮箱中拿出一大堆乱七八糟的技术资料，让中方自己分析计算。中方主谈判者被这一大堆资料弄得头昏脑涨，他根本没有意识到这是外商的"炒蛋"战略，也没有思考回击对方的战略战术，翻了几下，就说："我们相信你们的技术数据。"最后，草草签了协议书。

(资料来源：于博远. 商务谈判理论与实务[M]. 哈尔滨：哈尔滨工业大学出版社，2009.)

这是一个反面的例证，意在提醒人们：千万不要让谈判对方扰乱你的心智活动，要冷静对付。

破解炒蛋策略的方法是谈判者面对对方一揽子兜出许多问题时，首先要沉着冷静，坚定信念。其次坚决要求对方回到谈判的正常程序中来，逐项讨论和解决问题，遇到涉及有关数据问题时，一定不能草率行事。有时，仅仅一位数之差，便会导致己方的利益荡然无存。再次，当对方使用材料和数据等一些炒蛋策略时，你要有勇气提出暂停谈判，以对各种材料和数据进行仔细研究，不要为图节省时间和精力，造成无法弥补的损失。

二、被动地位策略

被动地位策略是指明显处于弱势地位时的谈判对策。在现代瞬息万变的市场环境下，

第七章　商务谈判策略

竞争会越来越激烈,任何企业都不可能永远处于优势地位。当一时处于极不利的条件下进行商务谈判时,其主要策略,以尽可能减少损失为前提或者变弱势中的被动为主动,去争取谈判的成功。

(一)"挡箭牌"策略

这是指在谈判中,谈判人员发觉自己正在被迫作出远非自己能接受的让步时,会申明没有被授予这种承诺的权力,手持"盾牌",在自己的立场前面,寻找各种借口、推辞的做法。一般是利用"训令、规定、上级、同僚或其他第三者"作为挡箭牌来向对手提条件,减少自己让步的幅度和次数。这种策略往往隐蔽谈判者手中的权力,推出一个"假设的决策人",以避免正面或立即回答对方的问题。例如:

"您的问题我很理解,但需向有关部门汇报。"

"我本人无权回答贵方提出的问题,需向我的上级请示才能答复。"

"我本人的谈判任务到此结束了,贵方现在起提出的所有建议,我都乐于忠实地转达,若嫌麻烦,贵方也可直接找有关领导。"

【案例7-11】

在埃及和以色列和平与冲突持续不断的20世纪70年代,为了调停两国的争端,苏联与美国一直不停地出面斡旋。1973年10月,埃及的第三军团被以色列包围,随时都有被歼灭的危险。当时的苏共总书记勃列日涅夫急电美国总统尼克松,建议美国国务卿基辛格速到莫斯科,作为总统授权的全权代表与苏方谈判,调停战事。

尼克松立即将谈判重任委以基辛格,但国务卿却不急于到达苏联,并要求苏联必须明确美国国务卿是在苏方邀请下前往莫斯科的。正当基辛格精心策划外交谈判方案时,尼克松向苏共中央总书记发去一封电报,电文大意是他将授予基辛格"全权",称"在你们商谈的过程中,他所作的承诺将得到我的全力支持。"

勃列日涅夫见电文后非常高兴,立即回复尼克松:"完全像您说得那样,我理解基辛格博士是您所充分信任的最亲密的同事,这次他将代表您讲话,并理解在我们同他商谈的过程中,他所作出的承诺将得到您的全力支持。"

与此同时,苏联人将尼克松的电文告诉基辛格,国务卿对此大吃一惊,并十分恼火,立即急电华盛顿,拒绝被授予全权:"一定要使我能够对俄国人坚持双方提出的建议向总统汇报,并请您考虑。授予全权,就会使我无能为力。"基辛格作为一个经验丰富的谈判老手,非常清楚,如果自己处于某种受牵制的地位会更好地争取谈判主动。

(资料来源:冯炜. 商务谈判[M]. 浙江:浙江工商大学出版社,2013.)

这种策略通常是实力较弱一方的谈判人员在不利的情况下使出的一张"盾牌"。"权力有限"作为一种策略,则不完全是事实,而只是一种对抗对手的手段。在一般情况下,对付这一"盾牌"难以辨别真伪,对手只好凭自己一方的"底牌"来决定是否改变要求、作出让步。而运用这一策略的一方,即使要撤销盾牌也并不困难——可以说已请示领导同意便行了。

(二)踢皮球策略

踢皮球策略是指谈判桌上遇到难以对付的问题时，谈判的一方借口自己不能决定或者寻找其他理由，转由他人继续谈判，把对方的皮球踢来踢去，不当一回事，使对方在万般无奈的情况下妥协让步。踢皮球策略的使用，具有一定的原因：若遇到谈判形势对己方不利，想终止谈判而达到出尔反尔的目的；或想达到降低对方条件、挽回损失、反败为胜的目的；或想达到降低对方期望的程度，使之自动让步的目的。

踢皮球策略与挡箭牌策略类似，不过二者之间是有区别的，挡箭牌策略是以上级、同僚或其他第三者作为挡箭牌来向对手提条件，而踢皮球一般是把"球"踢给上级领导、合伙人或其他关系人，并以转嫁责任为基本特征。

踢皮球策略的作用在于当谈判遇到棘手的难题时，为了避免与对方正面冲突，给己方留有"余地"，便可以使用这一策略来削弱对方的攻击力。因为，谈判者面对新的谈判对手时，需要不断地介绍情况、主张、观点，其精力和身体免不了遭受损害和挫折，以至于在谈判桌上漏洞百出、前后不一，给人留下把柄。而使用踢皮球策略的一方，却进退自如，上轮谈判的漏洞，下一轮谈判可以弥补，始终掌握谈判的主动权。在谈判的实践中，常常可以遇到这样的事例，当谈判几经周折，终于就某些问题达成协议之后，对方却借口要提请领导批准，如若领导不同意，谈判者只好又与对方的上司重新交涉。这时上司就会借口某些原因，纠正谈判中一些不利于己方的内容，甚至借机收回下级在谈判中的某些承诺，更为重要的是上司出面谈判，会重点攻击陷于被动局面的另一方在前几次谈判中所暴露的弱点，最终达到己方的目的。使用踢皮球策略的谈判者每踢一次球，就会多耗费对方的一分精力，挫伤对手的一次信心，最终迫使对方作出新的让步。这实质上是一种以守为攻的谈判策略。

"踢皮球"的反策略如下所述。

(1) 以其人之道还治其人之身，以相同的策略反击对方，即请己方高层次人员与对方高层次人士对话。

(2) 如对方诡称要等待上司批准时，应限定时日，并且协商一定的约束办法(诸如约定在等待期间不能限制己方再寻找更好的顾客或商谈伙伴等)促使对方加快审批的速度，以及使对方不敢轻易以上司不同意为借口而中止谈判。

(3) 如果对方诡称上司要求降低条件方能签约时，首先应据理力争，如果力争无效，随时准备退出商谈，以此试探对方的诚意，绝不要争一时之气轻易接受对方的条件和要求。

(4) 谈判分层负责，人员组合安排与对方对等。无权签字者，以同样的人应付，迫使对方主帅出马。

(5) 识破诡计，委婉揭露，从双方利益原则上说服对方。

(6) 以拒绝、取消谈判相威胁，迫使对方坐下来商订议程。

(三)疲惫策略

疲惫策略，主要是通过"软磨硬泡"来干扰对方的注意力，瓦解其意志，从而寻找漏洞，抓住时机达成协议。

在商务谈判中，实力较强一方的谈判者常常咄咄逼人，锋芒毕露，表现出居高临下、先声夺人的姿态。对于这种谈判者，疲惫策略是一个十分有效的策略。这种策略的目的在于通过许多回合的"疲劳战"，使这位趾高气扬的谈判者逐渐地消磨锐气，同时使己方的谈判地位从不利和被动局面中扭转过来。到了对手精疲力竭、头昏脑涨之时，己方则可乘此良机，反守为攻，抱着以理服人的态度，摆出己方的观点，力促对方作出让步。

研究结果显示，被剥夺睡眠、食物或饮水的人其行动和思维能力十分薄弱，疲倦的人都比较容易犯下许多愚笨的错误。这就是为什么许多谈判者喜欢向对手发动疲劳攻势的原因。他们为了获得良好的谈判效果，千方百计去消耗对方精力，使之在谈判中失利。

这种疲惫策略在涉外商务谈判时用得相当普遍。谈判者经过长时间紧张的飞行后，一下飞机就被对手接去赴宴；而后，对方大小负责人轮流亮相会面，表现得十分热情、好客；到了晚上，又专门安排舞会或观看演出等娱乐活动，直到深夜才罢休。第二天，也许远道而来的谈判者还在为主人的热情招待而激动不已时，谈判开始了。可想而知，未能得到很好休息，心理尚处于兴奋状态的人，在艰巨持久的谈判中表现会如何。

为了更好地展开疲惫攻势，谈判者常常采取车轮战术，不断更换谈判人员来使谈判对手陷于不断重复谈判的境地，抵消对方的耐力，挫减对方的锐气，以达到迫使对方作出让步的目的。车轮战术一方以多个谈判班子对付一个谈判班子，显然在精力上是占了上风。

车轮战术还有另外一个好处，因为新露面的谈判者不仅可以从前一轮谈判者那里了解对手的谈判目标、方法和风格，发现对方的矛盾、失误和短处，而且便于修正甚至不承认己方在谈判中的失误和让步的允诺。而对方则不然，他必须努力向每一轮谈判者推销自己，重新介绍前面已讨论过的议题和自己的观点。这样，谈判对手就被困在车轮战术的泥坑中了。

在谈判中，己方可以向对方发动疲劳攻势来争取有利的条件，也可能处于对方的疲劳攻势中。谈判者应学会反击对手疲劳攻势的各种措施。

(1) 当己方远道而来，对方进行热情的款待之后，己方应充分休息，最好第二天下午再开始谈判，使自己从疲劳中恢复过来。

(2) 倾听是保持精力的好办法，又利于获得信息，多听少说比喋喋不休更管用，也更有利于保持良好的精力。

(3) 在谈判过程中，当己方感到精疲力竭时，可提出暂时休息的建议。在休息时，理清思路，归纳一下刚才讨论的问题，检查一下自己一方的谈判情况和成效以及谈判对方的情况，对下一步谈判提出新的设想。要充分利用休息时间，带着考虑好的问题，胸有成竹、精神饱满地回到谈判桌旁。

(4) 对付车轮战术，可以提出异议，暂停谈判；也可以借对方换人，己方也换人；或者可以给新一轮的谈判对手出难题，迫使其自动退出谈判；如果对手一口否认过去的协定，己方也可以借此理由否认所许过的诺言。

(四)吹毛求疵策略

吹毛求疵策略，是指处于谈判弱势的一方，对谈判中处于有利一方炫耀自己的实力，大谈特谈其优势时，采取回避态度，或者避开这些实力，而寻找对方的弱点，伺机打击对方士气的策略。

【案例 7-12】

　　为了在好友的婚礼上风光体面，肯特到西服店挑选一套西装。西装的款式每年在变，为了不想落伍，肯特决定买一套最流行的，他带了一个皮卷尺，放在口袋里，随时准备用上。

　　"我可以替你效劳吗？你常常需要什么样的款式？"售货员问。

　　肯特深思地皱皱眉，回答道："当然，当然。"边说边往前走，一套套的西装，一座座的衣架，他花了三个半小时在衣架间穿梭，量量领宽、口袋的盖子。

　　售货员则跟在一旁也不敢离去，因为肯特不停地在问："这套西装有几个扣子？是欧洲的剪裁方式吗？"不停地重复着："这式样会流行多久？"当售货员以专业知识回答他后，肯特又反问："真的吗？"当肯特检视过三十九套西装，抚弄过七十八个翻领之后，在那个面无表情的售货员快要崩溃之前，肯特说："我想要那套放在左前方，再前面一点，对，标价三百七十元的那套。"

　　售货员轻松地喘了口气，试着保持冷静从容的态度，喃喃说道："请跟我来。"到了试衣镜前，换上即将买下的西装，对着镜子站着。同时，售货员在一旁开发票，并对着标价计算他可得到的提成。在西装师傅们不停地赞美，替肯特量身修改之时，肯特转头对售货员说："有没有附赠领带？"售货员停止计算，望着西装师傅，师傅也茫然地停下工作望着肯特。

　　每一步骤都是"吹毛求疵"的手段。

　　售货员的心中会怎么想？"这家伙费了我三个半小时，替他试穿了三十九套西装，量了有七十八套的领宽，现在又想要一条领带？嗯，卖他这套西装可以赚六十元，自己掏七元买条领带送他好了，唉！下次别再来就好了。"

（资料来源：宋莉萍. 商务谈判理论、策略与技巧[M]. 上海：上海财经大学出版社，2012.）

　　这位顾客开始时处于弱势地位，首先这是不讲价的商店，即顾客必须按商店售价购买；其次，他所喜欢的货确实是上好的。但聪明的顾客并不甘心，他相信所谓"不讲价"的价格也是商店定的，既然它能定，它也能改。他动脑筋寻找要对方降价的疵点，并且他从售货员的介绍中抓住了不要送货上门应该少费用漏洞。最后他如意做成了交易。

　　这种吹毛求疵策略，是通过再三挑剔，提出一大堆问题和要求来运用的。当然有的是真实的，有的则是虚张声势。之所以这样做，主要是降低对方的期望值，找到讨价还价的理由，达到以攻为守的目的。

　　但是，若从相反的立场来说，如果身为卖方，又该如何对抗这种吹毛求疵战术呢？

　　(1) 必须很有耐心。那些虚张声势的问题及要求随你的耐心和韧劲自然会渐渐地露出马脚，并且失去影响力。

　　(2) 遇到了实际的问题，要能直攻腹地，开门见山地和买主私下商谈。

　　(3) 当对方在消磨时间，节外生枝，做无谓的挑剔或无理的要求时，或视若无睹地一笔带过，不予理睬；或及时提出抗议，予以揭露。

　　(4) 向买主建议一个具体且彻底的解决方法，而不去讨论那些没有关系的问题。不要轻易让步，以免对方不劳而获。同时，卖主也可以提出某些虚张声势的问题来加强自己的议价力量。

　　吹毛求疵策略将使己方在交易时充分地争取到讨价还价的余地，如果能够灵活运用，

第七章 商务谈判策略

会使己方受益。

(五)以柔克刚策略

俗话说,感情柔弱作为一种谈判策略,有时确能产生一种意想不到的神奇效果。当谈判中,处于不利局面或弱势时,最好的策略是避开对方的锋芒,以柔克刚。在这方面沙特阿拉伯的石油大亨亚马尼做得十分出色,他善于以柔克刚,使对方心悦诚服地接受条件。一位美国石油商曾经这样叙述亚马尼的谈判艺术:"亚马尼在谈判时总是低声细语,绝不高声恫吓。他最厉害的一招是心平气和地重复一个又一个问题,最后把你搞得精疲力竭,他是我打过交道的最难对付的谈判对手。"

在谈判中有时会遇到盛气凌人、锋芒毕露的对手,他们的共同特点是刚愎自用,趾高气扬,居高临下,总想指挥或控制对方。这样的谈判者,以硬碰硬固然可以,但往往容易形成双方情绪的对立,危及谈判终极目标的实现。在多数情况下,谈判者对咄咄逼人的对手所提出的要求,可暂不表态,而是以我之静待敌之动,以我之逸待敌之劳,以平和柔缓的持久战磨其棱角、挫其锐气,挑起他的厌烦情绪,伺机反守为攻,夺取谈判的最后胜利。

使用"以柔克刚"的策略,需要注意如下几点:要有持久作战的精神准备,采用迂回战术,通过若干回合的拉锯,按己方事先筹划好的步骤把谈判对手一步一步地拖下去;坚持以理服人,言谈举止做到有理、有利、有节,使对手心急而无处发,恼怒而无处泄,否则,稍有不慎,就可能给对方造成机会,使其喧嚣一时,搞乱全局。

(六)难得糊涂策略

难得糊涂作为一种处于弱势条件下的防御性策略,是指在出现对谈判或己方不利的局面时,故作糊涂,并以此为掩护来麻痹对方的斗志,以达到蒙混过关的目的。假装糊涂可以化解对手步步紧逼,绕开对己方不利的条款,而把谈判话题引到有利于己方的交易条件上。当对方发现你误解了他的意思时,往往会赶紧向你解释,在不知不觉中受你的话语影响,在潜移默化中接受你的要求。所以,谈判老手们总是把"难得糊涂"作为他们的一个信条,必要时就潇洒地"糊涂"一回。

【案例7-13】

美国的服装商德各尔兄弟开了一家服装店,他们对每一位顾客都十分热情。每天,弟弟都站在服装店的门口向过往的行人推销。但是,这兄弟俩的耳朵都有些"聋",经常听错彼此的话。

情况常常是,弟弟热情地把顾客拉到店中,并向顾客反复介绍某件衣服是如何的物美价廉,穿上后是如何得体、如何漂亮。大多数顾客经他这么劝说一番之后,总会有意无意地问:"这衣服多少钱?"

"耳聋"的小德鲁尔先生把手放在耳朵上问:"你说什么?"

顾客误以为对方耳聋,便又提高声音问一遍:"这衣服多少钱?"

"奥,你是问多少钱呀,十分抱歉,我的耳朵不好,您稍等一下,我问一下老板。"小德鲁尔转过身去向那边的哥哥大声喊道:"这套纯毛×××牌的衣服卖多少钱呀?"

大德鲁尔从座位上站起来,看了一眼顾客,又看了看那套衣服,然后说:"那套呀,70

美元。"

"多少？"

"70美元。"老板再次高声喊道。

小德鲁尔回过身来，微笑着对顾客说："先生，40美元一套。"

顾客一听，赶紧掏钱买下了这套物美价廉的衣服，而后就溜之大吉了。

(资料来源：李逾男，杨学艳. 商务谈判与沟通[M]. 北京：北京理工大学出版社，2012.)

假装糊涂贵在一个"巧"字，倘若弄巧成拙，结果自然不好。装糊涂要有一定的度，倘若超过了这个度，超过了对方的承受范围，势必影响感情，甚至引起谈判的破裂。另外，装糊涂、故意犯错或误解不能超出法律所许可的范围，否则会惹来许多不应有的官司。

识破这种装糊涂的陷阱，需要十分谨慎，当发现对手在制造这种陷阱时，千万不要默认。对对手在谈判中的各种口头上的装糊涂，贵在以巧治巧，婉言点出其圈套，既不伤面子，又不至于在谈判中处于下风。谈判对手的假装糊涂不只表现在口头谈判上，更表现在协议或账单的文字上，将各种数字有意加错、遗漏或更改等。所以，谈判者在审查协议或账单时应十分仔细，再三检查，避免陷入对手的"糊涂"陷阱之中。

(七)多问多听少说策略

多数谈判者都意识到：谈判中表露得越多，就有可能将自己的底细暴露得越多，从而越有可能处于被动地位。因此，有些人认为，谈判中最有效的防御策略之一是多问多听少说，即多向对方提出问题并设法促使对方继续沿着正题谈论下去，以此暴露其真实的动机和最低的谈判目标，然后根据对方的动机和目标并结合己方的意图采取有针对性的回答策略。

在对方陈述意向或建议时特别是如果对方希望表现自己时，己方就应尽量地保持沉默并倾听。这样一来，不仅待到己方发言时对方也可能耐心地聆听，而且更重要的是耐心倾听可以使己方更清楚无误地了解对方的看法，听出对方的言外之意，感受对方的情绪，洞悉对方的实意，也可以使对方说得更详细更准确。所以，在别人讲话时切忌打岔，通常情况下，打岔会令对方不快且影响意向的交流。当然，如果听到有含糊或不明白的地方，可以请对方重复一次或请对方明白解释其本意，这样做不但不会使对方反感，有时反而会使对方得到一种满足感。

己方陈述的内容应尽可能地简单明确且有针对性，这样才有可能增强己方意见的影响力和说服力，而且可避免犯言多必失的错误。

少说还表现在注意言语上的谨慎，防止将己方的底牌泄露出来，特别要防止在酒宴、交际、闲谈等一些轻松愉快的环境中泄露秘密。例如，一家生产厨房用具的厂家与一家大百货商场达成了100多万元的订货意向，双方代表议定第二天签订合同。可是，当天晚上，厂家代表接到对方的一个电话，说他们的老板改变了主意，要从另一家工厂订货，因为他们的报价低得多。接着又说，如果对方能够降价8%，还有商谈的余地，否则，就无法继续了。对方的这种手腕实在恶劣，但没签合同又无可奈何。而该工厂已经长期开工不足，现已濒临破产，若失去了这批订货，后果不堪设想。最后，厂家的代表不得不按百货商的意图降价8%签订合同。后来，厂家在调查事件突然变化的原因时，发现原来是本工厂的一位

第七章 商务谈判策略

谈判代表，在当天的饭局中酒后吐真言，将工厂的处境和底细全部告诉了百货商场的代表，使此次谈判中厂方视为高度机密的东西泄露了出去，终于酿成了重大错误。因此，不该说的不说，对商务谈判十分重要。

(八) 以退为进策略

以退为进策略是指在输赢未定时，暂时退让，待机而定，争取主动和成功。以退为进本是军事上的用语。军事上的战略退却，是为了保存实力，待机破敌而采取的一种有计划的战略步骤。

谈判也类似"打仗"，有时双方争执激烈，但谈判必须坚持继续谈下去；有时要求休会下次再谈；有时要据理力争；有时则要暂时退却，待机而进。因此，退一步，进两步，也是谈判策略。暂时的退却是为了将来的进攻。

【案例7-14】

> 美国一家大航空公司要求在纽约市建立大的航空站，要求享受爱迪生电力公司的优惠电价，但却遭到电力公司的拒绝，推托说公共服务委员会不批准，因此，谈判陷入僵局。后来航空公司索性不谈了，声称要自建电厂。电力公司听到这一消息后，立刻改变了主意，请求公共服务委员会从中说情，表示要给予这类新用户以优惠价格。直到此时，电力公司才和航空公司达成协议。此后，这种大量的用电客户，都享受相同的优惠价格。这次谈判开始时的主动权掌握在电力公司一方，到后来谈判的主动权则又转移到航空公司一方，迫使电力公司降价。可见，航空公司退却了一步，然后再前进了两步，生意反而谈妥了。
>
> (资料来源：周忠兴. 商务谈判原理与技巧[M]. 南京：东南大学出版社，2003.)

【案例7-15】

> 美国一经销商欲从日本一家著名汽车公司购入一批轿车，双方互派人员就这项业务进行磋商。谈判一开始进行得很顺利，双方很快就价格、付款方式、零配件更换以及维修等问题达成了协议。然而，随着谈判的深入，双方开始出现分歧，尤其是在宣传费用上争执不下。美方希望日本方面能够提供一笔专门用作推销宣传的资金，而日方本年度的宣传费用已经用完，现已接近年终，公司不再做宣传费用的预算了，并且，日方认为这笔费用应该由美方自己支付。美方代表思考一下提出："我们再向贵公司按此价格订购1000辆轿车，不过，我们要求明年6月份交货。关于谈判的细节，我们在下一次会晤中再谈。而现在，我们还是先来讨论这笔交易有关宣传费用问题，我们还是希望由你方负担。其实，你方可以将宣传费用从明年的预算中先预支出来，我们已承诺明年继续购买贵公司产品。"日方代表几经盘算，最后，同意了美方代表的建议。
>
> (资料来源：席庆高. 商务谈判[M]. 成都：电子科技大学出版社，2013.)

这个策略实行起来既简单又实用。一个有经验的买主倘若利用这个策略，往往有可能使买卖双方皆大欢喜。同样，一个有经验的卖主使用这种策略，也有可能迅速达成交易或争取到更多的利益。

买主使用这个策略的表现手法，往往是"我们非常喜欢你的产品，也喜欢你的合作态度，遗憾的是我们只有这么多钱"或"遗憾的是政府只拨这么多款"或"公司的预算只有这么多"等。而卖方的表现手法是"我们成本就是这么多，故此价格不能再低了"，或"我非常愿意同你谈成这笔交易，但是除非你能和我共同解决一些简单(或实际性)问题，否则难以达成协议"，或者"假如你要以这个价格购买，则交货期要延长"，或"原材料只能是某种替代品，或只能是某种型号的货物"或"如果你要以这个价格购买，你必须增加订货数量"等。

采取这一策略的目标是，以己方的让步换取对方的让步，或强调己方的困难处境，以争取对方的谅解和给予一些让步。

三、平等地位策略

在商务谈判中，有时也可能出现谈判双方势均力敌的状态，谈判者的地位平等，双方都企图以势压人，以威慑人，往往无济于事。商务谈判中，均势条件又包含多种内容，不仅指企业的经济实力、声誉及市场形象，更多的是指对这次具体交易需求的迫切程度，即合作的内在驱动力，若大体相当，其合作可能性就很大。因此，在这种情况下，应以谋求合作和追求互利为前提。

(一)回避冲突策略

商务谈判是经济利益的协调过程，合作与冲突并存。不同的谈判，合作与冲突的对抗程度也不同。在相对平等条件下，合作可能性很大，尽可能回避冲突，扩大合作面，是这种条件下争取谈判成功的重要策略。但是，冲突总是存在的，在谈判中一旦把握不好，冲突就会扩展，形成很强的阻力，甚至出现僵局。为缓和矛盾，打破僵局，引导谈判向成功方向发展，商务谈判中常采用一些回避冲突的策略，主要有以下几种。

1. 休会策略

休会策略是谈判人员经常使用的一种基本策略。其主要内容是在谈判进行到一定阶段或遇到某些障碍时，谈判一方或双方提出休会一段时间，以便使谈判双方人员都有机会重新研究、调整对策和恢复体力。这是缓解矛盾，转变气氛的一种有效策略，也是实践中常用来缓冲的一种基本方法。

无论是主动休会，还是被动休会，都必须协商。一般由一方提出，经过对方同意。提出者不能在对方同意之前擅自离开谈判桌，那样做会影响双方关系，甚至导致谈判破裂。怎样才能取得对方的同意呢？提出建议的一方要把握好时机，看准对方的态度变化及相应休会需要，双方就会一拍即合；另外，要清楚委婉地讲清休会的原因。

在提出休会建议时，谈判人员还要注意以下几个问题。

(1) 要明确无误地让对方知道你有这方面的要求，最好说明双方都有必要性。

(2) 讲清休会的时间。休会时间的长短要视双方冲突的程度、人员精力疲惫状况以及一方要了解有关问题所需时间来确定。

(3) 提出休会和讨论休会时，避免谈过多的新问题或对方非常敏感的问题，以便创造消除紧张空气的时机。

在休会期间，双方谈判人员应集中考虑的问题，包括谈判到目前取得了哪些进展？还

第七章　商务谈判策略

有哪些方面有待深谈？双方分歧何在？是否有必要调整对策？是否要向上级或本部报告？双方只有在休会期间进行必要的准备，下轮谈判才会有成果。

2. 坦诚策略

坦诚策略，它的含义是指谈判人员在谈判中尽量开诚布公，使对方感受到己方的信任友好，促进通力合作，达成交易。

现代谈判理论认为，谈判是协调行为的过程，是追求双方各自需求满足的结合点。不应完全从自我立场出发，采取一系列谋略，使对方完全按我方设计的轨道运行。采取开诚布公的策略，坦诚告诉对方己方的某些真实意图，这往往是减少矛盾，回避冲突，促使对方通力合作的良好对策。事实上，人们在实际生活中，都希望别人相信自己，如果心怀叵测，又怎能指望别人以诚相待呢？要想别人相信你，首先应从自己做起，待人以诚，对方才会还你以义。古代经商就是以诚信为本，商务谈判也不例外，坦诚相见并不是不讲技巧，也不是完全不警惕对方的欺骗行为。过分"坦率"，有时是一种幼稚而愚蠢的行为。谈判中的坦诚策略，是以能获得"以心换心"为前提的。

这项策略目前颇受青睐。因为它有助于消除谈判双方的疑忌心理，营造诚挚友好的谈判气氛。但也应注意，坦诚不是和盘托出，更不是不分场合和人物。使用这种策略，最好是在探测阶段之后，因为你对谈判对手的意图风格和态度已有一定的了解，估计对方不是闪烁其辞和老奸巨猾之辈。在这种情况下就可使用坦诚策略。一般地说，能谈上十分之七八就够开诚布公了。

【案例 7-16】

某公司第一次制造电灯泡，董事长亲自召开各地代理商会议，介绍完新产品情况之后，说了一段大实话："经过多年来的研究和创造，本公司终于完成了这项对人类有很大用途的产品。虽然目前它还称不上是一流的产品，也只能说是第二流的，但是我仍要拜托在座的各位，以第一流产品的价格向本公司购买。"话音刚落，在座的代理商不禁哗然："董事长怎么会说出这样的话，我们又不是傻瓜，怎么会以第一流产品的价格去购买第二流的产品呢？董事长糊涂了吧……"大家满是疑惑。"各位，我知道你们一定会觉得很奇怪。但是，我仍然要再三拜托各位。"董事长坚持说。"那么，请说说你的理由吧。"代理商说道。"大家都知道，目前制造电灯泡可以称为一流的，全国只有一家而已。从这个角度说，我们算是垄断了整个市场。即使我们任意抬高价格，大家也仍然要去购买。是不是？如果这时有了同样优良的产品，但价格便宜一些的话，对大家来说不是一个福音吗？否则人们只能置于垄断价格的阴影之下。"董事长侃侃而谈，"为什么目前本公司只能制造二流的灯泡呢？这是因为本公司资金不足，无法在技术上突破。如果各位肯帮忙，以第一流产品的价格来购买本公司二流的产品，这样，我就会得到较丰厚的利润。我把这笔资金用于技术改造上，相信不久的将来，本公司一定可以制造出一流的产品来。到了那个时候，对大家都有利。但愿大家不断地支持，帮助本公司渡过难关。因此，我再次希望各位能以一流产品的价格，来购买这些二流的产品。"董事长感人肺腑的一席话，产生了极大的反响。谈判在热烈的掌声中结束，董事长获得了大家的支持。

(资料来源：席庆高. 商务谈判[M]. 成都：电子科技大学出版社，2013.)

3. 弹性策略

借用弹性来描述策略，是指在谈判中遇事留有充分余地的对策。讲话不能太满太死，要有灵活性。无论是陈述介绍，还是报价还价，都要留有余地，否则，会导致不必要的对抗。

这种策略实际上是"留一手"的做法。在商务谈判中，若对方向己方提出了某种你可以满足他的要求时，己方应该怎么办？这时应看到，即使己方能满足对方的全部要求，也不必痛快地全部或马上都应承下来，而宜首先用诚恳的态度，满足其部分要求，以留有余地备进一步讨价还价之用。这种策略也是一些谈判人员经常使用的策略。比如，在商务谈判实践中，常采用的一种"假设条件模式"就是弹性策略的具体应用。这种模式一般用"假如我们……贵方是否可能……"或这样讲："假如我方全部负责包装运输和安装，贵方是否可能提高订货数量？"或"如果我方再增加一倍的订货，价格会便宜吗？"或"如果我们自己检验产品质量，你们在技术上会有什么新的要求？"这样可使对方感觉有充分商量的余地。

弹性策略的有效使用，能使己方在谈判中有更大的伸缩和回旋余地，又使对方感到合情合理，还可机动地探测对方的意向，抓住有利契机，达成双方互惠互利的交易。

4. 转移策略

转移策略是指采用不要死盯在某一具体条款上的谈判对策。当在谈判的某一条款上快要出现僵局时，转移谈判的具体目标，特别是转移到双方容易统一的条款上，这对缓和气氛，回避冲突，具有一定的效果。

(二)情感策略

人是情感动物，谈判人员间通过多种渠道接触和沟通，不断增进双方的了解和友谊，这对谈判是一种无形的推动力。从国内外的商务谈判来看，情感策略被广泛应用，其具体做法多种多样，不拘一格，常见的有以下几种。

1. 私下交往策略

私下交往策略是指通过与谈判对手的个人接触，采用各种形式增进了解、联络感情、建立友谊，从侧面促进谈判顺利进行的策略。

私下交往的形式很多，比如电话联系、拜访、娱乐、宴请等，多在会外进行。

电话联系是私下交往的一种常用交际方式。打电话之前应做好准备，打好腹稿，选择好表达方式、语言声调，注意礼貌。无论在多么紧急的情况下，不可一旦接通即进行实质性交谈，而要先寒暄问候。

拜访一般是主方为联络感情、关照食宿、及时满足其生活需求，或表示尊重等而到客方住所所进行的拜望和访问。这种做法同我国传统的"住客看过客"是相同的，可分为礼节性拜访和事务性拜访。礼节性拜访不一定有预定的目的，交谈的范围可以很广，方式也可以多样；事务性拜访应事先商定时间，不可突如其来，或强求对方会见。拜访的时间一般不宜过长，通常要依对方谈话的兴致、情绪、双方观点是否一致等，适时告退。

共同娱乐是谈判双方人员为工作而交私人朋友的有效手段，如游览名胜、打球下棋、看戏娱乐等。

第七章　商务谈判策略

私下交往的形式有很多，但各国、各地区商人往往有独特的偏好。比如，日本人喜欢在澡堂一起洗澡闲谈；芬兰人乐于在蒸汽浴室一起消磨时间；而英国人则倾向于一同去绅士俱乐部坐坐；我国的广东人喜欢晨起在茶楼聊天。对于不同的谈判对手了解其习俗，兼顾其偏好，则更有利于联络感情。私下交往策略更适用于各方首席代表，它有许多好处。它不像正式谈判，可以无拘无束地交谈，气氛融洽灵活，特别是谈判桌上难以启齿求和时，在私下交往中就能轻松地把愿意妥协的意愿表达出来。此外，对于细节问题的研究，可以更加深入等。

采用这一策略时，也有许多注意事项。第一，小心谨慎，谨防失言，不要单方面地告白，免得泄露了己方的秘密；第二，在气氛友好的时候，也不能十分慷慨而丧失原则；第三，要提高警惕，因为，对方也会运用此策略，很可能在轻松的气氛里，在你没有防备的时候，轻易地使你相信了虚假的信息。

2. 润滑策略

润滑策略是指谈判人员为了表示友好和联络感情而互相馈赠礼品，以期取得更好的谈判效果的策略，西方人幽默地称之为"润滑策略"。

目前，由于文化习俗的差异，世界各国、各地区对馈赠礼品这一策略性活动的评价很不一致。西欧人大多数因信奉基督教，认为谈判与送礼是两种精神相悖的不同行为，故而往往持不赞成的观点。另一些国家和地区，则把送礼当作谈判工作中的一项重要准备内容，认为缺乏这项内容，谈判就不会顺利，生意也无从谈起。特别是日本人，他们素有互赠礼品的习惯，并把礼品视作友好、诚恳的象征。在这种情况下从事谈判的工作人员，是万万不可忽视馈赠礼品这门艺术的。

我国是礼仪之邦，在对外贸易活动中向外商适当地馈赠一些礼品，有助于增进双方的友谊，符合社会的正当习俗。在国内商务活动中，也并非绝对不能使用。但无论内外，都必须同行贿受贿区别开来。在对外谈判中接受外国人赠送的礼物，要严格执行外事纪律，按照规定交有关部门处理。"回扣"金钱、贵重物品非一般礼品，不能违纪违法收受。

润滑策略是一种敏感性、寓意性都较强的艺术，搞不好，效果会适得其反，因此，我们应该慎重对待。

3. 双赢式策略

双赢式策略，是一种合作性的谈判策略，即双方都在努力得到一个都愿意接受的处理结果。如果把双方的冲突看作是能够解决的，那么就能找到一个创造性的解决方法，从而加强了双方的地位，甚至会增强双方的关系。双赢式谈判的出发点是在绝不损害别人利益的基础上，取得己方的利益，因而又称谋求一致法或皆大欢喜法。

在许多情况下，谈判双方的利益不一定都是对立的，如果将谈判焦点由各方都要击败对方而转向双方共同解决存在的问题，那么最后双方都会努力满足自身的需要。然而，他们的真正需要是很少显露出来的，因为谈判者都尽量掩盖真情，不承认真情，所以谈判并不都是为了公开谈论的或争论的东西。无论是关于价格、服务、产品、土地特许权、利率等，都是如此。讨论的内容和方式是用来满足心理需要的，所有这一切才构成谈判过程。因此，为了达到自己的目的所采用的方式本身就可能满足了对方的一定需要。成功的谈判是利益的协调和共沾。

双赢式谈判策略主要涉及四个要点。①将人与问题分开；②将重点放在利益上而非立场上；③构思双方满意的方案，寻找双方有利的解决方法；④坚持客观标准。这四个要点可使谈判过程和满足需要通过合作方式实现，使双方获胜，皆大欢喜。

【案例7-17】

> 国外某市有一个广播电视修理商协会，长期生意不景气，很想寻找一条适合的途径扩大声势，发展规模，于是协会提出与电视台合作，经过协商，他们达成了这样的协议：电台为广播电视修理商协会免费做广告宣传。修理商则把电台的节目单张贴在修理铺的橱窗上，还保证所有修好的收音机都能收到该电台的节目。同时，还负责对所在地区进行调查，及时向电台反馈该地区电台广播情况。协议的结果是双方都获益。修理商协会得到电台免费提供的价值数万美元的广播宣传，而电台因此获得了更多的听众和信息。结果双方一直合作得很好。
>
> (资料来源：郭秀君. 商务谈判[M]. 北京：北京大学出版社，2008.)

4. 满足需要策略

谈判是致力于发现对方需要，表达己方需要的过程。双方的种种行为，无非是为了更好地满足双方的需要，从而能够达成协议。

需要的满足是一种双向的活动，己方欲满足自身的需要，必须让对方也满足他们的需要。双方通过一系列会谈，进行一系列让步，使双方的需要目标能够协调和吻合。只有这样，双方的需要才都能够满足，否则，任何一方的需要均不能满足。

需要的满足又是一种系统的整体行为。从需要的各个层次来讲，任何一个层次的需要在谈判中均不可忽视，偏废任何一个层次的需要，哪怕看起来很不起眼的需要，都会导致谈判的失败。

商务谈判尽管复杂而艰巨，但只要谈判者抓住需要这一核心，善于表达自己的需要，发现和满足对方的需要，就能更好地满足己方的需要，实现谈判目标！

5. 调和折中策略

在双方地位平等的条件下，经过双方调和折中后达成协议，这也是商务谈判中经常采用的策略，也即双方互相让步的策略。在谈判者向对手作出让步承诺的同时，他应该力争使对方在另一个问题上也向自己作出让步。理想的让步应是互惠、折中的让步。

为了实现折中让步，谈判者可以试探着做一次假设的以物易物的交换，"看，你想从我们手中得到这个东西，而我们想从你那里得到那个东西，假如我们从自己方面考虑一下这个问题，你们方面是否准备同样进行考虑呢？"这样，谈判者就把双方可能相互作出让步的两个问题联系在一起，并且建议说，这里可能有做点交易的余地。

当然，这种折中让步的示意方式显得直来直去，比较生硬，有经验的谈判者往往能找到更好的表达方式。比如，他会这样说："我们向贵方作出这一退让，已与公司政策相矛盾，在经理那儿也交不了差，因此，我们要求贵方必须在付款方式上有所松动，采用即期付款方式，这样我们也好对公司有个交代。"

在这种折中的让步中，高明的谈判人员善于在其强有力的部位进行突破，而同时送个顺水人情。

第七章　商务谈判策略

谈判者对于自己所付出的每一点小的让步，都应力争取得最大的回报。但是，在谈判中，要使谈话保持轻松和有伸缩性，否则，对方会发觉他在什么地方处了下风，从而更加坚持自己的立场。

第四节　应对谈判对手不同风格的谈判策略

谈判者由于文化、修养、性格及经历的不同，往往会表现出不同的谈判风格和特点。因此，这就要求谈判者根据谈判对手的不同风格，采取相应的策略。

一、对付"强硬型"谈判者的谈判策略

强硬型谈判者在谈判中，往往态度傲慢、自信，并且盛气凌人。对付这类谈判者的原则是避其锋芒，以弱制强，以柔克刚。在此，除了"沉默策略""忍耐策略""多听少讲策略"外，还可采用以下几种策略。

(一)以柔克刚策略

面对咄咄逼人的强硬型对手，己方可暂不作任何反应，以静观动，以忍耐沉默的"持久战"来削弱对方的锐气，待他乏力时，己方伺机反攻，变弱为强。

(二)争取承诺策略

强硬型的谈判者往往比较注重信誉，为此，他会对已经承诺的事情认真履行。所以，谈判中要利用各种方法，尽量争取对方对某项议题的承诺。有了这些承诺，就等于获得了有利的谈判条件。

(三)更换方案策略

谈判之前应准备多项方案，当最初提出的方案无法实施时，应及时更换备选方案。该策略不仅可以使己方有充分的时间去探索富有创造性的解决问题的方法，以使谈判能顺利地进行下去，同时，还可以防止己方接受不利的条件或失去符合己方利益的条件。

(四)"黑脸白脸"策略

该策略是把谈判班子分成两部分，一部分人扮"黑脸"，一部分人扮"白脸"。"黑脸"态度强硬、以刚克刚；"白脸"则保持沉默，观察对方反应，思谋对策。待谈判出现紧张气氛时，"白脸"出面缓和局面，一边劝阻自己的伙伴，一边指出这种局面的出现与对方是有很大关系的，如果谈判破裂于双方都是不利的。最后建议双方都做些让步。该策略具有软硬兼施、刚柔并济的作用。

【案例7-18】

美国总统克林顿前谈判顾问罗杰·道森，当他在加利福尼亚那家大型房地产公司担任总裁时，曾有一家分店一直在赔钱。那家分店当时大约开张了一年时间，但与房东签订的

租约是 3 年,也就是说,即便是赔钱,罗杰还要继续租两年时间。可无论如何努力,罗杰都没办法增加这家分店的收入,也没办法减少它的开支。按照合约,租金是每月 1700 美元,这项开销几乎耗尽了这家分店的全部利润。于是罗杰给房东打电话,向他解释了情况,希望他能够把房租降到每月 1400 美元,这样还可以有些薄利。房东回答道:"合约规定,你们还要续租两年,我也没办法。"罗杰用尽了所知道的各种谈判策略,还是没能让房东改变主意,似乎只能认命了。

最后,罗杰决定尝试使用黑脸白脸策略,同时还要在时间上给对方施加压力。几个星期之后,罗杰在早晨五点半给他打了个电话:"关于租约,"罗杰说道,"我要告诉你的是,我非常同意你的观点。我签了 3 年的租约,到现在还有 2 年时间,毫无疑问,我们必须按租约办事。可现在出了点问题。再过半个小时我就要和董事会碰面了,他们想让我问你是否愿意把租金减少到 1400 美元。如果你不答应,他们就会让我关掉这家分店。"

房东立刻表示抗议:"那样我就会把你们告上法庭。""我知道,我完全同意你的做法。"罗杰说,"而且我也完全支持你。可问题是,我必须向董事会交差。如果你威胁说要起诉,他们就会说,'好吧,让他告吧。这可是洛杉矶,即使他起诉,恐怕要两年时间才能立案。'从他的反应看来,罗杰的黑脸白脸策略立即产生了效果。只听他说道:"你愿意和他们交涉一下吗?我愿意把价格降到 1550 美元,如果他们还是不能接受,1500 美元也可以。"

看看,这种方法是多么有效,它可以在不导致任何对抗情绪的前提下给对方施加压力。如果罗杰当初告诉他"去告我吧。恐怕要两年时间才能立案"的话,结果又会怎样?他很可能会大发雷霆,双方很可能会在今后两年纠缠个没完没了。通过使用一个更高权威作为己方的黑脸,这样就可以在不惹怒对方的前提下给他制造巨大的压力。

(资料来源:景楠. 商务谈判[M]. 北京:对外经济贸易大学出版社,2014.)

二、对付"阴谋型"谈判者的谈判策略

在商务谈判中,有些谈判者为了满足自身的利益,常常会用一些谋略来迷惑对方,图谋达成不公平的协议。为了维护己方的正当利益,当碰上"阴谋型"谈判对手时,应采取以下几种策略。

(一)反车轮战策略

车轮战,是一种不断更换谈判对手,以使对方精疲力竭,从而迫使对方作出让步的策略。对付车轮战策略,就是反车轮战策略。其具体做法如下所述。

(1) 及时揭穿对方的诡计,敦促对方停止换人。

(2) 制造借口拖延谈判,直到原来的对手重新回到谈判桌上。

(3) 对更换上桌的谈判对手拒绝重复以前的陈述,而静坐听其"报告"。这样,一方面可以挫其锐气,另一方面也可给自己一个养精蓄锐的机会。

(4) 如果新上桌的对手否认过去的协定,己方也可以针锋相对地否认曾经许下的诺言。

(5) 在消极对抗中,不要放过新上桌对手的新建议,抓住有利时机及时签约。

(二)对付抬价策略

抬价,本是商务谈判中的常事。但"阴谋型"谈判者往往使用不合理的手段来抬价。比如,谈判双方已经商定好了价款,第二天却突然提出抬价。对付对方这一手的具体做法如下所述。

(1) 在讨价还价时,就要对方作出某种保证,以防反悔。
(2) 尽早争取对方在协议书或合同上签字,防止对方反悔或不认账。
(3) 如果发现对手的诡计,应及时揭穿,争取主动。
(4) 终止谈判。

三、对付"固执型"谈判者的谈判策略

固执型谈判者的特点往往表现为固执己见、不接受任何人的建议,一切按习惯、按规章制度、按领导意图办事。对付这样的谈判者可采取以下几种策略。

(一)先例旁证策略

固执型谈判者的观点不是不可改变,而是不易改变。先例旁证策略,就是针对对方所坚持的观点,用已有的先例来论证新建议、新方案的合理性和可行性,以使其转变观点。

(二)制造僵局策略

在商务谈判中出现僵局是令人不愉快的。但多次实践证明,人为地制造僵局,并把僵局作为一种威胁对方的策略,往往有利于己方的谈判。但在制造僵局时应考虑以下条件。

(1) 市场形势对己方有利。
(2) 让对方相信自己是有道理的,僵局是由对方造成的。
(3) 在制造僵局之前要制定出消除僵局的方案,以及完整的僵局"制造"方案。
(4) 制定消除僵局后的提案。

谈判人员应该牢记:制造僵局并不等于宣告谈判破裂;打破僵局的真正目的不是相互道歉,而是达成协议。

【案例 7-19】

> 一位港商利用某小厂非用他的原料不能生产的优势,企图控制这个小厂的命脉。这时该厂的库存原料只够维持半个月的正常生产,眼看就要停产待料,不过这种情况港商并不知道。就己方来说,愿意以合理的价格,真诚的态度与其合作。可是双方一接触,对方便非常傲慢,所谈话语无不以居高临下之势百般刁难,甚至有些话语伤害了己方感情。这个小厂的谈判代表见状先是退避三舍,然后突然拍案而起,指责对方道:"你如果没有诚意可以走了。你的货在市场上本来没有多大销路。我们的库存还够维持一年多的正常生产,而我们现在已经做好了一年以后转产,不再与你来往的准备。先生,请吧!"这种强硬的表达方式一时竟弄得对方手足无措。由于利益所在,对方窘态消失后,终于坐了下来与该厂代表开始了真诚的谈判。

(资料来源:习庆高. 商务谈判[M]. 成都:电子科技大学出版社,2013.)

(三)以守为攻策略

固执型谈判者总是在坚持其观点时陈述各种理由。对此，一方面必须耐心和冷静，仔细倾听对方的陈述，注意发现漏洞；另一方面针对对方的观点准备详细的资料，注意激发对手的兴趣，引导其需要，并利用其暴露出的漏洞与弱点，组织攻势，增强谈判的力度。

四、对付"虚荣型"谈判者的谈判策略

虚荣型谈判者的特点是自我意识较强，好嫉妒、爱表现，且对外界的暗示较敏感。对付这种对手，一方面可以适当地满足其虚荣心，另一方面要抓住对方的弱点，打开突破口，使对方妥协。具体可采取以下几种策略。

(一)投其所好策略

根据虚荣型谈判者的特点，在谈判中用一些他所熟悉的东西为话题，给他提供一个充分表现自我的机会，投其所好，使他的虚荣心得到满足，从而有利于削弱他抗衡的力度。同时，可通过对方的"自我表现"，了解和分析对方的实情。当然，还要提防对方表现的虚假性。

(二)顾全面子策略

对付爱虚荣的谈判者，千万不要伤害了他的面子，你对他越尊重他让步的可能性越大。

(三)强化制约策略

由于虚荣型谈判者多爱好大喜功，好说大话，抓住对方的这一弱点，对他承诺过的、说过的有利于己方的一切话，统统记录在案，必要时还可以用"激将法"要他本人以书面的形式来表示，或对达成的每一项协议都立字为证，以防他日后否认。

总之，谈判中的策略是多种多样的，要求谈判者在实践中灵活运用。生搬硬套某一策略，或者孤立地使用某一策略，都不会有好的效果。

本 章 小 结

商务谈判策略，是指在商务谈判活动中，谈判者为了实现某个预定的近期或远期目标，所采取的计策和谋略。它依据谈判双方的实力，纵观谈判全局的各个方面、各个阶段之间的关系，规划整个谈判力量的准备和运用，指导谈判的全过程。

商务谈判主要可分为开局阶段、磋商阶段和成交阶段。在商务谈判的不同阶段，谈判人员可以选择一些主导性的策略，制定不同的谈判方案。

在商务谈判过程中，由于谈判人员在素质、经济实力、拥有的信息量、准备的完善程度等方面存在着许多差异，因此，总会存在被动、主动和平等地位的区别。当谈判人员所处的地位不同时，应选择不同的谈判策略来实现自己的谈判目标。

第七章 商务谈判策略

自 测 题

1. 什么是商务谈判策略？
2. 在商务谈判的磋商阶段，可以采取哪些应对策略？
3. 当己方在谈判中处于被动地位时，采取哪些策略比较适宜？
4. 在商务谈判过程中，当己方遇到"强硬型"谈判对手时，应采取哪些应对策略？
5. 详述商务谈判开局阶段选择策略应注意的因素和可选择的主要策略。

案 例 分 析

中日索赔谈判

我国从日本 S 汽车公司进口大批 FP-148 货车，使用时普遍发现存在严重质量问题，致使我国蒙受巨大的经济损失。为此，我国向日方提出索赔要求。

9 月 30 日，中日双方在北京举行谈判。

首先是卡车质量问题的交锋。

日方深知，FP-148 汽车质量问题是无法回避的，他们采取避重就轻的策略：如有的车轮胎炸裂，电路有故障，铆钉震断，有的车架偶有裂纹……

果不出我方所料，日方言词谨慎，所讲的每一句话都是经过反复推敲的。毕竟质量问题与索赔金额有必然的联系。我方代表用事实给予回击：贵公司的代表都到过现场，亲自查看过，经商检和专家小组鉴定，铆钉非属震断，而是剪断的；车架出现的不仅仅是裂纹，而是裂缝、断裂！而车架断裂不能用"有的"或"偶有"，最好还是用比例数来表达，则更为严谨科学、准确……

日方砰然一震，料不到对手如此精明，连忙改口："请原谅，比例数字未做准确统计！"

"贵公司对 FP-148 货车质量问题能否取得一致看法？""当然，我们对贵国实际情况考虑不够……""不，在设计时就应该考虑到中国的实际情况，因为这批车是专门为中国生产的。至于我国道路情况，诸位先生们已经查看过，我们有充分理由否定那种属中国道路不佳所致的说法。"

室内烟雾弥漫，谈判气氛趋于紧张。

日方转而对这批车损坏程度提出异议："不至于损坏到如此程度吧？这对我们公司来说，是从未发生过，也是不可理解的。"

我方拿出商检证书："这里有商检公证机关的公证结论，还有商检拍摄的录像，如果……不，不，不！对商检公证机关的结论，我们是相信的，无异议，我们是说贵国能否作出适当的让步。否则，我们无法对公司交代。"

在 FP-148 货车损坏归属问题上取得了一致的意见。日方一位部长不得不承认，这属于设计和制作上的质量问题所致。

初战告捷，但是我方代表深知更艰巨的较量还在后头。索赔金额的谈判才是最根本性的问题。

我方一代表，专长经济管理和统计，精通测算。在他的纸笺上，在大大小小的索赔项目旁，布满了密密麻麻的阿拉伯数字。这就是技术业务谈判，不能凭大概，只能依靠科学准确的计算。根据多年的经验，他不紧不慢地提出："贵公司对每辆车支付加工费是多少？这项总额又是多少？"

"每辆 10 万日元，计 58 400 万日元。"日方又反问："贵国提价是多少？"

"每辆 16 万零 1 日元，此项共计 95 000 万日元。"

久经沙场的日方主谈淡然一笑，与助手耳语了一阵，神秘地看了一眼中方代表，问："贵国报价的依据是什么？"我方将车辆损坏的各部件、需要如何维修加固、花费多少工时，逐一报出单价。"我们提出这笔加工费不高，如果贵公司感到不合算，派员维修也可以。但这样一来，贵公司的耗费恐怕是这个数的好几倍。"

日方对此测算叹服了："贵方能否再压一点？"

"为了表示我们的诚意，可以考虑。贵公司每辆出多少？""12 万日元。"

"13 万如何？"

"行。"

这项费用日方共支付 77 600 万日元。

中日双方争议最大的项目，间接经济损失赔偿金，金额高达几十亿日元。

日方在谈判这项损失费时，也采取逐条报出的方式。每报完一项，总要间断地停一下，环视一下中方代表的反映，仿佛给每一笔金额数目都要圈上不留余地的句号。日方提出支付 30 亿日元。

我方代表琢磨着每一笔报价的奥秘，把那些"大概""大约""预计"等含糊不清的字眼都一一挑了出来。指出里面埋下的伏笔。

在此之前，我方有关人员昼夜奋战，液晶体数码不停地在电子计算机的荧光屏上跳动着，显示出各种数据。在谈判桌上，我方报完了每个项目和金额后，讲明这个数字测算的依据，在那些有理有据的数据上，打的都是惊叹号。最后，我方提出赔偿间接损失费 70 亿元！

日方代表听了这个数字之后，惊得目瞪口呆，老半天说不出话来，连连说："差额太大。差额太大！"于是，进行无休止地报价、压价。

"贵国提的索赔额太高，若不压半，我们会被解雇的。我们是有妻儿老小的……"日方代表哀求着。

"贵公司生产如此低劣的产品，给我国造成多大的经济损失啊！"继而我方又安慰道："我们不愿为难诸位代表。如果你们做不了主，请贵方决策人来与我们谈判。"

双方各不相让，只好暂时休会。

即日，日方代表接通了北京通往日本 S 汽车公司的电话，与公司决策人秘密谈了数小时。

接着，谈判又开始了。先是一阵激烈的鏖战，继而双方一言不发，室内显得很沉闷。

我方代表打破僵局："如果贵公司有谈判的诚意，彼此均可适当让步。"

"我公司愿意付 40 亿日元，这是最高突破数了。"

"我们希望贵公司最低限度必须支付 60 亿日元。"

这样，使谈判又出现了转机。但差额毕竟是 20 亿日元的巨额啊！后来，双方几经周折，提出双方都能接受的方案：中日双方最后的各报金额相加，然后除以二，等于 50 亿日元。

除上述两项达成协议外，日方愿意承担下列三项责任：①确认出售到中国的全部 FP-148

第七章　商务谈判策略

型卡车为不合格品，同意全部退货，更换新车；②新车必须重新设计试验，精工细作和制造优良，并请中国专家试验和考察；③在新车未到之前，对旧车进行应急加固后继续使用，日方提供加固件和加固工具等。

一场罕见的大索赔案终于公正地交涉成功了！

(资料来源：汪遵瑛. 商务谈判[M]. 上海：复旦大学出版社，2012.)

思考题：
1. 列出此案例中中方运用了哪些策略？
2. 分析中方运用的谈判策略的特点及使用该策略的条件。
3. 对中方运用的谈判策略，你认为可以采取哪些策略应对，为什么？

阅 读 资 料

建立良好谈判气氛的行为忌讳

1. 缺乏自信而举止慌乱

商务谈判中的一方缺乏达成协议获得己方利益的信心，从举止表现出来的慌乱，对方一看就知，这在商务谈判中是忌讳的。缓解的办法是减轻内心的压力，理清思路，不急于发言，身体端正，目光远视，沉默不语几分钟，有一种"以不变应万变"的气派，克制住慌乱举止。

2. 急于接触实质性问题

商务谈判中实质性的问题就是谈判目标中己方利益的实现。在谈判时一定要严格遵守商务谈判的程序，谈判人员见面时，双方人员还不熟悉，有的人刚入座，有的还在摆放资料。作为主谈人应从容不迫、藏而不露，从谈判人员更不可轻举妄动，不能没说几句话就单刀直入地询问对方的报价或还价，甚至自己一开口就报价，"你行不行？不行，我就走。"这样的行为只能导致谈判失败或失利，而得不到己方应有的利益。

3. 过早地对对方的意图形成固定的看法

谈判双方刚见面，洽谈正要开始，己方谈判人员不能将对方的交易条件作为"盾"，而把己方的交易条件作为"矛"去攻，固定对方的报价或还价就框死了己方。要始终记住，谈判双方的资格是平等的，交易条件虽不等价，但是是一种公平交易。己方谈判人员一定要克服自卑心理，对对方的意图要分析，有的是真的，有的还有"水分"，有的可能内涵并未表示出来，就是对方的真实意图，也是可以改变的。高明的谈判能手一开始就要置对方意图于不顾而不断去改变它，保证己方利益的实现。

(资料来源：袁革. 商贸谈判[M]. 北京：中国商业出版社，1995.)

第八章　商务谈判中僵局的处理

【学习要点及目标】

通过本章的学习，使学生认识商务谈判中僵局的类型、产生原因和应对原则，掌握谈判僵局的处理方法，了解突破谈判僵局的主要策略和技巧。

【引导案例】

> 赵林是一家小型企业的销售代表，该厂为某家大型企业的一种新产品生产配套零件。有一天赵林为推销产品去见客户。客户看了报价单，一字一句地说："你们的产品的确非常出色，就是价格太高，在你之前已经有两家企业找过我，产品功能基本相同，但价格比你的低，我们经理的目标价格是每个零件7元，如果你坚持要价8元，我们之间没有合作的可能。"大型企业的理由是每个零件超过7元，就很难迅速占领市场，小型企业的理由是每个零件如果低于8元，企业就会亏损，此时双方的谈判陷入了僵局。
>
> 赵林并没有马上放弃，根据他的经验判断，双方的分歧是出在价格上面，但是客户已经认可了自己的产品，说明还有达成交易的机会。表面上看，双方都要维护自己的利益，实际上，做成买卖是双方的共同愿望，买卖做不成，双方都谈不上利益。在这种情况下，他知道价格谈不拢只是一次普通的相持，此时一定要努力地寻找解决的办法。
>
> 于是，赵林就先把价格的事情暂时放在一旁，而是改谈交货期、付款方式等其他问题，并耐心地介绍了该小型企业的信誉、该产品的与众不同之处等，充分交换了意见后，双方终于在价格上都作出一定幅度的让步，最后以每个7.3元达成了协议。这样的结果，小型企业也因此与大型企业建立了长期的合作关系。
>
> (资料来源：方其，冯国防. 商务谈判——理论、技巧、案例[M]. 北京：中国人民大学出版社，2008.)

从以上案例可以看出，商务活动中谈判僵局是很常见的，案例中赵林的得当处理使双方都得到一个满意的结果，开展了友好合作；而实际谈判中很多僵局由于处理不当，不但使一次生意失败，还可能导致双方合作关系的破裂，甚至影响到谈判者的职业生涯。因此，对谈判僵局的认识和处理显得尤为重要。

第一节　僵局的类型、成因和处理原则

在商务谈判过程中，经常会因各种各样的原因，使谈判双方相持不下、互不相让。应该说，这种现象是比较客观和正常的，诸如相互猜疑、意见分歧、激烈争论等现象，在争取利益的较量中也比较常见。但是，对这些问题如果处理不当，谈判双方无法缩短彼此的距离，形成僵局，就会直接影响谈判工作的进展。

第八章　商务谈判中僵局的处理

一、商务谈判中僵局的类型

(一)狭义谈判中的僵局类型

多数人认为,谈判就是交换意见,达成一致看法,签订协议的过程,这是对谈判在狭义上的理解。从这种狭义的角度来理解谈判,那么其僵局的种类不外乎谈判初期僵局、中期僵局和后期僵局三种。

在谈判初期,主要是双方彼此熟悉、了解、营造融洽气氛的阶段,双方对谈判都充满了期待。但是如果由于误解,或由于某一方谈判前准备工作不够充分等,使另一方感情上受到伤害,就会导致僵局的出现,以至于使谈判匆匆收场。在谈判中期,即谈判的实质性阶段,双方需要就有关技术、价格、合同条款等交易内容进行详尽地讨论、协商。在合作的背后,客观地存在着各自利益上的差异,这就可能使谈判暂时向着使双方难以统一的方向发展,产生谈判中期的僵局,而且中期僵局常常具有此消彼长、反反复复的特点。有些中期僵局通过双方之间重新沟通,使矛盾迎刃而解,有些则因双方都不愿在关键问题上退让而使谈判长时间拖延,问题悬而难解。因此,中期是僵局最为纷繁多变的,也是谈判破裂经常发生的阶段。谈判后期是双方达成协议的阶段。在已经解决了技术、价格等关键性问题之后,还有验收程序、付款条件等执行细节需要进一步商议,特别是合同条款的措辞、语气容易引起争议。但是谈判后期的所谓僵局不像中期那样难以解决,只要双方互相做些让步便可顺利结束谈判。需要指出的是,后期阶段的僵局也不容轻视,如果掉以轻心,有时仍会出现重大问题甚至使谈判前功尽弃。因为到了后期,虽然双方的总体利益及其各自利益的划分已经通过谈判确认,但是只要正式的合同尚未签订,就可能仍有未尽的权利、义务、责任、利益和其他一些细节尚需确认和划分,因此,不可疏忽大意。

(二)广义谈判中的僵局类型

谈判不仅仅是从交换意见到签订合作协议的过程,而是自始至终贯穿于整个合作的全过程。在商务谈判中,双方观点、立场的交锋是持续不断的,当利益冲突变得不可调和时,僵局便出现了。所以,从广义上讲,僵局是伴随整个合作过程随时随地都有可能出现的。项目合作过程可分为合同协议期和合同执行期。因此,谈判僵局也应相应地分为协议期僵局和执行期僵局两大类。协议期僵局是双方在磋商阶段意见产生分歧而形成的僵局;执行期僵局是在执行项目合同过程中,双方对合同条款理解不同而产生的分歧或出现始料未及的变化而把责任有意推向他人,抑或一方未能严格履行协议引起另一方不满等,由此而引起的责任分担不明确的争议。这就是从广义角度上理解的僵局。

(三)谈判内容中的僵局类型

谈判内容不同,谈判僵局的种类也不同。也就是说,不同的谈判主题会出现不同的谈判僵局。一般来讲,不同的标准,不同的技术要求,不同的合同条款,不同的项目合同价格、履约地点、验收标准、违约责任等,都可以引起不同内容上的谈判僵局。需要指出的是,在所有可能导致谈判僵局的谈判主题中,价格是最为敏感的一种,是产生僵局频率最高的一种诱因。因此，从内容上讲，不论是国内还是国际商务谈判，价格僵局是经常出现的。

二、商务谈判中僵局的成因分析

(一)立场争执

【案例 8-1】

> 在立场上纠缠不清往往不能达成明智的协议，关于这一问题有一个很典型的历史事件，就是肯尼迪总统时期美苏全面禁止核试验的谈判。当时主要的问题是美苏双方每年允许对方到自己境内被怀疑有核试验活动的地区检查多少次？苏联方面当时最后提出的是 3 次，而美国坚持最少 10 次。由于立场问题，谈判就此破裂。而双方当时都忽略了一个问题，也就是检查是指 1 个人四处看 1 天呢，还是 100 个人不加选择地检查 1 个月？双方都没有在设计检查程序上动脑筋，使它既满足美国在核查方面的利益，又能满足尽可能减少对方干预本国的愿望。
>
> (资料来源：哈佛公开课研究会. 哈佛谈判课[M]. 北京：中国铁道出版社，2016.)

这是一个由立场型争执导致谈判出现僵局的典型例子。在例子中不难看到，产生僵局的首要原因就在于双方所持立场观点的不同，因而产生争执，形成僵局。

谈判过程中，如果对某一问题各持自己的看法和主张，并且谁也不愿作出让步时，往往很容易产生分歧，争执不下。双方越是坚持自己的立场，双方之间的分歧就会越大。这时，双方真正的利益就会被这种表面的现象所掩盖，而且为了维护各自的面子，双方非但不愿作出让步，反而会用顽强的意志来迫使对方改变立场。因此，谈判就会变成一种意志力的较量，谈判自然陷入僵局。

经验证明，谈判双方在立场上关注越多，就越不能注意调和双方利益，也就越不可能达成协议，甚至谈判双方都不想作出让步，或以退出谈判相要挟，这就更增加了达成协议的困难。而拖延谈判时间，容易致使谈判一方或双方丧失信心与兴趣，最终使谈判以破裂而告终。所以，纠缠于立场型争执是低效率的谈判方式，它撇开了双方各自的潜在利益，不容易达成明智的协议，而且由于久争不下，还会直接伤害双方的感情，谈判者要为此付出巨大代价。可惜的是，对于谈判者来讲，立场型争执是他们在谈判中最容易犯的错误，由此造成的僵局也是最常见的一种。

(二)成交底线的差距较大

在许多商务谈判中，即使双方都表现出十分友好、坦诚与积极的态度，但是如果双方谈判方案中所确定的成交底线差距太大，对各自利益的预期也有很大差距，而且这种差距很难弥合时，谈判就会陷入僵局，而且这种僵局难以处理，基本都会以谈判失败或破裂而告终。举个简单的例子，当你走进一家汽车商店，看见一辆标价 10 000 美元的红色敞篷轿车，你情不自禁地想买下来。但你手上只有 8 000 美元，并且你最多也只愿付这个数，因而你与店主开始讨价还价，你调用一切手段想证明你非常渴望得到这辆车，并运用各种技巧让店主相信你的出价是合理的。你达到了被理解的目的，可是店主只愿打 5%的折扣，并告

第八章 商务谈判中僵局的处理

诉你这是他的最优惠条件了。这时谈判已陷入僵局,其实谁也没有过错,从各自的角度看,双方坚持的成交条件也是合理的。只要双方都想从这桩交易中获得所期望的好处而不肯进一步让步时,那么这桩交易就是没希望成功的。究其原因,就是双方成交底线差距太大。

(三)一方采取强迫姿态

强迫对于谈判来说是具有破坏性的,因为强迫意味着不平等、不合理,意味着恃强欺弱,这是与谈判的平等原则相悖的,是与"谈判不是一场竞技赛""成功谈判最终造就两个胜利者"的思想相悖的。然而,谈判中,人们常常由于有意无意地采取强迫手段而使谈判陷入僵局,特别是涉外商务谈判,不仅存在经济利益上的相争,还有维护国家、企业及自身尊严的需要。因此,某一方越是受到逼迫,就越是不会退让,谈判的僵局也就越容易出现。

(四)人员素质较低

俗话说:"事在人为。"人的素质因素永远是引发事由的重要因素。谈判也是如此。谈判人员的素质不仅是谈判能否成功的重要因素,而且对合同的执行及双方能否长期合作都具有决定性作用。

事实上,仅就导致谈判僵局的因素而言,不论是何种原因,在某种程度上都可归结为人员素质方面的原因。但是,有些僵局的产生,却往往很明显地由于谈判人员的素质不佳,如使用一些策略时,因时机掌握不好或运用不当,导致谈判陷入僵局;或对谈判所涉及的专业知识掌握不够,使谈判过程受阻等。因此,无论是谈判人员作风方面的原因,还是知识经验、策略技巧方面的不足,都可导致谈判陷入僵局。

(五)沟通障碍

由于谈判本身就是靠"讲"和"听"来进行沟通的。事实上,即使一方完全听清了另一方的讲话内容并正确地理解,而且也能够接受这种理解,但这仍不意味着就能够完全把握对方所要表达的思想内涵。谈判双方信息沟通过程中的失真现象是常常发生的事。实践中,由于双方信息传递失真使双方之间产生误解而出现争执,并因此陷入僵局的现象屡见不鲜。这种失真可能是口译方面的,也可能是合同文字方面或双方文化上的差异。

信息沟通本身,不仅要求真实、准确,而且还要求及时迅速。但谈判实践中却往往由于未能达到这一要求而使信息沟通产生障碍,从而导致僵局。这种信息沟通障碍就是指双方在交流彼此情况、观点,洽商合作意向、交易的条件等的过程中所能遇到的由于主观与客观的原因所造成的理解障碍,主要表现为双方文化背景差异所造成的沟通障碍;由于职业或受教育程度等所造成的一方不能理解另一方的沟通障碍;以及由于心理原因造成的一方不愿接受另一方意见的沟通障碍等,这些都可能使谈判陷入僵局。

【案例8-2】

我国曾获得一笔世界银行某国际金融组织贷款,用以建筑一条二级公路。按理说,这对于我国现有的筑路工艺技术和管理水平来说,是一件比较简单的事情。但是,负责这个项目的某国际金融组织官员,却坚持要求我方聘请外国专家参与管理,这就意味着我方要大大增加在这个项目上的开支,于是,我方表示不能同意。我方在谈判时向该官员详细介绍了我们的筑路水平,并提供了有关资料,这位官员虽然提不出疑义,但因为以往缺乏对中国的了解,或是受偏见的支配,他不愿意放弃原来的要求,这时谈判似乎已经陷入了僵局。为此,我方就特地请他去看了我国自行设计建造的几条高水准公路,并由有关专家进行详细的说明与介绍。正所谓百闻不如一见,心存疑虑的国际金融组织官员这才总算彻底信服了。

(资料来源:刘瑶. 谈判胜负手[M]. 北京:煤炭工业出版社,2018.)

(六)外部环境发生变化

谈判中因环境变化,谈判者对己方作出的承诺不好食言,又无意签约,而是采取了不了了之的拖延战术,使对方忍无可忍,造成僵局。比如,市场价格突然变化,如按双方洽谈的价格签约,必然会给一方造成较大的损失,若违背承诺又担心对方不接受,此时便可故意拖延,使谈判陷入僵局。

三、处理和避免僵局的原则

(一)理性思考

真正的僵局形成后,谈判气氛就会随之紧张,这时双方都不可失去理智,任性冲动。必须明确冲突的实质是双方利益的矛盾,而不是谈判者个人之间的矛盾,因此,要把人与事严格区分开来,不可夹杂个人情绪的对立,以致影响谈判气氛。

(二)协调好双方利益

当双方在同一问题上发生尖锐对立,并且各自理由充足,均无法说服对方,又不能接受对方的条件时,就会使谈判陷入僵局。这时应认真分析双方的利益所在,只有兼顾双方的利益才有可能打破僵局。双方应从各自的目前利益和长远利益两个方面来考虑,对双方的目前利益、长远利益目标进行调整,寻找双方都能接受的平衡点,以便最终达成谈判协议。因为如果都追求目前利益,可能失去长远利益,这对双方都是不利的。只有双方都作出让步,协调双方的利益关系,才能保证双方的利益都得到实现。

(三)欢迎不同意见

不同意见,既是谈判顺利进行的障碍,也是一种信号,它表明实质性的谈判已经开始。如果谈判双方就不同意见互相沟通,最终达成一致,谈判就会成功在望。因此,作为一名谈判人员,不应对不同意见持拒绝和反对的态度,而应持欢迎和尊重的态度。这种态度会使我们更加平心静气地倾听对方的意见,掌握更多的信息和资料,也体现了一名谈判者应有的宽广胸怀。

(四)避免争吵

争吵无助于矛盾的解决,只能使矛盾激化。如果谈判双方发生争吵就会使双方对立情绪加剧，从而很难打破僵局、达成协议。即使一方在争吵中获胜，另一方无论从感情上还是心理上都很难接受这种结果，谈判仍有重重障碍。所以，一名谈判高手是通过据理力争，而不是和别人大吵大嚷来解决问题的。

(五)正确认识谈判僵局

许多谈判人员把僵局视为谈判失败，企图竭力避免它。在这种思想指导下，不是采取积极的措施加以缓和，而是消极躲避。在谈判开始之前，就祈求能顺利地与对方达成协议完成交易，别出意外，别出麻烦。特别是当他负有与对方签约的使命时，这种心情就更为迫切。这样一来，为避免出现僵局，就时时处处迁就对方，一旦陷入僵局，就会很快失去信心和耐心，甚至怀疑自己的判断力，对预先制订的计划也产生了动摇。这种思想阻碍了谈判人员更好地运用谈判策略，结果可能会达成一个对己不利的协议。

应该看到，僵局出现对双方都不利。如果能正确认识，恰当处理，会变不利为有利。我们不赞成那种把僵局视为一种策略，运用它胁迫对手妥协的办法，但也不能一味地妥协退让。这样，不但僵局避免不了，还会使自己十分被动。只要具备勇气和耐心，在保全对方面子的前提下，灵活运用各种策略和技巧，僵局就不是攻克不了的堡垒。

(六)语言适度

语言适度是指谈判者要向对方传递一些必要的信息，但又不透露己方的一些重要信息，同时积极倾听。这样不但和谈判对方进行了必要的沟通，而且可以探听出对方的动机和目的，营造出对等的谈判氛围。

第二节　僵局的处理方法

一、应对潜在僵局的方法

当谈判双方出现分歧，有了僵局的苗头，就会形成潜在僵局。这时事态有可能进一步发展形成僵局，也可能因谈判人员对僵局的预警和处理能力较强，而将潜在僵局控制在萌芽状态。处理潜在僵局的方法有下面几种。

(一)先肯定局部再全盘否定

当谈判者对于对方的意见和观点持不同的看法，或是发生分歧时，在发言中首先应对对方的观点和意见中的一部分略加肯定，然后以充分的论据和理由间接委婉地全盘否定。

(二)用对方的意见去说服对方

这是指谈判者直接或间接地利用对方的意见去说服对方，促使其改变观点。例如，卖方对买方说："贵方要货数量虽大，但是要求价格的折扣幅度太大了，服务项目也要求过多，这样的生意实在是太难做了。"需方便可以这样去说服对方："您说的这些问题都很实际，正像您刚才说的那样，我们要货数量大，这是其他企业根本无法与我们相比的，因此，我们要求价格折扣幅度大于其他企业也是可以理解的嘛，是正常合理的。再说，以后我们会成为您的主要的长期合作伙伴，而且您还可以减少对许多小企业的优惠费用。从长远看，咱们还是互惠互利的。"

(三)反问劝导法

所谓反问劝导法，就是面对对方的过分要求，提出一连串问题，这一连串问题足以使对方明白你不是一个可以任人欺骗的笨蛋。不论对方回答或不回答这一连串问题，也不论对方承认或不承认，都已经使他明白他提的要求太过分了。

【案例8-3】

例如，在一次中国关于某种农业加工机械的贸易谈判中，中方主谈面对日本代表高得出奇的报价，巧妙地采用了反问劝导法来加以拒绝。中方主谈一共提出了四个问题。
(1) 不知贵国生产此类产品的公司一共有几家？
(2) 不知贵公司的产品价格高于贵国某品牌的依据是什么？
(3) 不知世界上生产此类产品的公司一共有几家？
(4) 不知贵公司的产品价格高于某品牌(世界名牌)的依据又是什么？
这些问题使日方代表非常吃惊。他们不便回答也无法回答，他们明白自己报的价格高得过分了，就设法自找台阶，把价格大幅度地降了下来。

(资料来源：易开刚. 现代商务谈判[M]. 上海：上海财经大学出版社，2006.)

(四)条件对等法

直截了当地拒绝对方的要求必然会恶化双方的关系。不妨在拒绝对方前，先要求对方满足你的条件。如果对方能满足，则你也可以满足对方的要求；如果对方不能满足，那你也无法满足对方的要求。这就是条件对等法。这种条件对等法往往被外国银行的信贷人员用来拒绝向不合格的发放对象发放贷款。这是一种留有余地的拒绝方式。银行方面的人绝不能说借贷的人"信誉不可靠"或"无还款能力"等，那样既不符合银行的职业道德，也意味着断了自己的财路。说不定银行方面万一看走了眼，这些人将来飞黄腾达了呢？所以，银行方面的人往往用条件对等法来拒绝不合格的发放对象，这样既拒绝了对方，又能让双方不伤和气。

(五)舍弃枝节、抓住重点

在交锋的过程中，常会出现这样的情形：如果一方宣布坚持强硬的立场，另一方很可能会批评和拒绝；如果一方批评另一方的建议，另一方就会防御和坚守；如果一方进行人身攻击，另一方就会采取措施反击。这样往往使一方处于被动，被动适应对方，在对方的牵制下不知所措，沿着对方的思路走。毫无疑问，这样做的结果会使双方陷入攻击与防御的恶性循环中。

在这种情形下，应主动设局避免被动适应。具体的办法是当一方肯定地提出他的观点时，另一方不要加以拒绝；当一方否定另一方的构想时，另一方也不要防御。而要把对方的攻击带到旁边并且把话题引到谈判的核心问题上，把对方的注意力引到利益的探讨上。

第八章　商务谈判中僵局的处理

要构思互有收获的方案,以及寻找客观的标准,寻找解决问题的最佳途径。这样舍弃争执的枝节,抓住问题的重点,才能使谈判事半功倍。

二、应对情绪性僵局的方法

情绪性僵局是指由于谈判双方感情上不融洽,表现为情绪性的对立,从而使谈判无法进行下去,形成对立的局面。由于谈判双方在立场、观点或性格、习惯等方面存在客观的差异,而这些差异往往会演变成一定的情绪在谈判中表现出来,处理不好就会形成僵局。面对这种情绪性谈判僵局,如何妥善处理,是直接关系到谈判效果的大问题。妥善处理情绪性僵局,关键是设法缓和对立情绪,弥合分歧,使谈判出现转机,推动谈判进行下去。其具体的做法主要有下面几种。

(一)转移论题

尽量在多个点上一起开始谈判,将谈判的面扩展得广一些。若在某一个问题上导致僵局,则可先撇开争执的问题,去谈另一个问题,而不是盯住一个问题不放,不要采取不谈妥一个问题誓不罢休的做法。例如,在价格问题上双方互不相让,僵住了,可以先暂时搁放一旁,改谈交货期、付款方式等其他问题。如果在这些议题上对方感到满意了,再重新回过头来谈价格问题,阻力就会小一些,商量的余地也就更大些,从而弥合分歧,使谈判出现新的转机。

(二)投其所好,改变气氛

这种谈判技巧和方法的基本思路,就是通过将话题转移到对方感兴趣的内容,改变和缓和谈判的气氛,使双方在崭新和优良的谈判氛围里重新讨论有争议的问题,便于谈判双方达成协议。这是一种以积极的态度扭转谈判局面的谈判技巧和方法。

【案例8-4】

福克兰是美国鲍尔温交通公司的总裁,在他年轻的时候,由于他成功地处理了公司的一项搬迁业务而青云直上。当时,他是该公司机车厂的一名普通职员,在他的建议下,公司收购了一块地皮,准备用来建造一座办公大楼,而这块地皮上原来居住的100多户居民都得因此而举家搬迁。但是居民中有一位爱尔兰老妇人,却首先跳出来与机车厂作对。在她的带领下,许多人都拒绝搬走,而且这些人抱成一团,决心与机车厂周旋到底。

福克兰对公司说:"如果我们建议通过法律手段来解决这个问题,就费时费钱。但我们更不能用强硬的手段去驱逐他们,这样我们将会增加许多仇人,即使大楼建成,我们也将不得安宁。这件事还是交给我去处理吧!"福克兰找到这位爱尔兰老妇人时,她正坐在房前的石阶上。福克兰故意在老妇人面前忧郁地走来走去,以引起老妇人的注意。果然,老妇人开口说话了:"年轻人,你有什么烦恼?"福克兰走上前去,他没有直接回答老妇人的问题,而是说:"您坐在这里无所事事,真是太可惜了。我知道您具有非凡的领导才干,实在可以成就一番大事。听说公司将建造一座新大楼,您何不劝劝您的老邻居们,让他们找一个安乐的地方永久居住下去,这样,大家都会记住您的好处。"福克兰这几句看似轻描淡写的话，却深深地打动了老妇人的心。不久，她就变成了全费城最忙碌的人。她到处寻觅住房，指挥他的邻居搬迁，把一切办得稳稳妥妥的。而公司在搬迁过程中，仅付出了原来预算代价的一半。

案例中福克兰将搬迁的话题转移到领导邻居选择新的居住地，成为邻居中的领导者这一令老妇人感兴趣的方面，使谈判僵局得以化解，谈判结果使双方都很满意。

(资料来源：范红. 浅析商务谈判中僵局及其破解技巧[J]. 速读. 2004 (5).)

(三)视而不见

对于态度蛮横的谈判对手，可以尽可能漠视他的傲慢态度，要么装作没听见，要么不发表任何意见，要么绕过去，要么要求对手"再说一遍"。

(四)幽默处理

在谈判中运用幽默技巧，可以使谈话气氛更加轻松活跃，提高双方人员谈判或继续谈判的兴致。幽默至少可以缓解紧张情绪，可以使冷淡、对立、紧张、一触即发的谈判气氛变为积极、友好、和谐的谈判气氛；可以使对方不失体面地理解、叹服你的劝慰，接受你的观点；可以帮助你巧妙地摆脱所处的不利地位，转而处于有利或稍微有利的地位；可以促使对方认同你的态度，欣赏你的修养，为下一步谈判打下良好的基础。

【案例8-5】

1984年秋天，我国外交部副部长周南和英国代表伊文思就香港主权的收复问题再次举行会谈。在谈判之初，周南笑着对英方代表说："现在已经是秋天了，我记得上次大使先生是春天前来的，那么就经历了三个季节了：春天、夏天、秋天——秋天是收获的季节。"表面上看，周南是就英方代表来华的时间，进行关于自然现象的闲谈，但对话双方都明白，此话暗含着另外一层意思：谈判已进行了很长一段时间，到了该得出明确结论的时候了。周南这番话讲得自然得体，不仅融洽了气氛，还表明了我方的意向和决心。

(资料来源：幽默沟通学：零距离制胜的口才秘籍[M]. 北京：中国华侨出版社，2013.)

运用幽默技巧应注意的问题有：第一，幽默要适宜，要与谈判对象、环境等相结合，在幽默的氛围中获得最佳效果。幽默应因人、因事、因地、因时而发。幽默要力求内容健康而不落俗套，寓意含蓄而不晦涩，语言风趣而不庸俗。第二，不要在幽默中加进嘲笑的成分。商务谈判中幽默的运用，要建立在对谈判对方尊重的基础上。幽默应该是善意的、友好的、发自内心的，其目的更多的是为了活跃谈判气氛，而不要含有对谈判对方嘲笑的成分或拿对方的"病处""痛处"开玩笑。要做到调皮而不风凉，委婉而不悲观，尖锐而不刻薄，否则获得的效果可能与你的初衷南辕北辙。第三，将自己作为幽默的对象，笑谈自己，以增强己方的吸引力。这实际上是一种漫画式的夸大其词。在笑谈自己时，对自己表面的无大碍的某些缺陷、弱点进行夸大或缩小，使自身的某些素质特征鲜明地显露出来。这样既可以作为富含幽默感的"笑料"调节整个谈判的气氛，又可以表现自己的大度胸怀，并在可能难堪的窘境中以自我排解的方式实现己方的谈判目标。第四，谈判双方人员要有必备的文化素质和相应的气质、修养。由于幽默是语言、性格、情景等要素的别开生面的

第八章 商务谈判中僵局的处理

巧妙组合,要求谈判人员具有高尚的情操、坚定的信念、较高的文化素养及较强的驾驭语言的能力。只有双方的谈判人具备相当的素质,才能幽默得起来,从而促使良好的、建设性的谈判气氛的形成。

(五)场外沟通

谈判会场外的沟通又称场外交易、会下交易等,它是一种非正式谈判,双方可以无拘无束地交换意见,达到加强沟通、消除障碍、避免出现僵局的目的。对于正式谈判中出现的僵局,同样可以采用场外沟通的方式直接进行解释,消除隔阂。场外沟通可以在以下情况中采用。

(1) 谈判双方在正式会谈中相持不下,即将陷入僵局。彼此虽有求和之心,但在谈判桌上碍于面子,难以做到。

(2) 当谈判陷入僵局,谈判双方或一方的幕后主持人希望借助非正式的场合进行私下商谈从而缓解僵局。

(3) 谈判双方的代表因身份问题,不方便在谈判桌上让步以打破僵局,但是可以借助私下交谈打破僵局,这样又可不牵扯到身份问题。例如,谈判的领导者不是专家,但实际作决定的却是专家,这样在非正式场合,专家就可不因为身份问题而出面从容商谈,打破僵局。

(4) 谈判对手在正式场合严肃、固执、傲慢、自负、喜好奉承。恭维别人不宜在谈判桌上进行,有损己方在谈判桌上的谈判形象。在非正式场合可以给予其恰当的恭维,有可能使其作出较大的让步,以打破僵局。

(5) 谈判对手喜好郊游、娱乐。在己方安排了郊游和娱乐活动之后,对方出于喜欢、感谢、满意等原因,心理上就可能产生软化、松懈现象。这样,在谈判桌上谈不成的问题,在郊游和娱乐的场合就有可能谈成,从而打破僵局,达成有利于己方的协议。

(六)以情动人

这种策略与日本的一种民间说唱"浪花小调"有异曲同工之妙。"浪花小调"有一部分称作"愁肠"。在这一部分,表演者夸大悲惨的结局,用痛苦的语调恳求对方发发慈悲。"浪花小调"式的哀求通过戏剧的表演表现出来,这样才能打动对方的心。其实,这是一种巧妙的、独具匠心的计谋、手段,不仅日本商人在谈判中经常运用这种策略,西方谈判人员有时也会巧妙地运用。但是,使用这种策略,有着一种在某方面试图操纵对方的意图,而会引起一部分人不满。应注意的是,如果你能有效地使用这种策略,呼唤他人的良心,那么反过来,同样你也有可能被他人有效地利用。

【案例8-6】

崭新的救生衣通常每件要卖50美元,在交易会上或地摊上一个商人以每件38美元销售。一个路人以一种带有挑衅性的口气说,他愿意出28美元买一件。商人拒绝与他交谈。过了一会儿,商人无意中听见有个男人在对他妻子说,他想买一件救生衣,刚才经过一个摊子时,那儿的救生衣每件才25美元。他问他的妻子是否记得那个摊子在什么地方。就在这对夫妇要离开的时候,那位男人似乎注意到了商人的救生衣,他彬彬有礼地询问:"这位先生也许愿意每件也卖 25 美元，是吗？"接着他说他的妻子和孩子们都快要没饭吃了，都是因为他买了那只该死的游艇，如此等等，他说了不少。双方都笑了起来，商人嘟哝着这位客人让他赔本了，尽管如此，他还是以 25 美元的价格卖给了他。

前一个买主因没有在价格上与商人进行接触所以失败了，他突如其来的 28 美元，大大低于商人的设想，商人不喜欢他，不想跟他做生意。但是在第二种情况下，那位男人与他妻子的对话是有预谋的，虽是故意但又不明显，那么男人在商人听觉所及的范围内发出了信号，影响了商人的期望。并且，男人巧妙地使用了以情动人的方法，获得了商人的同情与好感，因此使他以看似不可能的价格获得了他想要的救生衣。

(资料来源：周忠心. 商务谈判原理与实务[M]. 南京：东南大学出版社，2012.)

三、严重僵局的处理方法

在谈判过程中，尽管一方几经努力，但僵局仍未出现缓解迹象。当双方都已经被"套住"则僵局已经相当严重了。特别是在履行协议的过程中，双方对于争议、纠纷之类问题的谈判，涉及双方的权利与义务，致使谈判双方对立情绪十分明显，气氛异常紧张。这类谈判难度大，政策性、专业技术性强。妥善的办法是本着己方利益不受损失的同时，顾全对方的自尊与利益。

(一)离席策略

谈判与其他领域的理念有所不同，即坚持不一定就是胜利，无谓的坚持只能陷入被动之中。如果某天谈判代表对你说："我一定会坚持到底，保证取得谈判的成功。"这时你要考虑是否还继续委派他参与此次谈判，因为他什么也保证不了，一位不懂得放弃的谈判者很难获得理想的谈判结果。

优秀的谈判者懂得放弃的价值，在谈判桌上不仅需要经验和技巧，还需要一定的魄力与勇气。在开始前就要让对方知道己方的谈判基调，如果己方确实得不到想要的东西，己方会随时离开谈判桌。给对手最大的压力莫过于当即终止谈判，该策略可以使对方所制定的谈判策略全部落空。

【案例 8-7】

相信很多人都有这样的经历，你在服装交易市场闲逛，忽然发现有双皮鞋款式非常新颖，而你恰好计划近期要买一双新鞋。机不可失，你马上把样品取下穿在脚上，的确很舒服并且很轻，于是你决定与店主谈谈价格：他报价 300 元，而你只愿意出 200 元。经过数回合的较量，双方作出一定程度的让步，店主把价格降到了 250 元，并对你说这是最低报价了，再低就会亏本了，你说最多出价 230 元购买，而且根本不相信"再低就会亏本了"这套鬼话。你把样品放回了展示架，转身离开了该摊位，当你走到了第 10 步的时候，听到店主朝你大声嚷嚷："回来吧！算我倒霉，230 元你拿走吧。"如果你经历过这种状况，那么恭喜，你具有谈判高手的潜质，因为你将离席策略使用得既恰当又漂亮。

(资料来源：贾越. 底牌——谈判的艺术[M]. 北京：京华出版社，2006.)

第八章 商务谈判中僵局的处理

在使用离席策略前需要具备一定的条件才能获得预期的效果,首先在谈判初期你要和对方在各方面进行深入的交流,让他们认为与你合作会获得理想的回报,你的确有他们所需要的产品或服务。在确保已经激起对方的合作意愿,并进入关键问题的决定阶段时才可以考虑该策略。否则,错误的时机不仅会弄巧成拙,还会破坏整个谈判气氛。

(二)调整谈判班子

谈判中出现了僵局,并非一定都是双方利益的冲突导致,有时可能是谈判人员本身的问题造成的,比如是由于谈判人员的偏见造成的。在争论问题时,对他人的人格进行攻击,伤害了一方或双方人员的自尊心,必然引起对方的怒气,使谈判陷入僵局。类似这种由于谈判人员的性格、年龄、知识水平、生活背景、民族习惯等因素造成的僵局,虽经多方努力仍无效果时,可以征得对方同意,及时更换谈判人员,消除不和谐因素,缓和气氛,就可能轻而易举地打破僵局。这是一种迫不得已的、被动的做法,必须慎重。必要时,可请企业的领导者出面,因势利导,以表明对谈判局势的关注,也可以获得消除僵局的效果。

(三)休会改期再谈

休会是谈判人员比较熟悉并经常使用的一种策略。它不仅是谈判人员为了恢复体力、精力的一种生理需求,而且是谈判人员调节情绪、控制谈判过程、缓和谈判气氛、融洽双方关系的一种策略技巧。谈判中,双方因观点产生差异、出现分歧是常有的事,如果各持己见、互不妥协,往往会出现僵持严重以致谈判无法继续的局面。这时,如果继续进行谈判,双方的思想还沉浸在刚才的紧张气氛中,结果往往徒劳无益,有时甚至适得其反,导致以前的成果付诸东流。因此,比较好的做法就是休会。因为这时双方都需要找时间进行思索,使双方有机会冷静下来,或者某一方的谈判成员相互之间需要停下来,客观地分析形势,统一认识,商量对策。

谈判的任何一方都可以把休会作为一种战术性拖延的手段。谈判的一方把休会作为一种积极的策略加以利用,可以达到的目的是:①磋商重要的问题;②思考新的论点与自卫方法;③探索变通途径;④检查原定的策略及战术;⑤研究讨论可能的让步;⑥决定如何对付对手的要求;⑦分析价格、规格、时间与条件的变动;⑧阻止对手提出尴尬的问题;⑨排斥讨厌的谈判对手;⑩缓解体力不支或情绪紧张。

谈判的一方若遇到对方采用休会缓解策略时,破解方法有:①当对方因谈判时间拖得过长、精力不济要求休会时,应设法留住对方或劝对方再多谈一会儿,或再谈论另外一个问题,因为此时对方精力不济就容易出差错,意志薄弱者容易妥协,所以延长时间就是胜利;②当己方提出关键性问题,对方措手不及、不知如何应付、情绪紧张时,应拖延其继续谈下去,对其有关休会的暗示、提示佯作不知;③当己方处于强有力的地位,可使用极端情绪化的手段去激怒对手,摧毁其抵抗意志,对手已显得难以承受时,对对手的休会提议可佯作不知,故意不理,直至对方让步,同意己方要求。

休会一般先由一方提出,只有经过双方同意,这种策略才能发挥作用。怎样取得对方同意呢?首先,提建议的一方应把握时机,看准对方态度的变化。如果对方也有休会的要求,很显然会一拍即合。其次,要清楚并委婉地讲明需要。一般来说,参加谈判的各种人员都是有涵养的,如东道主提出休会,客人出于礼貌,很少拒绝。

(四)最后通牒

在谈判中，人们有时不肯做最后选择。为了打破对手的奢望，促使对手及早作出决定，其有效手段是通牒，即亮出自己的最后条件(如价格、交货期、付款方式、签约日期等)，表示出行就行，不行就拉倒的态度。美国汽车界巨子亚科卡在和工会谈判时就采取了这样的做法。

(五)请第三方参与仲裁

面临严重僵局，在灵活运用各种策略与技巧的同时，可以采取仲裁缓解的做法。仲裁缓解法是指商务谈判陷入僵局时，谈判的双方因为争执不下而请第三者来仲裁调停，从而缓解谈判僵局的策略方法。

谈判陷入僵局，双方再也无法协商解决问题，而问题又非解决不可，只能由第三者出面仲裁、调停。要找一个双方都信得过又和谈判双方都没有直接利益关系的第三者，这个第三者必须具有足够的社会经验和学识，对所仲裁和解决的问题具有一定的权威性，而且能够主持公道。公司以外的律师、教授及顾问比较能胜任这方面的工作。作为仲裁者，通常应具备的条件有：①公正，主持公道；②社会经验丰富，阅历较深；③学识渊博，精通业务；④得到双方的认可与尊重。

所选的仲裁者必须能够做到：①能对有关法律、政策规定的事项提出公正实际的解决方法；②能使陷入僵局的双方继续谈判；③能不带情绪地倾听双方的意见；④能提出对双方有益的创造性思想；⑤能提出妥协的方法，促成交易。

必须警惕仲裁者犯的错误有：①可能由于种种原因，不自觉地形成某种偏见；②可能受某一方言辞的影响而被利用；③在调停和解决某项争执时，可能会使问题更加复杂化；④可能被一方贿赂收买。

第三节 突破谈判僵局的策略与技巧

一、突破利益僵局的策略与技巧

(一)从客观的角度来关注利益

在谈判陷入僵局的时候，人们总是自觉不自觉地脱离客观实际，盲目地坚持自己的立场，甚至忘记了自己的出发点是什么。因此，为了有效地克服困难，打破僵局，首先应做到从客观的角度来关注利益。

在某些谈判中，尽管在主要方面双方有共同利益，但在一些具体问题上，双方存在利益冲突，而又都不肯让步。这种争执对于谈判全局而言可能无足轻重，但是如果处理不当，会由此引发矛盾，当激化到一定程度即形成僵局。由于谈判双方可能会固执己见，彼此找不到一项超越双方利益的方案来打破这种僵局。这时，应设法建立一项客观的标准，即让双方都认为是公平的，既不损害任何一方的面子，又易于实行的办事原则、程序及衡量事物的标准。这往往是一种以一解百的办法，实际运用效果很好。在客观的基础上，要充分

第八章　商务谈判中僵局的处理

考虑到双方潜在的利益到底是什么，从而理智地克服一味地期望通过维持自己的立场来"赢"得谈判的做法。这样，才能回到谈判的原始出发点，才可能突破谈判的僵局。

(二)利益引导

利益引导是在谈判中告诉谈判对手，自己提出的方案是对他有好处的。谈判者用利益的获得引导对手的行为，使对手相信自己的建议将给他带来最大的利益，是理想的选择。利益是改变对手想法的重要杠杆。在谈判中应当强调是为了对手好，强调在自己设计的方案条件下，得到最大利益的是对手。

谈判者有多重利益，尽管有时谈判者为公司的利益，但也经常考虑到自己的利益。例如，公司利润、个人收入、个人感情等利益和需求。应该挖掘出对手的利益需求，满足其需求。这时，己方往往花费较低的代价，就能实现谈判的目标。例如，商业活动中的回扣、感情需求的挖掘等。

【案例8-8】

石家庄棉纺厂厂长到香港考察市场和设备后回到上海同香港华森公司和德国厂商洽谈进口新型纺纱机业务。

由于事先已进行了细致深入的调查，掌握了市场行情，所以当对方报出价格后，他当即压价到25%，对方见中方对国际市场行情如此了解，竟把价格压到接近德国的出厂价，大为吃惊。连续两天双方谈判都没有进展，谈判陷入了僵局。

这种设备是当时世界上最先进的设备，不仅可以节省好几道工序，还能用粗棉纺出细纱，经济效益是很客观的，不能轻易放弃。这位厂长苦思一夜。第二天他找到港商说："我压的价是低了点，但是话说回来，这设备应该免费送给我才对。"港商听了后很不理解。厂长说："我厂是中国第一家引进这种设备的厂，我们使用后的效果对整个中国市场有现身示范的作用，贵公司每年都要花数百万元做广告，中国这么大的市场，你们为什么不能开个窗口，做个活广告呢？"

厂长一番话对港商很有启发，他觉得用产品做活广告也是个行之有效的办法，会有很好的广告效益，于是他接受了这个建议，并帮着说服了德国厂商，免收了自己的中介手续费。

(资料来源：宾敏. 刘建高. 商务谈判原理与实务[M]. 北京：北京邮电大学出版社，2015.)

(三)寻找多种解决方案

在商务谈判的过程中，往往存在多种可以满足双方利益的方案，谈判人员经常简单地采用一种方案，而当这种方案不能为双方同时所接受时，僵局就会形成。事实上，不论是国际商务谈判，还是国内业务磋商，都不可能总是一帆风顺的，双方之间磕磕碰碰是很正常的事情。这时，谁能够创造性地提出可供选择的方案，谁就能掌握谈判中的主动权。当然，这种替代方案一定要既能有效地维护自身的利益，又能兼顾对方的利益要求。不要试图在谈判开始时就确定一个什么唯一的最佳方案，因为这往往阻碍了许多其他可供选择的方案的产生。在谈判准备期间，就能够构思出对彼此有利的更多方案，就会使谈判如顺水行舟，一旦遇到障碍，只要及时调拨船头，即能顺畅无误地到达目的地。

(四)各得其所

一切谈判的动力，都无一例外地是由于利益的驱动。成功的谈判结局，应当满足每一方的利益需求，实现真正的双赢。推动谈判的真正内驱力在于人们的需要。正确发掘实际需要，特别是寻找谈判者之间利益的共同点，是决定谈判能否走向成功的关键所在。双方的需要分别得到满足是取得谈判成功的核心。有这样一个故事，有两个人为了争较大的一块西瓜打得不可开交。后来他们才知道，其中的一个并不对蜜甜的瓜瓤感兴趣，只是想多获取一些优质瓜子；而另一个人则只想多吃瓜，根本不把瓜子放在眼里。各自需求不同，完全可以权衡各自的需要分别加以满足。一个吃瓜，一个取子，两相满足，岂不快哉！在谈判桌上，人们的利益问题往往潜藏在立场冲突的背后，谈判者只有找准对方的真正需要，才能获得双向满意的谈判方案。但是，这极为重要的问题在谈判桌上却常常被忽视。

【案例8-9】

> 一家百货公司计划在市郊建立一个购物中心，而选中的土地使用权归张桥村所有。百货公司愿意出价100万元买下使用权，而张桥村却坚持要200万元。经过几轮谈判，百货公司的出价上升到120万元，张桥村的还价降到180万元，双方再也不肯让步了，谈判陷入了僵局。张桥村坚持的是维护村民利益的立场，因为农民以土地为本，失去了这片耕地的使用权，他们就没有更多选择，只是想多要一些钱自办一家机械厂，另谋出路。而百货公司站在维护国家利益的立场上，因为百货公司是国有企业，让步到120万元已经多次请示上级后才定下来的，他们想在购买土地使用权上省下一些钱，用于扩大商场规模。然而冷静地审视双方的利益，则可发现双方对立的立场背后存在着共同利益，失去土地的农民要办一家机械厂谈何容易？而百货公司要扩大商场规模，就要招聘一大批售货员，这也是迫在眉睫的事。早些将项目谈成，让购物中心快点建起来，依靠购物中心吸纳大量农村劳动力，既可解决农民谋生问题，又可解决补充售货员的困难，成为双方共同的利益所在。于是，双方就有了共同的目标，很快就找到了突破僵局的方案。方案之一，按120万成交，但商场建成后必须为张桥村每户提供一个就业的名额，方案之二，张桥村以地皮价220万入股，待购物中心建成后，划出一部分由农民自己经商，以解决生活出路问题。因此，双方的需要即刻得到满足。谈判就顺利地突破了僵局，进入两个方案的比较与选择阶段，不久协议就很容易地达成了。
>
> (资料来源：景楠著. 商务谈判[M]. 北京：对外经济贸易大学出版社，2014.)

所以在谈判中，在对立立场背后所存在的共同性利益，常常大于冲突性利益，认识和发现到这一点，就可为谈判僵局突破寻找到契机。

(五)有效退让

对于谈判的任何一方而言，坐到谈判桌上来的主要目的是为了成功交易，达成协议，而绝没有抱着失败的目的前来谈判的。因此，当谈判陷入僵局时，我们应清醒地认识到：如果促使合作成功要比坚守原有立场而让谈判破裂好，如果促使合作成功能够带来较多的利益，那么有效的退让也是我们应该采取的策略。实际谈判中，达到谈判目的的途径往往是多种多样的，谈判结果所体现的利益也是多方面的。当谈判双方对某一方面的利益分割僵持不下时，往往容易使谈判破裂。其实，这实在是一种不明智的举动。之所以会出现这种结局，原因就在于没有辩证地思考问题。如果是一个成熟的谈判者，这时他应该明智地考虑在某些问题上稍做让步，而在另一些方面去争取更好的条件。比如，在引进设备的谈判中，有些谈判人员常常会因为价格上存在分歧而使谈判不欢而散，而其他条件如设备的功能、交货时间、运输条件、付款方式等问题尚未来得及涉及，就匆匆地退出了谈判。事实上，作为购货的一方，有时完全可以考虑接受稍高的价格，而在购货条件方面，就有更充分的理由向对方提出更多的要求。如增加相关的功能、缩短交货期限，或在规定的年限内提供免费维修的同时，争取在更长的时间内免费提供易耗品，或分期付款等。这样做比起匆忙撤退的做法要好得多。经验告诉我们，在商务谈判中，当谈判陷入僵局时，如果对国内、国际情况有全面了解，对双方的利益所在又把握准确，那么就应以灵活的方式在某些方面采取退让的策略，去换取另外一些方面的利益，以换回即将失败的谈判，达成双方都能够接受的协议。

二、论理在僵局中的运用

(一)从对方的无理要求中据理力争

有时，当商务谈判陷入僵局时，客客气气地商议、平平和和地谅解往往并不一定是解决问题的唯一办法。如果这种僵局完全是由于对方的要求无理或理亏所致，那么我们就要勇敢地据理力争，从而主动打破僵局。

如果僵局的出现是由于对方提出的不合理要求造成的，特别是在一些原则问题上表现出蛮横无理时，就要作出明确而又坚决的回应。因为这时任何其他替代性方案都将意味着无原则地妥协，而且这样做只会增加对方日后的欲望和要求，而对于我们自身来讲，却要承受难以弥补的损害。因此，要同对方展开必要的争论，让对方自知观点难立，不能再无理强争。这样就可能使他们清醒地权衡失与得，作出相应的让步，从而打破僵局。

需要指出的是，当我们面对对手的无理要求和无理指责时，采用一些机智的办法对付，往往比直接正面交锋更有效，因为这同样可以起到针锋相对、据理力争的作用。这也是谈判的艺术所在。

(二)站在对方的角度看问题

谈判实践告诉我们，谈判双方实现有效沟通的重要方式之一，就是要设身处地，从对方的角度来观察问题。这同样是打破僵局的好办法。当谈判陷入僵局时，如果我们能够做到从对方的角度思考问题，或设计引导对方站到我方的立场上来思考问题，就能够多一些彼此之间的理解。这对消除误解与分歧，找到更多的共同点，制定双方都能接受的方案，将会有积极的推动作用。的确，当僵局出现时，首先应审视我们所提的条件是否合理，是不是有利于双方合作关系的长期发展，然后再从对方的角度看他们所提的条件是否有道理。

实践证明，如果善于用对方思考问题的方式进行分析，就会获得更多突破僵局的思路。可以肯定地说，站在对方的角度来看问题是很有效的，因为这样，一方面可以使自己保持心平气和，可以在谈判中以通情达理的口吻表达我们的观点；另一方面，可以从对方的角度提出破解僵局的方案，这些方案有时确实是对方所忽视的。所以，站在双方的角度提出的僵局破解方案一经提出，就会很容易为对方所接受，使谈判顺利地进行下去。

(三)从对方的漏洞中借题发挥

谈判实践告诉我们，在一些特定的形势下，抓住对方的漏洞，小题大做，会给对方一个措手不及，这对于突破谈判僵局会起到意想不到的作用。这就是所谓的从对方的漏洞中借题发挥。

从对方的漏洞中借题发挥的做法有时被看作一种无事生非、有伤感情的做法。然而，对于谈判对方某些人的不合作态度或试图恃强欺弱的做法，运用从对方的漏洞中借题发挥的方法进行反击，往往可以有效地使对方有所收敛。相反，不这样做反而会招致对方变本加厉的进攻，从而使我们在谈判中进一步陷入被动局面。事实上，当对方不是故意地在为难我们，而己方又不便直截了当地提出来时，采用这种旁敲侧击的做法，往往可以使对方知错就改，主动合作。

(四)一分为二

在谈判领域有一个著名的富兰克林策略。当年富兰克林给英国化学家约瑟夫·普里斯特的信中谈到他作决定的方式。

"我作决定的方式是把一张纸分为两半，一半是赞成，一半是反对。然后，在思考的24天中，我在不同的标题下简要写下不同时刻我心里产生的支持或反对意见，并把它们形成一种观点。我努力去评估它们各自的分量，如果我发现有两种观点的分量似乎一样，我就把它们划掉。如果我发现支持的一种理由与反对的两种差不多相当，我就划掉它们三个。如果我判断反对的两个理由与支持的三个理由差不多，我就划掉它们五个。依次类推，最终找出平衡点到底在哪里。如果再经过一两天进一步的思考，两边都没什么重要的事情发生，我就作出最后的决定。"

我们可以从富兰克林策略中得到一些启迪，任何事情都有其相对的两面性，即优势面和劣势面。在大型谈判中，因为涉及的条件和变数过多，其复杂程度一定会远远超出前期设想，正所谓当局者迷，要想在这些是非难辨的议题中明确地划分出利弊绝不是件容易的事。在重压之下谈判者往往会忽略潜在危机或者对后果估计不足，对当前局面作出错误的判断，在不知不觉中为将来的合作种下苦果。

在谈判过程中，我们不妨效仿富兰克林的做事方法，把心里产生的支持或反对意见实实在在地写下来，并把可能出现的潜在问题一并纳入表格之中。通过两面的正负抵消后，你可以对目前的局势有一个更清晰的认识，对最后的决定会有很大的帮助，极大地降低了判断错误的概率。

在谈判过程中为说服对方同意你的观点也可以采纳此策略的精髓。你把交易中涉及的所有条件客观地向对方全盘申述，并逐一地用文字列出，随后对每一项内容以对方的立场进行深入的分析，将眼前收益和潜在问题坦诚地讲清楚，引导对方作出决定。实践证明，使用此策略效果的确显著，首先，对方会被你的诚意所打动，他们的抵触心理会逐渐被你的坦诚融化，如果双方彼此开门见山、消除敌意的话，许多问题也就可以迎刃而解了。事实上在任何一次谈判中，双方存在巨大的分歧其实并不可怕，真正可怕的是买卖双方互不

第八章 商务谈判中僵局的处理

信任，敌意大于诚意。如果是这样，双赢谈判永远是空中楼阁。其次，你可以帮助对方把思路梳理清楚。很多谈判分歧的产生，并不是对方主观上的偏见，而是他们根本没有弄清事情的利弊。从心理学角度讲，如果对某件事情所带来的福祸判断模糊，那么他会一概持否定态度，直到能够透彻地了解后为止。所以，在对方犹豫不决时，你要主动地帮助对方分析问题，而不是强迫他们采纳本方的观点，当对方彻底搞清楚合作所带来的利益后，会很快作出他们的决定。

(五)掌握充分的证据

要拒绝对方不合理的谈判条件，就需要有充分的理由。当证据充分了，对方也就哑口无言了。

【案例 8-10】

> 1984 年，山东某市塑料编织袋厂厂长获悉日本某株式会社准备向我国出售先进的塑料编织袋生产线，立即出马与日商谈判。谈判桌上，日方代表开价 240 万美元，我方厂长立即答复："据我们掌握的情报，贵国某株式会社所提供产品与你们完全一样，开价只是贵方一半，我建议你们重新报价。"一夜之间，日本人列出详细价目清单，第二天报出总价 180 万美元。随后在持续 9 天的谈判中，日方在 130 万美元价格上再不妥协。我方厂长有意同另一家西方公司洽谈联系，日方得悉，总价立即降至 120 万美元。我方厂长仍不签字，日方大为震怒，我方厂长拍案而起："先生，中国不再是几十年前任人摆布的中国了，你们的价格，你们的态度都是我们不能接受的！"说罢把提包甩在桌上，里面那些西方某公司设备的照片散了满地。日方代表大吃一惊，忙要求说："先生，我的权限到此为止，请允许我再同厂方联系请示后再商量。"第二天，日方宣布降价为 110 万美元。我方厂长在拍板成交的同时，提出安装所需费用一概由日方承担，又迫使日方让步。
>
> 在这一则谈判故事中，我们可以看到，要使谈判成功，拒绝对方虚高报价，让对方心服，就需要有充足的理由。为了赢得这场一对一的谈判，中方谈判代表在谈判前准备充分，资料翔实，信息完备为谈判的成功奠定了坚实的基础。

(资料来源：宾敏．刘建高．商务谈判原理与实务[M]．北京：北京邮电大学出版社，2015.)

三、扭转僵局的手段与技巧

经一些咨询专家对谈判经验的总结，扭转僵局行之有效的手段有数十种之多，主要有：①改变付款的方式及时限。在成交的总金额不变的前提下改变定金数额，缩短付款时限，或者采用其他不同的付款方式。②撤换谈判组成员或组长。③转移不确定因素。把协议中有分歧的部分搁置起来，等到信息充分时再重新谈判。④改变风险承担的方式和时间。在交易的所得所失不明确时，不应该讨论分担的问题，否则只会导致争论不休。⑤改变对对方要求的时限。⑥通过提议补偿程序和保证手段来改善成交后的双方满意程度。⑦改变谈判的重心，从相互竞争的模式变为相互合作的模式。把双方的工程师、执行人员以及高层管理者集合到一起，相互沟通，共同提出倡议，根据双方的利益拟订谈判方案，将竞争模式演变为合作模式。⑧改变合同的类型。⑨改变百分比的基数。一个大基数配上小百分比或大百分比配上较小的可预见的基数,往往是一种契机,能把谈判重新引入正轨。⑩寻找能在中间调停的人。⑪安排一个双方的最高层会议或者高层热线电话。⑫增加其他既真实又明显的可选择项,使本来有争议的交易变得可以接受。⑬改变明细或成文条件。⑭设置一个联合的研究会。⑮讲一些风趣的故事。

上面列举了一些突破谈判僵局的策略与技巧,谈判实践中还有许多策略,这里就不一一列举了。其实,有些策略是靠谈判人员自己去感悟的,仅用文字难以充分表达。但是,不管怎样,要想突破谈判僵局,就要对僵局的前因后果进行周密的研究,然后在分析比较各种可能的选择之后,再确定实施某种策略或几种策略的组合。从根本上讲,其运用的成功还是要归结于谈判人员的经验、直觉、应变能力等素质因素。从这种意义上讲,僵局突破是谈判的科学性与艺术性结合的产物,在分析、研究及策略的制定方面,谈判的科学成分大一些;在具体运用上,谈判的艺术成分大一些。

在谈判陷入僵局的时候,要想突破僵局,不仅要分析原因,而且还要搞清分歧的所在环节及其具体内容。比如,是价格条款问题,是法律合同问题,还是责任分担问题等。在分清这些问题的基础上,进一步估计目前谈判所面临的形势,检查一下自己曾经作出的许诺,谈判中可能出现的问题,存在的不当之处,并进而认真分析对方为什么在这些问题上不愿意让步,其困难之所在等。特别是要想方设法找出造成僵局的关键问题和关键人物,然后再认真分析在谈判中受哪些因素的制约,并积极主动地做好与有关方面的疏通工作,寻求理解、帮助和支持,通过内部协调,我们就可对自己的进退方针、分寸作出大致的选择。然后,我们就要认真研究突破僵局的具体策略和技巧,以便确定整体行动方案,并予以实施,最终突破僵局。

需要指出的是,在具体谈判中,最终采用何种策略应该由谈判人员根据当时当地的谈判背景与形势来决定。某一种策略可以有效地运用于不同的谈判僵局之中,但这一种策略在某次僵局突破中运用成功,并不一定就适用于其他同样的起因、同种形式的谈判僵局。只要僵局构成因素稍有差异,包括谈判人员的组成不同,各种策略的使用效果都可能是迥然不同的。问题还在于谈判人员本身的谈判能力和己方的谈判实力,以及实际谈判中的个人及小组力量的发挥情况。相信应变能力强、谈判实力也强的一方配以多变的策略,能够破解所有的谈判僵局。

本 章 小 结

商务谈判中,由于双方的立场争执、成交底线、人员素质、沟通障碍等原因往往会出现各种各样的僵局。根据不同的理解角度,僵局可以分为广义的僵局、狭义的僵局和谈判内容上的僵局。对谈判中的僵局应全面地看待,一方面,僵局有可能造成谈判的暂停甚至破裂;另一方面,若双方能够利用好僵局,重新回顾各自的出发点,从对方的角度看问题,注意挖掘双方共同的利益,就会使谈判重现曙光,并提高达成交易的速度。因此,面对僵局,谈判双方应理性地分析其产生的原因,把握正确的处理原则,利用合适的方法、策略和技巧破解僵局,把僵局变成谈判成功的契机。

第八章　商务谈判中僵局的处理

自 测 题

1. 谈判僵局有哪些类型？处理谈判僵局的原则是什么？
2. 产生谈判僵局的原因有哪些？
3. 解决情绪性僵局有哪些策略和技巧？
4. 举例说明论理在处理谈判僵局中的作用。
5. 举例说明如何破解严重僵局。
6. 如何破解潜在僵局？

案 例 分 析

索 赔 谈 判

云南省小龙潭发电厂就6号机组脱硫改造项目于2002年跟丹麦史密斯穆勒公司签订了一系列脱硫改造合同，改造后检测结果显示，烟囱排放气体并未达到合同所承诺的技术指标。该电厂于2004年又与史密斯穆勒公司为此事进行交涉，要求对方进行经济赔偿。

索赔谈判前，我方在确认对方的责任方面进行了大量调研和数据收集工作。首先，咨询清华大学、北京理工大学等国内该领域的知名专家，在理论上对这一问题有了清楚的认识。其次，对改造后烟囱排放气体进行采样分析以及数据计算。另外，对比分析对方提供的石灰品质以及脱硫效率。根据调研结果，对照2002年原合同中的条款和参数，我方最终认定是史密斯穆勒公司的责任。

在索赔正式谈判中，双方在责任问题上各执一词，谈判出现了僵局。史密斯穆勒公司采取了"打擦边球"的策略，试图推脱责任，把赔偿金额压到最低。合同要求脱硫率是90%，脱硫率瞬间值达到了这一指标，甚至还高于90%。但我方要求的是长期值而不是瞬间值，对方试图以瞬间值逃脱一定责任，而我方则以平均值说明问题。我方经过长期统计，平均值仅有80%左右，远远没有达到合同要求。在脱硫剂石灰上，丹麦的国家制度规定石灰原料由国家提供，而我国则由企业自己提供。史密斯穆勒公司认为，脱硫效率低是我方未提供合适的石灰造成的，我方应负一定责任。

双方最终达成协议：一方面，史密斯穆勒公司派遣相关人员继续进行技术改造，另一方面，对方就无法实现的合同技术指标部分进行赔偿。

责任归属问题是索赔谈判的关键，只有分清了责任，谈判双方才能根据损害程度就赔偿范围、金额等进行协商。否则，双方就要采用仲裁或法律诉讼等方式来解决纠纷，这样不仅伤害了双方感情，而且成本很高。我方在处理僵局时，以合同条款为依据进行责任区分，并尊重对方的感情，采用有效的退让策略，使索赔问题在友好的谈判气氛中得到解决。

双方都重合同，重证据，都以脱硫改造后的气体排放实际数据为依据，摆事实、讲理由，充分揭示存在的问题。在公平合理的基础上，双方通过谈判一揽子解决问题。

在推定丹麦公司应负的责任时，我方依据合同，用长期采样得来的统计数字说话，把对方应负的责任转化成确凿的数据。脱硫改造后排放气体的长期平均值仅有80%，说明技术上存在严重问题，使对方无法狡辩。

在谈判人员安排上，对方主谈是原项目经理，我方主谈是该项目负责人。双方谈判代表都参与过 2002 年最初的合同谈判，熟悉合同内容，又是"老熟人"，使得这次索赔谈判的气氛比较友好。

在谈判过程中，即使对方用改造后排放气体的瞬间值推卸责任，或在石灰品质上开脱责任，我方始终耐心认真地听取对方的意见和计算方法。通过沟通，发现分歧所在，双方以真诚合作的态度去商讨使双方都满意的解决方案。

我方在谈判过程中不是得理不让人，让对方沦为绝对的失败者，而是以退为进，适当让步给对方"面子"，以维护和调整已有的合作关系。我方让步允许对方派遣相关人员继续进行技术改造，既赢得了对方的主动配合，又使对方讲究信誉，对确实达不到合同指标的部分进行了经济赔偿。

(资料来源：马春紫. 国际商务谈判与礼仪[M]. 北京：北京理工大学出版社，2017.)

思考题：
1. 案例中僵局产生的原因是什么？
2. 案例中僵局从广义上讲属于哪种类型？
3. 我方有效运用了哪些打破僵局的技巧？

阅 读 资 料

石油减产协议谈判相持不下　如何面对谈判僵局

2020 年 3 月 6 日，第八届欧佩克与非欧佩克(OPEC+)部长级会议在奥地利维也纳召开，对下一阶段生产计划进行讨论。最终各方未能就前一天欧佩克大会提出的减产计划达成一致，没有达成任何协议。

受此影响，国际油价遭遇重挫，WTI 原油主力合约收跌报 41.28 美元/桶，跌 4.62 美元，跌幅超 10.07%，创 2016 年 8 月以来新低；布伦特原油主力合约布油跌幅超 8%，报 46.52 美元/桶，则刷新了 2017 年 6 月以来低点。布伦特原油自 1 月初高点已下跌逾 30%，同期 WTI 原油的跌幅近 1/3。

宏观经济前景不明，令看跌油价的押注不断增加，研究公司 S3 Partners 本周公布的数据显示，自 2 月初以来，各期限原油空头头寸增加了逾 4.6 亿美元，今年年初以来规模增加了两倍。追踪美股油气勘探商和生产商的 ETF 基金 XOP 的空头头寸已经超过了 10 亿美元，接近其流通量的一半。

俄罗斯拒绝深化减产

虽然近期美国制裁俄罗斯石油公司以及利比亚日益紧张的局势，一度对市场形成支撑，但疫情的快速传播对全球经济的影响持续扩散，严重冲击了本已脆弱不堪的供需关系。

作为重要用户，航空公司因旅游业受到冲击造成的影响，对于燃料需求的冲击不容忽视。多家欧洲航企已经发出业绩预警，国际航空运输协会称，2020 年整个航空业的收入损失预计在 630 亿到 1130 亿美元之间，亚洲、欧洲和美国影响较为严重，呼吁各国政府注意航空公司所面临的困境。

第八章 商务谈判中僵局的处理

国际能源信息署 IEA 此前将 2020 年全球原油需求增速预期下调 36.5 万桶/日至 82.5 万桶/日，为 2011 年以来新低，其中第一季度的石油需求预计将减少 110 万桶/日，为 2009 年以来的首次季度需求下滑。

2020 年 3 月 5 日，欧佩克第 178 届(特别)全体会议召开，会后声明指出，COVID-19 的爆发对 2020 年全球经济和石油需求预测产生了重大不利影响，尤其是第一和第二季度。预计今年全球石油需求增长率为 48 万桶/日，低于 2019 年 12 月时 110 万桶/日的预估，风险倾向于下行。

声明中欧佩克建议将现有减产令延长至年底，并继续深化减产 150 万桶/日，至 2020 年 6 月 30 日。在参加《合作宣言》的国家中，欧佩克成员国将承担 100 万桶/日的减产任务，非欧佩克成员国将完成剩余 50 万桶/日的指标。声明重申，为了生产者、消费者和全球的经济利益，将继续关注稳定和平衡供需关系，坚定地致力于成为全球市场上可靠的原油和产品供应商。

按照计划，6 日举行的 OPEC+全体会议中，各方会就具体减产规模和配额进行最终磋商。然而，由于俄罗斯的态度，会议议程被一拖再拖，各国代表希望说服俄罗斯在减产问题上作出让步，但莫斯科方面只是希望延长现有减产令至六月，不再调整减产规模。

在被推迟近四小时后，OPEC+会议得以召开，由于俄罗斯立场坚定，且欧佩克也不愿意在没有俄罗斯参与的背景下采取行动，会议草草收场且未达成任何协议。俄罗斯能源部长诺瓦克会后表示，随着减产令到期，俄罗斯从 4 月起将不再受到产量限制，国际油价跌幅进一步加剧。

德国商业银行大宗商品分析师弗里奇指出，因为欧佩克未达成减产协议，布伦特原油价格有可能跌至 40 美元以下。届时美国页岩油产量可能会受到影响，市场供应有望随之达到新的平衡。

纽约能源对冲基金合伙人基尔达夫表示，欧佩克正陷入最糟糕的局面，市场最终会惩罚这些产油国。他认为，投资者的失望情绪可能将 WTI 原油价格推至 35 美元左右。

PVM Oil Associates 首席市场分析师瓦尔加(Tamas Varga)在接受第一财经记者采访时表示，事实上，欧佩克对于需求的预测可能过于乐观，即使减产达成协议，也很可能依然无法平衡目前的市场。特别要注意的是利比亚问题，作为目前的减产豁免国，利比亚形势造成了当地原油的非正常减产，一旦形势能有所缓和，大量的产能将再次涌入市场，进而加剧供需关系的恶化。

根据标普全球普氏能源的数据，由于国内政局导致港口封锁，利比亚石油产量已降至 12 万桶/日，为 2011 年以来的最低水平。封锁前利比亚的日产量高达 120 万桶。

谈判大门未完全关闭

事实上，俄罗斯始终在减产问题上态度模糊，一方面，该国大型油企普遍认为疫情对石油需求的影响极小，价格下跌是市场的情绪化反应，属于短期现象，且单独减产治标不治本。另一方面，开采成本的缓冲区依然充足，俄罗斯总统普京 1 日表示，对于俄罗斯的经济，目前的油价水平是可以接受的。俄罗斯拥有 5600 亿美元的储备，在本财年预算中设定的布伦特原油平均价格为每桶 42.40 美元，因此能够应对由疫情造成的油价下跌。

与莫斯科的态度不同，目前欧佩克的领导者沙特一直在积极推进深化减产的事宜，甚至提出临时单独减产 50 万桶/日的建议。国际货币基金组织 IMF 今年一月将沙特经济增速下调至 1.9%，由于超额完成 OPEC+的减产计划，沙特今年需要油价达到 83.60 美元/桶才能平衡其预算。

近期持续低迷的油价无疑令沙特财政状况雪上加霜，也让外界对沙特与俄罗斯间的关系有所猜疑，沙特能源大臣阿卜杜勒-阿齐兹还特意澄清了相关报道。加拿大皇家银行全球大宗商品策略主管克罗夫特表示，俄罗斯的态度可能意味着 OPEC+存在的意义面临挑战。

欧佩克内部依然重视与俄罗斯的关系，欧佩克秘书长巴尔金都 5 日表示，没有理由怀疑俄罗斯对这一伙伴关系的持续承诺，俄罗斯政府已经多次明确了这一点。

瓦尔加向第一财经记者分析道，OPEC+不会解体，考虑到特朗普的美国优先策略对全球政治环境的影响及页岩油不断上升的产量对市场的冲击。美国在沙特的战略伙伴地位正受到俄罗斯在中东的影响力的冲击。可以看到两国合作领域越来越广，能源只是其中的一部分。这种战略关系将会持续，因此在原油生产问题上，未来双方会寻求一种平衡。

谈判的大门并未完全关闭，欧佩克秘书长在 OPEC+会议后表示，相信俄罗斯将重回谈判桌。阿联酋能源部长马兹鲁伊则称，虽然下一次 OPEC 会议将于 6 月举行，只要俄罗斯同意，OPEC 会议完全可以提前召开。俄罗斯能源部长诺瓦克表示，不能给出下次 OPEC 会议的日期。在设定会议日期前，需要观察新冠病毒的情况和其他国家的应对措施。

(资料来源：中国经济网.www.ce.cn，2006.)

第九章　谈判合同的履行

【学习要点及目标】

通过本章的学习，使学生明确商务谈判中有关合同的概念以及签订合同的注意事项，掌握履行经济贸易谈判协议，履行合同规定的义务的内容，以及贯彻实际履行和适当履行的相关原则，明确谈判协议的变更和解除的基本内容。

【引导案例】

中国海洋石油总公司自筹建至今已有30年的历史。由于我国早期在海洋石油开发的技术能力比较落后，必须与具有技术、资金和管理能力的国外大石油公司合作，才能启动对我国的海洋石油资源进行开发。对于国外石油公司来讲，也只能通过与我国的合作，才能获得采矿权。石油合同是合作各方最重要的文件，石油合同规定了各方的权利义务、利益分配等细则。有关石油合同的谈判无疑是一项重要工作，它涉及在合作双赢的理念下如何尽力满足各方利益诉求的问题，以及复杂的技术、经济、政治、文化、管理等问题。一项石油合同有时要形成多达数百页的文件。在国际商务谈判中，一个细微环节处理不慎，可能就导致利益的重大损失，或者导致合作失败。

中国海洋石油总公司深圳分公司是对外合作的前沿阵地，有着石油合同谈判的丰富经验。作为石油合同谈判代表的沈先生曾经经历过一次艰难的谈判过程。

中外各方合作成立的CACT作业者集团(H油田开发商)由四家石油公司——中海油、埃尼、雪佛龙和德士古共同组建。H油田(含惠州H1, H2两个勘探区)为该作业者集团所属。由于率先合作开发的惠州H1油田在经济上接近边际油田的状况，经济效益不是很理想，外方一直对该油田的投资回收不满意。在随后的新油田区块合作中，外方提出由于先期投资的H1油田接近亏损，要求在随后开发的H2油田上免去中国应收的矿区使用费、增值税，并把H1油田的回收费用转移到H2油田回收等要求。

这些要求都是明显违背中国石油合同条款规定。矿区使用费和增值税是石油合同中明确规定的中方利益。合同的乙方是由埃尼、雪佛龙和德士古共同组建的国际石油勘探公司，他们拥有我们在海洋石油勘探中尚不掌握的技术、资本和开发经验。他们对已达成的合同条款提出强硬的修改要求。作为甲方的中国海洋石油总公司深圳分公司在谈判中应该如何应对呢？这无疑是个棘手的问题。中方谈判代表沈先生态度很坚定，不同意修改合同条款，并将情况上报了公司领导。公司领导经过慎重思考后，支持沈先生的决定。理由很简单，我们不能损害国家利益，不能违反国家法规，既然外方强调要按合同办事，就必须遵守合同条款的规定。

实际的谈判和处理过程非常具有"艺术性"，中国海洋石油总公司深圳分公司拒绝了外方的无理要求，但同时提出了相应的补充方案：在惠州H1和H2两个油田可以采取公共设施投资、浮式生产储油轮的费用和油田的作业费可以由两个油田按协商的比例分担，并同意乙方在H2油田尽早回收勘探费用投资的要求。这在某种程度上是一种合理的妥协，中方

> 坚持了一条底线：要在谈判过程中据理力争，讲道理。这个道理就是不能违反事先双方达成的合同，同时也要对乙方适当予以补偿，否则不利于双方下一步的合作。尽管谈判的过程很艰苦，但最后双方还是达成了一致。外方(乙方)终于接受了中方(甲方)的方案。双方顺利签署了合同。在谈判后签署合同的酒会上，外方的谈判代表纷纷走过来向我方谈判代表沈先生敬酒，并竖起了大拇指。这次谈判也为中外石油公司的其他合作项目确定了一个有益的范例。

(资料来源：宿荣江，龙云. 国际商务谈判案例汇编[M]. 北京：中国商务出版社，2016.)

第一节　合同的起草、签订与公证

一、签订合同应注意的事项

合同是交易双方为明确各自的权利和义务，以书面形式将其确定下来的协议，具有法律效力。就是说，合同一经双方签订，就成为约束双方的法律性文件，双方必须履行合同规定的义务，否则就必须承担法律责任。合同还是仲裁机构处理矛盾纠纷的依据。

因此，在谈判中，必须十分重视合同的签订，不仅要严肃、认真地讨论合同的每一条款，还要慎重地对待合同签订的最后阶段。因为在合同的敲定阶段，每一个漏洞都可能影响合同的实际履行，造成无可挽回的损失。例如，我国某钢铁公司在引进某国一套生产设备时，由于粗心大意，把填料也列入引进之列，合同签完之后才发现引进的填料就是黄沙。黄沙我国到处都有，何必用外汇去购买，我方想退掉，对方不同意。好说歹说对方总算应允不装运但钱必须照付，这真是花钱买教训。从实际运行来看，在谈判中签订合同应注意以下几方面的问题。

1. 合同文本的起草

当谈判双方就交易的主要条款达成一致意见后，就进入合同签约阶段。这涉及合同文本由哪一方来起草。一般来讲，文本的起草很重要，它关系到哪一方掌握谈判的主动权。因为口头上商议的东西要形成文字还有一个过程，有时仅仅是一字之差，意思却有很大区别。起草一方的主动权在于可以根据双方协商的内容，认真考虑写入合同中的每一条款，斟酌选用对己方有利的措辞，安排条款的顺序或解释有关条款，而对方对此则毫无思想准备，处于被动状态。

有时候，即使认真审议了合同中的各项条款，但由于文化上的差异，对合同的理解也会不同，难以发现于己不利之处。特别是在涉外谈判中，我方应重视合同文本的起草工作，尽量争取起草合同文本，如果做不到这一点，也要与对方共同起草合同文本。但现在我们的一些涉外谈判，往往是由外商一开始就提出一份完整的合同文本，迫使我方按照合同文本的内容讨论每项条款，这种做法会使我方在谈判中处于极为被动的地位。一方面，由于思想准备不足，容易让对方塞进一些对我方不利的条款或遗漏一些对方必须承担义务的条款；另一方面，按一方事先拟好的合同文本进行谈判，极大地限制了我方谈判策略和技巧的发挥，并且我方很难对合同进行比较大的修改和补充，甚至有的只是在对方的合同上签字。

第九章　谈判合同的履行

另外，如果以外文文本为基础，对我方也有诸多不利，不仅要在翻译内容上反复推敲，弄清外文的准确含义，还要考虑法律上的意义、一些约定俗成的用法，包括外文的一词多义，弄不好就会造成麻烦，出现意想不到的问题。例如，20世纪70年代初，美国总统国家安全事务副助理亚历山大·黑格率团来华，为尼克松总统的访问打前站时，我方发现对方的公告草稿中出现了这样的字句：美国政府关心中国人民的生存能力(viabliliy)。周恩来立刻要求我国有关部门的专家们进行查阅，以弄清"viabliliy"一词的确切含义。经反复研究，viabliliy 的词意是"生存能力"，尤指"胎儿或婴儿的生存能力"。在第二天的谈判中，周恩来严肃地指出："中国是一个独立的主权国家，不需要美国政府来关心其'生存能力'。我们欢迎尼克松总统来我国访问，但不能使用这样对中国人侮辱的字眼。"一番义正词严的讲话，既捍卫了祖国的尊严，又增加了对方对周恩来的敬佩之情。

起草合同的文本需要做许多工作，这可以同谈判的准备工作结合起来。例如，在拟订谈判计划时所确定的谈判要点，实际上就是合同的主要条款。起草合同文本，不仅要提出双方协商的合同条款，以及双方应承担的责任、义务，而且我方还要对所提出的条款进行全面细致的讨论和研究，明确哪些条款不能让步，哪些条款可做适当让步，让到什么程度。这样，当双方就合同的草稿进行实质性谈判时，我们就掌握了主动权。

2. 明确合同双方当事人的签约资格

由于合同是具有法律效力的法律文件，因此，签订合同的双方都必须具有签约资格，否则，即使签订了合同，也是无效的合同。在签约时，要调查对方的资信情况，应该要求当事人相互提供有关法律文件，证明其合法资格。一般来讲，对于重要的谈判，签约人应是董事长或总经理。有时，虽就具体业务进行谈判，出面签约的不是上述人员，但也要检查签约人的资格。如了解对方提交的法人开具的正式书面授权证明，常见的有授权书、委托书等，了解对方的合法身份和权限范围，以保证合同的合法性和有效性。

在审查对方当事人的签约资格时，一定要严肃认真，切忌草率从事。改革开放以来，我国经济发展迅速，对外贸易急剧增多，但是，在与外商、港商谈判时，由于盲目轻信对方，草率签订合同，以致吃亏受骗的现象屡有发生。有些企业急于招商引资，发展外贸业务，仅凭熟人介绍，不进行任何资信调查，就签订数额巨大的合同，结果给企业和国家造成重大损失。所以，了解对方的企业信誉及其行为能力和责任能力是十分重要的，是签约的前提条件。此外，与外国公司打交道，子公司与母公司也要分开。如果与子公司打交道，不要只看母公司的信誉和资产情况，实际上母公司对子公司是不负连带责任的。也不要轻易相信对方的名片，名片不能代替证书，有的人名片上头衔很大，实际上是空的。

3. 合同要明确规定双方应承担的义务、违约的责任

许多合同只规定双方交易的主要条款，却忽略了双方各自应尽的责任和义务，特别是违约应承担的责任，这样，无形中等于为双方解除了应负的责任，架空了合同或削减了合同的约束力。还有一种现象，有些合同条款写得十分含糊笼统，即使是规定了双方各自的责任、义务，但如果合同条款不明确，也无法追究违约者的责任。例如，我国南方某一城市与港商签订了一个出售矿渣的合同，合同中只明确港商可以每天拉一车，时间为一个月。由于没有明确提货车的型号，结果对方拉货的车越来越大，我方明知吃亏，却也无可奈何。

在签约时，最容易出现的问题就是合同标的不详，质量条款笼统含糊和缺少索赔条款，

给不义之徒造成可乘之机。如果整个合同文字含糊不清、模棱两可，后果更不堪设想，往往争议纠纷、扯皮不断，甚至遗祸无穷。例如，某一合同中有这样一条："合同生效后不得超过45天，乙方应向甲方缴纳××万美元的履约保证金……超过两个月如未能如期缴纳，则合同自动失效。"这里"两个月"究竟从哪一天开始算起，是合同生效之日开始算起，还是合同生效45天以后算起，写得不明确。

此外，对合同中的一些关键词句，一定要谨慎推敲，不能含糊迁就，有时仅一字之差，却失之千里。例如，某企业在与外商谈判合同履行保证书时，外商要求写上"在发生买方索取损失补偿时，要先取得供方认可"。为保留或取消"认可"两字，双方展开了辩论，僵持了两天，最后我方以理服人使外商放弃了"认可"要求。如果我方同意保留"认可"这一条，则供方银行的"履约保证书"就失去了任何意义。如果供方不认可，出具"履约保证书"的银行就可以不受理买方索赔的申请，"履约保证书"只不过是一纸空文，成了骗取信任的一种形式。

4. 合同中的条款应具体详细、协调一致

合同条款太笼统将不利于合同的履行。例如，某化肥厂从日本引进一套化肥生产设备，合同中有这样一条，"某某管线采用不锈钢材料"，没有具体指明管线应包括阀门、弯管、接头等。结果，在合同履行中，日方认为管线只指管子，我方则认为包括其他，但由于合同中没有写明，也无从交涉，我方只能干吃哑巴亏。

此外，还应注意合同中的条款不能重复，更不能前后矛盾。例如，我国一企业与外商签订了一份合同，在价格条款中有这样一条规定："上述价格包括卖方装到船舱的一切费用。"而在交货条款中却出现了这样的规定："买方负担装船费用的1/2，凭卖方费用单据支付。"这种前后矛盾的现象，最容易被人钻空子。

5. 注意合同执行中的免责因素

许多就大型谈判项目所签订的合同，执行期限都比较长，在这一过程中，会发生很多意外变化，需要注意如不可抗力等免责条款在执行合同中的作用。

【案例9-1】

张某在2020年3月4日前往某楼盘看房，经售楼人员李某推荐，激动之下向李某支付了2万元的"诚意金"。回家后，张某觉得房子不行，想要退款，找李某说了几次，但遭到拒绝，理由是张某违约在先，钱不能退。3月18日，张某接到李某微信通知，正式告知：如不能在3月19日签订购房合同，则视为李某违约，2万元不退。

3月19日，律师与张某前往该公司售楼部与李某见面。张某当场提出买房的意愿，但要求提供置业公司房屋买卖合同范本。拿到合同后，张某对合同内容提出16项更改要求，并口头通知置业公司3日内书面回复，如得不到同意回复，则视为谈判破裂，应当退还2万元"诚意金"。一个月后，张某拿到了置业公司的退款2万元。

该合同分析：

1. 2万元"诚意金"实际上是预约合同定金，其功能在于保证双方按照预约合同就正式合同签订进行协商、签订，如拒绝正式合同谈判和签订，则违约方应当承担赔偿责任。

2. 前往售楼部表示买房、谈判，实际上是对预约合同的履行，我方当事人避免了违约

行为出现,置业公司就无权扣掉2万元的"诚意金"。

3. 我方提出16处的合同修改,置业公司基本不会同意,因为修改内容均是置业公司的盈利点,则谈判失败,就此预约合同即履行完毕,同时也无任何一方违约,预约合同因无法实现目的而解除。置业公司则必须退还2万元。

4. 期间还有发送律师函、发送解除预约合同通知等手续,在程序完善的基础上,实现合法、合理退款目标。

(资料来源:http://lawyers.66law.cn.)

6. 争取在己方所在地举行合同的缔约或签字仪式

对比较重要的谈判,在双方达成协议,举行合同缔约或签字仪式时,要尽量争取在己方所在地举行。因为签约地点往往决定采取哪国法律解决合同中的纠纷问题。根据国际法的一般原则,如果合同中对出现纠纷采用哪国法律未作具体规定,一旦发生争执,法院或仲裁庭就可以根据合同缔结地国家的法律进行判决仲裁。

二、谈判协议的鉴证

经济谈判协议的鉴证是指国家有关合同管理机关根据双方当事人的申请,依据国家法律、法令和政策,对经济协议的合法性、可行性和真实性进行审查、鉴定和证明的一项制度。经济合同是一种法律文件,要保证其合法性、可行性和真实性,仅仅由合同双方当事人签字同意是不够的,还要得到国家有关部门的认可,经过国家有关部门的审查。这是由于以下几个方面的原因。

第一,鉴证是保证谈判协议合法有效的必要手段。谈判协议是由协议双方在自愿原则基础上相协商取得一致意见后签订的。但是,签订的协议是否合法?能否在合法的前提下履行?这就需要通过鉴证和公证来审查、证明,包括审查协议内容是否符合国家的法律、法令、政策的要求,是否符合国家指导性计划的要求。谈判协议的主体是否具有合法身份,是否具有权力能力和行为能力,以及主体身份是否合格等。此外,双方协议的标的物是否是国家允许流通的商品,是否会危害国家利益和社会利益也是审查的主要方面。对谈判协议进行鉴证,审查双方当事人的法人资格及交易内容的合法性,可以有效地保证谈判的合法性、可行性,也为在协议的履行中出现矛盾和纠纷的调解与仲裁提供了可能性。

第二,实行鉴证是国家有关部门进行合同管理的有效措施。谈判协议的合法性与可行性,不仅直接关系到谈判双方当事人的切身利益,还关系到社会效益。在我们社会主义国家,主要经济活动都是在国家的宏观控制指导下进行的,任何交易行为都要符合国家的法令、政策,要有良好的社会效益。因此,国家必须对合同的签订及履行实施监督管理,以保证交易活动的合法性和有效性。例如,鉴证机关有必要审查交易双方的当事人有没有欺骗行为,代理人是否超越了代理权限与对方签订协议,当事人的履行能力是否符合协议内容的要求等。

第三,实行鉴证有利于保证谈判双方有效地履行协议。履行经济协议的唯一依据就是协议书。因此,协议书是否合法,其条款是否完备,文字表达是否清楚、准确,双方当事人的权利、义务和责任是否明确,以及协议的签订是否符合法律程序等,都会直接影响协议的履行，影响协议双方的利益，有时仅仅是一时的疏忽，但却会带来难以弥补的损失。国家有关部门对合同实行鉴证是十分必要的。它能有效地保证经济协议的履行，通过对合同内容的审查，明确合同中双方当事人的责任、义务，从而保护当事人的合法权益，有利于促进谈判协议的履行。因此，一般的经济谈判协议都应该实行鉴证和公证，包括国内和涉外经济协议。国内经济谈判协议鉴证要按照《关于经济合同鉴证的暂行规定》执行。在我国，工商行政管理机关是经济协议的鉴证机关。

经济合同的鉴证应当由双方当事人到工商行政管理局办理。如果需要委托他人代办鉴证的，代理人必须持有委托证明。在申请鉴证时应当提供经济合同正、副本，营业执照副本，签订经济合同法定代表人或委托代理人的资格证明，以及其他有关证明材料。

三、经济合同的公证

经济合同的公证是指国家公证机关根据当事人的申请，依法对经济协议进行审查以证明其真实性、合法性，并予以法律上的证据效力的一种监督制度。

实行合同的公证，首先，可以更好地贯彻执行党和国家的方针、政策，支持和保护合法的经济活动，制止和打击违法的经济活动。其次，增强合同双方的法制观念，促使双方以严肃认真的态度对待合同的签订与履行。再次，及时发现与纠正可能影响合同履行的问题，做到防患于未然。最后，便于从法律上监督合同的履行，提高履约率。

经济合同的鉴证与公证的作用基本相同，但是其监督的性质和作用范围却略有差别。鉴证是由国家工商管理机关负责，是对协议进行行政监督；而公证是由国家专门的公证机关负责，是一种法律监督手段。

第二节　谈判协议的履行

一、谈判协议履行的原则

履行经济贸易谈判协议，要求当事人必须全面履行合同规定的义务，必须贯彻实际履行和适当履行的原则。

所谓实际履行，就是要严格按照协议规定的标的履行，不能用其他标的代替。因此，双方在谈判中，对有关标的物的内容讨论要尽可能详尽、清楚、明确，明确规定交货方产品的质量、性能、规格、特点以及检验的标准等。如果供货方未能履行协议，必须按照合同规定承担起全部责任，向需方支付违约金和赔偿金。原则上，罚款不能代替标的履行。

总之，合同签订后，必须按照合同规定的内容认真履行，除非出现不具备实际履行的情况，才允许不实际履行。这些情况包括如下情形。

(1) 以特定物为标的的协议，当特定物灭失时，实际履行协议的标的已不存在。

(2) 由于债务人延迟履行标的，标的的交付对债权人已失去实际意义，如供方到期不交付原材料，需方为免于停工待料，已设法从其他地方取得原材料。此时，如再付货，对需方已无实际意义。

(3) 法律或协议本身明确规定，不履行协议，只负赔偿责任。如货物运输原则一般均

第九章 谈判合同的履行

规定,货物在运输过程中灭失时,只由承运方负担赔偿损失的责任,不要求做实际履行。

所谓适当履行原则,就是要求协议的当事人不仅要严格按协议的标的履行协议,而且对协议的其他条款,如质量、数量、期限、地点、付款等都要以适当的方式履行。凡属适当履行的内容,如果双方事先在协议中规定得不明确,一般可按常规做法来执行,但这是在不得已的情况下采用的。严格来讲,适当履行原则本身就要求当事人在订立协议时,尽量做到具体明确,以便双方遵照执行。

实际上,贯彻实际履行原则和适当履行原则,就是要求双方当事人必须严格按照协议的条款去履行。

合同履行中出现的纠纷较多,双方如果就这些问题进行谈判被称为索赔谈判。这也是比较棘手的一种谈判。由于这种情况的出现是由于合同义务不能履行或不完全履行,很可能会给一方或双方造成损害,因此,谈判中针锋相对、剑拔弩张的情况比较常见,但要始终坚持重合同、重证据,注重逻辑推理和系统分析,注重借助各种现代分析工具、测量方法和高科技手段来处理纠纷问题。这种谈判特别需要睿智、机敏、理性的头脑,对谈判人员的素质要求较高。

【案例 9-2】

将收益蛋糕做大

某公司代表团出国订购商品,他们找到日本最大的厂商询价。日方开价每台 350 美元,这一报价基本接近我方所掌握的国际市场价。我方要求更优惠价格,日方提出 345 美元,并声明这已是最低价了。我方还价 340 美元,经过一段时间的磋商,日方同意了。随后我方又表示希望能通过增加购买量再进一步降价,又经过一番协商,日方同意在数量从原来 1000 台增加到 1500 台的基础上,以 338 美元的价格成交。在谈判中,我方发现日方倾向于用日元成交,于是,我方表示最好用美元成交,如果用日元成交只能按当时汇率将 335 美元折算成日元,因为当时美元有下跌趋势。日方提出对此表示理解和同意。接着,我方又提出希望能把原来的 CIF 条款改 FOB,即由我方负责租船订舱和办理投保业务,运保费另算。对此,日方没有表示异议。最后,我方表示请日方考虑把原来的即期信用证改为见票后在 120 天付款的远期信用证。日方开始不同意,在我方谈了一系列困难之后,日方同意改为见票后 60 天付款的远期信用证。成交后,我方核算下来实际进口成本不到 330 美元。

(资料来源:黄卫平,董丽丽. 国际商务谈判[M]. 北京:机械工业出版社,2014.)

二、谈判协议的担保

协议的担保是保证协议切实履行的一种法律保障。担保是指在谈判时,一方或双方请保证人或以其他的方式来保证其切实履行协议的一种形式。担保是由国家法律规定的或由双方当事人协商确定的。贸易谈判协议的担保主要有以下几种形式。

(1) 保证人。保证人是保证一方履行协议的第三者。保证人和被保证人之间有相互的权利、义务,是一种协议关系。而保证人和对方当事人之间也是一种协议关系。因此,签订保证人条款时,三方当事人都应当参加,共同明确相互的权利和义务。

(2) 定金。定金是签订经济合同的一方当事人,为证明合同的成立和保证合同的完全履行，在标的物价款或酬金的数额内，预先给付对方当事人一定数额的货币。定金的作用：一是证明合同的成立。一方当事人在签订合同时，担心对方当事人毁约而给付定金，只要对方当事人接受定金，这就是经济合同成立的法律依据。二是保证合同的履行。定金是一种担保形式，它是在没有第三人参加的前提下，双方当事人为保证合同的切实履行而协商约定的法律关系。因此，如果接受定金一方不履行合同，应当双倍返还定金；如果给付定金的一方不履行合同，则无权请求返还定金。所以，定金既有担保作用，又可以补偿不履行合同所造成的经济损失。

定金与预付款不同，在给付预付款时，给付预付款的一方不履行合同时，在承担由此造成的经济责任后，有权请求返还预付款或抵作赔偿金、违约金；当接受预付款的一方不履行合同时，在承担经济责任后，应如数返还预付款，但无须双倍返还。

(3) 留置。留置也是协议担保的一种法律手段，是指由于对方不履行合同，当事人一方对于对方的财产采取的一种扣留措施。这种担保形式常常用于来料加工、保管和工程项目的合同关系。如加工承揽合同中，定做方把一定的原料交给承揽方加工，如果定做方不按约定期限领取定做物，承揽方有权留置其定做物；如果超过领取的期限仍不领取，承揽方有权将定做物变卖，所得价款在扣除报酬、保管费用之后，用定做方的名义存入银行，承揽方的这种权利，叫作留置权。

(4) 违约金。违约金也是保证协议履行的一种形式，是指一方当事人不按标的履行或者不适当地履行协议时，按法律或双方约定向对方支付的金额。这是经济合同的主要担保形式。它的作用体现以下两个方面：一是带有惩罚性质，起经济制裁作用；二是带有补偿性质，起补偿损失的作用。这里，违约一方不履行协议时，不论是否给对方造成损失，都应付给违约金。这与赔偿金有所区别，赔偿金是指给对方造成损失后支付的补偿金。

(5) 抵押。抵押也属于一种担保形式，是指协议当事人一方或第三人为履行协议向对方提供的财产保证。提供抵押的一方当事人或第三人称为抵押人，接受抵押财产的当事人称为抵押权人。若抵押人不履行协议，抵押权人有权依法变卖抵押物，从所得价款中优先得到清偿。但是，不能把国家法律、法令禁止流通和禁止强制执行的财产作抵押，如人、枪等。

三、谈判协议的变更、解除、转让与纠纷处理

谈判双方共同协商后签订的经济协议，具有法律效力，要求双方认真履行，任何一方无权单方面变更和解除。但是，客观情况是不断变化的，有些时候，签订协议时的客观条件发生变化，实际履行协议已变为不可能或无意义，这就要求变更和解除协议。所以，绝对不允许谈判合同的变更与解除也是不切合实际的。

(一)谈判协议的变更和解除

所谓变更，是指对原协议的修改和补充；所谓解除，是将原协议宣布无效。由于签订协议是非常严肃认真的事情，因此，修改、变更和解除协议也必须严肃认真，不能草率从事，必须有法律依据，并通过一定的程序进行，不能单方面随意变更或解除，否则即可视为违约行为，应负法律责任。允许变更或解除协议主要有以下几种情形。

第九章　谈判合同的履行

第一，由于内部原因，协议中的一方出现了一些必须修改合同的因素，在不影响、不损害国家利益和对方利益的前提下，经双方协商同意，并通过一定的法律程序，允许变更协议。

第二，由于签订协议时的客观条件发生变化，如协议订立所依据的国家计划的修改或取消，相应地，所订协议也可以变更或解除。

第三，协议一方的企业或公司，由于停产、倒闭等原因无法继续履行协议，也允许变更或解除协议。

第四，由于不可抗力或由于一方当事人虽无过失但无法防止的外因致使合同的履行成为不必要时，受害的一方可依法律规定，变更或解除合同。

第五，由于协议一方违约，使对方受到严重损失。

一般来讲，只要具备上述情形之一者，即可变更或解除协议。但是应当指出，如果原来参与签订协议的承办人或法人代表发生变更时，则不能作为变更或解除协议的理由。根据有关法律，法人原有的权利和义务关系不能因人员变更而消失，应由变更后的新法人来承担。

(二)谈判协议的转让

谈判协议除了可以变更和解除以外，还可以转让。谈判协议的转让，并非转让协议本身，而是指协议主体的转让。具体地说，就是协议中一方当事人由于某种原因退出原来的经济法律关系，在征得原协议当事人同意并在不变更协议内容、条款的前提下，可将原协议规定的权利、义务转让给第三者。

谈判协议的转让和协议的变更是不同的。转让不改变协议的内容，仅仅改变协议的主体。而协议的变更则恰恰相反，它不改变协议的主体，只改变协议的内容。协议的转让要首先证得原协议当事人的同意，而协议的变更则不需要这个前提。

有些特殊的协议转让，还必须经过有关部门的同意。例如，涉及国家指令性计划的产品转让协议，除了要事先征得原当事人的同意外，还要取得下达该计划的业务主管部门的同意，否则，转让无效。

此外，协议的转让还必须符合法律要求，不得违背国家的有关法令、政策，不得侵犯国家的公共利益。在转让前，还要审查第三者的权利能力和行为能力及经营范围，如果发现第三者没有转让协议中规定的经营项目，就不得转让，否则，转让应视为非法与无效。

(三)利用调解与仲裁处理合同纠纷

在合同的实际履行过程中发生矛盾、纠纷也是正常现象。这不仅关系到合同当事人双方切身的经济利益，也关系到合同能否继续执行的问题。因此，一旦出现矛盾纠纷，必须及时、合理地加以解决。

《中华人民共和国经济合同法》第48条规定："经济合同发生纠纷时，当事人应及时协商解决。协商不成时，任何一方均可向国家规定的合同管理机关申请调解或仲裁，也可以直接向人民法院起诉。"从我国经济合同纠纷处理现状来看，多数都是由调解和仲裁解决的。

(1) 调解。所谓调解，就是通过第三方的努力来帮助合同当事人各方消除纠纷。它与仲裁明显的区别是调解不能强制执行者接受解决办法，它只能通过建议、方案或利用其威信促使执行人接受某种解决办法。

要进行调解，就要有调解人。调解人既可以以一个组织的身份出现，如企业的主管单位或上级单位、工商行政管理部门等，也可以是一个组织中的成员，如法院的工作人员、上级主管部门的负责人、企业的经理人员等。

调解人的调解办法是通过倾听各方的意见，了解有关情况，收集有关资料，并进行客观分析，提出一个公正可行的解决方案。在一般的情况下，由于调解人站在中立的立场上，不带有偏见或感情色彩，可提出对双方都有利的处理办法，往往能够为纠纷的双方所接受。这里，协调人的威望也很重要。

需要指出的是，如果调解人以组织的形式出面，则调解的形式有所不同。由合同纠纷双方提出申请，由工商行政管理部门出面进行调解叫行政调解。双方一旦达成协议，当事人都应当履行。如果纠纷当事人的一方或双方向法院提出申请，要求法院依法裁决，在仲裁之前，法院进行的调解属于司法调解。如果调解有效，达成协议，就具有法律约束力，双方应坚持履行，否则，法院可强制执行。

(2) 仲裁。调解失效，就可以进行仲裁。这是指发生纠纷的各方，自愿将有关争议提交仲裁部门，从而使仲裁部门作出具有一定约束力的裁决。仲裁具有法律强制性，它是通过强制各方执行仲裁决定来解决合同的纠纷的。

仲裁审理要求申请仲裁者提供仲裁申请书，如谈判或合同双方当事人的名称、地址、法定代表人的姓名、职务，申请仲裁的事由和要求等。在涉外仲裁申请书中还要写明选定的仲裁员姓名或委托仲裁机构代为指定的内容。

仲裁庭进行仲裁审理有两种方式：一种是口头审理，由仲裁机关通知双方当事人，在规定开庭的日期出庭，以口头答辩的方式，接受仲裁庭的审理。另一种是书面审理，由仲裁庭根据双方当事人、专家提供的书面材料，对争议的案件进行审理，不要求双方当事人出庭作口头答辩。

仲裁程序的最后阶段是裁决，它是指仲裁庭对争议的案件作出的决定。对于仲裁决定，涉外的是一次终局仲裁，所以仲裁机关作出的仲裁决定，立即发生法律效力，当事人应在规定期限内自动履行裁决，双方都不得向法院或其他机关提出变更的要求，否则，法院将依法强制执行。对于国内合同纠纷的仲裁，当事人一方不服时，可在收到仲裁决定之日起15日内向法院起诉，否则，裁决即可生效。

本 章 小 结

合同是交易双方为明确各自的权利和义务，以书面形式将其确定下来的协议，具有法律效力。也就是说，合同一经双方签订，就成为约束双方的法律性文件，双方必须履行合同规定的义务，否则就必须承担法律责任。合同还是仲裁机构处理矛盾纠纷的依据。

协议的担保是保证协议切实履行的一种法律关系。主要形式有保证人、定金、留置、违约金、抵押等。

合同文本的起草很重要，它关系到哪一方掌握谈判的主动权。起草一方的主动权在于可以根据双方协商的内容，认真考虑写入合同中的每一条款，斟酌选用对己方有利的措辞，安排条款的顺序或解释有关条款。谈判协议的变更、解除、转让与纠纷处理应在协商的基

第九章 谈判合同的履行

础上进行，并根据客观情况决定。

自 测 题

1. 如何理解谈判的准备工作如何？谈判进行得顺利与否，如何直接影响合同的签订和履行？
2. 正确处理谈判协议的变更、解除、转让与纠纷处理有什么重要意义？
3. 贸易谈判协议的担保主要有哪几种形式？
4. 试论如何利用调解与仲裁处理合同纠纷。

案 例 分 析

合同执行问题的谈判

美国某公司向中国出口了一套机床生产设备，经过安装后调试的结果一直不理想，时间到了圣诞节，美国专家都要回家过新年，因此生产设备均要停下来，玻璃的熔炉也要保温维护。美方人员过节是法定的，但中方生产停顿要付出巨大代价，两者无法调和。

美方人员走后，中方专家自己研究技术问题，并着手解决问题。经过一周的日夜奋战将问题最大的零件成型机调试好了，并可以生产出合格产品。当美方人员过完节回到中方工厂已是三周后的事。他们进入车间和仓库，十分惊讶，问"怎么回事？"当中方告诉自己已调试好设备后，美方人员转而大怒，认为："中方人员不应动设备，应该对此负责任。"并向中方公司提出严正交涉："以后对工厂的生产设备将不承担责任，若影响其回收货款还要索赔。"

(资料来源：余柏，陶雪楠. 新编谈判案例详解与应用[M]. 哈尔滨：哈尔滨出版社，2014.)

思考问题：
(1) 如何看待美国人员的意见？如何看待中方人员自己调试设备的行为？
(2) 中方公司代表面对美方的立场应如何回答？
(3) 整个履约过程的安排有什么问题？

阅 读 资 料

寻求外部利益的补偿

我国一个经贸代表团访问一个发展中国家，这个国家在连年战争之后百废待兴，十分需要建造几个化肥厂来支持农业的复兴。在我方提出了一揽子方案后，该国的谈判代表认为价格太贵，希望降低30%。我方经过分析，认为他们提出价格太贵是由于要引进的项目很多，在支付能力上有困难。于是我方详细地介绍了设备的性能，强调了项目投产对发展农业生产的重要性。与此同时，我方又提出从设计、制造、安装、调试、人员培训等方面提供一揽子服务。对方经过反复比较、分析，最后确认我方的报价是合理的，最终将消极价格转变为积极价格，以双赢的价格促成了这笔交易。

如果我方是买者，也可以利用积极价格与消极价格的原理，通过谈判促成交易。

例如，上海某机械厂计划引进西欧某公司的一条生产线，西欧的这家公司由于热切地希望进入中国市场，报出了十分合理的价格80万美元。由于种种原因，当时机械厂用于购买生产线的外汇只有50万美元额度，差距很大。因此，这是一项十分艰巨的设备引进的价格谈判。厂方先请外方的销售经理汤姆先生来上海进行具体的商务谈判。汤姆先生来沪后，厂方先安排他参观了有关用户，向他发出了我们有购买诚意的信号。同时又介绍了该厂在中国同行业中的地位。这些引起了对方的兴趣。于是，厂方乘机提出如果这笔生意做成，将协助这家公司在上海举办展销活动，并负责邀请中国的有关企业来参观。由于该公司的产品优秀，在世界各地都有其产品，而在中国却没有销售，公司对进入中国市场有兴趣。听了这些介绍以后，汤姆先生考虑再三，表示这次只收设备的成本费不赚利润，把报价降到了70万美元。

然而，厂方只有50万美元，还差20万美元。于是，外贸公司就说服买主扣除国内能配套的部分设备，使价格降到60万美元。此时对于外方公司来说已经不能再退了，还差10万美元。外方公司与买主反复研究后，决定舍弃5万美元可以在今后再行订购的备件，使双方之间的距离小到只有5万美元。这时厂方再次深切表态，说只要同意再降5万美元，将免费向外方介绍一家外地的买主，并言明对此价格严守秘密不向任何人透漏。汤姆先生经过反复比较，终于下决心按50万美元成交。汤姆先生确实受到了积极价格的吸引，作出重大让步。而外贸公司也未食言，在此后介绍这家西欧公司与外地的企业成交了两台同类设备。在不到一年的时间里，这家公司连续在中国卖出了十多台设备，使其进入中国市场的愿望得以实现，保证了它的长远利益。

(资料来源：于博远. 商务谈判理论与实务[M]. 哈尔滨：哈尔滨工业大学出版社，2016.)

第十章　商务谈判的礼仪与禁忌

【学习要点及目标】

通过本章的学习，使学生了解礼仪的本质及交往中的一般礼仪，掌握迎送礼仪、会见礼仪、交谈礼仪、宴会礼仪、见面礼仪、服饰礼仪、参观礼仪的基本要求，了解各国社交、商务的一些禁忌。

【引导案例】

张文今年大学毕业。刚到一家外贸公司工作。经理就交给他一项任务，让他负责接待一个最近来公司的法国谈判小组。经理说。这笔交易很重要，让他好好接待。张文想这还不容易，大学时经常接待外地同学，难度不大。于是他粗略的想了一些接待顺序，就准备开始他的接待活动。张文提前打电话和法国人核实了一下来宾的人数、乘坐的航班以及到达的时间。然后，张文向单位要了一辆车，用打印机打了一张A4纸的接待牌儿，还特地买了一套新衣服，到花店订了一束花儿。张文暗自得意，一切都在有条不紊地进行。到了对方来的那一天，张文准时到达了机场。可是张文等了很久也没有看见对方的踪影。他环顾四周发现有几位老外比他等的还久。张文想有可能就是这几位吧。于是又举了举手中的接待牌儿，对方也没有反应。等到人群散去很久，张文仍然没有接到客人。于是，张文去问讯处问了一下。问讯处说，该国际航班飞机提前15分钟降落。张文怕弄错了，赶紧打电话回公司。公司同事回答说还没有人来。张文只好继续等。周围只剩下那几位老外了。他就想问一问吧。谁知一询问正好就是这几位。张文赶紧道歉，并献上由八朵花儿组成的一束玫瑰。对方的女士看着他，一副很好笑的样子接受了鲜花。张文心想，有什么好笑的。接着，张文引导客人上车。张文让司机把车直接开到公司指定的酒店。谁知因为旅游旺季，房间早已客满，而张文没有提前预订，当然没有房间。张文只好把他们一行拉到一个离公司较远的，比这家条件要差一些的酒店。至此，对方也露出非常不快的神情。张文把他们送到房间。一心将功补过的张文决定和客人好好聊聊，这样可以让他们消气。谁知在客人房间待了半个多小时，对方已经有点儿不耐烦了。张文一看好像又吃力不讨好了，心想以前同学来，我们都聊通宵呢。于是张文告辞，并和他们约定晚上19点在饭店大厅等，公司经理准备宴请客人。

到了晚上19点，张文在大厅等待客人。可是又没等到。张文只好请服务员去通知法国人，就这样19:30分人才陆续来齐。经理已经在宴会大厅门口迎接客人了。张文赶紧给双方做了介绍。双方寒暄后进入宴会厅。张文看着宴会桌儿不免有些得意，心想幸亏我提前做了准备，把他们都安排了座位，这样总万无一失了吧。谁知经理一看，对方的主谈人正准备按照张文放的名牌坐下，赶紧请对方坐到正对大门的座位。让张文坐到刚才那个背对大门的座位，并狠狠瞪了张文一眼。张文有点莫名其妙，心想怎么又错了吗？这时突然有位客人问他的座位在哪里。原来张文忙中出错，把这位客人的名字给漏了。法国人都露出了一副很不高兴的样子。好在经理赶紧打圆场，神情愉快地和对方聊起一些趣事，对方才不再板起面孔。一心想弥补过失的张文在席间决定陪客人吃好喝好，频频敬酒，弄得对方有些尴尬。经理及时制止了张文。席间，张文还发现自己点的饭店的招牌菜——辣椒炒泥鳅，老外几乎都没动。张文拼命地劝对方尝尝。经理告诉张文不要劝。张文不知自己又错在哪里。好在谈锋颇健的经理在席间和客人聊得很愉快，客人很快忘记了这些小插曲。等双方散席后，经理当夜更换了负责接待的人员，并对张文说，你差点坏了我的大事，从明天起请你另谋高就。张文就这样被炒了鱿鱼。但他始终不明白自己究竟错在哪里了。

(资料来源：蒋小龙. 商务谈判与推销技巧[M]. 北京：化学工业出版社，2015.)

《礼记》载曰："凡人之所以为人者，礼仪也。"每个人在社会这个大环境中生存、发展，就必须按"游戏基本规则"与各界各类人进行交往，这种交往"游戏规则"我们可以将其称之为礼仪。

商务谈判也是人际交往的一种形式，也同样必须以礼仪规范为先导。离开了礼仪的束缚也就没有了人际沟通的最基本标准，商务谈判也就失去了依存点。更何况谈判成功与否的三大标志中，其中一条就是"建立并改善人际关系"，这其中礼仪的作用更是不可或缺。

在商务谈判中，谈判礼仪主要表现在迎送、宴请、会见等各种场合；谈判礼节则体现在双方接触交往的细节之中，包括握手、问候、递接名片等，同时还应尊重对方的风俗习惯，避讳民族禁忌。

第一节 礼仪的本质及交往中的一般礼仪

一、礼仪的本质

礼仪是人类社会文明发展的产物，是人们在社会交往中以风俗、习惯和传统等形式固定下来的行为规范与准则。礼仪包含的内容比较广泛，具体表现为礼貌、礼节、仪表、仪式等。

(1) 礼貌是指人与人之间在接触交往中，相互表示敬重和友好的行为。
(2) 礼节是指在交际场合，送往迎来，相互问候、致意、祝愿、慰问等方面惯用的形式。
(3) 仪表是指人的外表，包括容貌、姿态、服饰、个人卫生等。
(4) 仪式是指在比较大的场合举行的，具有专门规定的程序化行为规范活动，如发奖仪式、签字仪式、开幕仪式等。

对社会而言，礼仪是用以沟通思想，交流感情，表达心意，促进了解的一种形式；是社会交往中不可缺少的润滑剂和联系纽带；是社会精神文明建设的重要组成部分；是社会文明程度、道德风尚和生活习俗的反映。对个人而言，礼仪是一个人思想水平、文化修养、交际能力的外在表现。

二、交往中的一般礼仪

(一) 守时守约

守时守约是最基本的礼貌。参与各种活动，都要按约定的时间到达，既不要过早，也

第十章 商务谈判的礼仪与禁忌

不要过晚。若登门拜访，则需要提前约好，不要贸然造访。如果遇到特殊情况不能按时赴约，则需要设法提前通知对方。

【案例 10-1】

> 于泽在一次朋友聚会中结识了新的朋友飞和慧。飞和慧都是房地产行业的成功新秀。三个人组成了业余羽毛球小组，每周在固定的时间进行两次锻炼。于泽自愿做了小组的负责人，负责订场地。于泽总是遵守时间，在约定的时间之前，先在体育场等待。飞和慧两个人不是迟到就是无故不来，当于泽打电话询问时，慧若无其事地说："我正在和别人吃饭，你打完球也来吧！"有时飞和慧都不来，留下于泽一人沮丧地在球场上等待。
>
> 在此之后，学聪明了的于泽，先问好飞和慧的时间，确定他们晚上确实没有客户，再订下球场。但是，飞和慧迟到和失约的事依然时有发生。两个月后，三个人终于发生了冲突。忍无可忍的于泽对飞说："如果你们不能来，能否预先电话通知我，以便我有时间找别人。否则，让我在这里苦等是在浪费我的时间。"飞说："这又不是什么大不了的事，何必那么认真？要是不忙，我们能不准时来吗？"于泽说："如果你们尊重别人，也让别人尊重你，就要遵守时间。你们是商人，遵守诺言是商人的信誉，你们如果和客户这样交往，怎么让他们信任你？"不愉快的飞说："我和客户从来都是守约的。你要改一改你的严谨不变的信条，否则你会碰得头破血流的。"下一次，于泽学得更聪明，他雇了一位球技高超的陪练。从此，他再也不用为他们长期不守时而与他们发生冲突了。
>
> 不久，慧由于生意发展的需要想和于泽合作，于泽婉言谢绝了。严谨的于泽认为一个不守时间的人做事"没谱"，他不想承受已经能够看到的挫折。
>
> (资料来源：英格丽·张. 你的形象价值百万[M]. 北京：中国青年出版社，2005.)

约会见面的事情在日常生活中频繁发生，即使是朋友之间，迟到、失约也会严重影响一个人的声誉。

在商业礼仪中，如果由于某种原因不能如期赴会，一般要提前24小时通知对方。这种情况大多数是由于个人的身体健康不允许(如生病、受伤等)，或者是其他极其特殊的原因等。人们的时间是一样的珍贵，无论你是皇族还是百姓，是领导还是下级，尊重别人的时间是对别人的基本尊重，也是对自己的基本尊重。

通常，在约会中赴会者应该提前 5 分钟到达。如果将要迟到时，应该礼貌地打电话告诉对方："我由于某种原因，将会迟到15分钟，请您原谅。"人们会原谅你的迟到，因为你懂得时间的价值，懂得尊重别人，人们会尊重一个懂得履行自己的承诺、尊重他人的人。遵守时间、准时赴约的人，能够赢得对方对你无言的信任，也赢得了尊重。对于商人而言，没有比商业信誉更为重要的"不可见资本"了。在正式的商业交往中，人们只能从交往的礼仪等行为来判断对方。而有无准确的时间观念是对合作伙伴的为人和生活原则的考验。遵守时间，是在商业活动中建立个人信任的第一步。

世界形象设计师英格丽深有体会地说："我会比约会时间早到5分钟，但是他们也按标准早到5分钟。我们彼此建立起良好的第一印象。"

(二)尊妇敬老

在许多国家的社交场所和日常生活中,都奉行"女士优先"的原则。如上下电梯、进出门厅等,应让妇女和老人先行,男士应帮助开门和关门。同桌用餐,两旁若坐着老人和妇女,男子应主动照料,帮他们入座。

(三)尊重风俗习惯

常言道:"入境问禁""入乡随俗""三里不同俗"。不同的国家、民族,由于不同的历史、文化、宗教等原因,各有其特殊的风俗习惯和礼节,应该了解和尊重不同的风俗习惯。天主教徒忌讳"13"这个数字,尤其是"13日""星期五",遇上这个日子,不宜举行宴请活动;在印度、印度尼西亚、马里等国家,不能用左手与他人接触或用左手传递东西;使用筷子的国家,用餐时不可用一双筷子来回传递,也不能把筷子插在饭碗中间,在保加利亚、尼泊尔等一些国家,摇头表示同意,点头表示不同意等。不了解或不尊重别国和其他民族的风俗习惯,不仅失礼,严重的还会影响相互关系,妨碍商务往来,酿成外交事件。除了要学习了解之外,在没有把握的情况下,可多观察,仿效别人。

(四)举止得体

在谈判活动或其他活动中,谈判人员要端庄稳重,落落大方。要站有站相,坐有坐姿,不要放声大笑或高声谈论。在公共场所,应保持安静,不要喧哗。在听演讲、看演出等隆重场合,要保持肃静,不要交头接耳、窃窃私语,或者表现出不耐烦的神态。如果是陪同宾客走入房间,应先请客人坐到各自的座位上,然后,自己轻步入席。一个人的文明程度的高低,代表着他的身份和个人素质。

(五)吸烟

吸烟在中国较为普遍,近年来,随着禁烟和戒烟运动的开展,戒烟的人正在逐步增加。在一些场合吸烟是不礼貌的行为。禁止吸烟的场合日益增多,因此,我们必须弄清哪些场合可以吸烟,哪些场合不能吸烟。

第二节 商务谈判中的常见礼仪

一、迎送与会见

商务谈判,尤其是对外谈判,是双方相互交往的重要活动,谈判双方都渴求获得对方的尊重与理解。因此,懂得并掌握必要的礼仪与礼节,是商务谈判人员必须具备的基本素质。礼仪与礼节是人们自重和尊重他人的生活规范,是对别人(客户)表示尊敬的方式。同时,礼仪与礼节作为一种道德规范,也是人类文明的重要表现形式,它在一定程度上反映了一个国家、一个民族、一个地区或一个人的文明、文化程度和社会风尚。

在介绍与商务谈判和经济交流有密切联系的一些礼仪与礼节以及中外各国的主要习俗和节庆活动的基础之上,我们应该认识到,由于世界各国历史传统、政治制度、经济状况、

第十章 商务谈判的礼仪与禁忌

文化背景、风俗习惯以及价值观念存在明显差异,各国谈判者在商务谈判中都会形成不同的谈判风格。了解不同国家、不同地区、不同民族人们的谈判风格,有利于我们取得预期的谈判效果。

(一)迎送礼仪

迎来送往是常见的社交活动,也是商务谈判中的一项基本礼仪。在谈判中,对应邀前来参加谈判者,无论是官方人士、专业代表团,还是民间团体、友好人士,在他们抵达或离开时,一般都要安排相应身份的人员前往迎送。对于重要客商或初次来的客商,要派专人迎接;对于一般的客商或常来的客商,不接也不为失礼。

1. 确定迎送规格

迎送规格,应当依据前来谈判人员的身份和目的、己方与被迎送者之间的关系以及惯例决定。主要迎送人的身份和地位通常应与来者相差不多,以对口对等为宜。如果当事人因故不能出面,可适当变通,由职位相当的人员或副职出面。当事人因故不出面,应从礼貌出发,向对方作出解释。

只有当对方与己方关系特别密切,或者己方出于某种特殊需要时,方可破格接待。除此之外,均宜按常规接待。

2. 掌握抵达和离开的时间

迎候人员应当准确掌握对方的抵达时间,提前到达机场、车站或码头,以示对对方的尊重,绝不能让客人等候。客人经过长途跋涉到达目的地,如果一下飞机、轮船或火车,就看见有人在等候,一定会感到十分愉快。如果客人是第一次来这个地方,则能因此而获得安全感。如果迎候人员迟到了,对方会立即陷入失望和焦虑不安之中。不论事后怎样解释,都很难使对方改变对迎候人员失职的印象。

同样,送别人员也应事先了解对方离开的准确时间,提前到达来宾住宿的宾馆,陪同来宾一同前往机场、码头或车站,也可直接前往机场、码头或车站恭候来宾,与来宾道别。

在来宾临上飞机、轮船或火车之前,送行人员应按一定顺序同来宾一一握手告别。飞机起飞或轮船、火车开动之后,送行人员应向来宾挥手致意,直至飞机、轮船或火车在视野里消失,送行人员方可离去。

不到机场、码头或车站送行,或者客人抵达后才匆忙赶到迎接,对来宾都是失礼的。来宾一登上飞机、轮船或火车,送行人员立即离去,也是不妥当的,尽管只是几分钟的小事情,但有可能因小失大。

3. 做好接待的准备工作

在得知来宾抵达日期后,应首先考虑到其住宿安排问题。对方尚未启程前,先问清楚对方是否已经自己联系好住宿事宜,如未联系好,或者对方系初到此地,可为其预订宾馆房间,最好是等级较高、条件较好的宾馆。

客人到达后,通常只需稍加寒暄,即应陪客人前往宾馆,在去宾馆途中或在到达宾馆后简单介绍一下情况,征询一下对方意见,即可告辞。客人到达的当天,最好只谈第二天的安排,另外的日程安排可在以后详细讨论。

(二)会见礼仪

会见是谈判过程中的一项重要活动。身份高的人会见身份低的人称为接见,身份低的人会见身份高的人称为拜会。接见与拜会在我国统称为会见。会见就其内容来说,可分为礼节性的、政治性的和事务性的三种。在涉外商务谈判活动中,东道主应根据来访者的身份和访谈目的,安排相应的部门负责人与之进行礼节性的会见。

二、交谈礼仪

交往活动离不开交谈,商务谈判的过程无疑是交谈的过程。恰当地、有礼貌地交谈不仅能增进双方的了解、友谊和信任感,而且还能促进谈判更加顺利、有效地进行。在商务谈判中,交谈并非只限于谈判桌前,还有谈判之余,如谈判中的间歇时间或离开谈判桌之后的闲谈。交谈的话题并非只限于和谈判相关的问题,还可能是生活中的方方面面。所以,交谈中一定要注意下面提及一些礼节和事项。

(一)交谈自然与手势适当

1. 交谈自然

交谈时表情要自然,态度要和气,语言表达要得体,谈话距离要适当,不要离对方太远或太近,不要拉拉扯扯、拍拍打打,不要唾沫星子四溅。

2. 手势适当

交谈中的手势要适当。手势可以反映谈判者的情绪,可以表达大、小、强、弱、难、易、分、合、数量、赞扬、批评、肯定、否定等意思。谈判中的手势要文明,幅度要合适,不要动作过大,手舞足蹈,更不要用手指指人或拿着笔、尺子等物指人。

虽说各国举目投眼的习俗各异,但是谈判桌上较好的规则是注视对方的脸与眼。以稍微眯缝的眼睛,投向对方平静的眼光。一则出于礼貌,注意听取对方的意见;二则从对方的脸上、眼神中看出其内心的反应。

(二)招呼在前

参加别人谈话时要先打招呼。别人在个别谈话时,不要凑近旁听。若有事需与某人交谈时,要等候别人谈完。有人主动与自己谈话时应乐于交谈,第三者参与交谈时,应以握手点头或微笑表示欢迎,发现有人欲和自己交谈时可主动向前询问。谈话中遇有急事需处理或离开时,应向对方说明,表示歉意。

(三)交谈的注意事项

1. 普遍接触

交谈现场超过三个人时,应不时地与在场所有人交谈几句,而不是不理会其他人。所谈问题不宜让别人知道时,则应另择场地,不要只和一两个人说话。

2. 注意聆听

在交谈中，自己讲话时要给别人发表意见的机会，别人讲话时也应寻找机会适时地发表自己的看法。要善于聆听对方谈话，不要轻易打断别人的发言。一般不谈与话题无关的内容，如果对方谈到一些不便谈论的问题，不要轻易表态，可转移话题。对方发言时，不应左顾右盼、心不在焉，或注视别处，显出不耐烦的样子；不要做老看手表、伸懒腰、玩东西等漫不经心的动作。

3. 谈话内容要恰当

谈话的内容一般不要涉及疾病、死亡等不愉快的事情，不谈荒诞离奇、耸人听闻、黄色淫秽等事情。

交谈时，一般不询问妇女的年龄、婚姻等状况，不径直询问对方的履历、工资收入、家庭财产、衣饰价格等私生活方面的问题。对方不愿回答的问题不要寻根问底，对方反感的问题应表示歉意并立即转移话题。不对某人评头论足，不讥讽别人，也不要随便谈论宗教问题。

4. 原则上不参与妇女圈的讨论

男子一般不参与妇女圈的讨论，也不要与妇女无休止地交谈而引人反感侧目。与妇女交谈要谦让、谨慎，不随便开玩笑，争论问题要有节制。

5. 使用礼貌用语

交谈中要使用礼貌用语，如"你好""请""谢谢""对不起""打搅了""再见""你好吗"等，并针对对方不同国别、民族、风俗习惯等，恰当运用礼貌语言。

在社交场合中交谈，一般不过多纠缠，不高声辩论，不恶语伤人、出言不逊。即便有争吵，也不要斥责、讥讽、辱骂对方。交谈结束后还应握手道别。

三、宴会礼仪

(一)应邀与出席时间

1. 应邀

正式宴请一般需要发出请柬，事先口头约定的也应补发。请柬要在宴会之前的1～2周发出，以便被邀请者答复是否出席。接到宴请的口头或书面邀请后，要尽早答复对方是否出席，以使对方妥善安排。

接受邀请后，不要随意改动，万一非改不可，尤其是主宾，应尽早向主人解释、道歉，甚至登门说明致歉。应邀前，还要核实一下主人是谁，时间、地点是否有误，邀请几个人，服饰有无要求等。

2. 掌握出席时间

出席宴请抵达时间的早晚，逗留时间的长短，在一定程度上反映对主人的尊重。迟到、早退、逗留时间过短都会被视为失礼或有意冷落的行为。身份高者可略晚到达，一般客人宜略早到达。主宾退席后,其他客人再陆续告辞。出席宴请时间,各地通行的做法是准时。有的地方是晚一二分钟到,我国是提前二三分钟到,都视为正常。确实有事需提前退席,应向主人说明后悄悄离去;也可事前打好招呼,到时自行离去。出席宴会前,最好稍作梳洗打扮,至少穿上一套符合时令的干净衣服。每个客人都应衣着整洁、容光焕发地赴宴,使整个宴会充满一种比较隆重的气氛,这会使主人感到高兴。最忌讳穿着工作服,带着倦容赴宴,因为这会使主人感到未受到尊重。

(二)入座与进餐

1. 入座

听从主人安排,了解自己的桌次和座位,不要随意乱坐。如有女宾,应先让女宾入座,席间应适当照顾女宾,离席时请女宾先走。

2. 进餐

入座后,主人招呼,即可开始进餐。用餐时应注意以下几个问题。

(1) 身体与餐桌之间要保持适当的距离,太远不易取得食物,太近则易使手肘过度弯曲而影响邻座。理想的坐姿是身体挺而不僵,仪态自然,既不呆板,也不轻浮。在餐桌上一个劲"埋头苦干"的人,与狼吞虎咽的人都令人不快。

(2) 餐巾需等主人摊开使用时,客人才能将它摊开置于膝盖上。餐巾的主要作用是防止油污、汤水滴到衣服上,其次是用来轻擦嘴边油污。但不可用它擦脸、擦汗或除去口中之食物,也不能用它擦拭餐具。用餐完毕或用餐后离桌,应将餐巾放于座前桌上左边,不可胡乱扭成一团。

(3) 中餐宴请外国客人时,既要摆碗筷,也要摆刀叉,以中餐西吃为宜。西餐刀叉的使用是右手持刀,左手持叉,将食物切成小块后用叉送入口中。吃西餐时,按刀叉顺序由外往里取用,每道菜吃完后,将刀叉并拢平放于盘内,以示吃完;或者摆成八字或交叉型,刀口向内。

(4) 对送到你面前的食物多少都用一点,特别合口味的食物请勿一次用得过多,不合口味的食物也不要流露出厌恶的表情。

(5) 吃西餐中的肉类时,要边切边吃,切一次吃一口;吃鸡、龙虾等食物时,经主人示意,可以用手撕开吃;吃面条之类的食物时,可用叉、筷卷起一口之量食之,在吸食时不要发出声音;吃带腥味的食品时,常备有柠檬,可用手将汁挤出滴在食品上,以去腥味;喝汤时,忌用口吹,或发出"嘶嘶"的声音。

(6) 进餐时应尽量避免打喷嚏、长咳、打哈欠、擦鼻涕。无法抑制时用手帕掩口,并避免对人。嘴内有食物时,切勿说话。

(三)进餐中的注意事项

1. 交谈

无论是主人、陪客或宾客,都应与同桌的人交谈,特别是左右邻座,不要只同几个熟人或只同一两个人说话。邻座如不相识,可先作自我介绍。

2. 饮酒

宴席上少不了要饮酒，要了解为何祝酒并了解祝酒的习惯。在主人和主宾致辞、祝酒时，应暂停进餐，停止交谈，注意倾听，不得借此抽烟。主人或主宾到各桌敬酒时，应起立举杯。碰杯时，主人和主宾先碰，人多可同时举杯示意，不一定碰杯。祝酒时，注意不要交叉碰杯。碰杯时，要目视对方致意。

宴会上相互敬酒表示友好，可以活跃气氛。但切忌喝酒过量，应控制在本人酒量的1/3左右，以免失言、失态。不要劝酒，更不得灌酒。饮酒的艺术，在于慢慢品尝。在选用酒类时，以选用地方特色酒为好。选用葡萄酒时要慎重，葡萄酒种类、品级多，外国人常以此衡量宴会规格。

3. 宽衣

社交场合，无论天气如何炎热，不能当众解开纽扣，脱下衣服。在小型便宴上，如主人请客人宽衣，男宾可脱下外衣搭在椅背上。

4. 喝茶、喝咖啡

西式喝茶、喝咖啡，有时需用小茶匙加牛奶、白糖搅拌。正确的饮法是搅拌后，把小茶匙放回小碟内，左手端着小碟，右手拿着杯子喝，不要用小茶匙把茶或咖啡送入口中。

5. 吃水果

外国人吃水果的方法与我们不同，梨和苹果不要整个拿着咬，应先用水果刀切成四五瓣，再用刀去皮、核，刀口朝内，从外往里削，然后用手拿着吃；香蕉先剥皮，用刀切成小块吃；西瓜去皮切成块，用叉取食；橘子可剥了皮吃。

6. 水盂

在西式宴席上，在上鸡、龙虾、水果时，有时递上一小水盂(如铜盆、瓷碗或水晶玻璃缸)，水上漂有玫瑰花瓣或柠檬片，这是供洗手用的。洗法是两手轮流沾湿指头，轻轻涮洗，然后用餐巾或小毛巾擦干，千万不要饮用。

(四)纪念物品与取茶

1. 纪念物品

除了主人准备送给来宾的纪念物品外，各种招待用品，包括糖果、水果、香烟等都不要拿走。有时，外宾会请同席者在菜单上签名，然后作为纪念品带走。

2. 取茶

招待员上茶时，不要抢着去取，待送至面前时再拿。周围的人未拿到第一份时，不要急于去取第二份。不要围在菜桌旁，取完即离开，以便让别人去取。

(五)饮食习惯

在欧洲国家，上的面是一道菜，不要在面上浇菜汁吃，主人可能会误会嫌他做得不好吃。欧美国家多以鸡胸肉为贵，如果按照中国人的习惯以鸡腿敬客，反而失礼。主人通常劝客人再添点菜，你若有胃口，再添不算失礼，主人反会引以为荣。欧美人吃荷包蛋，先戳破未烧透的蛋黄，然后切成小块吃，盘里剩下的蛋黄，用小块面包蘸着吃。面包一般应掰成小块送入口中，不要用手整个拿着咬。

四、见面礼仪

见面是双方联系的开端，对商务谈判来说，涉及彼此的第一印象。要注重见面这第一步，如果给对方留下良好的印象，就是成功地迈出了合作的第一步。因此，了解交易活动中见面时的礼节是十分重要的。

【案例 10-2】

> 有位老师带着 3 位毕业生同时应聘一家公司做业务员。面试前老师怕学生面试紧张，同人事部主任商量让 3 位同学一起面试。3 位同学进入人事部主任办公室时，主任上前请 3 位同学入座。当主任回到办公桌前，抬头一看，预言又止。只见两位同学坐在沙发上，一个架起二郎腿，两腿不停地抖动，另一个身子松懈地斜靠在沙发一角，两手握手指咯咯做响，只有一位同学端坐在椅子上等候面试。人事部主任起身非常客气地对两位坐在沙发上的同学说："对不起，你们两位的面试已经结束了，请退出。"两位同学四目相对，不知何故，面试怎么什么都没问，就结束了。
>
> (资料来源：蒋小龙. 商务谈判与推销技巧[M]. 北京：化学工业出版社，2015.)

(一)介绍

在交际场合可由第三者介绍，也可自我介绍，而且做法要自然。介绍时，要有礼貌地以手示意，而不要用手指点人。要讲清楚姓名、身份和单位，在涉外商务谈判中，还要说明国别。在商务谈判这样的交往场合中，一般由双方主谈人或主要负责人互相介绍各自的组成人员；在双方主谈人或负责人互不相识或不太了解时，一般请中间人介绍双方的情况。

介绍的顺序是：先把年轻的介绍给年长的；先把职位、身份较低的介绍给职位、身份较高的；先把男性介绍给女性，即使女性非常年轻或刚涉足谈判工作不久也应如此。这项规则在中国还没有形成风气，其他许多东方国家也是这样，这主要是传统文化所造成的。但这项规则在许多西方国家被广泛应用，因此，在与西方人谈判时应特别引起注意。先把客人引见给主人，在人多的场合，主人应一一认识所有的客人。在商务谈判中，这点很重要。谈判双方无论谁是主方，都应接见客方所有人员。另外，对远道而至又是首次面谈的客人，介绍人应准确无误地把客人介绍给主人。如果作为客人又未被介绍人发现，最好能礼貌而又巧妙地找别人来向主人引见，必要时毛遂自荐也并不失礼。先把个人介绍给团体，然后介绍团体的成员，介绍时，除妇女和年长者外，一般都应起立，但在宴席、会谈桌上不必起立。被介绍人要微笑、点头，以作表示。

(二)握手

在许多国家，握手是一种习以为常的见面礼。在介绍认识时，握手也是一种最自然而常见的礼节。在一般交际场合，握手更是司空见惯的行为。在中国，握手这一礼节的运用

第十章　商务谈判的礼仪与禁忌

似乎更甚些。一般情况下，人们在见面时，总喜欢握握手，再说上几句客套话，以示亲热。有时在向他人表示祝贺、感谢、慰问时也习惯同对方握手。

握手是陌生者之间第一次的身体接触，只有几秒钟的时间。但是正是这短短的几秒钟，它如此之关键，立刻决定了别人对你的喜欢程度。握手的方式、用力的轻重、手掌的湿度等，像哑剧一样无声地向对方描述着你的性格、可信程度、心理状态。握手的质量表现了你对别人的态度是热情还是冷淡，积极还是消极，是尊重别人、诚恳相待，还是居高临下、屈尊地敷衍了事。一次积极的、有力度的正确的握手，既表达了你友好的态度和可信度，也表现了你对别人的重视和尊重。一个无力的、漫不经心的、错误的握手方式，立刻传送出了不利于你的信息，让你无法用语言来弥补，它在对方的心里留下了对你非常不利的第一印象，有时会使你失去极好的商业机会。因此，握手在商业社会里几乎意味着经济效益。

双手紧握对方手的人，表现出超人的热情和极度盼望的心情，这种被称为手套式的握手，是为政治家们所钟情的、被用来操纵人们心理的握手方式。它表现了对被握手人的亲密和渴望，它能缩短或消融人与人之间的距离。在电视上总统竞选人与选民之间常用这种握手方式，它让观众感到了候选人的热情、诚恳、平易近人，留给选民一个"人民的总统"的美好形象。

握手虽然简单，但是其中很多方面必须注意。

(1) 握手要掌握时间。一般来说时间约为 5 秒，若少于 5 秒显得仓促，如果握得太久，则显得过于热情，尤其是男人握着女人的手，握得太久，容易引起对方的防范之心。有些人习惯性地握住别人的手不放，甚至猛摇，实在让人无所适从，有时过分了会招致别人的反感。

(2) 握手力量要适度，过轻过重都不好。有的人握手时像老虎钳子，使对方感到酸痛，如果手上戴有戒指，就更难以忍受。有的人握手时过轻，好像不曾触及，这样会给人一种冷冰冰的感觉，会让对方觉得你不愿和他结识或合作。所以，力量适度的握手会使对方感到温和可亲。在商务谈判中，让对手产生这种感觉是十分重要的。年轻者对年长者，身份低者对身份高者，应稍稍欠身，双手握住对方的手，以示尊敬。男性与女性握手，往往只握一下女性的手指即可。

(3) 握手时，必须笑容可掬地注视对方。目光接触显示你对别人的重视和兴趣，也表现了自信和坦然，同时还可以观察对方的表情。切忌目光左顾右盼。

(4) 女士与人握手时应先脱去右手手套，但有地位者可不必；男的则必须脱去手套再行握手礼。

(5) 握手要注意先后顺序。在上下级之间，上级伸手后，下级才能伸手相握；在男女之间，女人伸手后，男人才能伸手相握；在主人与客人之间，主人应先伸手，客人再伸手相握。作为主人，主动、热情、适时地握手，会让人感到亲切。如果他们没伸手，你应该等待。若是对方非常积极主动地先伸出手来，你一定要去回握，否则不但会让对方感到窘迫，也显得你不懂礼仪。多人同时握手时应注意不能交叉，待别人握毕后再伸手；在与某人握手时，不要看着第三者。

最后应指出的是，虽说在许多国家都有握手这一礼节，但它并非是全球性的礼节。例如，东南亚一些佛教国家是双手合十致敬，日本人是鞠躬行礼，美国人只有被第三者介绍后才行握手礼，东欧一些国家见面礼是相互拥抱等。了解这些习俗礼节，可以在对外谈判或其他活动中恰当地运用,而不至于出现尴尬局面。

(三)致意

有时,谈判的双方或多方之间相距较远,一般可举右手打招呼并点头致意;有时与相识者侧身而过时,也应说声"你好";与相识者在同一场合多次会面时,只点头致意即可;对一面之交或不大相识的人在谈判场合会面时,均可点头或微笑致意。如果遇到身份高的熟人,一般不要径直去问候,而是在对方应酬活动告一段落后,再前去问候致意。

五、服饰礼仪

着装的成功与否决定了你在各种社交场所得到的待遇是友好还是敌意,即使是去商店买东西,得体的装束也能够让你得到良好的服务。

得体的服饰不仅可以增强仪表美,体现人的气质,而且还能反映出个人的教养与文化。商务谈判者的服饰,一般要求朴素、大方、整洁。要从自己的经济状况、职业特点、体型、气质出发,做到和谐、均衡,给人以深沉、有活力的印象。若在国外参加谈判,服饰要尽可能与谈判对手匹配,尊重当地的习惯与东道主的要求。

(1) 要选择适合自己的服装。无论在何地,男士应当穿庄重的西服,并系好领带;女子要穿礼服或裙式西服。

(2) 着装要整洁。衬衣的袖口要长出西服两指,不要穿短袖衬衣与西服相配。

(3) 着装要入乡随俗。无论在什么地方或什么样的陌生人群中,都不能穿得使人感到古怪。要穿使人显得较自然的服装,并和周围的环境协调。

【案例 10-3】

> 几年前,我国某企业集团一行四人去朝鲜参加一次商务谈判,有两位男士和两位女士。两位男士身着西服,两位女士穿长裤和正式的上衣。在平壤火车站,令中国谈判人员感到奇怪的是,来迎接的朝鲜伙伴在向中国人员表示礼节性欢迎的同时,目光不断打量两位中国女士的下半身。其中一位女士尽管不知道出了什么事,但已察觉到不对头,所以就打量了一下自己的下身,看看裤子上是否有脏点或出了什么差错。
>
> 原来在朝鲜,较有身份的女人一般要穿裙子,穿长裤很少见。虽然在平壤能见到身穿长裤的女性,但这些人一般是社会地位较低的普通公民,而社会地位较高的政府工作人员,穿长裤的女性极少见。
>
> 本案例中的朝鲜谈判伙伴不断打量两名中国女性谈判人员的下半身,唯一的原因是她们穿了长裤而没穿裙子。
>
> (资料来源:张百章,何伟祥. 商务谈判[M]. 杭州:浙江大学出版社,2004.)

(4) 在国际商务谈判活动中,绝不可以穿任何表明自己的某些社会联系或信仰的服饰,包括外出戴的戒指,联谊会戴的戒指、领带、胸针、政治性徽章、宗教象征等。在挂件的佩带上,一般以心形、几何形和动物类为宜,须注意特殊的禁忌。涉外商务洽谈中十字形的挂件是不允许佩带的,西方人认为它是不祥之兆,是天主教异教徒的标志,是修女或僧侣的职业标志。女性切忌在众人面前化妆,这是没有教养、不懂礼仪的表现。

第十章　商务谈判的礼仪与禁忌

(5) 领带的佩带也很有讲究。心理学家认为，所系的领带不同，给人留下的印象也不同。在美国，领带往往表示一种主张。

【案例10-4】

> 1988年，美国流行一种式样的领带，一些政治家和经济学家都系这种领带。该年9月，日本首相竹下登访问美国，有人送给他一条这样的领带。后来，他在与美国总统的经济顾问举行会议时，就系上这条领带，颇得美国方面的好感。美国总统经济顾问对竹下登首相说："现在里根政府内的很多人也系这种领带，看来，你也是自由经济的信奉者。"这使本来很麻烦的谈判出现了转机，变得异乎寻常地顺利。事后，日本人总结说，与美国人交朋友，领带也是一个重要的工具。
>
> (资料来源：张白章，何伟祥. 商务谈判[M]. 杭州：浙江大学出版社，2004.)

(6) 除非必要，一般不能脱掉西服外衣。

(7) 女性穿裙装时吊袜带、袜口不能暴露在外。袜子的色彩不可太鲜艳，一般以肉色、黑色和浅色透明丝袜为宜，避免选择过于复杂的或网眼状图案的袜子，袜口不能外现，袜子不允许有残破。男士不要穿白色、花色的袜子，袜口不要太短，以深色、灰色为宜。

六、其他礼仪

(一)参观的礼仪

安排外宾的参观日程，应根据接待计划、外宾的特点和要求，有针对性地安排。对于外宾提出的合理要求，在允许的前提下，要尽可能予以满足；确实无法满足的，应做好解释工作。

参观日程一经确定后，应尽快通知参加接待的有关单位和部门，加以落实。无特殊原因，不应随便改变日程安排，如确需改变日程，也要妥善安排，尽可能保证整个活动的顺利衔接。

接待单位一般应事先准备好相应语种的中外文对照的情况介绍。如果外宾所属国家或地区所用语种不甚通用，或准备起来有一定难度，也可准备中英文对照的情况介绍。介绍材料力求简明扼要、实事求是，体现本单位的特点，并且对谈判要有实际意义。

接待单位要针对事先了解和掌握的外宾的情况、特点和要求，对可能提出的问题和需要注意的问题进行充分考虑，以便有针对性地进行准备。

对外宾不宜用"光临指导""检查工作""汇报""指示"等词语。陪同参观人员不宜过多，但应该有能够回答技术问题的人员。对可能涉及的技术问题，要求事先有充分的准备，不要临时抱佛脚，以免应答失误，或者耽搁时间。

引导外宾参观的人，要走在外宾前方。如果为了表示尊重而让外宾走在前面，反而会使外宾感到不知如何是好。上下楼梯时，引导的人应该靠扶手走，而让外宾靠墙走。

有时，为了对有些特殊外宾表示欢迎，应该在被参观企业或其他适当地方，挂起贵宾国家的国旗和我国国旗。

在参观途中，如果碰巧到了午餐时间，不必特意到外面的高级餐厅去招待，在企业或单位的内部餐厅用餐就可以了。招待过于豪华，有时反会给外宾留下不良的印象。

应当注意，在接待外宾的过程中，要内外有别，注意保密。属保密的产品，不要引领外宾参观，没有把握的问题不要轻易表态，更不要随意允诺送给外宾产品和资料等。

(二)馈赠礼仪

赠送礼品是商务谈判活动中的一项重要礼仪。谈判者在相互交往中赠送礼品，表达友好和增进双方友谊的愿望；同时，也表达了对该次合作成功的祝贺和对再次合作能够顺利进行的愿望。但是，只有合乎礼仪的赠送行为，才能达到这样的目的。

赠送礼品，首先要注意对方的文化背景。由于谈判者所属民族、国家、地区等文化背景的差异，其爱好和要求必然存在差异，因此，必须注意根据对方的习俗、兴趣与爱好选择合适的馈赠礼品。欧美国家的人在送礼方面较注重的是礼物的意义而不是其货币价值，因此，在选择馈赠礼品时不必追求礼品的贵重，有时馈赠贵重的礼品效果反而不好，对方会怀疑此举是否想贿赂他或另有图谋，这样，不但不能加深相互间的友谊，反而会引起对方的戒备心理。但是，在亚、非、拉和中东地区，人们往往较注重礼物的货币价值，所以，在与这些国家的人员进行的商务谈判中，赠送礼品不仅要投其所好、投其所需，而且还要分量足够，才能产生一定效果。

赠送礼品还要讲究数字的含义。我国一般以偶数6、8为吉祥，而在俄罗斯则以奇数表示吉利。西方国家通常忌讳用"13"这个数字，日本人和韩国人则忌讳"4"与"9"。

赠送礼品还要注意时机和场合。在日本，通常是第一次见面时送出；但法国人则希望下次重逢时馈赠礼品；英国人都在晚餐或看完戏之后乘兴时赠送礼品；而我国则以在离别前赠送礼品较为自然。

应当注意，礼品往往是有一定暗示作用的，必须小心谨慎，不要因馈赠礼品而造成误解。例如，我国一般忌讳送梨或送钟，因为梨与"离"同音，钟与"终"同音，"离""终"都是不吉利的字眼。

给德国人赠送礼品，应尽量选择有民族特色、带文化味的东西。不要给德国女士送玫瑰、香水和内衣。因为它们都有特殊的意思，玫瑰表示"爱"，香水和内衣表示"亲近"，即使女性之间，也不适宜送这类物品。

法国人爱花，在他们看来，不同的花代表不同的含义。百合花是法国的国花。他们忌送别人菊花、杜鹃花、牡丹花和纸做的花。法国人喜欢有文化和美学素养的礼品，如唱片、磁带、艺术画册等礼品。他们非常喜欢名人传记、回忆录、历史书籍，对于鲜花和外国工艺品也很感兴趣，讨厌那些带有公司标志的广告礼品。公鸡是法国的国鸟，它以其勇敢、顽强的性格而得到法国人的青睐。野鸭商标图案也很受法国人的喜爱。但他们讨厌孔雀、仙鹤，认为孔雀是淫鸟、祸鸟。

对于他人赠送的礼品是否能接受要心中有数，因为如果你接受了一件礼物，就容易失去对某些事物的一些控制。在国际商务洽谈中，接受礼物须符合国家和企业的有关规定和纪律。当对所送礼物不能接受时，应说明原因并致谢。对符合规定的礼物，除中、日两国外，对欧美人一定要当面亲自拆开礼品包装，并表示欣赏、真诚接受和道谢。

第十章　商务谈判的礼仪与禁忌

本 章 小 结

在商务谈判中，双方都渴望获得对方的尊重和理解。因此，懂得并掌握必要的礼仪与礼节，是谈判人员必备的基本素养。礼仪和礼节是人们自尊和尊重他人的生活规范，是对客户表示尊敬的方式。同时，作为一种道德规范，社交和礼节也是文明程度的重要表现形式，它在一定程度上反映了国家、民族、个人的文化程度和社会风尚。

礼仪包含的内容比较广泛，具体表现为礼貌、礼节、仪表和仪式等。

迎送时要确定迎送规格，掌握抵达和离开的时间，做好接待的准备工作。

交谈时表情要自然，态度要和气，语言表达要得体，谈话距离要适当。

应邀与出席宴会：正式宴请一般需要发出请柬，事先口头约定的也应补发。出席宴请抵达时间的早晚，逗留时间的长短，在一定程度上反映出对主人的尊重。

介绍的顺序是先把年轻的介绍给年长的；先把职位、身份较低的介绍给职位、身份较高的；先把男性介绍给女性。

握手须掌握时间，一般来说时间约为5秒，握手力量要适度，笑容可掬地注视对方。

要选择适合自己的服装。无论在何地，男士应当穿庄重的西服，并系好领带；女子要穿礼服或裙式西服，着装要整洁、入乡随俗。在国际商务谈判活动中，绝不可以穿任何表明自己的某些社会联系或信仰的服饰。

自 测 题

1. 礼仪的本质是什么？社会交往中应当注意哪些礼仪？
2. 迎来送往需要注意哪些礼仪？
3. 商务人员的服饰礼仪有何要求和讲究？
4. 在谈判开始时，如何介绍他人和自我介绍？
5. 给对方谈判人员赠送礼品，应该注意哪些问题？
6. 握手时需注意哪些礼仪？

案 例 分 析

艾丽是个热情而敏感的女士，目前在中国某著名房地产公司任副总裁。有一日，她接待了来访的建筑材料公司主管销售的韦经理。韦经理被秘书领进了艾丽的办公室，秘书对艾丽说："艾总，这是××公司的韦经理。"

艾丽离开办公桌，面带笑容，走向韦经理。韦经理伸出手来，让艾丽握了握。艾丽客气地对他说："很高兴你来为我们公司介绍这些产品。这样吧，让我看一看这些材料，我再和你联系。"韦经理在几分钟后就被艾丽送出了办公室。几天内，韦经理多次打电话，但得到的是秘书的回答："艾总不在。"

到底是什么让艾丽这么反感一个没说一句话的人呢？艾丽在一次讨论形象的课上提到这件事，余气未消："首次见面，他留给我的印象不但是不懂基本的商业礼仪，他还没有绅士风度。他是一个男人,位置又低于我,怎么能像个王子一样伸出高贵的手让我来握呢?他伸给我的手不但看起来毫无生机,握起来更像一条死鱼,冰冷、松软,毫无热情。当我握他的手时,他的手掌也没有任何反应。我的选择只有感恩戴德地握住他的手,只差要跪吻他的高贵之手了。握手的这几秒钟,他就留给我一个极坏的印象。他的心可能和他的手一样的冰冷。他的手没有让我感到对我的尊重,他对我们的会面也并不重视。作为一个公司的销售经理,居然不懂得基本的握手方式,他显然不是那种经过高度职业训练的人。而公司能够雇用这样素质的人做销售经理,可见,公司管理人员的基本素质和层次也不会高。这种素质低下的人组成的管理阶层,怎么会严格遵守商业道德,提供优质、价格合理的建筑材料?我们这样大的房地产公司,怎么能够与这样作坊式的小公司合作?怎么会让他们为我们提供建材呢?"

(资料来源:英格丽·张.你的形象价值百万[M].北京:中国青年出版社,2005.)

思考题:
1. 韦经理为什么没有得到艾丽副总裁的再次会见?
2. 如果你是韦经理,与艾丽副总裁见面后应该如何表现?
3. 握手需要注意些什么?

阅 读 资 料

Q品牌诞生于浙江义乌,是个相对成熟的皮具品牌。2003年秋,Q牌男装正式启动上市。我当时恰在Q牌休闲男装任区域经理一职,负责横贯东西七省的业务。在市场调研以后的三个月里,我始终没有出差,只是礼节性地进行电话回访和寄邀请函,力图获得以静制动的效果。其实在市场调研过程中,我已经拜访过各地比较好的服饰代理商,并建立了初步友谊。

2003年11月23日,品牌发布会暨招商会正式召开。公司将会议搞得很隆重,请中央级官员来现场指导,请咨询师上课,请形象代言人,还请了广东一家文化传播公司负责服饰秀。会议地点安排在邻近Y市的一家度假山庄。会议当天晚上是欢迎酒会,为意向客户接风。酒会上,很多区域经理都特意将同一个市场的意向客户的座位分开,严格保密。我则相反,有意无意地将同一个区的意向客户安排在一起,并逐一介绍。表面上看,这顿饭吃得有些尴尬,但效果却出奇的好,因为第二天下午就有几位客户要与我谈。

第二天,品牌研讨、政策说明、参观公司、答谢晚宴,时间非常紧张。晚饭刚过,山东的Z先生与陕西的L先生就已经站在我的商务房门前。这两个客户是我非常看好的。山东的Z先生是个天生的商人,他与L一见面,就如胶似漆地跟着,用他的话说,L先生做Q牌,他就做Q牌。到底该以什么样的方式与他俩谈判呢?我心里也没个底,只是不断思忖,希望找到良策。索性先拖延一下时间。泡好茶,寒暄几句,我说:"我先去和其他客户打个招呼,然后我们再详谈好不好?"征得同意后,我就去了几个重要客户那里,对每个人都说晚上有点忙,过半小时后来详谈。大约40分钟后,我回到商务房,他们二位已经等急了。谈判很快就开始了。首先我抛出自己的想法:"我只是一个区域经理,真正有权签约者是营销副总C,我们今天只是谈谈,山东与陕西来的客户比较多,公司还是要有所选择

第十章　商务谈判的礼仪与禁忌

的……当然，在我个人心目中，你们二位是最优秀的。你们做不好的市场，别人也不可能做得好。"山东 Z 先生说，"以我们的市场经验，我们做不好的市场，恐怕别人也很难操作。今天我们也看了 Q 牌产品，说实话，产品缺陷还是比较大的，时尚的太前卫，常规的太保守，价格又高，而且你们的政策一点都不优惠……不过，既然我们来了，而且和您也很投机，所以如果条件宽松，还是可以考虑做一下的。"陕西 L 先生马上附和，并举了两个福建品牌的例子，大致是条件多优惠。Q 牌这次产品组合得确实不是很成功，但这些都已经是不能更改的。顺着他们的话题谈下去，势必会把自己逼进死胡同。于是，我岔开话题："你们认为加盟一个品牌，是一季产品重要、优惠政策重要，还是品牌的可持续发展重要？"他们没有话说，最后达成了对我方有利的合同。

(资料来源：于博远. 商务谈判理论与实务[M]. 哈尔滨：哈尔滨工业大学出版社，2009.)

第十一章　国际商务谈判中的文化差异及谈判风格

【学习要点及目标】

通过本章的学习，使学生掌握国际商务谈判的含义、特征和要求，特别是文化差异对国际商务谈判行为的重要影响，注意深入了解基于文化差异的国际商务谈判对策，掌握世界各地商人的谈判风格和特点。

【引导案例】

> 1972 年尼克松访华时，住在上海锦江饭店，饭店服务人员不懂西方文化的习俗，将尼克松安排在第 15 层，基辛格安排在 14 层，接下来国务卿罗杰斯等人就安排在 13 层。本来罗杰斯等人心中就有气，主要是针对基辛格产生的意见。基辛格深得尼克松赏识、重用，中美联合公报的起草过程中美方的意见都是基辛格一手包办的，而罗杰斯被撇在一边。按美国的规定，外交事务本来理应由国务卿主管，恰好罗杰斯又被安排在第 13 层，更是气上加气。他们对即将发表的中美联合公报提出了一大堆意见，要求修改，不修改他们就不同意。尼克松差点气昏过去，他们虽然知道这是罗杰斯存心捣乱，但也毫无办法，后来还是周恩来出面做工作，才解决了这个问题。
>
> 1972 年 2 月 27 日，周恩来特地去看望罗杰斯及其助手们。他走进大厅，上了电梯。电梯迅疾上升。头顶的电梯标志牌上，"13"处亮着红灯。周总理望着标志灯，恍然大悟似的说："怎么能安排他们住第 13 层？13 呀！西方人最忌讳 13……"见面后，周总理对罗杰斯说：有个很抱歉的事，我们疏忽了，没有想到西方风俗对 13 的避讳。"周总理转而又风趣地说："我们中国有个寓言，一个人怕鬼的时候，越想越可怕；等他心里不怕鬼了，到处上门找鬼，鬼也就不见了……西方的'13'就像中国的'鬼'。"说得众人哈哈大笑。"13"的忌讳问题于是得到了圆满解决。
>
> （资料来源：周忠兴. 商务谈判原理与技巧[M]. 南京：东南大学出版社，2003.）

在谈判中，如果触犯对方的习俗，就会受到对方的抵触。如果在谈判过程中己方谈判代表犯了这样的错误却毫不知道，那就不可能去有意识地加以弥补，反而可能会使对方"变本加厉"，结果就可能导致谈判局势越变越僵。

第一节　国际商务谈判的含义、特征和基本要求

中国作为国际贸易大国，特别是进入 21 世纪以来，中国对外经济贸易往来更加多元化，不论是进行国家间的货物买卖、技术引进、劳务合作，还是合资建厂，都不可避免地需要中外双方进行业务磋商以求达成协议，因此，我们比以往任何时候都需要了解国际商务谈判。

第十一章 国际商务谈判中的文化差异及谈判风格

一、国际商务谈判的含义

国际商务谈判是指在国际商务活动中，处于不同国家或不同地区的商务活动当事人为了达成某笔交易，彼此通过信息交流，就交易的各项要件进行协商的行为过程。国际商务谈判是国际商务活动的重要组成部分，是国际商务理论的主要内容，更是国内商务谈判的延伸和发展。

可以这样说，国际商务谈判是一种在对外经贸活动中普遍存在的、用于解决不同国家的商业机构之间不可避免的利害冲突，实现共同利益的一种必不可少的手段。

由于谈判双方的立场不同，所追求的具体目标也各异，因此，谈判过程充满了复杂的利害冲突和矛盾。正是这种冲突和矛盾，才使谈判成为必要。而如何解决这些冲突和矛盾，正是谈判人员所承担的任务。一项谈判能否取得成功，在于参加谈判的双方能否通过各种不同的讨价还价的方式或手段往返折中，最后取得妥协，得出一个双方都能接受的公平合理的结果。这就要求参加谈判的人员要具备高度的原则性和灵活性，具备广博的知识和丰富的想象力，既有远见卓识，又能适时而动，这样才能立于不败之地。所以，谈判本身是各种知识的综合运用，而运用本身则是一种艺术。

二、国际商务谈判的特征

国际商务谈判既具有一般贸易谈判的共性，又具有国际商务谈判的特殊性。

(一)较强的政策性

谈判双方之间的商务关系是一国同别国或地区之间的经济关系的一部分，并且常常涉及一国同该国或地区之间的政治关系和外交关系。国际商务谈判必须贯彻执行国家有关的方针政策和外交政策。此外，还应注意国别政策，以及执行对外经济贸易的一系列法律和规章制度。例如，我国政府的对外开放政策极大地推进了涉外商务谈判及其带来的商务交易活动；美国国会一年一度的关于是否保留中国最惠国待遇的辩论和投票以及西方国家实施或取消对中国的经济制裁等，都对中美之间和中西方国家之间的商务谈判产生着积极或消极的影响。因此，各类国际商务谈判的参与者，都通过各种渠道积极寻求我国政府以及有关外国政府或地区当局的支持或认可。

(二)国际性

国际性又称为跨国性，是国际商务谈判的最大特点。国际商务谈判商讨的是两国或两个地区的企业之间的商务关系，因此，在适用的法律方面就不能完全以任何一方所在国家或地区的经济法为依据，而必须以国际经济法为准则，按国际惯例行事。当需要仲裁时，仲裁地点与仲裁所适用的规则直接相关。一般来说，规定在哪一国仲裁，往往就要适用哪一国的有关仲裁规则和程序。

(三)风险性

由于国际商务谈判的影响和制约因素要比一般商务谈判多很多,所以,国际商务谈判结果的不确定性和协议执行过程中的风险也更大。这就要求谈判人员事先进行充分的调查和准备,以防范可能出现的不测。

(四)影响谈判的因素复杂多样

由于谈判者来自不同的国家和地区,有着不同的社会文化背景和政治经济体制,人们的价值观念、思维方式、行为方式、语言及风俗习惯各不相同,从而使影响谈判的因素大大增加,导致谈判更为复杂,难度更大,稍有不慎,就会面临挫折和失败。

(五)谈判的内容广泛复杂

受供求关系的影响,国际贸易中市场价格变化多端,商品价格竞争十分激烈,谈判前必须特别重视市场调查研究工作。通过调查研究,可了解国外的经济情况和市场行情。出口业务要了解市场的需求,进口业务要了解国外的供应。对不同国家和地区,还应根据国别政策区别对待。

由于谈判结果会导致有形或无形资产的跨国转移,因而要涉及国际贸易、国际金融、会计、保险、运输等一系列复杂的问题。这就对从事国际商务谈判的人员在专业知识方面提出了更高的要求。

三、国际商务谈判的基本要求

国际商务谈判是国内商务谈判的延伸和发展,二者之间没有本质上的区别。但是,如果谈判人员以对待国内商务谈判的逻辑和思维去对待国际商务谈判中遇到的问题,则很难取得好的效果。因此,为了做好国际商务谈判工作,除了要掌握好商务谈判的基本原理和方法外,还必须注意以下几个基本要求。

(一)树立正确的国际商务谈判意识

谈判人员谈判意识的正确与否,将直接影响到谈判方针的确定及谈判策略的选择,影响到谈判中的行为准则。正确的国际商务谈判意识主要包括谈判是协商,应争取双赢;谈判中既存在利益关系,又存在人际关系,要注意平衡二者之间的关系;既要着眼于当前的利益,又要着眼于双方长久的合作关系。

(二)做好国际商务谈判的准备工作

由于国际商务谈判的复杂性和风险性,要求谈判者在开始谈判之前必须做好相关的调查和准备工作。要充分分析和了解对手,要对谈判的环境进行详尽的调查,并在此基础上制订合理的谈判计划,选择合适的谈判策略,拟定各种风险防范措施,准备多种谈判方案。

(三)正确认识和对待文化差异

国际商务谈判的跨文化性要求谈判人员必须了解谈判对手的商业文化,正确认识和对待文化差异。不同的文化之间没有高低贵贱之分，尊重对方的文化是对国际商务谈判人员最起码的要求。作为国际商务谈判人员还应该从对方的角度去看待问题，善于理解对方看问题的思维方式和逻辑判断方式。

(四)熟悉国家政策、国际公约和国际惯例

国际商务谈判的政策性要求谈判人员必须熟悉双方国家的有关政策，尤其是外交政策和对外经济贸易政策，同时还应该了解有关的国际公约和国际惯例，如《联合国国际货物买卖合同公约》《2000年国际贸易术语解释通则》《跟单信用证统一惯例》等。

(五)具备良好的外语技能

语言是沟通、交流必不可少的工具。良好的外语技能有利于双方良好的沟通，而且语言本身是文化的重要组成部分，学好有关外语也能更好地了解对方的文化。

第二节　文化差异对国际商务谈判行为的影响

文化差异对国际商务谈判行为的影响集中反映在三个层面上：语言及非语言行为、价值观和思维决策过程。

一、语言及非语言行为差异与国际商务谈判行为

语言是由语音、词汇、语法构成的符号系统，是文化的重要载体之一，也形成了不同文化间的重要区别。尽管语言是最难把握的文化要素，但是成功的国际商务经营者必须善于交流，不仅要学会运用语言，而且还要能够透彻地理解语言差异。事实上，国际商务活动中的语言差异往往意味着商务信息上的巨大差异。

语言技能，特别是外语技能是国际商务谈判的一个重要工具，其差异性是最直观明了的。解决语言差异问题的方法也很简单，如雇用一位翻译或者用共同的第三语言交谈。模拟谈判研究表明，谈判人员所使用的语言行为在各种文化中具有较高的相似性。但不管如何，差异性还是显而易见的。在不同语言中，作为信息交流技巧的种种语言行为方式的使用频率呈现一定的差异性，如果不了解这些差异，就很容易误解谈判对手所传播的信息，从而影响商务谈判目标的实现。

人们在实际交流过程中，除了使用语言符号之外，还常使用非语言符号。非语言符号的一个重要特征就是社会性。因此，非语言符号的词义和应用在很大程度上受文化的影响。在不同文化背景下，相同的非语言符号经常具有不同的，有时甚至是完全相反的含义，如表11-1所示。

非语言行为方面的文化差异较为隐蔽，往往难以被意识到。不同文化间存在着交流技巧的差异，如沉默时段、插话次数和凝视时间差异。在商务谈判中，谈判人员以非语言的更含蓄的方式发出或接受大量比语言信息更为重要的信息，而且所有这类信号或示意往往是无意识显露的。因此，当外国伙伴发出不同的非语言信号时，具有不同文化背景的谈判对手极易误解这些信号，而且还意识不到所发生的错误。这种不知不觉中所产生的个人摩

擦如果得不到纠正，就会影响商务活动的正常展开。

表 11-1 两种文化中同一非语言符号的含义对照

点头	同意(中国人)	不同意(希腊人)
摇头	不同意(中国人)	同意(希腊人)
翘大拇指	高度赞扬(中国人)	滚蛋、离开(希腊人)
讲话时抬下巴	自信和礼貌(英国人)	傲慢自大或摆架子(美国人)
双手举过头顶鼓掌	战胜对手后的骄傲(美国人)	友谊(俄罗斯人)

资料来源：关世杰. 跨文化交流学[M]. 北京：北京大学出版社，1995.

在国际商务谈判中，语言及非语言行为之间的差异很复杂。就日本、巴西和法国文化而言，日本商人的相互交流风格是最有礼貌的，较多地采用正面的承诺、推荐和保证，而较少采用威胁、命令和警告性词汇。其礼貌的讲话风格中最突出的是不常使用"不"、"你"和面部凝视，但经常保持一段时间的沉默。巴西商人使用"不""你"的频率较高，其谈判风格显得较为放肆，而且在谈判中似乎不甘寂寞，不时地凝视对方并触碰对方。法国商人的谈判风格显得更为放肆，他们使用威胁和警告性的词汇的频率最高，此外，他们还很频繁地插话以及使用"不""你"字眼。可见，唯有弄清楚这些差异，方能避免对日本人的沉默寡言、巴西人的热心过头或者法国人的威胁产生误解，从而取得国际商务谈判的成功。

二、价值观差异与国际商务谈判行为

各国商务文化千姿百态、各不相同，其根本原因就在于文化价值观的差异。国际商务谈判中价值观方面的差异远比语言及非语言行为的差异隐藏得深，因此也更难以克服。价值观差异对国际商务谈判行为的影响主要表现为因客观性、时间观、竞争和平等观等差异而引起的误解。

(一)客观性

商务谈判中的客观性反映了行为人对人和事物的区分程度。西方人特别是美国人具有较强的客观性，如"美国人根据冷酷的、铁一般的事实进行决策""美国人不徇私""重要的是经济和业绩，而不是人"及"公事公办"等话语就反映了美国人的客观性。因此，美国人在国际商务谈判时强调"把人和事区分开来"，他们感兴趣的主要为实质性问题。

相反，在世界其他地方，"把人和事区分开来"这一观点被看成是一派胡言。例如，在裙带关系十分严重的东方和拉丁美洲文化中，经济的发展往往是在家族控制的领域内实现的。因此，来自这些国家的谈判者不仅作为个人来参与谈判，而且谈判结果往往会影响到自己，个人品行和实质问题成了两个并非不相干的问题，而且实质上两者变得不可分割。

(二)时间观

不同文化具有不同的时间观念。例如，北美文化的时间观念很强，对美国人来说时间就是金钱；而中东和拉丁美洲文化的时间观念则较弱，在他们看来，时间应当是被享用的。爱德华·T. 霍尔把时间的利用方式分为两类，即单一时间利用方式和多种时间利用方

第十一章 国际商务谈判中的文化差异及谈判风格

式。单一时间利用方式强调"专时专用"和"速度"。北美人、瑞士人、德国人和斯堪的纳维亚人具有此类特点。单一时间利用方式就是线性地利用时间,仿佛时间是有形的一样。直率是单一时间利用方式这一文化的表现形式。而多种时间利用方式则强调"一时多用"。中东和拉丁美洲文化具有此类特点。多种时间利用方式涉及关系的建立和对言外之意的揣摩。在多种时间利用方式下,人们有宽松的时刻表、淡薄的准时和迟到概念、意料之中的延期。对付这些就需要有较深的私交和"静观事态发展"的耐性。

因此,在国际商务谈判中,当两个采用不同时间利用方式的经营者遇到一起时,就需要彼此适应,以便建立起和谐的关系,并要学会适应不同时间利用方式的工作方式,只有这样才能避免由于"本地时间"与"当地时间"不一致所带来的不安和不满。

(三)竞争和平等观

国外有专家借助模拟谈判的实验经济学的结果来反映竞争和平等观念差异对国际商务谈判的影响。模拟谈判实验观察了来自不同文化的商人小组参加同样的买卖游戏所得到的"谈判蛋糕",以此来体现商务谈判的竞争和合作关系。考察模拟实验的结果表明,就美国文化和日本文化而言,日本人最善于做大"蛋糕",而美国人的"蛋糕"大小一般。相反,美国人对利润的划分相对而言较日本人公平,日本人划分蛋糕的方式较为有利于买方。事实上,在日本,顾客被看作上帝,卖方往往会顺从买方的需要和欲望;而美国的情况完全不同,美国的卖方往往更多地将买方视为地位相等的人,这也符合美国社会奉行的平等主义价值观。在许多美国经理看来,利润划分的公平性似乎比利润的多少更为重要。

三、思维决策过程差异与国际商务谈判行为

进行国际商务谈判时,来自不同文化环境的谈判者往往会产生思维方式上的冲突。以东方文化和英美文化为例,两者在思维方面的差异有如下三点:一是东方文化偏好形象思维,英美文化偏好抽象思维。二是东方文化偏好综合思维,英美文化偏好分析思维。综合思维是指在思想上将各个对象的各个部分联合为整体,将其各种属性、方面、联系等结合起来;分析思维是指在思想上将一个完整的对象分解成各个组成部分,或者将其各种属性、方面、联系等区别开来。三是东方人注重统一,英美人注重对立。例如,中国哲学虽不否认对立,但比较强调统一方面;而西方人注重把一切事物分为两个对立的方面。

例如,在美国如果有一半的问题被确定下来了,那么谈判就算完成了一半。但是在日本,就好像什么事也没定下来,然后,突然间一切又全定下来了。结果是美国商人常常在日本人宣布协议之前就作出不必要的让步。美国商人所犯的这种错误反映出来的是双方思维方式及决策方式上的差异。对于美国商人来说,商务谈判是一种解决问题的活动,双方都满意的交易就是答案。而对于日本商人来说,商务谈判是建立一种长期的、互利的业务关系,经济问题仅仅是谈话的话题而不是内容,谈判进展不能以已经解决了多少问题来衡量,只要建立了一种可行的、和谐的业务关系,细节问题就会自行解决。因此,美国的谈判者必须了解日本商人这种全盘考虑的方法,必须就看似杂乱无章的一揽子问题进行谈判做好准备。

第三节　基于文化差异的国际商务谈判对策

由于不同文化背景下的商务谈判风格差异很大，所以，在进行国际商务谈判时，要针对不同文化背景的商业伙伴，强化基于文化差异的国际商务谈判对策体系设计，包括谈判前对策、谈判过程对策和谈判后对策，这对于提高国际商务谈判的效率十分重要。

一、文化差异与国际商务谈判前对策

(一)谈判团队的设计

拥有国际商务谈判能手是国际商务谈判成功的一个重要因素，因此，必须细心选择代表公司以及与外国商人谈判的谈判团队。一般来说，国际商务谈判人员应具备一些特殊的个性、技能以及认识和适应环境的自我定位能力。

(1) 语言技能。有一定的出国经历，能讲外语，便于突破人际隔阂和语言障碍。

(2) 心理成熟。具备独立工作的能力，必要时能独当一面。

(3) 情绪稳定。能敏锐地意识到不同文化的行为差异而不过分敏感。

(4) 知识面广。对与谈判工作相关或无关的许多知识都有广泛的了解。

(5) 适应能力。能适应各种谈判环境及工作方式。

(6) 文化移情。能摆脱本土文化约束并能从本国文化反观他国文化，同时对他国文化采取一种超然的态度。

此外，谈判团队的设计必须考虑到倾听技巧、总部影响力和班组力量等因素。倾听是商务谈判的一项重要活动。谈判者的首要任务就是收集信息，从而增强创造力。这就意味着应指派专门成员负责"倾听""记笔记"，而无须操心在会晤中的发言问题，从而能尽可能理解对手及伙伴的偏好。总部影响力是谈判成功的关键，因此，如果请总部高层管理者参加与注重等级制文化的对手的谈判，那么该高层管理者对谈判的成功就有重要作用。善于利用班组力量也是谈判成功的重要因素。商务谈判是一个沟通过程，单个谈判者再好的理由也可能敌不过众人点头，而且团队式谈判要比个人式谈判更容易收集详细的信息。例如，日本商人善于带下级经理参加谈判，以便达到观察和认真记笔记的双重培训目的；相反，受独立和个人主义等文化传统影响的美国商人则常常会单枪匹马地与为数不少的对手谈判。

【案例 11-1】

美国一家公司与日本一家公司进行一次比较重要的贸易谈判，美国派出了最精明的谈判小组。大多是 30 岁左右的年轻人，还有一名女性。但到日本后，他们却受到了冷落，不仅日本公司经理不肯出面，就连分部的负责人也不肯出面接待。在日本人看来，年轻人尤其是女性不适宜主持如此重要的会谈，结果美方不得不撤换了这几个谈判人员，日本人才肯出面洽谈。国际商务谈判中，谈判人员要做到出国问禁，入乡随俗。

(资料来源：蒋小龙. 商务谈判与推销技巧[M]. 北京：化学工业出版社，2015.)

(二)谈判准备

准备和计划技能对任何谈判活动都是不可或缺的。首先，鉴于国际商务谈判的时间限制，必须高效地完成准备工作。准备工作包括：①了解谈判背景；②对人和形势的评估；③谈判过程中需要核实的事实；④议事日程；⑤最佳备选方案和让步策略。其中谈判背景又包含：①谈判地点；②场地布置；③谈判单位；④参谈人数；⑤听众；⑥交流渠道和谈判时限。所有这些准备必须考虑到可能的文化差异。例如，场地布置方面的文化差异对合作可能会产生微妙的影响。在等级观念较重的文化中，如果房间安排不当、较随便，可能会引起对方的不安甚至恼怒。

其次，参加谈判的人员往往因文化而异。美国文化倾向于众人一起"敲定一个协议"；而日本文化喜欢先与每个人单独谈，如果每个人都同意，再安排范围更广的会谈；俄罗斯人喜欢累计的方法，和一方先谈，达成一项协议，然后前面的两方再邀请第三方，如此进行下去。

最后，谈判时限的控制也很重要。不同文化具有不同的时间观念。因此，在国际商务谈判中，对时间观念的差异应有所了解。

二、文化差异与国际商务谈判过程对策

一般来说，国际商务谈判过程包含四个阶段：一是寒暄，谈一些与工作不相干的话题；二是交流与工作相关的信息；三是进行说服；四是作出让步并最终达成协议。进入正式商务谈判之前，人们一般都对商务谈判的进程产生一种预期。这种预期往往影响着对谈判进展的控制和对谈判策略的选择。由于来自不同文化背景下的谈判者在语言及非语言行为、价值观和思维决策方面存在差异性，使他们所产生的预期也不尽相同；而不同的预期又会引起这些谈判者在谈判各阶段所花费的时间和精力上的差异。

(一)寒暄

这里的寒暄意指为建立关系或者彼此相识而进行的与谈判"正事"无关的所有活动，其目的是借此了解客户的背景和兴趣，从而为选择适当的后续沟通方式提供重要线索。就美、日文化差异而言，美国文化强调"把人和事区分开来"，他们感兴趣的主要为实质性问题。因此，美国商人花在与工作不相干的交谈或了解外国对手上的时间很少，而与工作相关的信息交流则来得很快。美国人在谈判桌上会讨论一些与生意无关的话题，如天气、家庭、体育、政治等，但他们这样做更多的是出于友好或礼貌而已，通常在五六分钟以后就会进入下一阶段。相反，在看重相互关系的日本文化中，却常常在这一阶段花费大量的时间和费用，着力于先建立和谐的私人关系，然后再谈业务。

(二)交流与工作相关的信息

信息交流应是一个双向沟通的过程，但是观察表明，跨文化国际商务谈判中的信息交流往往呈现种种不对称特征。

一是语言差异和非语言行为差异所引起的信息理解错误。许多人能理解具有相同文化背景的伙伴讲话内容的80%～90%，这一事实意味着有10%～20%的信息被误解或听错。可以想象，当一个人讲第二语言时，不论其流利程度多高，双方认识时间多长，误解或听错的百分比将会急剧上升，而且当第二语言能力有限时，甚至整个会话可能全部被误解。

二是非语言交流技巧差异所产生的信息不对称。有时为了从谈判对手那里收集有用的信息，会采用"单向型"谈判策略——让外国对手提供信息。但是，由于不同文化之间客观地存在着交流技巧差异，如沉默时段、插话次数和凝视时间差异，特别是当这种差异较为明显时，信息不对称就自然产生了。通过比较日、法文化，不难发现日本式的交流技巧中凝视和插话出现的频率较低，沉默时间较长；而法国谈判者似乎不甘寂寞，往往会在对方沉默时填补这些沉默时段。

三是价值观差异所引起的信息反馈速度及内容不对称。一方面，不同文化具有不同的时间利用方式——单一时间利用方式或多种时间利用方式；另一方面，不同文化具有不同类型的买方和卖方关系——垂直型和水平型。垂直型买方和卖方关系注重含蓄与面子；而水平型买方和卖方关系依赖于买方的信誉，注重直率和讲心里话。例如，在像墨西哥和日本等注重等级的文化中，说话人唯恐破坏非常重要的个人关系，不情愿反馈负面信息。与此相反，德国人负面的反馈信息又似乎坦率得让人难以接受。又如，报盘中的价格虚头因文化而异，美国商人希望事情迅速了结，所以，他们的初次报盘往往与他们的实际要价比较接近；但是，在巴西文化中，巴西商人希望谈判时间相对长一些，他们的初次报盘往往会过分大胆。

(三)说服

说服就是处理"反对意见"，去改变他人的主意。说服是谈判的要害所在。但是，人们对说服的认识、说服方式的选用往往因文化而异。在注重垂直型地位关系的文化中，人们往往趋向于将较多的时间和精力花在寒暄以及与工作相关的信息交流上，说服阶段要"争论"的内容就很少。即便进行说服，出于保全面子的心理，往往也会选择含蓄或幕后的方式，而且说服的方式和结果还与地位关系有关。例如，在日本文化中，因为比较放肆或强硬的谈判战略可能会导致丢面子并破坏重要的个人关系，所以较少被使用；但在非正式场合也会被买方使用。

相反，在注重水平型地位关系的文化中，人们认同坦率、竞争和平等的价值观，认为说服是最重要的，谈判的目的就是迅速表明不同意见以便加以处理。例如，美国商人往往喜欢在谈判桌上摊牌，急于从信息交流阶段进入说服阶段。此外，他们在谈判时也倾向于改变对手的思想，更多地使用相对其他文化来说具有威慑性的说服战术，并且常常会流露出一种易激动而在其他文化看来可能是比较幼稚的情绪。

(四)让步和达成协议

基于客观存在的思维差异，不同文化的谈判者呈现出决策上的差异，形成顺序决策方法和通盘决策方法间的冲突。当面临一项复杂的谈判任务时，采用顺序决策方法的西方文化特别是英美人常常将大任务分解为一系列小任务，从头至尾都有让步和承诺，最后的协议就是一连串小协议的总和。然而，采用通盘决策方法的东方文化则要在谈判的最后才会在所有的问题上作出让步和承诺，达成一揽子协议。

三、文化差异与国际商务谈判后对策

国际商务谈判后对策涉及合同管理及后续交流行为。不同文化对合同的内容、合同的作用存在不同的理解。美国文化强调客观性，注重平等观念，因此，往往依赖界定严密的合同来保障权利和规定义务。这样的结果就是美国企业之间的合同常常长达百页以上，包含有关协议各个方面的条款，并且措辞都很严密，其目的是借此来保障公司不受各种争端和意外事故的伤害。此外，不拘礼节的美国文化一般将合同签署仪式视作既浪费时间又浪费金钱的举动，所以，合同常常是通过寄发邮件来签署的。反观那些注重关系的文化，争端的解决往往并不能完全依赖法律、法规，相反常常依赖双方之间的关系。所以，在这些文化中，书面合同很短，主要用来描述商业伙伴各自的责任，有时甚至写得不严密，仅仅包含处理相互关系的原则的说明而已。即便是针对复杂的业务关系而签订的详细合同，其目的也与美国人所理解的不同。此外，注重关系文化的管理者常常希望举行一个由各自执行总裁参加的正式的签字仪式。

就后续交流而言，美国文化强调"把人和事区分开来"，感兴趣的主要为实质性问题，所以往往不太注重后续交流。但是在注重个人关系的文化里，保持与大多数外国客户的后续交流被视作国际商务谈判的重要部分，在合同签署很久以后，双方仍然会进行信件、图片和互访等交流。

第四节　世界各地商人的谈判风格

国际贸易的特点之一是多国性、多民族性、谈判对象的多层次性。不同国家、不同民族、不同地域的人，其价值观、消费习俗、生活方式、文化背景等差异极大，因而形成了各具特点的谈判风格。这些都是我们进行国际贸易谈判时应当了解和掌握的，只有因势利导，才能取得谈判的成功。

一、美洲商人的谈判风格

(一)美国商人谈判的特点

在国际贸易中，美国占有举足轻重的地位。相应地，美国人的谈判风格在世界上也具有相当大的影响力。我国商务人员与美国商人谈判的机会较多，因此，掌握美国人的谈判方式对我国商务人员具有十分重要的意义。

从总体上讲，美国人的性格是外向、随意的。有些研究美国问题的专家，将美国人的性格特点归纳为外露、坦率、诚挚、豪爽、热情、自信、说话滔滔不绝、不拘礼节、幽默诙谐、追求物质上的实际利益等，随时能与别人进行滔滔不绝的洽谈，即使是与初相识的陌生人，也会表现出老友久别重逢般的亲热之情。在国际商务谈判过程中，美国人把他们的这些性格特点也带到谈判桌上。

具体来说，美国商人的谈判特点如下所述。

1. 办事干脆利落，不兜圈子

在谈判桌上，美国人精力充沛，头脑灵活，会在不知不觉中将一般性交谈迅速引向实质性谈判，并且一个问题接一个问题地讨论，直爽利落，不讲客套，并总是兴致勃勃，乐于以积极的态度来谋求自己的利益。为追求物质上的实际利益，他们善于使用策略，采用各种手法。正因为他们自己精于此道，所以，他们十分欣赏那些说话直言快语、干净利落，又精于讨价还价，为取得经济利益而施展策略的人。所以，在与美国人谈判时，表达意见要直接，"是"与"否"必须清楚。如果美国谈判人员提出的条款、意见无法接受，就必须明确告诉他们不能接受，不得含糊其辞，使他们存有希望。有人认为，为了不失去继续洽谈的机会，应该装出有意接受的样子而含糊作答，或者迟迟不答，这种做法实际上适得其反，不仅会给对方造成不良印象，还容易导致纠纷的产生。

2. 谈判方式灵活多样

为了取得谈判的成功，有着根深蒂固的商人秉性的美国人总是采取不同的策略和手段。在谈判开始前，他们会兴致勃勃地步入谈判会场，表现出他们对谈判成功的信心和把握，从而收到一种先声夺人、从气势上压倒对方的效果。在谈判中，他们语气明确、肯定，是非清楚，不断地发表见解和提出各种权益要求，以积极的态度和诚意来谋求己方的经济利益。在谈判桌上，美国人利用策略的目的，是让他们的谈判对手也同他们一样注重长远和整体利益，希望他们在某些方面也适当作出合理让步，从而使谈判获得成功。

3. 珍惜时间，重视最后期限

美国谈判人员重视效率，喜欢速战速决。因为美国经济发达，生活、工作节奏极快，造就了美国人信守时间、尊重进度和期限的习惯。美国有句谚语："不可盗窃时间。"在美国人看来，时间就是金钱。如果不恰当地占用他们的时间就等于偷了他们的美元。他们常精确到以"分"来计算时间。例如，年薪10万美元，每分钟就值8美元，美国谈判者连1分钟也舍不得去做无聊的会客和毫无意义的谈话。假使别人占用了他10分钟时间，在他的观念里就认为是偷了他80美元。因此，在国际商务谈判过程中，许多美国谈判者约好时间，走到办公室，坐下来就谈正事。他们认为直截了当就是效率，是尊重对方的表现，它表明自己知道对方很忙，不愿意浪费对方的宝贵时间。在谈判中，最成功的谈判人员就是能熟练地掌握把一切事物用最迅速、简洁、令人信服的语言表达出来的人。在谈判中，他们十分重视办事效率，尽量缩短谈判时间，力争每一场谈判都能速战速决。如果谈判一旦突破其最后期限，谈判很可能破裂。除非特殊需要，同美国人谈判时间不宜过长。因为大多美国公司每月或每季度都必须向董事会报告经营利润情况，如果谈判时间过长，就会对美国人失去吸引力。所以，只要报价基本合适，就可以考虑抓住时机拍板成交。

4. 重视利润，积极务实

在许多美国谈判者看来，谈判做生意的唯一目的就是获取利润，因为一家公司要想长期存在，就必须有可观的收入。美国人积极务实，利他主义不是他们做生意的主要动机，而是意外的副产品，只有利润才是至关重要的。对他们而言，关系最大的是谈判，而不是参加谈判的人员。在多数情况下，双方素昧平生，并不需要互相认识。若能建立起良好的个人关系当然最好，但那往往要花费宝贵的时间，只要对象合适、条件合适、时间合适，就可以进行洽谈。如果采取某种做法有利于合理而有效地实现目标，他们就那样做。如果出现另一种能使生意做得更好的办法，他们会立即改变自己的方法。他们把高效率和取得进步看得比保持旧习惯更重要，特别是如果那些旧习惯减慢了他们获取利益的速度时更是如此。在美国，只要一个人在经济上取得成功就会受到人们的敬重。因此，能否取得巨额利润始终为他们所关注。

5. 重合同，法律观念强

美国是一个高度法制的国家，他们的法律观念在商业交易中也表现得十分明显。美国人认为，交易最重要的是经济利益。为了保障自己的利益，最公正、最妥善的解决办法就是依靠法律、依靠合同，其他的方法都是靠不住的。因此，他们特别看重合同，十分认真地讨论合同条款，而且特别重视合同违约的赔偿条款。一旦双方在执行合同条款中出现意外情况，就按双方事先同意的责任条款处理。因此，美国人在商务谈判中对于合同问题的讨论特别详细、具体，也特别关心合同适用的法律，以便在合同执行过程中能顺利地解决各种问题。在美国，律师在谈判中扮演着重要角色。美国谈判人员在同外国一些不遵守有关承诺的人进行谈判后，吃过很大的亏，从而导致了许多纠纷的出现。因此凡有商务谈判，特别是到国外谈判，美国人一定要带上自己的律师，一旦谈判协议达成，必须请律师到场。如果律师没有从一开始就参加谈判，谈判人员还得帮他熟悉和了解有关情况，并在协议中加以说明。

6. 在谈判方案上喜欢搞全盘平衡的"一揽子交易"

所谓一揽子交易，主要是指美国商人在谈判某项目时，不是孤立地谈其生产或销售，而是将该项目从设计、开发、生产、工程、销售到价格等一起商谈，最终达成全盘协议。美国文化培养的谈判人员较注重大局，善于通盘筹划，他们虽现实，但在权衡利弊时，更倾向于从全局入手。所以，美国谈判人员喜欢先总后分，先定下总交易条件，再谈具体各条款。他们这种一揽子交易手法，对于拓宽谈判思路、打破僵局有一定的积极意义，然而却显得居高临下、咄咄逼人。

美国商人既重视商品质量，又重视商品包装。商品的外观设计和包装，体现一国的消费文化状况，也是刺激消费者购买欲望、提高销售量的重要因素。美国人不仅对自己生产的商品不遗余力地追求内在品质和包装水平，而且对于购买的外国商品也有很高的要求。

7. 民族优越感强，谈判不轻易让步

美国人有着一种几乎是与生俱来的优越感，这种优越感在谈判者身上的集中体现，便是对自己的谈判方式坚信不疑，认为这是最顺应自然、合乎逻辑的，所有的人都该采纳，全世界都应赞同。在谈判时，他们不喜欢听到外国人否定的回答，特别是当他们认为自己的道理十分正确时，他们不仅希望对方同意，而且希望对方当场同意。有时在进行第一次谈判时，他们甚至就带着空白合同，随时准备签约。如果他们看出外国人对他们的谈判感兴趣，但尚未下定决心，他们可能给其尝点甜头。例如，主动介绍情况，打消对方的疑虑；提供种种便利条件等，以便把犹豫不决的外国人拉到谈判桌上来。但他们在正式的洽谈中，却很少作出诸如减价等让步，在他们的心目中，一味地在谈判中让步，不是因为缺乏信心，害怕自己竞争不过别人，就是根本不懂怎样运用谈判策略。当然，他们也并非一味地坐等

别人屈从于他们的条件,而是积极通过开展公关、广告宣传等方式,笼络对方的感情,树立自己的形象,使自己的种种优势昭然于大庭广众,从而使谈判对手心甘情愿地接受他们提出的各种条件,取得谈判的最后成功。

(二)加拿大商人的谈判风格

加拿大经济比较发达,外贸总额约占国民生产总值的 1/3,但其对外贸易额的 2/3 左右是同美国进行的。加拿大的出口商品主要是汽车、原油、小麦、木材、纸浆、矿产品、面粉等;进口商品主要是机器、石油产品、电器设备和纺织品等。加拿大的绝大部分工业集中在安大略和魁北克两省,尤以蒙特利尔和多伦多两城市的工商业最为发达。此外,温哥华的运输和贸易也很发达,该城市是加拿大距离亚洲最近的港口,是加拿大每年定期举行国际贸易博览会的地点。

加拿大居民大多数是英国和法国移民的后裔,在加拿大从事对外贸易的商人也主要是英国后裔和法国后裔。英国裔商人大多集中在多伦多和加拿大的西部地区;温哥华是华侨的主要聚居地,在温哥华商人中,华侨有一定势力,他们对我国与加拿大的商务合作起到了桥梁的作用。

英国裔商人是加拿大从事对外贸易的主流人群。英法语系商人正统严肃,比较保守、谨慎、重誉守信。他们在谈判中较为严谨,对事物的每个细节都充分了解,不耐心、急于求成往往不能把事情办好。但是他们一旦签订合同便会认真履行,执行时违约现象极少出现。

二、欧洲商人的谈判风格

(一)英国商人谈判的特点

英国的全称是大不列颠及北爱尔兰联合王国,是世界上资本主义发展最早的国家。它率先进入工业化,并成为世界头号经济大国,被称为世界工厂、日不落帝国、海上霸王、世界贸易垄断者、世界金融中心,其经济、政治、军事实力曾经显赫一时。自 19 世纪以来,美国、德国的经济水平相继赶超英国,第一次世界大战以后,英国殖民体系逐步动摇和瓦解,经济实力进一步削弱。近年来,英国的经济增长率不高,经济实力增长不快,在资本主义世界中徘徊于第 5 位至第 7 位之间。英国人依然保留着岛国民族的特性,比较保守和怕羞,对新事物裹足不前,并且显得高傲、矜持,给人难以接近的印象。

1. **英国商人的特点**

(1) 性格傲慢、保守。英国商人在开始与人交往时,总是保持一段距离,然后才一步一步接近,交往中比较讲究礼仪和绅士风度。因此,在与英国商人谈判时要主动介绍商品性能、提供报价等,同时在谈判中必须注意修养和风度。

(2) 英国人时间观念很强。他们严格遵守约定的时间,通常拜会英国人或与他们洽谈生意一定要预约,并且最好提前到达,以得到他们的信任和尊重。

(3) 英国商人恪守诺言。一旦签约,很少改变。

(4) 在和英国人交谈时,话题尽量不要涉及爱尔兰的前途、共和制和君主制的优劣以

第十一章 国际商务谈判中的文化差异及谈判风格

及大英帝国的崩溃原因等政治色彩较浓的问题。比较安全的话题是天气、旅游和英国的继承制度等。英国是由英格兰、威尔士、苏格兰、北爱尔兰四部分组成的,虽然都是君主制国家,但四个民族在事务上有许多微妙之处。我们提到"英格兰"时,一般是指整个联合王国,但在正式场合使用就显得不妥,因为这样会不自觉地漠视了其他三个民族。所以,在正式场合不宜把英国人叫作英格兰人,涉及女王时要说"女王"或正规地说"大不列颠及北爱尔兰联合王国女王",而不应说"英格兰女王"。

(5) 英国人一般比较冷静和持重。英国商人在谈判初期,尤其在初次接触时,通常与谈判对手保持一定距离,绝不轻易表露感情。随着时间的推移,他们才会与对手慢慢接近并熟悉起来,而且你会逐渐发现,他们精明灵活、善于应变、长于交际、待人和善、容易相处。他们常常在开场陈述时十分坦率,愿意让对方了解他们的有关立场和观点,同时也常常考虑对方的立场和观点,他们对于建设性意见反映积极。他们的自信心很强,特别表现在讨价还价阶段,如果出现分歧,他们往往固执己见,不肯轻易让步,以显示其大国风范,让人觉得他们持有一种非此即彼、不允许讨价还价的谈判态度。

(6) 英国人生活比较优裕舒适,每年夏冬两季有三周至四周的假期,他们利用这段时间出国旅游。因此,他们较少在夏季和圣诞节至元旦期间做生意。英格兰从1月2日开始恢复商业活动,在苏格兰则要等到4月以后。在这些节假日应尽量避免与英国人洽谈生意。

(7) 英国商人十分注意礼仪,崇尚绅士风度。他们谈吐不俗、举止高雅、遵守社会公德,很有礼让精神。无论在谈判场内外,英国谈判人员都很注重个人修养,尊重谈判对手,不会没有分寸地追逼对方。同时,他们也很关注对方的修养和风度,如果你能在谈判中显示出良好的教养和风度,就会很快赢得他们的尊重,为谈判成功打下良好的基础。由于古老的等级传统使英国人的等级观念变得非常严格而深厚,他们颇为看重与自己身份对等的人谈问题。英国商人的绅士风度还表现在他们谈判时不易动怒,也不易放下架子,喜欢有很强的程序性的谈判,一招一式恪守规定。谈判条件既定后不愿改动,注意钻研理论并注重逻辑性,喜用逻辑推理表明自己的想法。他们听取意见时随和,采纳意见时却不痛快,处理复杂问题比较冷静。这种外交色彩浓厚的谈判风格常使谈判节奏受到一定制约。但是,采用简单、直截了当又不失礼貌的谈判手法会使他们为证明自己并不拖拉而配合你,从而加快节奏。绅士风度常使英国谈判人员受到一种形象的约束,甚至成为他们的心理压力,对此应充分利用。在谈判中以确凿的论据、有理有力的论证施加压力,英国谈判人员就不会因坚持其不合理的立场而丢面子,从而取得良好的谈判效果。

2. 同英国商人谈判的要诀

(1) 礼尚往来,平等交往。英国商人行动按部就班。在商务活动中,招待客人时间往往较长,当受到英国商人款待后,一定要写信表示感谢,否则会被视为不懂礼貌。与英国人约会时,若是过去不曾谋面的,一定要先写信告之面谈目的,然后再去约时间,一旦确定约会,就必须排除万难,按时赴约。因为英国人做生意颇讲信用,凡事要规规矩矩,不懂礼貌或不重诺守约,以后办事就难以顺利进行。

在对话人的等级上,诸如官衔、年龄、文化教育、社会地位上应尽可能对等,这对推进谈判、加强讨价还价的力量会有好处。

(2) 尽可能地讲英语。英国商人在商务活动中一般不善于从事日常的业务访问,并且英国商人都以使用英语为自豪,即使他们会讲第二外语,他们也不愿在谈判中使用。英国商人在商务活动中有些明显的缺点,例如,他们经常不遵守交货时间,造成迟延,引起直接的经济损失。这使他们在谈判中比较被动,外国谈判者会利用这一点迫使他们接受一些苛刻的交易条件,如索赔条款等。

(3) 保持耐心、信守诺言。英国商人在进行商务谈判时相当严谨,一般要对所谈事物的每个细节都进行充分了解后才可能答应要求。并且,英国商人在谈判过程中喜欢设置关卡,一般不会爽快地答应对方提出的条件和要求。所以,从开始到价格确定这段时间要有耐心,急于求成往往不能把事情办好。不过,一旦最后拍板,签订契约,英国商人日后执行时很少违约。

(二)德国商人谈判的特点

1. 德国商人的特点

(1) 德国人具有自信、谨慎、保守、刻板、严谨的特点。他们办事富有计划性,注重工作效率,追求完美,做事雷厉风行,有军旅作风。德国谈判人员身上所具有的这种日耳曼民族的性格特征会在谈判桌上得到充分的展现。德国商人严谨保守,他们在谈判前就准备得十分充分周到,并会想方设法掌握翔实的第一手资料。他们不仅要调查研究对方要购买或销售的产品,还要仔细研究对方的公司,以确定对方能否成为可靠的商业伙伴。只有在对谈判的议题、日程、标的物的品质和价格,以及对方公司的经营、资信情况和谈判中可能出现的问题及对应策略进行了详尽研究、周密安排之后,他们才会坐到谈判桌前。这样,他们就会立足于坚实的基础之上,处于十分有利的地位。德国人对谈判对方的资信非常重视,因为他们保守,不愿冒风险。

德国商人自信而固执,他们对本国产品极有信心,在谈判中常会以本国的产品为衡量标准。德国企业的技术标准相当严格,对于出售或购买的产品都要求很高的质量,因此,只有让德国商人相信你的产品能够符合交易规定的高标准,他们才会与你做生意。德国商人的自信与固执还表现在他们不太热衷于在谈判中采取让步的方式。他们考虑问题周到系统,缺乏灵活性和妥协性。他们总是强调自己方案的可行性,千方百计迫使对方让步,常常在签订合同之前的最后时刻还在争取使对方让步。

(2) 德国商人非常讲究效率,并且他们的思维富于系统性和逻辑性。德国人认为那些"研究研究""考虑考虑""过段时间再说"等拖拖拉拉的行为,对一个商人来说简直是耻辱。他们的座右铭是"马上解决",他们觉得判断一个谈判人员是否有能力,只需看其办公桌上的文件是否快速有效地处理了。如果文件堆积如山,多是"待讨论""待研究"的一拖再拖的事情,那就可以断定该工作人员是不称职的。因此,德国商人在谈判桌上会表现出果断、不拖泥带水的特征。他们喜欢直接表明所希望达成的交易,准确确定交易方式,详细列出谈判议题,提出内容详细的报价表,清楚、坚决地陈述问题。他们善于明确表达思想,准备的方案清晰易懂。如果双方讨论列出问题清单,德国商人一定会要求在问题的排序上应体现各问题的内在逻辑关系,否则就认为逻辑不清,不便讨论。并且,他们认为每场讨论应明确议题,如果讨论了一上午却不涉及主要议题,他们会抱怨组织无效率。

(3) 德国人崇尚契约,严守信用,权利与义务的意识很强。德国人素有"契约之民"的雅称,在商务谈判中,他们坚持己见,权利与义务划分得清清楚楚,涉及合同的任何条款，他们都非常细心，对所有细节认真推敲，要求合同中每个字、每句话都准确无误，然后才同意签约。德国商人对交货期限要求非常严格，一般会坚持严厉的违约惩罚性条款，外国客商要保证成功地同德国人打交道，就要严格遵守交货日期，而且可能还要同意严格的索赔条款。德国人受宗教、法律等因素影响，比较注意严格遵守各种社会规范和纪律。

在商务往来中，他们尊重合同，一旦签约，他们就会努力按合同条款一丝不苟地去执行，不论发生什么问题都不会轻易毁约，而且签约后，他们对于交货期、付款期等条款的更改要求一般都不予理会。他们注重发展长久的贸易伙伴关系，求稳心理强。

2. 同德国商人谈判的要诀

(1) 做好充分准备。如果与德国人做生意，一定要在谈判前做好充分准备，以便回答关于你的公司和你的建议的详细问题，用满意的回答表明自己的实力。如果事先准备不足，谈判中思维混乱，往往会引起德国人的反感和不满。另外，德国谈判者经常在签订合同之前的最后时刻试图让对方降低价格，因此，更要有所提防，要么拒绝，要么作出最后的让步。在与德国商人谈判时，进行严密的组织、充分的准备、清晰的论述，并明确鲜明地阐述主题，可以促进谈判效率，在时间的利用以及双方误解的减少等方面都可看到谈判效率的改善。

(2) 鉴于日耳曼民族这种倔强的个性特点，应尽量避免采取针锋相对的讨论方法，而要"以柔克刚""以理服人"。常言道"有理不在声高"，要以灵活的态度选择攻击点，体现分歧，表明立场，同时始终保持友好和礼貌的态度以扭转其僵硬的态度，不要激起对方的"倔脾气"。大多数德国人虽然固执，但还是很理性的。只要把握住这一点，本着合理、公正的精神，就能最终软化其僵硬立场。

(3) 务必守时。德国人非常守时，不论工作还是其他事情，都是有板有眼，一本正经。因此，与他们打交道，不仅谈判时不应迟到，一般的社交活动也不应随便迟到。对于迟到的谈判人员，德国商人对之不信任的反感心理会无情地流露出来，破坏谈判气氛，令对方处于尴尬的境地。

(4) 谈判时间不宜定在晚上，除非特别重要。虽然德国人工作起来废寝忘食，但他们都认为晚上是家人团聚、共享天伦之乐的时间，而且他们会认为你也有相同的想法。所以，冒昧地请德国人在晚上谈论商务或是在晚上对他们进行礼节性拜访会让他们觉得你不知趣。

(5) 正确看待谈判对手。德国经济高度发达，其在国际贸易中所占份额也比较高。因此，人们容易产生一种错觉，认为德国谈判者都具备国际经济技术合作和贸易方面的专业知识和丰富经验。其实不然，对他们不能盲目崇拜，甚至不能估计过高，在洽谈时，千万不能想当然地认为"这种事情凡是谈判人都应该会了解的"而不对细节加以规定，以免为日后纠纷的产生留下隐患。

(三)法国商人谈判的特点

1. 法国商人的特点

(1) 对于签约比较马虎。与法国裔商人刚刚开始接触时，你会觉得他们都非常和蔼可亲，平易近人，客气大方。但是只要坐下来谈判，涉及实质性问题时，他们就会判若两人，讲话慢吞吞，难以捉摸。因此，若希望谈判成功，就要有耐性。法国裔商人常常在主要条款谈妥之后就急于要求签约。他们认为次要的条款可以等签约后再谈，然而往往是那些未引起重视的次要条款成为日后履约纠纷的导火线。法国商人不如德国商人那么严谨，但法国商人却喜欢追求谈判结果，不论什么会谈、谈判，在不同阶段，他们都希望有文字记录，而且名目繁多，诸如"纪要""备忘录""协议书""议定书"等，用以记载已谈的内容，为以后的谈判起到实质性作用。对于频繁产生的文件应予以警惕，慎重行事，对己有利的内容，可同意建立文件；对己不利却难以推卸的可仅建立初级的纯记录性质的文件。要注意各种不同类型文件的法律效力，严格区别"达成的协议点""分歧点""专论点""论及点"等具体问题，否则形成的文件会变得含糊不清，成为日后产生纠纷的隐患。

(2) 对本民族的灿烂文化和悠久历史感到无比骄傲。在近代世界史上，法兰西民族在社会科学、文学、科学技术方面有着卓越成就。法国商人具有浓厚的国家意识和强烈的民族、文化自豪感。他们性格开朗、眼界豁达，对事物比较敏感，为人友善，处事时而固执、时而随和。他们时常把祖国的光荣历史挂在嘴边，诸如他们拥有巴黎公社、波拿巴王朝、法兰西共和国的历史等。重视历史的习惯使法国谈判人员也很注意商业与外交的历史关系和交易的历史状况，即过去的交易谈判情况。传统友好国家的谈判者会为双方外交关系的历史所鼓舞或制约，因此，利用历史的观念可以排除一定的现实干扰，比如现实中可能出现的第三者的干扰。讲究历史就为谈判双方树起一道历史的墙，使双方在历史交易的基础上只能前进，不能后退。

(3) 为自己的语言而自豪。法国商人认为法语是世界上最高贵、最优美的语言，因此，在进行商务谈判时，他们往往习惯于要求对方同意以法语为谈判语言，即使他们的英语讲得很好也是如此，除非他们是在国外或在生意上对对方有所求。所以，要与法国人长期做生意，最好学些法语，或在谈判时选择一名好的法语翻译。

(4) 非常珍惜人际关系。法国商人很重视交易过程中的人际关系。一般来说，在尚未结为朋友之前，他们是不会轻易与人做大宗生意的，而一旦建立起友好关系，他们又会乐于遵循互惠互利、平等共事的原则。与法国人洽谈生意时，不应只顾谈生意上的细节，这样做很容易被法国对手视为"此人太枯燥无味，没情趣"。需要注意的是，法国商人大多性格开朗、十分健谈，他们喜欢在谈判过程中谈些新闻趣事，以营造一种宽松的气氛。据说，在法国就连杂货店的女老板都能轻松自如、滔滔不绝地谈论政治、文化和艺术。所以，在谈判中除了最后的拍板阶段可以一本正经地只谈生意之外，其他时间可谈一些关于社会新闻和文化艺术等方面的话题来活跃谈判气氛。另外，要引起注意的是，法国人在谈判中讲究幽默与和谐，但他们不愿过多提及个人和家庭问题，与他们谈话时应尽量避免此类话题。

(5) 思路灵活，手法多样。法国人常会借助行政、外交手段或让名人、有关的第三者介入谈判。这种承认并欢迎外力的心理和做法可以为我所用。例如，有些交易中常会遇到进出口许可证问题，往往需要政府有关部门出面才能解决问题。而当交易项目涉及政府的某些外交政策时，其政治色彩就很浓厚，为达成交易，政府可以从税收、信贷等方面予以支持，从而改善交易条件，提高谈判的成功率。

(6) 要求包装精美。法国商人对商品的质量要求十分严格，条件比较苛刻，同时他们也十分重视商品的美感。法国人从来就认为法国是精品商品的世界潮流领导者，巴黎的时装和香水就是典型代表，因此，他们在穿戴上都极为讲究。在他们看来，衣着可以代表一个人的修养与身份。所以在谈判时，稳重考究的着装会带来良好的效果。

（7）时间观念不强。法国人的时间观念不强，他们在商业往来或社会交际中经常迟到或单方面改变时间，而且总会找一大堆冠冕堂皇的理由。在法国还有一种非正式的习俗，即在正式场合，主客身份越高，来得越迟。

2. 同法国商人谈判的要诀

（1）谈判时应力求慎重，一定要在所有合同条款都详细、明了、准确之后再签约，以避免不必要的麻烦和纠纷。签约时要小心从事，用书面文字加以确认。法国商人习惯于集中精力磋商主要条款，对细节问题不很重视，并且在主要条款谈成之后，便急于求成，要求签订合同，而后又常常会在细节问题上改变主意，要求修改合同，这一点往往令人十分为难。为了保证最终的文件具有法律约束力，以防止他们不严格遵守，在市场行情不看好的时候撕毁协议，签约时要小心从事，用书面文字加以确认。

（2）要善于和他们建立起友好关系。这不是一件十分容易的事，需要长时间的努力。在社会交往中，家庭宴会常被视为最隆重的款待方式。但无论是家庭宴会还是午餐招待，法国人都将之看作是人际交往和发展友谊的时刻，而不认为是交易的延伸。因此，如果法国商人发现对方的设宴招待是为了利用交际来促使商业交易更为顺利，他们会很不高兴，甚至断然拒绝参加。所以，要与他们做生意，就需学会忍耐。

（3）要选择恰当的时间。法国企业在8月份都会放假，此时很多法国人都度假去了，任何劝诱都难以让他们放弃或推迟假期去做生意，甚至在7月底和9月初，他们的心思都还放在度假和休息上。所以，千万注意尽量避免在这段时间与法国人谈生意。

(四) 俄罗斯商人谈判的特点

由于从统一的中央集权的制度中分解出来，俄罗斯的社会生活发生了极大变化，人们的社会地位、自我价值观念也发生了显著的变化，思维方式自然也随之改变。另外，原有计划体制对人们思维模式的影响依然存在。

1. 俄罗斯商人的特点

（1）固守传统，缺乏灵活性。在涉外谈判中，一些俄罗斯人仍然带有明显的计划体制的痕迹。他们喜欢按计划办事，如果对方的让步与他们原定的具体目标相吻合，就容易达成协议；如果有差距，使他们让步则特别困难，甚至他们明知自己的要求不符合客观标准，也不妥协让步。曾有一个俄罗斯代表团到中国洽商一个合资项目，上一条方便面生产线，由中方提供设备和人员培训，共计120万元人民币，俄方以厂房、土地作价投资，共计40万元人民币。按国际惯例，双方合资项目，利润分成可按投资比例确定，但俄方坚持他们得80%的利润，中方得20%的利润，这种明显不合理的要求自然导致谈判破裂。之所以会这样，就是他们先定的目标是获利80%，尽管他认为你的建议也有道理，但要他们改变原来的立场是困难的。这是诸多谈判者与俄罗斯人打交道的一致结论。

一些俄罗斯人缺乏灵活性，还因为他们的计划制订与审批要经过许多部门、许多环节，这必然要延长决策与反馈的时间，这种传统体制也僵化了人们的头脑。尽管现在体制有了较大的变革，但还没有形成正常的经营秩序和健全的管理体制。

(2) 注重技术细节。俄罗斯人特别重视谈判项目中的技术内容，这是因为引进技术要具有先进性、实用性。由于技术引进项目通常都比较复杂，对方在报价中又可能会有较大的水分，为了尽可能以较低的价格购买昂贵有用的技术，他们特别重视技术的具体细节，索要的东西也是包罗万象，如详细的车间设计图纸、零件清单、设备装配图纸、原材料证明书、化学药品和各种试剂、各种产品的技术说明、维修指南等。

(3) 善于讨价还价。俄罗斯人十分善于与外国人做生意，如果他们想引进某个项目，首先要对外招标，引来数家竞争者，随后不慌不忙地进行选择，并采取各种手段，让争取合同的对手之间竞相压价，相互残杀，最后坐收渔翁之利。

有这样一个事例：1980年在莫斯科举办奥运会，谁都知道出售奥运会电视转播权是一笔好买卖。美国哥伦比亚广播公司 CBC、美国广播公司 ABC、国家广播公司 NBC 三家大型电视台都准备出大价钱购买独家电视转播权。因此，俄罗斯人把美国三家电视台的上层人物都请到他们的豪华客轮"阿列克赛·普希金"号上，他们提出要2.1亿美元现金，这个开价比1976年的2 200万美元几乎高出9倍。为了达到他们的目的，俄国人分别与美国的这三家电视台的决策人物接触，让他们相互之间你争我夺，用美国人自己的话说："我们像装在瓶里的三只蝎子那样互相乱咬，咬完之后，两只死了，获胜的一只也被咬得爬不起来了。"最后，几经反复，美国国家广播公司(NBC)以8 700万美元购得奥运会转播权。后来才知道，俄国人预期的售价在6 000万～7 000万美元。俄罗斯人在讨价还价上堪称行家里手，不论你的报价多么公平合理、怎样计算精确，他们也不会相信，而是千方百计地要挤出其中的水分，获得他们认为理想的结果。

(4) 重视文化艺术。俄罗斯商人对于研究过俄罗斯文化艺术的外商特别尊重，这会给商务谈判带来友善的气氛。传统上俄罗斯人有四大爱好，即喝酒、吸烟、跳舞和运动。俄罗斯人不论男女，几乎没有不喝酒的，而且大多爱喝烈性酒，诸如伏特加之类。俄罗斯人吸烟也很普遍，而且爱抽烈性烟。跳舞是俄罗斯人的传统，一般每周末都有舞会。过去人们主要跳民族舞蹈，但现在的年轻人更愿意跳交谊舞，他们常在花园的空地上或马路边的小广场上，在手风琴或吉他的伴奏下翩翩起舞。俄罗斯人重视体育运动，许多人都有一两项专长。

2. 同俄罗斯商人谈判的要诀

(1) 配备技术专家。在与俄罗斯人谈判时，可能要就产品的技术问题进行反复磋商，为了能及时准确地对技术问题进行阐述，要有充分的准备，在谈判中要配备技术方面的专家。

(2) 谨慎订立索赔条款。同俄罗斯人谈判，要十分注意合同用语的使用，语言要精确，不能随便接受某些不能做到的条件，同时，对合同中的索赔条款也要十分慎重。例如，在出口一方国家的气候条件下，产品可能不轻易出问题，但不能轻易拍胸脯保证机器在任何温度下工作都没问题，更不能作出产品出现问题后愿意赔偿一切损失的承诺。在这种情况下，出口方可能会十分被动，其产品有可能被送到西伯利亚的雅库茨克的工厂去，如果其产品在零下30℃的气温中冻住了，生产线停产并使工厂没有达到生产额度，那么毫无疑问，赔偿金是出定了。

(3) 讲究实效。不论合同金额大小，均应立足实效进行谈判。例如，有的交易虽小，

第十一章　国际商务谈判中的文化差异及谈判风格

但先交钱后取货，实效不错。有的交易虽大，如某交易涉及 1.5 亿美元，但交易条件却十分苛刻，参与者要出钱出人，还要协助其办理外汇兑换，这种合同尽管数额巨大，却毫无意义，因为获利有限且风险较大。

(4) 选择适当的报价策略。对俄罗斯人的报价策略有两种：第一种是报出你的标准价格，然后力争做最小的让步。你可以事先印好一份标准价格表，表上所有价格都包含适当的溢价，给以后的谈判留下余地。第二种是公开在你的标准价格上加上一定的溢价(如 15%)，并说明这样做的理由是同其做生意承担的额外费用和风险，因为在政治体制不稳的环境中做生意的风险与费用是难以估量的。一般来讲，第二种策略要好些，因为如果在报价之初就定死一个价格，几个星期甚至数月后，情况可能会发生很大变化，俄罗斯的通货膨胀率已远远超过欧美。所以，如果俄罗斯人不用硬通货支付交易额，那么，你与他们做买卖就很有可能吃亏，所以，要对俄罗斯人尽量缩短报价期限，并充分考虑报价在合同期内所受的通货膨胀的影响。

三、亚洲商人的谈判风格

(一)日本商人谈判的特点

日本的传统文化和经济发展的现实，使日本商人形成了鲜明的谈判特性。总体上看，日本人进取心强，工作态度认真，等级观念强，不轻信人，注意做人的工作，考虑交易的长远影响，善于开拓新领域。他们慎重、规矩、礼貌、耐心，在国际商务谈判中，日本人被称为"最难对付的谈判对手"。

1. 日本商人谈判方式的特点

(1) 团队精神或集团意识。单个日本人与其他民族的人相比，在思维、能力、创新精神或心理素质方面往往都不见得出类拔萃。但是，日本人一旦结为一个团体，这个团体的力量就会十分强大。在日本企业中，决策往往不是由最高领导层武断地作出的，而是要在公司内部反复磋商，凡是有关人员都有发言权。企业高层领导通常派某人专门整理所需决策的资料，集中各方面意见，然后再作出决策。谈判团内角色分工明确，但每个人都有一定的发言决策权，实行谈判共同负责制。在谈判过程中常常会遇到这样的情形：碰到日方谈判团事先没有准备过或内部没有协商过的问题，他们很少当场明确表态、拍板定论，而是要等到与同事们都协商过之后才表态。集体观念使日本人不太欣赏个人主义和自我中心主义的人，他们往往率团前去谈判，同时也希望对方能率团参加，并且双方人数大致相等。

(2) 彬彬有礼地讨价还价。日本人在与外国人面对面谈判时，对年长者、某个地方强于自己的人彬彬有礼，殷勤谦恭，充满崇敬之情。在国外，他们尊重所在国家或地区的礼节和习惯。在谈判过程中，日本人的报价往往水分很高，然后再经过漫长的讨价还价过程以达到成交，所以，对日本商人的报价要特别留心，要认真做好比价工作，做到心中有数。相反，日本人在还价时往往杀价较狠，但只要你拿出有说服力的资料或证据，他们还是愿意接受的。因此，不要因日本人杀价过狠而动摇谈判的信心。

(3) 固执、坚毅、不轻易妥协。在国际商务谈判中，日本人几乎毫不退让地坚持原有条件。一次又一次地商谈，他们始终重复原有的主张，提出同一个目标，日本人那谦恭的外表下隐藏着誓不屈服妥协的决心。不到最后失败，只要能找到一点办法，他们就认为有可能突破敌阵。日本人的这种耐心和固执己见，不仅是终身雇佣制的结果，而且是由于他们相信坚持不懈就能克服多重障碍，不屈不挠会使谈判对手厌倦并最终妥协。

(4) 保持沉默，静观事态发展。在许多场合，日本谈判者不愿率先采取行动并表明自己的意图，因此会长时间保持沉默，采取静观事态发展的战术。在遇到出乎意料的问题时，日本人对任何要求都不作答复。日本人认为"沉默是金""祸从口出"，只要沉默就可避免麻烦，只要不将自己的意见告诉别人就是一种贤明。当谈判者对一些不愿回答的问题必须回答时，他们多半回答："这是一个很好的习题，反过来我想问一下你是怎样认为的？"有时他们也会摇摇头，微微一笑说，"对这个问题我一点也不明白""实际上我也搞不清楚"，或者"此事还是问一下别人为好"。日本人在故作镇静、掩盖事实和感情方面是很高明的，他们把能否将心事不表露在脸上而隐藏在内心作为衡量谈判者是否成熟的标志。

(5) 注重最后期限，有耐心。日本谈判者特别有耐心，他们认为，不耐烦是一个人的严重缺点，只要耐心等待肯定会有效果，许多合同、协议都是在最后期限签订的。因此，日本谈判者大多会通过各种渠道千方百计地打探谈判对手的最后期限。在谈判过程中，日本谈判者为使对方放弃自己的条件，使用的最好办法就是把对方逼到墙角，使对方没有时间再拖下去。因此，同日本人谈判要保持冷静，表明自己有充裕的时间。

(6) 重视贸易的长远效应。日本人在国际商务活动中，重视销售额远胜于重视利润，很注意规模效益，喜欢薄利多销，把扩大市场占有率放在首位。他们善于在国际贸易中运用"吃小亏占大便宜"和"卡关键、放长线、钓大鱼"等经营策略。对此，在交往中一定要保持清醒的头脑，冷静分析，不要为小利而冲动，要全面长远地进行权衡。特别是大型商务谈判，必须对他们埋下的伏笔十分敏锐，万分小心，尽可能周密。如条件问题、维修问题、综合配备因素以及结算货币等多方面都要想到。

(7) 重视相互信任和相互尊重。日本人倾向于信任与尊重的道德观，往往把合同视为一份婚约而非商业协议。他们非常重视相互的信任与尊重，如果在商务谈判中，你把律师带去参加，日本人会认为这是不信任的表现，反而会增加谈判阻力，唯一的途径是消除怀疑心理，营造出一种相互信任的气氛。当合同双方发生争执时，日本人通常不选择诉诸法律这一途径，因为日本在很长的历史中，不是靠法律而是求助权贵的仲裁来解决争端的。与日本人进行交易，不能一接触就谈生意，往往要花费大量的时间用于开场白，强调合作诚意和对方的好处，这些诚意要反复强调，并贯穿于整个洽谈过程中。这种通过相互赞扬以示尊重对方的做法，逐渐成为一种客套和礼仪。

(8) 等级观念根深蒂固，重视尊卑秩序。日本企业都有尊老的传统，一般能担任公司代表的人都是有15~20年经验的人。他们讲究资历，不愿与年轻的对手商谈，因为他们不相信对方年轻的代表会有真正的决策权。日本商人走出国门进行商务谈判时，总希望对方迎候人的地位能与自己的地位相当。在日本谈判团内等级意识也很严重，一般都是谈判组成员奋力争取、讨价还价，最后由"头面人物"出面稍作让步，达到谈判目的。还应注意的一点是，日本妇女在社会中的地位较低，一般都不允许参与大公司的经营管理活动，日本人在一些重要场合也是不带女伴的。所以，遇到正式谈判，一般不宜让妇女参加，否则他们可能会表示怀疑，甚至流露出不满。利用日本人这种尊老敬长的心理，与日方谈判时，

第十一章 国际商务谈判中的文化差异及谈判风格

派出场的人员最好官阶、地位都比对方高一级,这样从对话、谈判条件、人际相处等方面均会有利于谈判的进行。

(9) 重视人际关系。日本商人善于把生意关系人性化,他们通晓如何利用不同层次的人与谈判对方不同层次的人交际,从而探明情况、研究对策、施加影响、争取支持,并且日本谈判人员总是善于创造机会,与谈判对手的关键领导拉关系,以奠定发言的基础。在谈判中,日本人尽力避免直接争论,因为在激动时会说出不得体的言辞,从而导致个人冲突,这对双方都不利。通常日本人不会直截了当地拒绝谈判对手的建议,使对方难堪,他们总是老练地运用彬彬有礼和模棱两可的言辞来消除意见的分歧。日本商人在同外商进行初次商务交往时,喜欢先进行个人的直接面谈,而不喜欢通过书信交往。对于找上门来的客商,他们则更倾向于选择那些经熟人介绍来的,因此,在初访日商时,最好事先托朋友、本国使馆人员或其他熟悉的人介绍。

(10) 只要有可能,日本谈判团里就不会包括律师。日本人觉得每走一步都要同律师商量的人是不值得信赖的,甚至认为带律师参加谈判,就是蓄意制造日后的法律纠纷,是不友好的行为。他们善于捕捉时机签订含糊其辞的合同,以便将来形势变化时可以作出有利于他们的解释。

【案例 11-2】

> 一个到日本去谈判的美国商务代表团,直到他们要打道回府前,才知道贸易业务遇到了语言障碍,没有达成协议。在谈判价格的确定上,双方开始时就没有统一。谈判快要告一段落时,美方在价格上稍作了一点让步,致使日本方面的回答是"Hi!(嘿!)"。结束后美方就如释重负地准备"打道回府"。但结果其实并非如此。实际上,日本人"嘿",意味着"是我理解你的意思(但我并不一定要认同你的意见)"。
>
> 沟通方式的差异容易引起误解,出国问禁、入乡随俗,对涉外人员是很重要的。

(资料来源:蒋小龙. 商务谈判与推销技巧[M]. 北京:化学工业出版社,2015.)

2. 同日本商人谈判的要诀

(1) 保全面子。与日本人谈判要注意的首要问题是保全面子,要做到这一点,以下四个问题需要注意:第一,千万不要直接指责日本人,否则肯定会损害相互之间的合作关系,较好的方法是把自己的建议间接地表示出来,或采取某种方法让日本人自己谈起棘手的话题,或通过中间人去交涉令人不快的问题。第二,避免直截了当地拒绝日本人。如果不得不否定某个建议,要尽量婉转地表达,或运用某种暗示,也可以陈述你不能接受的客观原因,绝对避免使用羞辱、威胁性的语言。第三,不要当众提出令日本人难堪或他们不愿回答的问题。有的谈判者喜欢运用令对方难堪的战术来打击对方,但这种策略对日本人最好不用。如果让其感到在集体中丢了面子,那么完满的合作是不存在的。第四,要十分注意送礼方面的问题。赠送各种礼品是日本社会最常见的现象,日本的税法又鼓励人们在这方面的开支,所以送礼的习惯在日本已根深蒂固。

(2) 千万不要选派年龄在 35 岁以下的人同日本人谈判。美国一位高级技术公司的经理这样告诫人们:"派一位乳臭未干的年轻人去同日本的高级经理人员谈判,人家都已经是 65 岁的老头了,这不是存心戏弄人家吗?"以下这个例子很能说明这个问题:美国总统福特访问日本之前，美国电视台 CBS 公司派了一位年轻的代表去日本，与日本的 NHK 商谈福特总统访问日本的电视转播问题。这位年轻的代表没有与日本人谈判的经验，他以美国人的谈判风格，直截了当地向 NHK 的主管提出电视转播要求，他要求日本方面到时提供超出实际需要近2倍的人员和通信设备，他的态度使日本人感到其有点盛气凌人。日本 NHK 主管是一位老成持重且有资历的人物，他立刻有礼貌地回绝了那位年轻代表的要求。随着总统访日日期的临近，谈判毫无进展，CBS 公司非常焦急，只好撤换代表，改派公司高层领导到东京重新与 NHK 谈判。美方首先向日方道歉，请求 NHK 在这次福特总统访日期间帮助 CBS 进行电视转播。日方见美方态度转好，言辞恳切，也就同意通融，经过商谈满足了美方的要求。后来，那位年轻的美国代表终于觉悟到美国式的谈判风格对日本人来说是不能接受的。

另外，还要注意不要把日本人礼节性的表示误认为是同意的表示。在谈判中，日方代表可能会不断地点头，并且嘴里说着"嗨(是)"，但是日本人这样说往往是提醒对方他在注意听，而并不是表示同意。

(3) 谈判前获得日方的信任。在同从未打过交道的日本企业谈判时，必须在谈判前就获得日方的信任。公认的最好办法是取得日方认为可靠的、另一个信誉很好的企业的支持，即找一个信誉较好的中间人。在谈判的初始阶段，就是在面对面地讨论细则之前，对谈判内容的确定往往都由中间人出面，中间人告诉你是否有可能将谈判推向下一步。总之，中间人在沟通双方信息、加强联系、建立信任与友谊方面都有着不可估量的作用。所以，在与日方谈判时，要千方百计地寻找中间人牵线搭桥。中间人既可以是企业、社团组织、皇族成员、知名人士，也可以是银行、为企业提供服务的咨询组织等。

(4) 耐心是谈判成功的保证。日本人在谈判中的耐心是举世闻名的。日本人的耐心不仅仅是缓慢，而且是准备充分、考虑周全、谈判有条不紊、决策谨慎小心。当日方谈判代表仔细推敲某一个问题时，总是一下子变得沉默不语。一些外国人对这一点常常不能理解，就很容易掉进圈套，等他们醒悟过来时已是后悔莫及。其实，只要他们再耐心地等待几分钟，一切都会圆满解决。为了一笔理想交易，他们可以毫无怨言地等上两三个月。耐心使日本人在谈判中具有充分的准备，耐心使他们多次成功地击败那些急于求成的欧美人，耐心使他们成功地运用最后期限策略，耐心使他们赢得了每一次主动。所以，与日本人谈判，缺乏耐心或急于求成，恐怕会输得一败涂地。

(二)阿拉伯商人的谈判风格

由于受地理、宗教、民族等问题的影响，阿拉伯人以宗教划派，以部族为群。他们的家庭观念较强，脾气也很倔强，重朋友义气，热情好客，却不轻易相信别人。他们喜欢用手势以及形体语言表达思想。尽管不同的阿拉伯国家在观念、习惯和经济力量方面存在较大差异，但是作为整个阿拉伯民族来讲却有较强的凝聚力。

在阿拉伯国家，伊斯兰教一向被奉为国教，是除阿拉伯语以外阿拉伯民族的又一重要凝聚力量。阿拉伯人非常反感别人用贬损或开玩笑的口气来谈论他们的信仰和习惯，嘲弄或漠视他们的风俗。

1. 阿拉伯商人谈判方式的特点

(1) 信誉非常重要。谈生意的人必须首先赢得他们的好感和信任。与他们建立亲近关

第十一章　国际商务谈判中的文化差异及谈判风格

系的方法有：由回族人或信仰伊斯兰教或讲阿拉伯语的同宗、同族的人引见；以重礼相待，例如破格接待；在礼仪和实际待遇上均予以照顾，使其既有面子又得实惠。阿拉伯人好客知礼的传统使他们对亲友邻居敞开的大门对外国客商同样是敞开的。对远道而来并亲自登门拜访的外国客人，他们十分尊重。如果他们问及拜访的原因，最好说来拜访他是想得到他的帮助。因为阿拉伯人不一定想变得更加富有，但却不会拒绝"帮助"某个已逐渐被他尊重的人。当合同开始生效时，拜访次数可以减少，但定期重温、巩固和加深已有的良好关系仍然非常重要，给他们留下一个重信义、讲交情的印象，会让客商在以后的谈判中获得意外的回报。另外，崇尚兄弟情义的阿拉伯人不会因为商务缠身而冷落了自己的阿拉伯兄弟。常与他们打交道的外商经常会遇到这样的情形：谈判正在紧张进行，阿拉伯一方的亲友突然到访，他们会被请进屋内边喝茶边聊天，外商则被冷落一旁，直到亲友离去谈判才会继续。在阿拉伯人看来，这不是失礼行为，对此，你只能表示理解和宽容。

(2) 谈判节奏较缓慢。他们不喜欢通过电话来谈生意。从某种意义上说，与阿拉伯人的一次谈判只是同他们进行磋商的一部分，因为他们往往要很长时间才能作出谈判的最终决策。如果外商为寻找合作伙伴前往拜访阿拉伯人，第一次很可能不但得不到自己期望获得的结果，还会被他们的健谈所迷惑，有时甚至第二次乃至第三次都接触不到实质性话题。遇到这种情况，要显得耐心而镇静。一般来说，阿拉伯人看了某项建议后，会去证实是否可行，如果可行，他们会在适当的时候安排由专家主持的会谈。如果这时你显得很急躁，不断催促，往往欲速则不达。因为闲散的阿拉伯人一旦感到你把他挤进了繁忙的日程中，他很可能会把你挤出他的日程。

(3) 中下级谈判人员在谈判中起着重要作用。阿拉伯人等级观念非常强烈，其工商企业的总经理和政府部长们往往自视为战略家和总监，不愿处理日常的文书工作及其他琐事。许多富有的阿拉伯人是靠金钱和家庭关系获得决策者的地位的，而不是依靠自己的能力，因此他们的实际业务经验少得可怜，有的甚至对公司有关方面的运转情况一无所知，不得不依靠自己的助手和下级工作人员。所以，外商在谈判中往往要同时与两种人打交道：一种是决策者，他们只对宏观问题感兴趣；另一种是专家以及技术员，他们希望对方尽可能提供一些结构严谨、内容翔实的资料以便仔细地加以论证，与阿拉伯人做生意时千万别忽视了后者的作用。

(4) 代理商非常重要。几乎所有阿拉伯国家的政府都坚持，无论外商的生意伙伴是个人还是政府部门，其商业活动都必须通过阿拉伯代理商来开展。此举为阿拉伯国民开辟了生财之道，提供了一个理想职业。如果没有合适的代理商，很难想象外商能在生意中进展顺利。一个好的代理商，会为外商提供便利，对业务的开展大有裨益。例如，他可以帮助雇主同政府有关部门尽早取得联系，促使其尽快作出决定；快速完成日常的文书工作，加速通过烦冗的文件壁垒；帮助安排货款回收、劳务使用、货物运输、仓储乃至膳食等事宜。

(5) 极爱讨价还价。在阿拉伯，无论商店大小均可讨价还价。标价只是卖主的"报价"，更有甚者，不还价即买走东西的人还不如讨价还价后什么也不买的人更受卖主的尊重。阿拉伯人的逻辑是，前者小看他，后者尊重他。市场上常出现的情景是，摆摊卖货的商人会认真看待与他讨价还价的人，价格与说明会像连珠炮似的甩出，即使生意不成也仅是肩一耸、手一摊表示无能为力。因此，为适应阿拉伯人讨价还价的习惯，外商应建立起见价即讨的意识，凡有交易条件，必须准备讨与还的方案；凡想成交的谈判，必定把讨价还价做得轰轰烈烈。高明的讨价还价要有智慧，即找准理由，令人信服，做到形式上相随，形式下求实利。

(6) 注重小团体和个人利益。阿拉伯人谈判的目标层次极为鲜明，谈判手法也不相同。在整体谈判方案中，应预先分析他们利益层次的所在范围，了解利益层次要讲究多种形式以及高雅、自然、信任的表达方式。在处理层次范围时，要注意交易的主体利益与小团体和个人利益是成反比的，应以某种小的牺牲换取更大的利益。只有先解决好利益层次的问题，在谈判时才会有合理的利益分配，从而为最终的成功打下基础。

2. 同阿拉伯商人谈判的要诀

(1) 尊重阿拉伯人的宗教习惯。在阿拉伯国家，宗教影响着国家的政治、经济和人们的日常生活，因此，要想与阿拉伯人打交道，就必须对其宗教有所了解。

(2) 放慢谈判节奏。在谈判中，阿拉伯人看了某项建议后，会将它交给手下的技术专家证实是否有利可图并且切实可行，如果感兴趣，他们会在自认为适当的时候安排由专家主持的下一次会谈，以缓慢的节奏推动谈判的进展。在此请千万记住，同阿拉伯人打交道，往往是欲速则不达，因为他们喜欢用悄无声息的、合乎情理的方式来开展自己的业务，而不喜欢那种咄咄逼人的强行推销方式。因此，不管实际情况如何，都要显得耐心、镇静，倘若原定计划不能实现，也应在表面上显得从容不迫。

(3) 在谈判中采取数字、图形、文字相结合的方式，并留心图片的使用是否正确。许多阿拉伯人不习惯花钱买原始知识和统计数据，他们不欣赏不能实际摸到的产品。因此，在与阿拉伯人谈判时应采取多种形式，将抽象服务项目变成看得见、摸得着的有形事物，并采取数字、图形、文字相结合的方式加以说明，增强说服力，从而会收到较好的效果。另外，如果附属材料中有图片，那么应当注意一下图片的内容是否适合，顺序是否正确。

(4) 按阿拉伯国家的文化要求，做好翻译工作。因为阿拉伯人不欣赏抽象介绍和说明，但假如在商务谈判中又确实需要提供一些附属材料，那么必须按照阿拉伯人的风俗习惯，将这些材料进行精细的翻译。哪怕成本高些，也应尽可能地雇用最好的翻译。在翻译时，翻译人员和策划人员除了注意使用恰当的语言外，还应注意翻译的文种是否符合需要，因为在盛产石油的阿拉伯国家有许多外籍工人，他们可能成为产品或劳务的主要消费者。

(5) 由于阿拉伯社会宗教意识的影响，妇女地位较低，一般是不能在公开场合抛头露面的。因此，应该尽量避免派女性去阿拉伯国家谈生意，如果谈判小组中有妇女，也应将其安排在从属地位，以示尊重他们的风俗。在谈话中尽量不涉及妇女问题。

本 章 小 结

国际商务谈判是指在国际商务活动中，处于不同国家或不同地区的商务活动当事人为了达成某笔交易，彼此通过信息交流，就交易的各项要件进行协商的行为过程。国际商务谈判既具有一般贸易谈判的共性，又具有国际商务谈判的特殊性，如较强的政策性、国际性、风险性、影响谈判的因素复杂多样、谈判的内容广泛复杂等。

做好国际商务谈判工作必须注意的基本要求包括：树立正确的国际商务谈判意识，做好国际商务谈判的准备工作，正确认识和对待文化差异，熟悉国家政策、国际公约和国际

第十一章 国际商务谈判中的文化差异及谈判风格

惯例，具备良好的外语技能。

在跨文化谈判中，谈判双方应该互相尊重彼此的文化习惯，否则，在一种文化中的一个优秀谈判者的谈判风格在另一种文化中可能会到处碰壁。文化差异在很大程度上可能导致商务谈判的失败。从其他文化中吸取一些谈判策略，可以减少跨文化谈判的风险，并提高国际商务谈判的技巧。

自 测 题

1. 文化差异对国际商务谈判有何影响？
2. 国际商务谈判与国内商务谈判有何不同？
3. 东西方文化差异主要表现在哪些方面？
4. 日本人的谈判风格是怎样的？
5. 美国人的谈判风格是怎样的？

案 例 分 析

3位日本商人代表日本航空公司和美国一家公司谈判。会谈从早上8点开始，进行了两个半小时。美国代表以压倒性的准备资料淹没了日方代表，他们用图表解说、计算机计算、屏幕显示、各式的数据资料来回答日方提出的报价。而在整个过程中，日方代表只是静静地坐在一旁，一句话也没说。终于，美方的负责人关掉了机器，重新扭亮了灯光，充满信心地问日方代表："意下如何？"一位日方代表斯文有礼，面带微笑地说："我们看不懂。"

美方代表的脸色忽地变得惨白："你说看不懂是什么意思？什么地方不懂？"

另一位日方代表也斯文有礼，面带微笑地说："都不懂。"第三位日方代表以同样的方式慢慢答道。将会议室的灯关之后，美方代表松开了领带，斜倚在墙边，喘着气问："你们希望怎么做？"日方代表同声回答："请你再重复。"美方代表彻底丧失了信心。谁有可能将秩序混乱而又长达两个半小时的介绍重新来过？美国公司终于不惜代价，只求达成协议。

(资料来源:冯德连，管州. 谈判就这几招[M]. 郑州：河南人民出版社，2000.)

思考题：

1. 日本商人是如何赢得胜利的？
2. 美、日商人的谈判风格有何不同？

阅 读 资 料

中方某公司向韩国某公司出口丁苯橡胶已一年了，第二年中方又向韩方报价，以继续供货。中方公司根据国际市场行情，将价格从前一年的成交价每吨下调了120美元，韩方感到可以接受，建议中方到韩国签约。中方人员一行二人到了首尔该公司总部，双方谈了不到20分钟，韩方说："贵方价格仍太高，请贵方看看韩国市场的价，三天以后再谈。"中方人员回到饭店后，感到被戏弄了，很生气，但人已来首尔，谈判必须进行。中方人员通过有关协会收集到韩国海关丁苯橡胶进口统计资料，发现从哥伦比亚、比利时、南非等国进口量较大，从中国进口量也不小，中方公司是占份额较大的一家。价格水平南非最低，但高于中国产品价格。哥伦比亚、比利时价格均高于南非。在韩国市场的调查中，批发和零售价均高出中方公司的现报价30%~40%，市场价虽呈降势，但中方公司的给价是目前世界市场最低的价格。为什么韩国人员还这么说？中方人员分析，对手以为中方人员既然来了首尔，肯定急于拿合同回国，可以借此机会再压中方一手。那么韩方会不会不急于订货而找理由呢？中方人员分析，若不急于订货，为什么邀请中方人员来首尔？再说，韩方人员过去与中方人员打过交道，有过合同，且执行顺利，对中方工作很满意，这些人会突然变得不信任中方人员了吗？从态度上看不像，他们来机场接中方人员，且晚上一起喝酒，保持着良好的关系。通过上述分析，中方人员共同认为：韩方意在利用中方人员出国心理，再压价。根据这个分析，经过商量中方人员决定在价格条件上做文章，首先，态度应强硬(因为来前对方已表示同意中方报价)，不怕空手而归。其次，价格条件还要涨回市场水平(即1000美元/吨左右)。最后，不必用两天给韩方通知，仅一天半就将新的价格条件通知韩方。

在一天半后的中午前，中方人员电话告诉韩方人员，"调查已结束，得到的结论是：我方来首尔前的报价低了，应涨回去年成交的价位，但为了老朋友的交情，可以下调20美元，而不再是120美元。请贵方研究，有结果请通知我们，若我们不在饭店，则请留言。" 韩方人员接到电话后一个小时，即回电话约中方人员到其公司会谈。韩方认为：中方不应把已报的价再往上调。中方认为：这是韩方给的权利。我们按韩方要求进行了市场调查，结果应该涨价。韩方希望中方多少降些价，中方认为原报价已降到底。经过几个回合的讨论，双方同意按中方来首尔前的报价成交。这样，中方成功地使韩方放弃了压价的要求，按计划拿回了合同。

(资料来源：孙兆臣，易吉林. 谈判训练[M]. 武汉：武汉大学出版社，2003.)

第十二章 模拟商务谈判实训与商务谈判典型案例

第一节 综合模拟商务谈判实训背景

案例1：国内企业合资合作模拟谈判

谈判A方：龙泉饮用水公司(卖方)
谈判B方：富力投资公司(买方)

A方背景资料：

1. 龙泉天然矿泉水，产自美丽而神秘的黑龙江省，它位于中国的最北部，气候条件优越，森林覆盖率达70%。在那里蕴含着优质且纯正的矿泉水，矿物质含量超过3.5%，高于其他(已被发现的)同类产品。尤其是用这种矿泉水生产的茶饮料能够降脂、降压，减少心脏病和癌症的发病概率。同时，它能提高人体免疫力，并对消化、防御系统有益。
2. 已注册生产龙泉牌矿泉水，品牌市场效应在省内正初步形成。
3. 已经拥有一套完备的策划、宣传、营销战略。
4. 已经初步形成了一系列较为顺畅的销售渠道，在全省某一知名连锁大型超市、社区连锁店都设有代销点，销售状况良好。
5. 品牌的知名度还不够，但相信此品牌在未来几年内将会有非常广阔的市场前景。
6. 缺乏足够的资金，需要吸引资金500万元，用于下述几种途径。
(1) 扩大生产规模。
(2) 加大宣传力度。
(3) 开拓新的南方市场。
7. 现有的品牌、生产资料、宣传策划、营销渠道等一系列有形资产和无形资产，估算价值500万元人民币。

(除以上内容外，谈判代表还应自行查找一些相应的同类矿泉水，纯净水产品、茶饮料市场等一系列资料，以供谈判参考使用。)

A方谈判内容：

1. 要求B方出资额度不低于500万元人民币。
2. 保证己方控股。
3. 对资产评估的500万元人民币进行合理的解释(包含品牌价值、现有的生产设备、宣传策划、营销渠道等)。
4. 由己方负责进行生产、宣传以及销售。
5. B方要求年收益达到20%以上，并且希望A方制定切实可行的措施保证其能够实现。
6. B方要求A方对获得资金后的使用情况进行解释。

7. 风险分担问题(例如，可以购买保险，保险费用可计入成本，不确定因素分析)。
8. 利润分配问题。

B方背景资料：
1. 有多年投资经验，资金实力雄厚。
2. 准备用闲置资金进行投资，由于近几年来饮用水市场行情不错，投资的初步意向为高端饮用水市场。
3. 投资预算在400万元人民币以内。
4. 希望在一年内能够见到回报，并且年收益率在20%以上。
5. 对市场的行情不甚了解，对市场竞争的情况也知之甚少，但A方对其产品提供了相应资料。
6. 据调查得知 A 方的产品已经初步开辟了一系列较为畅通的销售渠道，但是产品单一，知名度还有待提高。

(除以上内容外，谈判代表还应自行查找一些相应的产品、市场、技术等一系列资料，以供谈判使用。)

B方谈判内容：
1. 对A方要求出资额度不低于500万元人民币持有异议。
2. 要求参与 A 方进行生产、宣传以及销售。
3. 要求 A 方对资产评估的 500 万元人民币进行合理的解释。
4. 对如何保证资金的安全，对资金的投入是否会得到回报的保障措施进行相应的解释。
5. B方要求年收益达到20%以上，并且希望A方制定具体措施保证其能够实现。
6. B方要求A方对获得资金后的使用情况进行解释。
7. 风险分担问题。
8. 利润分配问题。

谈判目标：
1. A方为接待B方来访制定相应的谈判方案并组成谈判团队。
2. 经过谈判达到合资(合作)目的。

(资料来源：于湛波. 根据资料整理编写. 2021.)

案例2：国际服务贸易模拟谈判

出售奥运会电视转播权，一直是主办国的一项重大权益。2018年世界杯足球赛在俄罗斯举行，在俄罗斯出售电视转播权之前，购买世界杯电视转播权的最高价格是1998年法国广播公司购买的世界杯转播权，其售价是25亿美元。在争夺2002年世界杯足球赛电视转播权"战役"中，来自中国香港、新加坡的竞争对手被中央电视台挤出跑道。央视有关人士透露，按照正常程序，央视就2002年世界杯中国电视转播事宜，与世界杯全球电视转播权所有者德国基尔希集团展开谈判，双方对价钱以及价钱之外有关事宜进行艰苦谈判。

中央电视台没有得到2002年世界杯足球赛全部赛事的电视转播权。央视没有取得韩日世界杯抽签仪式转播权(这是一项与世界杯赛事转播捆绑在一起的转播权)，显示央视至今没有正式拿到电视转播权。球迷担心，如果没有条件去现场，明年还能通过电视转播欣赏世

第十二章 模拟商务谈判实训与商务谈判典型案例

界杯的精彩赛事吗?央视体育中心主任马国力称尚未接到任何有关买断世界杯转播权的公告,央视目前仍在就转播权问题与有关方面进行磋商,"并一定会全力争取让球迷们第一时间通过电视转播欣赏到明年世界杯的精彩赛事"。

关于世界杯中国电视转播一事,有一南方媒体最早宣称,一家中国香港机构马上就要获得 2002 年世界杯在中国的电视转播权,准备雇用相关电视分销机构向电视台兜售。据国内某专业体育媒体说,2002 年和 2006 年两届世界杯全球电视转播权所有者、德国的基尔希(KIRCH)公司把转播权的推广事宜全部委托它的全资子公司 RISMA 公司向全球销售。央视曾向该公司报出两届世界杯转播权共 1200 多万美元的价格,在商谈过程中,中国香港卫视参与竞争,并开出 2002 年一届世界杯 1200 万美元的高价。

对此,马国力在接受电话采访时,用一种不把竞争对手放在眼里的口吻说,对转播权旁落一事毫不知情,央视迄今也没有接到任何关于有中国香港机构取得 2002 年世界杯转播权的公告。目前,央视正与 RISMA 公司就转播权问题进行磋商,他说:"央视一定会全力争取,让球迷们欣赏到世界杯赛事的直播。……我已经经历过多次这样的谈判了,目前事情的进展尽在掌握之中。"

马国力的话有他的道理。据广告界人士推算,中央电视台凭借转播 2002 年世界杯比赛,大约可获得不少于 3 亿元人民币的广告收入,按照这个推算,中央电视台拿出 2500 万美元的报价仍可获得 1 亿赚头。所以对于竞争者出 1200 万美元的报价,央视仍保持很大的竞争优势。

但话又说回来,央视电视转播几乎是所有体育赛事市场开发的关键,目前,中国香港卫视、新加坡、ISPN 体育频道已经退出竞争,但是转播权所有者德国基尔希公司目前还没有表示出降价的态度。因此,央视正面临着前所未有的压力。

(资料来源: 陈江 千龙网 [http://www.qianlong.com]. 2019.)

思考题:
1. 中央电视台与 RISMA 公司就转播权问题进行谈判的优势和劣势是什么?
2. 将中央电视台转播世界杯足球赛的广告时段出售给相关企业,为央视设计谈判方案。

案例 3:国际商务谈判者的素质与抗压能力

2000 年年初,在经历了惊心动魄、峰回路转的中美谈判后,中国民众似乎都觉得很可能 2000 年上半年就要入世了。但是很快,中国和欧盟的谈判再一次出现危机。以欧盟贸易总司司长贝斯勒为首的欧盟代表团到北京与以龙永图为首的中国代表团进行了新一轮的双边磋商。贝斯勒的谈判态度很强硬,他认为如果中国不能答应某些条件,欧盟就不可能支持中国加入世贸组织。国际关系微妙复杂,此时的欧盟认为其 15 国的经济总量比美国还大,自然的攀比心理使其不愿接受我国给欧盟提供的与美国相同的菜单。

这样的强硬态度自然使中国谈判代表团团长龙永图前后为难,感受到了强大的压力。由于在中美达成协议之后,全国和全世界的期望值都提高了,都以为中国很快就会加入世贸组织。但是中欧谈判却一拖再拖,很多事情无法向公众披露,那段时间龙永图的情绪异常波动。

与欧盟大使交谈后，龙永图彻夜未眠。当他第二天给学生做报告时，竟然忽然间泪流满面。这是出于一种心理压力的发泄，也是龙永图在加入世贸组织谈判中唯一的一次流泪。

(资料来源：李振忠，沈根荣，张建军.对外谈判技巧[M].北京：对外贸易教育出版社，2018.)

思考题：

1. 查阅相关资料，根据当时中国入世谈判的环境因素，分析作为国际商务谈判人员应具备的能力与素质要求有哪些。

2. 从一名谈判参与者到成功的谈判专家你认为要经过怎样的途径，谈谈你的思考。

案例4：WTO争端解决机制的新问题

WTO的争端解决机制共有6个程序：①磋商程序。贸易争端发生后，当事成员国政府双方在进行贸易谈判中达成一致意见。②斡旋、调解与调停程序。如果谈判没有达成共识，争端双方选择中立第三方(如世界贸易组织总干事)在世界贸易组织框架内进行斡旋、调解与调停。③专家组程序。调解无效的情况下，成立专家组提出调查处理方法。④上诉程序。WTO的争端解决机制中有一个七人组成的常设上诉小组，专家组的工作报告出来后，争端一方如有不同看法，可以上诉重新进行审议。⑤执行程序。WTO规定已通过的专家组和上诉机构报告，有法律效力，并具有报复性惩罚措施，当事方应予执行。⑥仲裁程序。若一方仍然反对，可以提出仲裁申请。

(资料来源：毛燕琼.WTO的争端解决机制问题与改革[M].北京：法律出版社，2010.)

思考题：
随着国际政治经济形势的变化，WTO争端解决机制面临哪些新挑战？你有何建议？

第二节　商务谈判典型案例

案例1：国际商务谈判中强强联合的对等谈判如何争取对己方更多更大的利益

富士-施乐合资谈判

在富士-施乐公司业务不断增长，而施乐在美国的压力却不断加大时，双方的关系有所改变。1960年年初合资企业的技术支持合同在1976年和1986年重新进行了修订，双方还签订了许多临时协议来调整诸如采购和第三方关系等问题。鲍勃·梅雷迪思，律师出身，是施乐公司常驻东京的主管，他对以上合同的作用进行了描述：法律合同是灵活的，我们不应该以短期的眼光采取各自独立的立场，这种方法也许可以使你获得短期的优势，但平等的责任使我们的关系聚焦于一个主要的目标，即怎样才能做到己方利润最大化？

施乐和富士-施乐公司之间的主要协议：

《1960年合资企业合同和公司议程》(1983年产品获得政策为企业间的价格转移订立指导方针建立互惠的生产许可费用概念，用于补贴富士-施乐公司的开发和生产成本。

- 对由富士-施乐公司提供的装配机器，最多提供25%的补偿。
- 施乐公司组装的富士-施乐公司机器，最多补偿单位成本的20%。
- 对施乐要求的特殊设计和服务应进行100%的补偿。

《1985年的采购政策》：

提供在富士-施乐公司授权经营区域内的施乐的采购指导原则。

- 富士-施乐公司有权先投标。
- 从第三方采购应与富士-施乐公司协调好。

《1986年战略安排》：

为与第三方协商建立联盟订立了原则。

施乐和富士-施乐公司之间的技术协定及其他合同为双方提供了关系处理的准则。此外，这些合同还特别规定了特许权费用和转移价格程序。1976年，施乐和富士-施乐公司又签订了一项技术支持合同，施乐保持了对富士-施乐公司的静电复印产品销售额收取5%的特许权费用，时间是10年。但当这项技术合同刚刚实施没有多久，双方又进一步修改了合同的特许权费构成。1983年的技术协定在富士-施乐公司全部销售额基础上确定了一个基本特许权费用，说明富士-施乐公司在特许经营地域范围内有使用施乐公司品牌和技术的权利，但是这种基于静电复印机销售而上交的特许权费用在1983—1993年之间逐步下降。

不仅如此，富士-施乐公司还开始通过收取生产许可费对其开发和制造投资进行补偿。特别是富士-施乐公司每一台以关键部件形式出口到施乐并由其组装出售的机器，都增加了20%的生产许可费用。

国际并购有许多失败的案例，在中国经济发展的进程中，中外合资企业失败的案例也很多。

(资料来源：井润田，席酉民. 国际商务谈判[M]. 北京：机械工业出版社，2017.)

思考题：

1. 你怎样评价该谈判的结果？
2. 该谈判美方在法律和为未来企业发展作出的安排有何经验可供中国企业借鉴？

案例2：国际商务谈判中的策略技巧

中国某公司与日本某公司在上海著名的国际大厦，围绕进口农业加工机械设备，进行了一场别开生面的竞争与合作、竞争与让步的谈判。

谈判一开局，按照国际惯例，首先由卖方报价，首次报价为1 000万日元。

这一报价离实际卖价偏高许多。日方之所以这样做，是因为他们以前的确卖过这个价格。如果中方不了解谈判当时的国际行情，就会以此作为谈判的基础，那么，日方就可能获得厚利；如果中方不能接受，日方也能自圆其说，有台阶可下，可谓进可攻、退可守。由于中方事前已摸清了国际行情的变化，深知日方是在放"试探气球"。于是中方直截了当地指出：这个报价不能作为谈判的基础。日方对中方如此果断地拒绝了这个报价而感到震惊。他们分析，中方可能对国际市场行情的变化有所了解，因而己方的高目标恐难实现。于是日方便转移话题，介绍起产品的特点及其优良的质量，以求采取迂回前进的策略来支持己方的报价。这种做法既消除了正面被点破的危险，又宣传了自己的产品，还说明了报价偏高的理由，可谓一石三鸟，潜移默化地强化了己方的谈判方案。但中方一眼就看穿了对方在唱"空城计"。

因为，谈判之前，中方不仅摸清了国际行情，而且研究了日方产品的性能、质量、特点以及其他同类产品的有关情况。于是中方运用"明知故问，暗含回击"的发问艺术，不动声色地说："不知贵国生产此种产品的公司有几家？贵公司的产品优于A国、C国的依据是什么？"此问貌似请教，实则是指出了两点：其一，中方非常了解所有此类产品的有关行情；其二，此类产品绝非你一家独有，中方是有选择权的。中方点到为止的问话，彻底摧毁了对方"筑高台"的企图。中方话未完，日方就领会了其中含义，顿时陷于答也不是、不答也不是的窘境。但他们毕竟是生意场上的老手，其主谈人为避免难堪的局面借故离席，副主谈也装作找材料，埋头不语。过了一会儿，日方主谈神色自若地回到桌前，因为他已利用离席的这段时间，想好了应付这一局面的对策。果然，他一到谈判桌前，就问他的助手："这个报价是什么时候定的？"他的助手早有准备，对此问话自然心领神会，便不假思索地答道："以前定的。"于是日方主谈人笑着解释说："唔，时间太久了，不知这个价格是否有变动，我们只好回去请示总经理了。"老练的日方主谈人运用"踢皮球"战略，找到了退路。中方主谈人自然深谙谈判场上的这一手段，便采取了化解僵局的"给台阶"策略，主动提出"休会"，给双方以让步的余地。中方深知此轮谈判不会再有什么结果了，如果追紧了，就可能导致谈判破裂。而这是中日双方都不愿看到的结局。

此轮谈判，从日方的角度来看，不过是放了一个"试探气球"。因此，凭此取胜是侥幸的，而"告吹"则是必然的。因为对交易谈判来说，很少有在开局的第一次报价中就获得成功的。日方在这轮谈判中试探了中方的虚实，摸清了中方的态度，同时也了解了中方主谈人的谈判能力和风格。从中方角度来说，在谈判的开局就成功地识破了对方的"筑高台"手段，使对方的高目标要求受挫；同时，也向对方展示了己方的实力，掌握了谈判中的主动权。双方在这轮谈判中，交流了信息，加深了了解，增强了谈判成功的信心。从这一意义上看，首轮谈判对双方来说都是成功，而不是失败。

第二轮谈判开始后，双方首先漫谈了一阵，调节了情绪，融洽了感情，营造出有利于谈判的友好气氛。之后，日方再次报价："我们请示了总经理，又核实了一下成本，同意削价100万日元。"同时，他们夸张地表示，这个削价的幅度是不小的，要中方"还盘"。中方认为日方削价的幅度虽不小，但离中方的要价目标仍有较大距离，马上还盘还很困难。因为"还盘"就是向对方表明己方可以接受对方的报价。在弄不清对方的报价离实际卖价的"水分"有多大时就轻易"还盘"，往往陷入被动，高了己方吃亏，低了可能刺激对方。"还盘"多少才是适当的，中方一时还拿不准。为了慎重起见，中方一面电话联系，再次核实该产品在国际市场的最新价格，一面对日方的二次报价进行分析。

根据分析，这个价格，虽日方表明是总经理批准的，但根据情况来看，此次降价是谈判者自行决定的。由此可见，日方报价中所含水分仍然不小，弹性很大。基于此，中方确定"还盘"价格为750万日元。日方立即回绝，认为这个价格很难成交。中方坚持与日方探讨了几次，但没有结果。鉴于讨价还价的高潮已经过去，因此，中方认为谈判的"时钟已经到了"，该是展示自己实力、运用谈判技巧的时候了。于是，中方主谈人使用了具有决定意义的一招，郑重向对方指出："这次引进，我们从几家公司中选中了贵公司，这说明我们成交的诚意。此价虽比贵公司销往 C 国的价格低一点，但由于运往上海口岸比运往 C 国的费用低，所以利润并没有减少。另一点，诸位也知道我国有关部门的外汇政策规定，这笔生意允许我们使用的外汇只有这些。要增加，需再审批。如果这样，那就只好等下去，改日再谈。"

中方仍觉得这一招的分量还不够，又使用了类似"竞卖会"的高招，把对方推向了一个与"第三者竞争"的境地。中方主谈人接着说："A 国、C 国还等着我们的邀请。"说到这里，中方主谈人把一直捏在手里的王牌摊了出来，恰到好处地向对方泄露，把中国外汇使用批文和 A 国、C 国的电传递给了日方主谈人。日方见后大为惊讶，他们坚持继续讨价还价的信心被摧毁了，陷入必须"竞卖"的困境：要么压价握手成交，要么谈判就此告吹。日方一时举棋不定，握手成交吧，利润不大，有失所望；告吹回国吧，跋山涉水，兴师动众，花费了不少的人力、物力和财力，最后空手而归，不好向公司交代。这时，中方主谈人便运用心理学知识，根据"自我防卫机制"的文饰心理，称赞日方此次谈判的确精明强干，中方就只能选择 A 国或 C 国的产品了。

日方据量再三，还是认为成交可以获利，告吹只能赔本。这正如本杰明·富兰克林的观点所表明的那样，"最好是尽自己的交易地位所能许可来做成最好的交易。最坏的结局，则是由于过于贪婪而未能成交，结果本来对双方都有利的交易却根本没有能成交"。

(资料来源：孙少臣. 谈判训练[M]. 武汉：武汉大学出版社，2009.)

思考题：
1. 本案中中方运用了怎样的谈判技巧？
2. 假设日方对此有充分的准备，日方可能运用怎样的谈判方法？

案例 3：谈判的语言技巧

弦外之音

在谈判的初期阶段，对手常常会斩钉截铁或毫不妥协地表明他的立场与见解，诸如"你们的提议是我们根本无法接受的""我们从来就不接受分期付款的方式""货品出门概不负责"等。但是当谈判越过这一阶段之后，对手的话语则或多或少有些伸缩性了，这种带有伸缩性的语言旨在暗示你事情有商量的余地。例如，当对手指出"到目前为止，我们仍没有改变付款条件的想法"。他极可能向你暗示"过些时候我们可以改变付款条件"或"付款条件是可以谈的"。只要你能够抓住这类话的真实意图，谈判的进展将指日可待。下面的这些话语到底暗示着一些什么意思？

(1) "你所给的期限太短，我们很难接受。"
(2) "我们的工厂并不是专为制造这种规格的产品而设计的。"
(3) "抱歉，我无权议价。"
(4) "本公司从来没有以价格作为谈判的标准。"
(5) "根据公司的政策，我们是不打折扣的。就算打折扣，也不会超过 10%。"
(6) "在这样的订货量下，我们的价格是每吨 300 元。"
(7) "这已经是很合理的价格了。"

(8) "这是我们标准的签约条件。"

(资料来源：[美]戴维·A.克拉斯. 陈大为译. 谈判[M]. 北京：机械工业出版社，2016.)

思考题：
1. 商务谈判的语言技巧是谈判成功的重要条件，试举出更多谈判语言技巧的应用案例。
2. 利用不同的表述方式，反映了各方的谈判心理，这对谈判结果可能产生怎样的影响？

案例4：跨国收购谈判

联想收购IBM的PC业务，经过长达13个月的谈判后最终达成一致，最初的谈判时间是2003年11月，联想组成了以财务总监冯雪征领队的谈判队伍直飞美国与IBM进行了第一次接触。按照联想副总裁乔松的说法，"那个时候主要是双方的摸底"。

2003年11月到2004年5月，被看作是联想和IBM谈判的第一个阶段，联想谈判小组的主要工作是了解对方情况和提出有关收购的商业方案，联想集团副总王露说，联想的谈判队员是在不断扩大的，在联想内部，收购所涉及的部门包括行政、供应链、研发、IT、专利、人力资源、财务等部门都派出了专门小组全程跟踪谈判过程。每个小组3到4名员工组成，总人数达100人左右。

在谈判团队之外，联想还聘请了诸多专业公司协助谈判。例如，麦肯担任战略顾问，高盛担任并购顾问，安永、普华永道作为财务顾问，奥美公司作为公关顾问。

2004年5月到12月6日，从联想方面提出包括收购范围、收购价格、支付方式、合作方式等内容的商业方案开始，谈判进入了艰苦的实质性磋商阶段，一直到12月6日，长达13个月的收购谈判才最终达成协议。

随着经济全球化趋势越来越明显，不但国家与国家之间的经贸联系不断加强，而且越来越多的企业的经营范围也在不断趋于国际化。形式多样的国际商务活动，包括不同国家经济主体相互之间商品和劳务的进出口、技术转让、设立独资和合资企业等，日渐成为企业经营活动特别是以国际市场为舞台的跨国公司活动的主要内容。

(资料来源：龚荒主编. 商务谈判与沟通——理论、技巧、实务[M]. 北京：人民邮电出版社，2014.)

思考题：
本案例作为跨国商务谈判给我们怎样的启发？跨国商务谈判中存在哪些风险？

参 考 文 献

[1] 孙健敏. 谈判技能[M]. 北京：企业管理出版社，2004.
[2] 王海云. 商务谈判[M]. 北京：北京航空航天大学出版社，2003.
[3] 潘马林. 商务谈判实务[M]. 郑州：河南人民出版社，2000.
[4] 刘园. 国际商务谈判——理论·实务·案例(第2版)[M]. 北京：中国商务出版社，2005.
[5] 方其. 商务谈判——理论·技巧·案例[M]. 北京：中国人民大学出版社，2004.
[6] 陈福明，王红蕾. 商务谈判[M]. 北京：北京大学出版社，2006.
[7] 张煜. 商务谈判[M]. 成都：四川大学出版社，2005.
[8] 冯德连，管州. 谈判就这几招[M]. 郑州：河南人民出版社，2000.
[9] 张百章，何伟祥. 商务谈判[M]. 杭州：浙江大学出版社，2004.
[10] 周忠兴. 商务谈判原理与技巧[M]. 南京：东南大学出版社，2003.
[11] 刘文广，张晓明. 商务谈判[M]. 北京：高等教育出版社，2004.
[12] 李品媛. 现代商务谈判[M]. 大连：东北财经大学出版社，2005.
[13] 杨群祥. 商务谈判[M]. 大连：东北财经大学出版社，2001.
[14] 刘园. 国际商务谈判[M]. 北京：首都经济贸易大学出版社，2004.
[15] 袁革. 商贸谈判[M]. 北京：中国商业出版社，1995.
[16] 郭笑一. 国际商务谈判教程[M]. 上海：立信会计出版社，1997.
[17] 李先国，杨晶. 商务谈判理论与实务[M]. 北京：中国建材工业出版社，1996.
[18] 崔晓峰. 现代商务谈判[M]. 广州：暨南大学出版社，1995.
[19] 王德新. 商务谈判[M]. 北京：中国商业出版社，2000.
[20] P. D. V. 马什. 贸易谈判技巧[M]. 上海：上海翻译出版公司，1988.
[21] 孙玉太，郭秀闳. 商务谈判概论[M]. 大连：东北财经大学出版社，2000.
[22] 贯越. 底牌——谈判的艺术[M]. 北京：京华出版社，2006.
[23] 姚立. 商务谈判——理论、实务、风格[M]. 北京：中国城市出版社，2003.
[24] 万成林，舒平. 营销商务谈判[M]. 天津：天津大学出版社，2004.
[25] 杨书纲. 商务谈判理论与实务[M]. 北京：北京师范大学出版社，2007.
[26] 杨晶. 商务谈判[M]. 北京：清华大学出版社，2005.
[27] 易开刚. 现代商务谈判[M]. 上海：上海财经出版社，2006.
[28] 石永恒. 商务谈判精华[M]. 北京：团结出版社，2003.
[29] 樊建廷. 商务谈判[M]. 大连：东北财经大学出版社，2001.
[30] 李言. 跟我学：谈判口才[M]. 北京：中国经济出版社，2006.
[31] 孙庆和. 实用商务谈判大全[M]. 北京：企业管理出版社，2005.
[32] 侯清恒. 疯狂谈判[M]. 北京：中华工商联合出版社，2006.
[33] 马克态. 商务谈判——理论与实务[M]. 北京：中国国际广播出版社，2004.
[34] 英格丽·张. 你的形象价值百万[M]. 北京：中国青年出版社，2005.
[35] 孙兆臣，易吉林. 谈判训练[M]. 武汉：武汉大学出版社，2003.
[36] 周海涛. 商务谈判成功技巧[M]. 北京：中国纺织出版社，2006.
[37] 潘马林，程得民. 商务谈判实务[M]. 郑州：河南人民出版社，2001.

[38] 刘园. 涉外商务谈判[M]. 北京：中国对外经济贸易出版社，1999.

[39] 罗伯特·怀特沙特. 脸部语言[M]. 天津：百花文艺出版社，2001.

[40] 李振忠，沈根荣，张建军. 对外谈判技巧[M]. 北京：对外贸易教育出版社，1998.

[41] 白远. 国际商务谈判——理论案例分析与实践[M]. 北京：中国人民大学出版社，2003.

[42] 珍妮·布雷特. 全球谈判[M]. 北京：中国人民大学出版社，2008.

[43] 戴维·拉克斯. 谈判[M]. 北京：机械工业出版社，2008.

[44] 艾米尼亚. 谈判[M]. 北京：中国人民大学出版社，2008.

[45] 彼得·泰勒. 二十一世纪的谈判[M]. 北京：北京大学出版社，2009.

[46] 黄伟. 商业周刊中文版[J]. 纽约：麦克希尔出版社，2018.

[47] 理查德·柏曼. 哈佛商务谈判教程[M]. 纽约：纽约大学出版社，2016.

[48] 王海云. 商务谈判[M]. 北京：北京航空航天大学出版社，2013.

[49] 余柏，陶雪楠. 新编谈判案例详解与应用[M]. 哈尔滨：哈尔滨出版社，2014.

[50] 陈江. 千龙网[http://www.qianlong.com]. 2019.

[51] 井润田，席酉民. 国际商务谈判[M]. 北京：机械工业出版社出版社，2017.

[52] (美)戴维·克拉斯. 谈判[M]. 陈大为译. 北京：机械工业出版社，2016.

[53] 龚荒. 商务谈判与沟通——理论技巧与实务[M]. 北京：人民邮电出版社，2014.

[54] 袁丽. 从商务谈判的角度分析《触龙说赵太后》谈判策略与谈判语言魅力[J]. 新商务周刊，2018(12)：246.

[55] 搜狐网. 教你说服力销售与谈判[EB/OL]. https://www.sohu.com/a/133004602_696323, 2017-04-1.

[56] 鲁小慧，孙勇. 商务谈判[M]. 郑州：河南科学技术出版社，2015.

[57] 中国服务贸易指南网. 国内外经典谈判案例[EB/OL]. http://tradeinservices.mofcom.gov.cn/article/zhishi/anlijq/201801/52376.html, 2018-01-10.

[58] 和珅设局骂纪晓岚是狗，纪晓岚巧言反驳让和珅无言以对[EB/OL]. https://baijiahao.baidu.com/s?id=1604116111096529554&wfr=spider&for=pc, 2018-06-24.

[59] 刘白玉，刘夏青，韩小宁. 一例基于中美非言语沟通差异的价格谈判及启示[J]. 对外经贸实务，2018(8)：74-76.

[60] 斯图尔特·戴蒙德. 沃顿商学院最受欢迎的谈判课[M]. 北京：中信出版社，2018.

[61] 王平辉. 商务谈判规范与技巧[M]. 南宁：广西人民出版社，2008.

[62] 袁良. 赢合谈判[M]. 北京：中国经济出版社，2010.